国家"双一流"拟建设学科"南京大学中国语言文学艺术"资助项目

国家社科基金冷门"绝学"和国别史等研究专项"中国古代文集日本古写本整理与研究"（2018VJX025）阶段性成果

江苏省2011年协同创新中心"中国文学与东亚文明"资助项目

南京大学文科卓越研究计划"十层次"资助项目

南京大学文科创新团队"东亚汉籍与中国古代文学综合研究"成果

域外稽古録

东亚汉籍与中国古典文学研究综论

卞东波 / 著

北京大学出版社
PEKING UNIVERSITY PRESS

图书在版编目(CIP)数据

域外稽古录：东亚汉籍与中国古典文学研究综论/卞东波著.—北京：北京大学出版社，2019.10

ISBN 978-7-301-30873-8

Ⅰ.①域… Ⅱ.①卞… Ⅲ.①汉语—古籍研究—东亚 ②中国文学—古典文学研究 Ⅳ.①G256.23 ②I206.2

中国版本图书馆CIP数据核字（2019）第215933号

书　　　名	域外稽古录：东亚汉籍与中国古典文学研究综论 YUWAI JIGULU: DONG YA HANJI YU ZHONGGUO GUDIAN WENXUE YANJIU ZONGLUN
著作责任者	卞东波　著
责任编辑	徐丹丽　张　晗
标准书号	ISBN 978-7-301-30873-8
出版发行	北京大学出版社
地　　　址	北京市海淀区成府路205号　100871
网　　　址	http://www.pup.cn　　新浪微博：@北京大学出版社
电子信箱	zpup@pup.cn
电　　　话	邮购部 010-62752015　发行部 010-62750672 编辑部 010-62752022
印　刷　者	北京中科印刷有限公司
经　销　者	新华书店 787毫米×1092毫米　16开本　27印张　338千字 2019年10月第1版　2019年10月第1次印刷
定　　　价	95.00元

未经许可，不得以任何方式复制或抄袭本书之部分或全部内容。
版权所有，侵权必究
举报电话：010-62752024　电子信箱：fd@pup.pku.edu.cn
图书如有印装质量问题，请与出版部联系，电话：010-62756370

目　次

绪　论 ………………………………………………………………… 1

第一辑　中国文集日本古钞本研究

第一章　哈佛燕京图书馆藏日本经学家平贺晋民
　　　　《诗经原志》稿本探赜 ……………………………… 17
　一　平贺晋民的生平与学术渊源 ………………………………… 17
　二　《诗经原志》稿本的形态 …………………………………… 23
　三　《诗经原志》对汉儒与宋儒（朱熹）《诗经》学的批判 …… 30
　四　《诗经原志》与近世中国《诗经》学 ……………………… 36
　五　平贺晋民的学术理念与《诗经原志》的学术价值 ………… 55
　六　结　语 ………………………………………………………… 67

第二章　"文选东传学"之一斑 ……………………………………… 69
　　　　——菅原和长《御注文选表解》古钞本探析
　一　菅原和长与《御注文选表解》 ……………………………… 71
　二　"御注"之特色及其与九条本《文选》识语之关系 ……… 78
　三　菅原和长"愚解"的特色 …………………………………… 88
　四　《御注文选表解》的价值与意义 …………………………… 96

第三章　日藏《重广草木虫鱼杂咏诗集》钞本考论················100
　　一　《重广草木虫鱼杂咏诗集》在历代之著录··············100
　　二　日藏《重广草木虫鱼杂咏诗集》钞本的基本情况········102
　　三　《重广草木虫鱼杂咏诗集》之文献考察················110
　　四　《重广草木虫鱼杂咏诗集》的文学史背景与意义········115
　　五　结　语··122

第四章　明初诗僧季潭宗泐文集的版本及其作品在日本的流传····125
　　一　《全室外集》的明刻本与清《四库》本················127
　　二　《全室外集》的五山版与宽文版······················132
　　三　京都建仁寺两足院所藏古钞本《全室稿》··············137
　　四　日本汉籍中所见季潭宗泐的作品······················146
　　五　余　论··159

第二辑　唐宋诗日本古注本研究

第五章　寒山诗日本古注本的阐释特色与学术价值··············167
　　一　寒山诗在日本的流传与接受··························167
　　二　《首书寒山诗》：江户时代寒山诗最早的注本··········177
　　三　《寒山子诗集管解》的解诗特色与学术价值············180
　　四　寒山注我：白隐慧鹤与《寒山诗阐提记闻》············186
　　五　《寒山诗索赜》：寒山诗的佛教义理化················191
　　六　寒山诗日本古注本的价值与意义······················193

第六章　唐代诗僧贯休诗歌的日本古注本······················198
　　——海门元旷《禅月大师山居诗略注》考论
　　一　海门元旷与《禅月大师山居诗略注》的成书············200

二	《禅月大师山居诗略注》的阐释特色与学术价值	206
三	结　语	216

第七章　域外汉籍与施顾《注东坡先生诗》之研究 219
一	施顾《注东坡先生诗》在宋代的流传	221
二	前人所作的施顾《注东坡先生诗》复原工作	227
三	《翰苑遗芳》与施顾《注东坡先生诗》之复原	233
四	结　语	241

第八章　宋代文本的异域阐释 242
　　　　——黄庭坚《演雅》日本古注考论
一	日本中世近世对黄庭坚的阅读与注释	242
二	万里集九《帐中香》对《演雅》的阐释	248
三	月舟寿桂《山谷幻云抄》与《演雅》之阐释	253
四	《演雅》的日本单注本	257
五	结　语	261

第三辑　东亚汉文学研究

第九章　东亚汉文化圈的文本旅行 265
　　　　——东亚汉文学对黄庭坚《演雅》的拟效与创新
一	拟效：东亚汉文学中的《演雅》仿作	267
二	新变：文本旅行中的诗体创新	281
三	结　语	286

第十章　汉诗、雅集与汉文化圈的余韵 288
　　　　——1922年东亚三次赤壁会考论
一	赤壁之游乐未央：1922年京都赤壁会及其发起者	290

二　浑在雕虫篆刻中：奥邨竹亭《赤壁赋印谱》
　　　　与京都赤壁会⋯⋯⋯⋯⋯⋯⋯⋯⋯⋯⋯⋯⋯⋯⋯⋯⋯296
　　三　今宵同抱景苏情：《清风明月集》《壬戌雅会集》
　　　　与1922年大连、东京的赤壁会⋯⋯⋯⋯⋯⋯⋯⋯⋯303
　　四　结　语⋯⋯⋯⋯⋯⋯⋯⋯⋯⋯⋯⋯⋯⋯⋯⋯⋯⋯⋯314

第十一章　"以文为戏"与"文学扮演"⋯⋯⋯⋯⋯⋯⋯⋯⋯315
　　　　——东亚汉文学中的"拟代文"
　　一　以文为戏：三篇清人拟代的陈伯之与丘迟书⋯⋯⋯⋯317
　　二　文学扮演：陈伯之有能力给丘迟回信吗？⋯⋯⋯⋯⋯328
　　三　朝鲜汉文学中的"拟代文"⋯⋯⋯⋯⋯⋯⋯⋯⋯⋯⋯332
　　四　结　语⋯⋯⋯⋯⋯⋯⋯⋯⋯⋯⋯⋯⋯⋯⋯⋯⋯⋯⋯340

第十二章　日本江户时代文话对中国文章学的受容⋯⋯⋯342
　　一　和刻本中国文话：《文则》与《文章欧冶》⋯⋯⋯⋯342
　　二　汇编与注释：日本文话对中国文话的接受⋯⋯⋯⋯⋯350
　　三　华风与和习⋯⋯⋯⋯⋯⋯⋯⋯⋯⋯⋯⋯⋯⋯⋯⋯⋯358
　　四　日本文话与古文辞之争⋯⋯⋯⋯⋯⋯⋯⋯⋯⋯⋯⋯364
　　五　结　语⋯⋯⋯⋯⋯⋯⋯⋯⋯⋯⋯⋯⋯⋯⋯⋯⋯⋯⋯369

附录一　东亚古典学的再出发⋯⋯⋯⋯⋯⋯⋯⋯⋯⋯⋯⋯371
　　　　——2012年南京大学域外汉籍研究所
　　　　　"东亚汉籍的研究方法"学术沙龙综述

附录二　探寻东亚汉籍研究的意义⋯⋯⋯⋯⋯⋯⋯⋯⋯⋯379
　　　　——南京大学域外汉籍研究所2016年国际工作坊综述

征引书目⋯⋯⋯⋯⋯⋯⋯⋯⋯⋯⋯⋯⋯⋯⋯⋯⋯⋯⋯⋯⋯398
后　记⋯⋯⋯⋯⋯⋯⋯⋯⋯⋯⋯⋯⋯⋯⋯⋯⋯⋯⋯⋯⋯⋯421

绪 论

近年来，在中国古典学研究中，"域外汉籍"或"东亚汉籍"越来越成为一个高频词和核心概念。所谓"域外汉籍"，是指前现代时期中国（所谓"禹域"）之外用汉字书写的文献，主要包括以下三个方面：一是中国国内失传但保存在域外的典籍；二是中国古代典籍在域外的翻刻本或钞本，如中国典籍的和刻本、朝鲜本、安南本、琉球本，以及中国典籍的日本、韩国钞本；三是域外人士用汉字创作的文献，如日本、朝鲜半岛、越南的汉诗、汉文、汉文小说，还包括域外人士用汉语注释和研究中国典籍的文献，如《诗经》《史记》、杜诗的域外注本等。

域外汉籍研究并非新生事物。早在清代，国人就已经注意到了域外汉籍的价值。世界范围内第一个对康熙年间编纂的《全唐诗》做补遗的人就是日本汉学家市河宽斋，其《全唐诗逸》利用了日本汉籍，如《千载佳句》《游仙窟》、李峤《杂咏诗》等对《全唐诗》进行补遗，并通过在长崎的中国商人传到中国，从而收录到鲍廷博所编的《知不足斋丛书》中。此外，乾隆年间编的《四库全书》也收入了日本山井鼎的《七经孟子考文补遗》一百九十九卷，该书引用了许多中国失传的宋本和古钞本文献，其价值也得到清代学者的注意。

笔者近年来一直致力于域外汉籍与中国古典文学的综合研究，本书是继《域外汉籍与宋代文学研究》（下简称《研究》，北京：中华书局，2017年）之后，笔者利用域外新文献研究中国古典文学的新著。与前书相比，论域有所变化：一是从时段上来看，《研究》一书主要探讨的是宋代文学，而本书则涉及《诗经》《文选》、唐代文学、宋代文学、明代文学、近代文学等方面；二是从范围来看，本书也较《研究》有所拓展，主要从中国古典文学扩大到东亚汉文学，论及东亚的汉诗、汉文及文话；三是讨论的对象也从单纯的诗学研究扩充到经学、《文选》学与文章学研究。学术研究的创新需要新材料的支撑，新材料也会引发新问题，本书的主要研究方法就是利用域外新材料解决中国古典文学与东亚汉文学研究中的新问题。

本书分为三辑，第一辑为"中国文集日本古钞本研究"。本辑主要是对现存几种中国古代文学总集、别集日本古钞本及其价值的考论。写本或钞本研究是目前学术界研究的热点，研究对象主要集中在敦煌、吐鲁番出土的文书上，而对日本历代流传下来的古钞本、古写本关注不够。现在的敦煌文书已经编号到七万多号，但日本有关中国典籍的古钞本、古写本数量估计不会少于七万件。这批海量的文献，绝对可以"再造"一个敦煌。日本古钞本、古写本的价值不亚于敦煌写本。就经部文献而言，日本保存了很多在中国失传的珍贵文献，如《讲周易疏论家义记》《礼记子本疏义》；就集部文献而言，意义更大，如《文选集注》《文馆词林》《王勃集》《白氏文集》的日本古钞本已经大大改变了我们对中国古典文学的认识。以上所举的仅是中国典籍日本古钞本、古写本的一小部分，还有更多的文献等待我们去发掘和研究。

敦煌是唐代的一个边陲城市，敦煌文书的抄写者主要是僧人、下层文士或蒙童；而日本的中国典籍的古钞本、古写本多藏于宫廷、寺院，抄写者是贵族、儒学家、僧侣，他们都是日本的知识阶层，如光明皇后临写的《乐毅论》《杜家立成杂书要略》，这表明汉文化在日本是一种精英的文化，而且日本人在抄写中国典籍时无不怀着崇敬的心情。如果说奈良正仓院所藏的唐代遗物再现了中国古代的物质文化，那么日本的古钞本、古写本则保存了一段隐没的中国古代文献与文化史。如果说从敦煌可以发现一个逝去的唐代中国，我们也可以从现存的大量中国典籍日本古钞本、古写本中发现一个更加丰富多彩的中国。

2018年可谓"写本研究年"。6月23—24日，武汉大学召开了"汉唐写本文化研究国际学术研讨会"；7月14—15日，西华师范大学召开了"写本学国际学术研讨会"，并成立了国内高校首家写本学研究中心；8月30—31日，剑桥大学联合北京大学佛学中心举行了"佛教写本文化国际会议：中亚、东亚佛教写本的制作与保存"；9月15—16日，天津师范大学举行了"全球化时代的中国文学文献研究——第四届汉文写本研究学术论坛"：这都显示了写本研究的热门。中国学术界对中国典籍日本古钞本、古写本的关注主要集中在日本中世之前抄写的文本，而对镰仓时代以来的日本古钞本、古写本则关注不够，实际上这部分亦有很多有价值的文献，本辑就是对室町、江户时代中国文集日本古钞本的研究。

第一辑共分四章，第一章"哈佛燕京图书馆藏日本经学家平贺晋民《诗经原志》稿本探赜"。平贺晋民是日本江户时代中期的经学家，其学术思想受到日本反朱子学的荻生徂徕及其古文辞学派很大的影响。他所撰的《诗经》学专著《诗经原志》目前在日本失传，但在哈佛燕京图书馆中保存着平贺晋民的自笔稿本。这部自笔本虽然誊写清楚，但也保留了平贺晋民多处修改的痕迹，应是其生前修订的手稿本。受古文辞学派的影响，《诗经原志》批判了中国汉代以来的主流《诗经》学，特别是对朱熹的《诗集传》有比较集中的批评。《诗经原志》同时又广泛参考了中国近世以来的《诗经》学研究成果，对明代《诗经》学参考尤多，明代季本所著的《诗说解颐》是其主要的参考对象。平贺晋民解《诗》主张阙疑，不强作解人；同时又主张讲究"人情"，消解《诗经》阐释中的政治性，突显其抒情性。他能突破中国腐儒的旧说，力求创见，因而

《诗经原志》在对风雅颂原义、《国风》篇名内涵、《诗经》诗意以及《诗经》中的人物、名物、地理、本文的解释上,均取得了一定的学术成就。

第二章"'文选东传学'之一斑——菅原和长《御注文选表解》古钞本探析"。《文选》成书之后,很早就东传到日本、朝鲜半岛并产生巨大的影响,而研究《文选》在日朝两国流传、刊刻、翻译、注释、评论、模拟之学,可以称之为"文选东传学"。《御注文选表解》是日本室町时代末期纪传儒菅原和长对李善《上文选注表》的详细解说。"御注"可能是平安时代大学寮博士菅原家的遗说,其注重对语汇的解释以及文义的疏通;而"愚解"是对李善《上文选注表》以及"御注"的进一步解释与发挥,其特点是引用了大量典籍对上述文本进行详细注释,还援引当时开始流行的朱子学对李善《上文选注表》进行阐释。菅原和长的"愚解"是当时讲授的讲义,其不但对李善《上文选注表》进行分段解说,而且还对此表的结构与写作特点予以详细剖析。总之,菅原和长的《御注文选表解》是东亚现存第一部详细解释与研究李善《上文选注表》的著作,对于研究日本中世时期纪传儒的《文选》学以及建构"文选东传学"都是宝贵的第一手资料。

第三章"日藏《重广草木虫鱼杂咏诗集》钞本考论"。宋人家求仁、龙溪编纂的《重广草木虫鱼杂咏诗集》是中国现存最早的咏物诗总集,也是现存最早的宋人所编的唐宋诗合选本。《重广草木虫鱼杂咏诗集》全本已经失传,在中国仅有明刊本十卷残本存世,日本存有完整的明刊本十八卷钞本且全部为唐诗,可以窥见唐代咏物诗创作的成绩,故日本钞本具有非常高的文献价值。《重广草木虫鱼杂咏诗集》的编选与宋人的格物思想以及宋代的"鸟兽草木之学"的兴起有关。该书原本分唐宋二编,而所收宋诗多于唐诗,也体现了宋人对本朝诗歌创作实绩的自信。

第四章"明初诗僧季潭宗泐文集的版本及其作品在日本的流传"。季潭宗泐是元末明初的佛教领袖,临济宗高僧,也是著名的诗僧。其文集《全室外集》的版本与形态颇为复杂,中国流传的永乐本是最早的版本,保存了宗泐文集在明初刊刻时的状态,嘉靖补刊本在永乐本的基础上增加了一卷续编,而清代的《四库全书》本(以下简称《四库》本)则是在嘉靖本基础上的重编本,对嘉靖本的字句、行格改动颇多,也留下了不少错误。《全室外集》很早就东传到日本,有五山版及宽文版两种和刻本,其翻刻的底本为永乐本。京都建仁寺两足院藏有宗泐文集的古钞本《全室稿》,为世间的孤本,此本与明刻本、五山版、宽文版、《四库》本属于不同的系统,有数十篇《全室外集》未收的佚诗佚文,可能是入明的日本禅僧带回的宗泐文集稿本。其他日本汉籍如《新选分类集诸家诗卷》《锦囊风月》《邻交征书》《石城遗宝》以及《五山文学全集》中还有一些《全室稿》《全室外集》未收的作品;日本汉籍《锦绣段详注》《续锦绣段抄》中则有对宗泐作品的注释,这是东亚学术史上最早也是唯一的宗泐诗歌注释。宗泐也是明初中日文化交流史上的一位重要人物,日本五山文学双璧之一的绝海中津曾从其学习汉诗。通过宗泐文集及作品在日本流传这一个案,可以窥见明代初年中日典籍交流以及文化交流的活跃状况。

第二辑"唐宋诗日本古注本研究"是对唐代寒山、贯休诗集,宋代黄庭坚诗集日本古注本的研究,并利用苏轼诗日本古注本《翰苑遗芳》来复原宋代施顾《注东坡先生诗》。在日本室町时代和江户时代,日本出现了大量由当时禅师与学者撰著的中国唐宋诗总集、别集的注本,包括假名注释、汉文注释以及汉文、假名混合的注释,本书研究的主要是唐宋诗的日本汉文注释,这是东亚汉籍中比较特别的一类,即注者都是日本人,注释的对象是中国的诗集。在室町时代,注释对象最多的是杜甫诗、苏轼诗、黄庭坚诗,以及《三体诗》《古文真宝》等书,而江户时代则出现了关于寒山子、释贯休、释惠洪、释重显、陆游、朱熹等唐宋诗人、诗僧诗集的注本。

这些唐宋诗的日本古注本具有较大的文献价值，一些在中国失传的唐宋诗古注就保存在这些汉籍之中。如日本苏诗古注本《四河入海》，保存了旧题王十朋所编的《王状元集百家注分类东坡先生诗》中未见的大量南宋初年赵次公所作的东坡诗注。通过《四河入海》，可以窥见赵次公注的原貌，即赵注不但有注文，而且还有赵次公唱和苏轼的诗，这些"和苏诗"更有赵次公之子的注释。这种奇特的诗歌注释方式也是中国古代注释史上少见的。再如，宋人施元之、顾禧、施宿合著的《注东坡先生诗》四十二卷，一向被视为苏诗宋注中的精品，国内目前仅存三十六卷，有六卷散佚不存，幸运的是，日本还保存着卷首施宿所撰的《东坡先生年谱》古钞本，日本坡诗古注本《翰苑遗芳》中也保存着失传六卷的佚文。

唐宋诗日本古注本的学术价值具体表现在：一、很多中国没有注本的唐宋诗集，在日本却有详细的古注本。如唐代的寒山诗，中国古代没有注本传世，但在日本却有四部汉文古注本。再如宋代诗僧雪窦重显的诗集《祖英集》，在中国亦无注本，在日本却有《冠注祖英集》；释惠洪的文集《石门文字禅》，在中国无注，日本有廓门贯彻的《注石门文字禅》。二、即使中国古代有注的唐宋诗集，日本古注本亦可以作为补充。杜甫的诗集在中国有所谓"千家注杜"之说，近年来亦出版了新注本，如萧涤非先生主编的《杜甫全集校注》、谢思炜先生的《杜甫集校注》，日本江户时代则有不少杜甫律诗的古注本，如宇都宫遯庵的《杜律五言集解》《杜律七言集解》、佚名的《杜律要约》、大典显常的《杜律发挥》以及津阪东阳的《杜律详解》，此外有很多朝鲜学者所撰的杜甫诗集注本，如《纂注分类杜诗》《分类杜工部诗谚解》、李植的《纂注杜诗泽风堂批解》等，这些日朝注本皆有可以补充中国注本之处。三、唐宋诗日本古注本中还有不少部帙较大的唐宋诗的集注本,如日本苏东坡诗集注本《四河入海》,日本黄山谷诗集注本《帐中香》《山谷幻云抄》。这些集注本,汇集了日本中世时期苏、黄诗的注释,从中可以窥见五山禅僧会读、讲习、研究东坡诗及山谷诗的情况,而他们研读宋诗的时代相当于中国的明代,正是宋诗在中国受到贬抑的时期。何以当时苏、黄诗在中日两国遭遇不同的命运,也值得从东亚汉文化圈的整体情况上加以考察。

本辑亦分为四章,第五章"寒山诗日本古注本的阐释特色与学术价值"原为笔者所编的《寒山诗日本古注本丛刊》(南京:凤凰出版社,2017年)的前言。中国宋代时,寒山诗就传到了日本,在日本五山文学及江户时代的汉诗中,多有吟咏寒山之作,江户时代亦有大量关于寒山拾得的绘画。在江户时代,日本出现了四部《寒山诗》的汉文注本,即《首书寒山诗》、连山交易的《寒山子诗集管解》、白隐慧鹤的《寒山诗阐提记闻》以及大鼎宗允的《寒山诗索赜》。这些古注本的作者是日本曹洞宗或临济宗禅僧,故能以"释"注"释",既释事又释意,对寒山诗中的典故和义理皆有很好的阐释,具有较高的学术价值,而且这四部寒山诗古注本对了解寒山在中国本土之外的接受与影响,对于世界范围内的"寒山热"的形成也有宝贵的文化意义。

第六章"唐代诗僧贯休诗歌的日本古注本——海门元旷《禅月大师山居诗略注》考论"。日本曹洞宗僧人海门元旷所著的《禅月大师山居诗略注》是东亚前现代时期唯一一部唐代诗僧贯休《山居诗》二十四首的注本。海门元旷注此书受到江户时代曹洞宗融合临济、曹洞二宗,学综内外二典,讲究博学风气的影响。该书注释注重典故出处之考证,但也有对诗意之阐发,其注颇有可补今人贯休诗集注释之处。该书是贯休研究、晚唐文学研究、中国古代诗僧研究,以及唐代文学在日本的传播研究、江户时代的中国古代文学研究的重要文献。

第七章"域外汉籍与施顾《注东坡先生诗》之研究"。施元之、顾禧、施宿合著的《注东坡先生诗》四十二卷是宋人注宋诗中的名作,在南宋嘉定、景定年间两次刊刻,目前宋刊本残存三十六卷,阙六卷。日本保存的施宿所作的《东坡先生年谱》古钞本及日本室町时代禅僧大岳周崇所作的苏诗古注本《翰苑遗芳》,使施顾注的佚文辑补工作成为可能。域外汉籍推进了宋刊《注东坡先生诗》的研究,不但使学者能够考镜其在宋代的流传,而且有助于学者对其亡佚的部分进行复原。复原和整理宋刊本施顾注,可以嘉定原刊本为底本,参校景定再刊本,并以《翰苑遗芳》中所引的施顾注为补充,同时参考《四河入海》的古钞本和据古钞本"移点"的古活字本。

第八章"宋代文本的异域阐释——黄庭坚《演雅》日本古注考论"。黄庭坚创作的《演雅》全诗共四十句,以"以赋为诗"的方式描写了四十多种禽鸟昆虫,几乎每句都出现动物之名;并且用"以物为人"的手法,结合这些动物的特性,对大多数动物都进行了批判。《演雅》在东亚汉文化圈的日本、朝鲜半岛汉文学中产生了一定的影响。日本中世时期的五山禅林嗜读山谷之诗,故在五山时期产生了多部山谷诗的集注本,以万里集九的《帐中香》与月舟寿桂的《山谷幻云抄》最为知名,其中就有日本禅师对《演雅》的详细阐释。日本江户时代则产生了数部用假名写成的《演雅》诗注的单行本。日本关于《演雅》的诗学阐释,更注意发挥《演雅》诗中所写动物意象背后的讽寓之意,以至于有的诗句显得阐释过度,甚至有误读之处。这也体现了《演雅》在东亚汉文化圈中的不同接受,展现了《演雅》阐释的开放性,揭示了其意涵解读的多重可能。

第三辑"东亚汉文学研究"将研究视野从中国古典文学扩大到东亚汉文学。前现代的东亚汉文化圈,中国之外的朝鲜半岛、日本、越南、琉球诸国,千余年来皆用汉字创作了海量的文学作品,这就是东亚古代汉文学。在前现代社会,汉字是东亚社会的通用媒介,而写作汉诗、汉文亦是东亚知识人的基本修养,这种传统一直延续到二十世纪上半叶。不过,自十九世纪末以降,东亚汉文化圈渐渐解体,特别是进入二十世纪以后,东亚各国纷纷放弃将汉语作为正式的文学书写语言,东亚汉文学则成为历史的"弃儿"。东亚诸国研究本国国文学的学者认为汉文学不属于"国文学",而研究中国文学的学者又认为其不属于中国文学,故东亚汉文学一直处于一种尴尬的境地,在东亚各国普遍不受重视。如不少日本学者不承认日本汉文学的价值,甚至认为汉文学流行的时代是"国风暗黑的时代";还有学者,如西乡信纲认为,"奈良朝写作汉诗成风,这也是贵族们受外来文化的毒害,逐步走上殖民地化的征兆……汉诗只是由头脑里产生出来的理性文字,卖弄学识的文字";汉诗"大部分只不过是中国诗人的思想感情的翻版,感觉不出扎根于日本人的思想感情中的真实性和直接性。我们满可以说它是接近于化石遗物的文学"。(〔日〕西乡信纲等《日本文学史——日本文学的传统和创造》,佩珊译,北京:人民文学出版社,1978年,第46—47页)所以,他写作的《日本文学史》将汉文学基本排除在外。日本学者芳贺矢一、冈田正之教授撰写日本头两部《日本汉文学史》的目的就是要唤起日本读者注意日本汉文学的存在,同时告诉日本读者日本汉文学也是日本文学。但他们的努力似乎效果不彰,因为他们撰写的日本汉文学史著作不但非常简略,而且其中的文学史脉络也不太清晰。现在朝鲜半岛、越南都已经基本废除了汉字,历史上用汉字创作的汉诗、汉文、汉文小说也不再是东亚文学主要的研究对象。韩国学者也撰写了不少朝鲜半岛汉文学史著作,但总让人觉得不够深入,它们比较强调本国文学的自主性,而忽略了中国古典文学对韩国汉文学的沾溉与影响。

东亚汉文学是千余年来东亚诸国文人士子用智慧创作的一笔无比珍贵的文学遗产,是古代东亚汉文化圈文化交流的优秀结晶,也是东亚各国应该共同珍视的非物质文化遗产,理应得到重视。古代东亚汉文化圈是一个文明的整体,东亚士人可以通过汉文学无障碍地交流,加强对东亚汉文学与汉文化的研究,对于今天提倡的"人类命运共同体"理念的建构也有一定的价值。东亚古代汉文学也是中国古典文学研究的一个新的学术增长点,不但可以为中国古典文学研究提供海量的新文献,而且其不同的创作风貌也为东亚比较文学提供了绝好的文本。由于东亚古代汉文学都是以汉字书写的,使用的文体都是中国古代文学传统的文体,使用的典故、意象、语汇也多来自中国古代文学,这都是中国古代文学研究者的优势与责任所在。

笔者认为,东亚汉文学研究重点是探讨中国与东亚汉文化圈诸国之间的文学交流,既要研究中国古典文学对东亚汉文学的辐射,也要研究东亚汉文学对中国古典文学的接受与变形。另外,在研究方法上,应该将东亚汉文学纳入到东亚汉文化圈的整体视野中加以观照,研究同一文学现象、文学题材、文学人物在东亚汉文化圈诸国的不同接受与流变。本辑各章基本上就是尝试从这个视角出发来探索东亚汉文学的独特魅力。

本辑亦分为四章。第九章"东亚汉文化圈的文本旅行——东亚汉文学对黄庭坚《演雅》的拟效与创新"。本章借鉴赛义德提出的"理论旅行"的概念,研究中国古典文学文本在东亚汉文化圈的"文本旅行"。文本只有"旅行"才会产生流变,才能渐渐成为文学经典。文本在"旅行"中并不是一成不变的,而是经历了众多的变形,从而形成众多的"亚文本"。中国古典文学文本在东亚汉文化圈的"旅行",也体现了"文本旅行"的地域性。黄庭坚的名作《演雅》,在中国从宋至清产生了众多效拟之作,清代人甚至还模仿其法,创制了所谓"演庄体",即演绎《庄子》之作,每句诗都用《庄子》的典故。《演雅》在日本、朝鲜半岛汉文学中的"旅行"也体现出不同的特色:日本古代产生了众多《演雅》

的注本，这些注本注重对《演雅》进行讽寓性阐释，而朝鲜半岛则出现了众多《演雅》的次韵诗、仿诗，甚至还产生了"演雅体"概念。朝鲜文人还将其与联句诗、回文诗、地名诗、自咏诗等诗体结合起来，体现了朝鲜文人对"演雅体"的变异、突破与创新。《演雅》是东亚汉籍史上拥有注释最多的单篇作品，其在东亚汉文化圈的文本旅行也体现了丰富的文化史意味。

第十章"汉诗、雅集与汉文化圈的余韵——1922年东亚三次赤壁会考论"。1922年是苏轼元丰壬戌七月既望赤壁之游后的第十四个甲子，中日两国都举办了"赤壁会"雅集来纪念文化史上这一盛事，尤以此年9月7日长尾雨山、富冈铁斋等举办的京都赤壁会最为知名，有三百多人参加，而且发起者都是当时第一流的文人、学者、书画家、篆刻家、政治家、实业家。京都赤壁会没有留下成集的文字，只有奥邨竹亭的《赤壁赋印谱》流传至今。同一天，中国大连也举办了由日本汉诗人田冈正树组织的赤壁会，大连赤壁会参加者以当地的两大诗社浩然社、嘤鸣社成员为主。会后，田冈正树征稿于诗友，结集为《清风明月集》一书。同日东京芝山红叶馆也举办了一次赤壁会，会上吟咏汉诗，后编成《壬戌雅会集》一书。京都、东京与大连赤壁会都是文人雅集，虽然参与者不同、语境不同、氛围不同，但体现了东亚汉文化圈的一体性。随着战争的来临，东亚汉文化圈也分崩离析了。《赤壁赋印谱》《清风明月集》《壬戌雅会集》体现了东亚汉文化圈最后的韵味。

第十一章"'以文为戏'与'文学扮演'——东亚汉文学中的'拟代文'"。与诗歌中的代言相似，东亚汉文学中还存在着大量的"拟代文"，而且这种"拟代文"与诗歌中的代言基本只代言当代人不同，一般是后世人以前人的口吻来回应前人。这种"拟代文"穿越了时间，以后人的口吻揣摩千百年前古人的心态与情感，代其发声，又要符合其特定的身份，这就需要高超的文学技巧。同时，这些"拟代文"多以骈文写成,展现了骈文文体的游戏性,也显现了中国古典文学"文可以戏"的一面。本章以《文选》中的骈文名作丘迟《与陈伯之书》以及清代三篇以陈伯之的口吻给丘迟的回信(曾纪泽《拟陈伯之答丘迟书》、吴汝纶《代陈伯之答丘迟书》、屠寄《代陈伯之答丘迟书》)为例来说明"拟代文"的文学性与游戏性。"拟代文"不但超越了时间,而且还跨越了空间。在东亚汉文化圈的其他国家也存在着大量拟代文,在朝鲜半岛古代的汉文学中,就有朝鲜人模仿古代中国人的口吻给中国人写信的例子,如奇大升模仿李白的口吻给杜甫写信(《拟李太白与杜子美书》),但朝鲜汉文学中更多的是模仿中国东晋士人顾荣的口吻送别打算归隐江南的张翰的文章,如崔忠成的《拟送张舍人归江东序》、尹善道的《送张翰归江东序》、黄㦿的《送张翰归江东序》、洪柱国的《代顾荣送张翰归江东序》、苏斗山的《代顾荣送张翰归江东序》、赵根的《拟顾荣送张翰归江东序》、尹推的《代顾荣送张翰归江东序》、金锡胄的《代顾荣送张翰归江东序》等,本章对这些朝鲜拟代文进行了分析。

第十二章"日本江户时代文话对中国文章学的受容"。"文话",顾名思义是传统文学批评中对文章的研究与评论,是东亚古代文章学的主要表现形式。中国自宋代以来,就产生了大量的文话类著作,目前已经收入《历代文话》(全十册,上海:复旦大学出版社,2007年)一书。日本江户时代也产生了大量用汉文写成的文话,但迄今尚未有学者加以汇编成集,对其的研究也尚未展开。本章拟从东亚比较文学的视角出发,研究江户时代汉文文话受到的中国文章学的影响及对其的受容。江户时代对中国文章学的受容主要有四种形式:翻刻、汇编、注解与回应。江户时代翻刻了大量的中国古代文章学著作,有的已经收入长泽规矩也所编的《和刻本汉籍随笔集》中,有的则未收入,如享保年间荻生徂徕弟子山井鼎所刻陈骙的《文则》。和刻本中国文章学著作保存了很多本土失传的典籍,如高琦的《文章一贯》;同时和刻本还有助于对中国传本的校勘，如享保本《文则》中就有大量山井鼎的批语，这对文本的厘清甚有帮助。江户时代早期的文话以汇编中国文章学著作为主，这方面集成式的著作是江户初年儒学家藤原惺窝所编的《文章达德纲领》六卷。全书依藤原惺窝本人的文学思想，将中国文章学著作按一定的体系重新编排，涉及文章学的技巧论、创作论、文体论、作家论诸方面。江户中后期的文话虽然以日本学人自撰为主，但仍然处处可见中国文章学的影响。明治维新之后，日本社会对汉诗汉文的兴趣并未衰退，出现了很多指导写作汉诗文的书，龟卦川政隆所编的《文章一贯集解》就是这股风潮下的产物，此书也是东亚文话史上唯一一部文话注释书。所谓"集解"，即汇集了日本江户中期多位学者关于文章写作的论述。日本文话从借中国文章学著作发声，到自己独立发声，经历了一个本土化的过程。江户中期的文话开始关注日本学人汉文写作中的实际问题，故日本文话对所谓"华风"与"和习"进行了热烈的讨论。日本学人认为，要想写出纯正的汉文，必须戒除写作中受到日文训读影响的表达方式，特别是荻生徂徕提出了"以汉语会汉语"的方式，至今在外语学习中仍具有借鉴意义。同时，还可以看到随着日本汉文水平的进步，日本文人对中国的古文以及文章学开始持一种贬抑的态度，这与日本文人在汉学上的自信是息息相关的。本章最后讨论了日本文话中有关荻生徂徕"古文辞"的争论。荻生徂徕希望通过学习明人，特别是李攀龙、王世贞等人，来达到"孔子之道"，而忽视了经典的选择问题。江户中后期的文话展开了对荻生徂徕"古文辞"的批评，最终为日本汉文学发展指出了正确的道路。日本文话自始至终深受中国文章学的影响，一直在与中国文章学进行对话，回应着产生自中国的理论与实践命题，最终找到了适合本国文章学发展的道路。

本书名为《域外稽古录》，书名来自司马光所著的《稽古录》，该书是宋代的史学名著，四库馆臣赞为"洵有国有家之炯鉴，有裨于治道者甚深"(《四库全书总目》卷四十七"《稽古录》提要")。"稽古"二字出自《尚书·尧典》,伪孔传曰:"能顺考古道而行之者。"本书使用的材料都得自域外,故命之为"域外稽古录"。当然本书既非关于治道,亦非关于古道,只是以域外的新材料来研究古代文学之"道",是为本书副标题"东亚汉籍与中国古典文学研究综论"之意。本书十二章围绕着"中国文集日本古钞本研究""唐宋诗日本古注本研究"和"东亚汉文学研究"三个主题展开论述,使用的方法以个案研究为主,希望通过个案的研究来填充东亚汉籍与汉文学研究的巨大拼图。实际上,本书仍然是一部"在路上"的作品,很多计划中的研究尚未完成,但学术研究从来都不是一蹴而就的,好在想法已经有了,期待着再经过若干年的努力,向学界奉献一部更有体系、更具理论性的著作。

第一辑

中国文集日本古钞本研究

第一章　哈佛燕京图书馆藏日本经学家
　　　　平贺晋民《诗经原志》稿本探赜

一　平贺晋民的生平与学术渊源

日本德川幕府建立之后，致力于发展儒学特别是朱子学，德川幕府也重用藤原惺窝（1561—1619）、林罗山（1583—1657）等朱子学者，朱子学在日本开始大规模地传播。不过，日本儒学发展到江户时代中期之后，朱子学的统治地位受到了以伊藤仁斋（1627—1705）为代表的古义学派以及以荻生徂徕（1666—1728）为代表的古文辞学派（又称蘐园学派）的挑战。[①]特别是荻生徂徕，由于弟子众多，其学说在江户时代风靡近一百年，对日本学术史、思想史以及汉学史都产生了无与伦比的影响。本章所讨论的对象平贺晋民（1722—1793）[②]，就是一位受到古文辞学派影响的经学家。

[①] 参见朱谦之《日本的朱子学》，北京：人民出版社，2000年；〔日〕松下忠著《江户时代的诗风诗论：兼论明清三大诗论及其影响》，范建明译，北京：学苑出版社，2008年。

[②] 关于平贺晋民的生卒年，一般作1722—1792，但晋民卒于宽政四年十二月廿四日，换算为公历，已届1793年。平贺晋民的生平，最直接的史料是其弟子赖惟宽（春水，1746—1816）所撰的《平贺先生墓志铭》，以及弟子间大业所撰的《中南平贺先生略传》，皆载泽井常四郎『經學者平賀晋民先生』，東京：櫻山文庫，1930年，第149—150页。2017年4月，东京研文出版社又重新出版了该书，作为"近代日本汉学资料丛书"第一种。

平贺晋民，初名晋人、叔明，字子亮、房父，号中南、果亭、南岭、芭园（芭塾），通称孙次郎、惣右卫门，安艺忠海（广岛县丰田郡忠海町）人，江户时代中期的儒学家。日本现代汉学家高楠顺次郎称："先生山阳之硕学，而天下之高士也。"①即是从学与行两方面对其的概括。

平贺晋民是江户时代中期一位行事比较有特色，也很有思想的经学家。他一生的行事体现了江户时代知识分子的某种典型。平贺晋民出生于日本的安艺国，即今天的广岛县（在日本被称为"中国"地区），一生以学问为业，以著述为事。胜岛翰在《忆平贺晋民先生》中称其为"中国醇儒持操坚"②，基本无差。晋民出生的享保七年（1722），正是荻生徂徕的古文辞学说在日本风行之时。晋民年十四，出为沼田土生氏的养子。宝历五六年（1755—1756）间，养父去世后，他又恢复本姓平贺。他的弟子赖春水在《平贺先生墓志铭》中说晋民青年时期即有志于学问，但"僻乡无师"，③他只能从故乡的寺院里借一些典籍来阅读。赖春水又在《师友录》中记载晋民在寒驿无师的情况下"独自苦学，躬扶贱业而翻阅十三经、廿一史"④。正是出于对学问的执着追求，晋民渴求着名师的指导。

宝历十二年（1762），年已不惑的晋民到肥前（佐贺县）莲池龙泽寺从黄檗僧大潮元皓（1678—1768）学习。释大潮，名元皓，号月枝、鲁寮、西溟，肥前松浦（佐贺县）人，江户中期著名的汉诗人，著有汉诗集《鲁寮诗偈》《松浦诗集》《西溟余稿》等。关于释大潮对晋民的教导，晋民日后曾云："弟子晋民僻境之寒士，自早岁守先业为农，三十始志于学。旁视于天下，自薮门之徒皆逝焉，无可与言文者矣。犹幸和尚岿然独

---

① 『經學者平賀晉民先生』，卷首，第22頁。
② 同上书，卷首，第9頁。
③ 同上书，第150頁。
④ 同上书，第157頁。

存,乃奋起而西走,而请业师,近期顺而不拒我,即出尝所为诗或文而质于前,则点窜指授,示方不遗,云可教矣。自是朝夕于龙津,奉承而请益,师亦教诲不倦,且宠我光我,顾复备至。"①可见,释大潮对其教导备至,不以晋民出身低贱而轻视他。晋民在《送颐亭先生还天草序》中表达了对释大潮的感激之情:"伏惟和尚天挺之资,生于偏隅而独立生知,夙振宗风,又精义学,旁兴斯文。依化游戏,与蘐园诸士相颉相颃,相唱相和,爰驰声于天下,实为天人之羽仪。"②可见,释大潮颇通佛学义理,又长于诗文创作,同时又与"蘐园诸士"即古文辞学派诸人多有唱和,荻生徂徕《徂徕集》卷六有《次韵大潮上人春日见寄三绝》《潮师石君偕赐高和再用前韵奉承三首》等诗。释大潮在两个方面对晋民产生了很大的影响:一是大潮能说汉语,曾在京都宇治由来自中国福建的隐元隆琦大师建立的黄檗宗大本寺万福寺做翻译,晋民后来到长崎学习唐音,也缘于老师的鼓励;二是大潮与荻生徂徕及其弟子服部南郭(1683—1759)皆有交往,这也奠定了晋民思想的基调。

在长崎学习汉语时,晋民与清人沈纶溪、游扑庵、龚廷坚等多有交往。他的文集《日新堂集》中有他与清人的唱和诗多首,留下了一段中日文化交流的佳话。在此期间,他结识了高彝等长崎当地人士,结成"芙蓉诗社"。晋民云:"壬午之春,余西游抵肥之莲池,谒鲁寮老师,遂西抵长崎。抵则与高君秉、张孟端、山子顺、魏君翼、刘仰之其他诸子相得甚欢,乃相与论天下事,商榷古今,暇则讲习诗书,或文或诗,竟乃结社而会矣。"③鲁寮老师,即释大潮。"芙蓉诗社"的主盟者高彝,字君秉,号旸谷,通称忠藏,其义父是"译士",即唐话翻译,高彝后来

---

① 『經學者平賀晋民先生』,第16—17頁。
② 同上书,第16頁。
③ 同上书,第460—461頁。

亦承袭父职。高彝也曾从释大潮学习汉诗。在长崎学习三年后，明和元年（1764），晋民离开长崎，后来回到故乡附近的竹原、三原，以教授为业。明和四年（1767），第三次游历关东地区。明和五年（1768），在京都开始了十余年的侨居生活。安永二年（1773）左右，出任京都青莲院法亲王宫文学。安永三年（1774），出任京都御所大舍人通直郎。天明二三年间（1782—1783），移居大阪。天明八年（1788），掌管幕府政事的老中松平定信（1787—1793年任老中）、松平信明（1788—1803、1806—1817年任老中）为了革除幕府弊病，援引了一些儒学家做幕僚，松平定信就汲引了朱子学派儒学家、"宽政三博士"之一的柴野栗山（1736—1807），而松平信明则延请了反朱子学派的平贺晋民。①晋民比较喜欢书斋中的学者生活，在江户居留一年后，宽政元年（1789），晋民西归，回到大阪。宽政三年（1791），完成了他的代表作八十一卷的《春秋稽古》。宽政四年十二月廿四日（时已至1793年），晋民去世，享年七十一岁，卒后葬于大阪天王寺内邦福寺，老中松平信明赐谥"好古先生"。晋民有名的弟子主要有赖春水、间大业二人。现根据《经学者平贺晋民先生》一书，将晋民生平简略排列如下：

> 享保七年（1722），出生于安艺国丰田郡忠海町。
>
> 享保二十年（1735），出为沼田土生氏养子。
>
> 延享四年（1747），与樱井顺子结婚。
>
> 宝历五六年间（1755—1756），养父病殁，服丧三年，后复姓平贺。
>
> 宝历十二年（1762），到肥前莲池龙泽寺从大潮元皓学习。后至长

---

① 花井卓藏为《经学者平贺晋民先生》作序云："天明中，松平越州定信、松平侍从信明之参幕政也。越州拔柴野栗山，侍从征先生，各资治教。栗山学奉洛闽，先生则宗蘧园，并为双璧。"『經學者平賀晉民先生』，第7頁。

崎学习唐音。在长崎与高彝等人结"芙蓉诗社"。

明和元年（1764），离开长崎。

明和二年（1765）左右，居竹原等地，东游大阪等地。

明和四年（1767），游历关东。

明和五年（1768），侨居京都。

安永二年（1773）左右，出任京都青莲院文学。

安永三年（1774），出任京都御所大舍人通直郎。

天明二三年间（1782—1783），移居大阪。

天明八年（1788），赴江户幕府。

宽政元年（1789），西归。

宽政四年十二月廿四日（时已至1793年），去世，葬大阪，谥"好古先生"。

日本享保年间（1716—1736），荻生徂徕倡导的古文辞学派大行于世，加之徂徕众多弟子的推波助澜，古文辞学派声势非常浩大。那波鲁堂（1727—1789）在《学问源流》中说："徂徕之说，享保中年之后，实乃风靡一世。然盛至京都，乃徂徕殁后，自元文初年，至延享、宽延，十二三之间为甚。"① 晋民出生后不久，引领江户一代风气的荻生徂徕去世，但徂徕的影响并没有消歇，晋民成长的年代正是古文辞学派大行于世之时，木岛茂在为《经学者平贺晋民先生》所作的序中说得很清楚："（晋民）专修徂徕学风。"② 赖春水在《师友录》中也说："其学不出蘐园。"③ 上文已经提到，晋民成为徂徕的追随者，主要是受到其师大

---

① 那波鲁堂《学问源流》，宽政十一年（1799）大阪崇高堂刊本，日本国立公文书馆内阁文库藏本，叶22a-b。

② 『經學者平賀晋民先生』，卷首，第15页。

③ 同上书，第157页。

潮元皓的影响。

荻生徂徕在《与薮震庵》中交代了其发起古文辞的原因：

> 不佞始习程朱之学，而修欧苏之辞。方其时，意亦谓先王孔子之道在是矣。是无它，习乎宋文故也。后有感于明人之言，而后知辞有古今焉。知辞有古今，而后取程朱书读之，稍稍知其与先王孔子不合矣。夫然后取秦汉以上书，而求所谓古言者，以推诸六经焉，则六经之旨，了然如指诸掌矣。是亦无它，习乎古文故也。①

徂徕认为，要领会"先王孔子之道"，不能依据宋儒的"近言"，而要通过秦汉以上的"古言"。不过，徂徕设计的"古文辞"，不是直接学习秦汉的"古言"，而是要通过学习明代的李攀龙、王世贞等后七子的文学来达致，他在《日新堂集》卷七《唐诗选夷考题辞》中说：

> 故李（攀龙）、王（世贞）崛起，以修辞振之，亦一以古昔为则，是岂可不谓豪杰乎？……大抵韩、柳以后，古今之间，成一大鸿沟，及王、李出而后浑然为一，岂非一大快事耶？②

古文辞学派在学术上的表现就是反朱子学，这在晋民所著的《诗经原志》（下简称《原志》）中有淋漓尽致的表现。《原志》对朱熹《诗集传》的观点进行了近乎冷嘲热讽的批判。这一点，下文将会展开论述。不过，晋民对徂徕之说并非亦步亦趋："予主徂徕，非类世间犬吠之徒，今言如此，是予斟酌吟味后方主徂徕故也，非令门生弟子皆主徂徕。"③

---

① 荻生徂徕《徂徕集》卷二十三，宽政三年（1791）大阪文金堂、心斋桥盘唐物町南刊本，早稻田大学图书馆藏，叶2a-b。

② 荻生徂徕『蘐園随筆』，關儀一郎編『續日本儒林叢書』第一冊，東京：鳳出版，1978年，第47頁。平贺晋民将之概括为："自蘐园倡古学，诗必盛唐，文必李、王。"『經學者平賀晋民先生』，第475頁。

③ 『經學者平賀晋民先生』，第108頁。

又说:"徂徕老先生之说颇能取舍,但亦有不足之处,予有辨正采择之志。"[①]从学术谱系上来说,晋民属于徂徕一系,也可谓徂徕学派的后学,但他在学问上却能保持"辨正采择"的立场。不唯权威,甚至批评权威,在他所著的《原志》中多有表现。

东亚学界鲜见关于平贺晋民的研究[②],关于平贺晋民生平与著作的辑录最权威的专著是泽井常四郎所著的《经学者平贺晋民先生》一书。此书辑录了平贺晋民《学问捷径》(三卷)、《大学发蒙》(一卷)两部学术著作,以及其本人的文集《日新堂集》(十卷及续录)与笔记《蕉窗笔记》(一卷),然而未收他最著名的著作《春秋稽古》八十一卷、《世说新语补索解》二卷。晋民的著述,除上文列举的以外,尚有《唐诗选夷考》五卷、《论语合考》(未完成)等等。而本文要讨论的《原志》亦是其最重要的著作之一,也未收于《经学者平贺晋民先生》一书中。所以对平贺晋民研究的展开,还有赖于平贺晋民著作的进一步整理。

二 《诗经原志》稿本的形态

《原志》是一部重要的日本《诗经》学著作,目前研究日本《诗经》学的论著提到该书的非常少[③],可能与其皮藏于美国有关。日本学者江

---

① 『經學者平賀晋民先生』,第109頁。

② 目前关于平贺晋民的论文,笔者仅见湯沢質幸「近世中期儒学における唐音——平賀中南を中心として」,筑波大学文藝・言語学系『文藝言語研究 言語篇』第51輯,2007年;又賴惟勤「趙陶斎と平賀中南」,『日本漢学論集:嶺松廬叢録』(『賴惟勤著作集』Ⅲ),東京:汲古書院,2003年;野間文史「平賀中南『春秋稽古』初探」,二松學舍大学大学院紀要『二松』第31集,東京:笠間書院,2017年3月;野間文史「平賀中南『春秋稽古』所引日本学者の説について」,二松學舍大学編『二松學舍創立百四十周年記念論文集』,東京:二松學舍,2017年。

③ 如王晓平《日本诗经学史》(北京:学苑出版社,2009年)、《日本诗经学文献考释》(北京:中华书局,2012年)及张小敏《日本江户时代〈诗经〉学研究》(山西大学博士论文,2013年)皆未论及此书。

口尚纯在《江户时期〈诗经〉关系书目》(第二次分类版)中著录云:

  《诗经原志》,六卷三册,平贺中南(晋民),刊本。(备考:原大阪府)

  《诗经原志晰义》,九册,平贺中南(晋民),写本、刊本。(备考:原大阪府[版本交杂])①

这段文字应该根据的是《经学者平贺晋民先生》中的相关记载。平贺晋民弟子间大业在《中南平贺先生略传》中根据其印象著录为:

  《诗经原志》 全九卷 未刻

  《晰义》三卷,《国风》二卷,《小雅》二卷,《大雅》一卷,《颂》一卷。②

《经学者平贺晋民先生》在承袭这段记载之后,又有一个具体的说明:

  《诗经原志》 六卷 刊本大阪图书馆所藏

  卷一二 风

  卷三四五 雅

  卷六 颂

  总纸数二百七十九枚,日新堂所藏,出版年月日及发行书肆未详。③

同一本书,《经学者平贺晋民先生》的记载前后都不一致,间大业记载《原志》并未刊刻,且有九卷,在正文之前还有《晰义》三卷:

---

① 江口尚纯《江户时期〈诗经〉关系书目》(第二次分类版),见其《江户时期〈诗经〉研究的动向之一:以大田锦城为主》,张宝三、杨儒宾编《日本汉学研究续探:思想文化篇》,上海:华东师范大学出版社,2007年,第55—56页。此书目"著录总数四百六十种之中,有二百六十余种可证其实现存,而且其中六十余种有刻本、活字本或影印本"(第36页)。

② 『經學者平賀晋民先生』,第163页。

③ 同上书,第125页。

第一章　哈佛燕京图书馆藏日本经学家平贺晋民《诗经原志》稿本探赜

《诗经原志晰义》三卷　写本　大阪图书馆所藏

卷一诗义古训

卷二、三排非

用印刷"春秋集笺"的纸写成，总纸数百十二枚。①

《经学者平贺晋民先生》又言《原志》有刻本，但所载正文卷帙与间大业所载不同，且没有《晰义》三卷。据笔者检索大阪府立中央图书馆及大阪府立中之岛图书馆的藏书目录，皆未见有收藏《原志》一书，所以笔者怀疑《原志》并未刊刻过；如果有刊本的话，断不会仅大阪图书馆一家收藏。当时大阪图书馆的藏本，笔者推测，可能也是一部写本。笔者在哈佛燕京图书馆所见的《原志》与《经学者平贺晋民先生》所载的卷帙内容完全一致，此书索书号为TJ439/1416，1955年6月24日入藏哈佛燕京图书馆。《原志》六卷，装订为六册，封面上明确标明此书为平贺晋民的"自笔""稿本"："诗经原始（志）稿本平贺晋民自笔六。"（见图1-1）《原志》卷一首页，除有哈佛燕京图书馆的藏书印之外，尚有"瑞峰""啸月"朱文印两方（见图1-2），可能为原藏者之印，惜未能考出其人，且俟博雅君子。

笔者比较了日本国立国会图书馆所藏的平贺晋民《春秋稽古》稿本与哈佛燕京图书馆所藏的《原志》写本，发现两者字体完全一致（见图1-3），故可以断定此为同一人书写，皆为平贺晋民的自笔，即手稿本。

《原志》稿本每册卷首书"诗经原志卷×"，次行书"皇和安艺平贺晋民房父著"，每半叶九行，单鱼尾，四周双边。《原志》誊写所用的稿纸为《春秋集笺》用纸，故版心仍有"春秋集笺"四字。《诗经》正文用大字，注文用小字双行夹注。这部稿本应该是平贺晋民在定稿以后的誊钞本，故书写整洁，一笔不苟。但定稿后，晋民又在不断地修改，所以

---

① 『經學者平賀晋民先生』，第125—126頁。

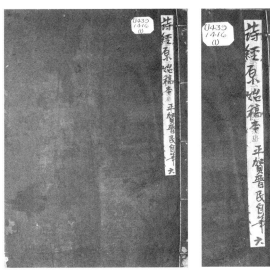

图 1-1　哈佛燕京图书馆藏
《诗经原始（志）》封面

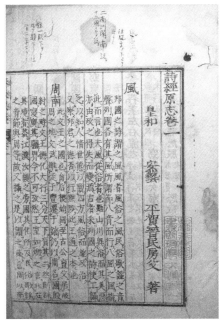

图1-2　哈佛燕京图书馆藏《诗经原志》卷一书影

图1-3　日本国立国会图书馆藏《春秋稽古》卷九书影

书中留下了很多修改的痕迹。这些改动之处,最大的可能是作者亲自完成的,而非他人的转钞。

我们从稿本上可以看到晋民对原稿修改之痕迹(见图1-4),如卷一《王风·大车》"穀则异室",晋民注云:"穀训生之妄,不责而自败。"后将"责"改为"攻"。原作"责"完全是笔误,改正后文意始通畅。卷二《唐风·无衣》的解题,晋民原作:"人贻衣于我,说而谢之也。""说"后被改为"喜"。卷五《大雅·緜》注云:"古公亶父,即太王,由何称古公亶父之为名为字,何可知之。""何可知之"后被圈掉,在本页的天

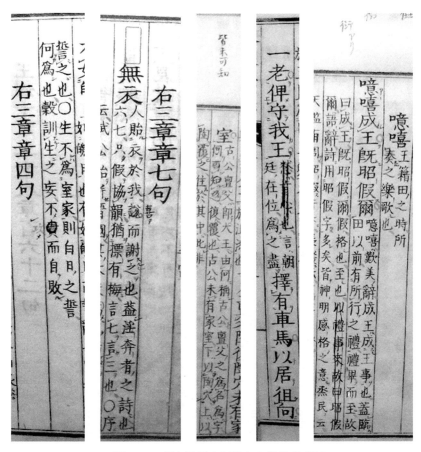

图1-4 《诗经原志》稿本上的修改痕迹

头被改为"皆未可知"。除了改动,还有一些删除的痕迹,如卷三《小雅·十月之交》"不憖遗一老",原注有"憖,有心也",这句后被删除。卷六《周颂·噫嘻》"既昭假尔",注文原有"以礼事来,故曰昭假",被删除,并在天头注明"衍アリ",即有衍文之意。

在删除衍文之外,稿本还补足了一些脱字(见图1-5)。如《召南·草虫》原注云"凡陟山谓瞻望,采物贪得也",后一句明显不通,脱一"谓"字,稿本上已补足。《邶风·泉水》原注"故云妇人无宁之事","宁"前脱"归"字,亦补。《原志》的稿本上还有晋民粘贴的一些浮

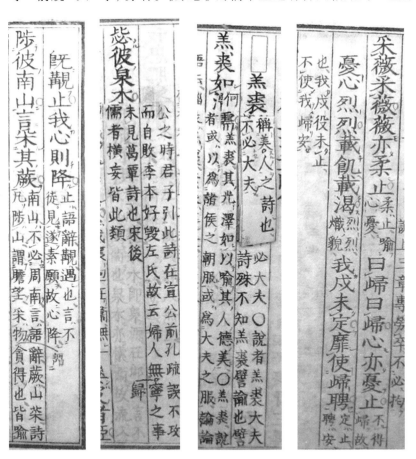

图1-5 《诗经原志》稿本上的补字和浮签

签,用以覆盖原来的内容,如卷一《桧风·羔裘》的解题就有一张浮签云:"称美人之诗也,不必大夫。"这可能是晋民后来修改时粘贴的。作为稿本的《原志》,还有一些地方显示出稿本的特征,即有的地方明显并未完成,如卷三《小雅·采薇》:"曰归曰归,心亦忧止。"下注云:"不得归,故……""故"下明显有阙文。

《原志》稿本上每页都有数量颇多的眉批,其笔迹与晋民的笔迹略异,可能是收藏者或他人所施。由于《原志》本文仅有对文字的训诂,没有对《诗经》中文字音韵的注解,故眉批主要是对文字音韵的说明(见图1-6)。如卷四《小雅·大田》的天头有众多关于音韵的眉批。除了音韵之外,还有一些是对注文的补充。如对《大田》"彼有遗秉,此有滞穗,伊寡妇之利"一段,眉批补充注释云:"鳏寡拾摭以为食。"再如卷五《大雅·文王》"文王降陟,在帝左右",眉批云:"《左传》云:'叔父陟恪,在我先王之左右。'因疑'降'是'恪'字之误。恪,敬也。"眉批

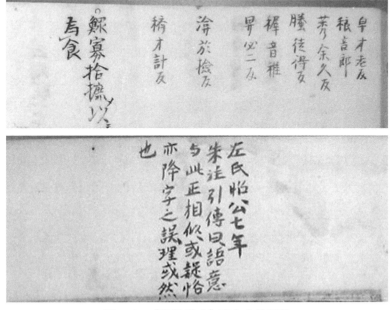

图1-6 《诗经原志》稿本上的眉批

补充了所引《左传》的出处是"左氏昭公七年"。又批云:"朱注引《传》曰:'语意与此正相似。或疑恪,亦降字之误。'理或然也。"

总之,虽然哈佛燕京图书馆所藏的《原志》是一部誊清的稿本,但完成后,晋民又做了许多修改。如今哈佛所藏的《原志》上还保留着晋民的修改痕迹,从这些痕迹可以看出晋民认真的治学态度以及在学问上不断精进的精神。

三 《诗经原志》对汉儒与宋儒(朱熹)《诗经》学的批判

在中国经学史上,从《毛传》《郑笺》到《孔疏》及朱熹《诗集传》一系的《诗经》学,由于其与科举绾合在一起,成为具有霸权地位的主流《诗经》学。随着朱子学在东亚地区的传播与影响的扩大,朱熹的《诗传集》更是日本学者研究《诗经》必须面对的存在。而作为徂徕后学的晋民,其学术批判的对象就是朱熹。作为一部《诗经》学研究著作,《原志》必须对汉儒与宋儒创造的中国主流《诗经》学进行回应;而晋民对汉宋《诗经》学的回应方式主要是批评,甚至是厉声批判。

"五经"当中,《诗经》在汉代是最早被尊为"经"的,它在汉代的政治生活中也具有非常重要的地位,汉儒即有以《诗经》为"谏书"者。汉儒解《诗》的特色就是以"美刺"说《诗》[①],言美刺时,有时与诗歌原意偏离甚至相反[②],即产生一种"言此意彼"的"讽寓"(allegory)效果[③]。特别是《郑笺》——坐实《诗经》物象后的"讽寓"意义,在后世

---

① [清]程廷祚《清溪集》卷二《诗论十三·再论刺诗》,《金陵丛书》乙集之十,叶7b。
② 参见张伯伟所举的《关雎》之例,见《中国古代文学批评方法研究》第一章"以意逆志论"第二节"汉儒以美刺说诗的新检讨",北京:中华书局,2002年,第29—31页。
③ 参见〔美〕苏源熙《中国美学问题》,卞东波译,第一章,南京:江苏人民出版社,2009年。

学者看来完全是牵强附会,背离原始诗意。卷四《小雅·宾之初筵》,晋民注云:

> 郑玄欲一一合之于礼,故牵强穿凿已甚矣。不知举祭之大略,而为说祭之诗也。

类似的意见,中国学者也早已发表过,宋陈善《扪虱新话》下集卷二"郑康成以《周礼》学笺《毛诗》"条指出:

> 诗人之语,要是妙思逸兴所寓,固非绳墨度数所能束缚,盖自古如此。予观郑康成注《毛诗》,乃一一要合《周礼》。①

除了"以礼说《诗》"之外,晋民还批评了汉儒认为《诗经》与春秋之时的时事有关的看法,《原志》卷一《鄘风·柏舟》解题云:

> 旧为卫僖公世子共伯妻共姜。夫诸侯之女,既归于诸侯,何有此事。故季本云,共伯为卫世子,共姜,齐女,其父母岂有越他国夺嫁之理哉?良是。至其以母为姑,尤非也。此鄘土之节妇,何必卫哉?汉儒谓《诗》皆与于国事,而太史为之,故为是诞妄耳。

再如卷一《卫风·淇奥》,晋民解题云:

> 美君子之诗也。君子或诸公子,或卿大夫,或士庶人,未可知也。此诗极褒奖而不及人君之德度,是知非美卫侯也。○汉儒以得失视诗,故指此为美武公,又因"猗重较"之言,云卿士于周,或云佐周平戎,平王命为公,皆诞妄、傅(附)会之说也。

在晋民看来,汉儒还有另一个毛病,就是以后代的情况来比附《诗经》时代的情况,犯了"以今例古"的大忌,如卷二《齐风·卢令》,晋民解题云:

---

① [宋]俞鼎孙、俞经辑刊《儒学警悟》卷三十七,北京:中华书局,2000年,第765页。

>《战国策》云：韩国卢，天下之骏犬也；东郭逡，海内之狡兔也。毛苌据之以卢为犬。夫卢，犬名，而非卢即犬也。且以数百年后之事定数百年前之物，可乎？……凡以意为杜撰，以欺后人，汉儒之常。

再如晋民解释卷五《大雅·生民》"卬盛于豆，于豆于登。其香始升，上帝居歆，胡臭亶时"诸句云："此祭非祀祖宗，亦非郊祀，只是祭稷而祈年也。而云上帝者，凡神合之，则皆上帝也。后世以后稷为稷，配天于郊，此是义也，分之则有别。禘祫于庙，以文王配之是也。一乎，二乎，不可得而知，此神道之教也，圣人敬天敬鬼神之意也。○汉儒以此祭为郊天，稷不可郊，则云二王之后得祀天，此周之礼也。后稷臣于尧舜，何由知许用先代之礼乐，牵强傅会甚者也。"

同样受到晋民批判的还有以朱熹为代表的宋儒。据笔者统计，《原志》一书提到朱熹数十次，仅有两处对朱熹的观点表示赞同。其一见卷一《王风·大车》，朱熹将"死则同穴"解释为"合葬"，晋民认为"朱熹氏为得之"。其二见卷三《小雅·采芑》"其车三千，师干之试"注云："'车三千'，朱熹云，此亦极其盛而言，未必实有此数也。此说极是也。"除此之外，《原志》对朱熹几乎皆是批评，晋民还明确说"《集传》不慊于人意也"（卷二《齐风·卢令》注）。他对朱熹的批评非常直接，卷一《邶风·新台》"燕婉之求，籧篨不鲜"注云："籧、篨，盖竹器，未详何物……朱熹'竹席'之说，亦意料之言，纵令当世有其物，何知古必然。"所谓"意料之言"即臆想之言。卷六《周颂·噫嘻》"噫嘻成王，既昭假尔"注云："朱熹云，成王始置田官而尝戒命之也。夫诗讽咏之物也，王之戒田官，何用诗之为，既用之，何假前王之为。又何本始置田官之为？不甚迂乎！"又卷三《小雅·由仪》"宜兄宜弟，令德寿岂"注云："朱熹诸侯多忌兄弟之说，陋甚矣。"卷二《陈风·羔裘》"羔裘逍遥，狐裘以朝"注云："郑玄以羔裘为朝服，狐裘为祭服。朱熹又以锦衣、

第一章　哈佛燕京图书馆藏日本经学家平贺晋民《诗经原志》稿本探赜

狐裘为朝天子之服,皆以己意妄说者也,于《礼经》无据。"卷二《豳风·七月》"嗟我妇子,曰为改岁,入此室处"注云:"吕祖谦不知此义,徒见三正而云,三正通于民俗。至朱熹云,无纯臣之义,及私有纪候之法则。谬之尤大者也。"这里,晋民对朱熹的批判受到古文辞学派很大的影响。如果我们比较荻生徂徕高弟太宰春台(1680—1747)所著的《朱氏诗传膏肓》(图1-7)和《原志》就会发现,两者对朱熹的批评在思想上如出一辙,《朱氏诗传膏肓》卷上云:

图1-7　太宰春台《朱氏诗传膏肓》
(哈佛燕京图书馆藏延享三年
[1746]刻本)书影

> 宋儒之说经则不然,专以臆解,不从传说,好立新义。如晦庵之注诗,谓之注则可,安得谓之传乎? 晦庵本不知诗,其说诗也,不足道已。然其间有大纰缪者,贻学者害不少。

甚至在遣词用句上,两书都有惊人的相似,且看几例《朱氏诗传膏肓》卷上对朱熹《诗集传》解诗的批判:

> 若晦庵者,不可与言诗也。(《静女》)
>
> 晦庵此言,徒为诗人解说耳⋯⋯宋儒不识礼义之辨,大抵以礼为义。(《载驰》)
>
> 岂有浅深哉? 晦庵拘焉。(《伯兮》)
>
> 泥乎固哉,晦翁之为诗也。(《黍离》)

> 晦庵此等解，使人捧腹。(《君子于役》)
>
> 朱注至此，令人喷饭。(《羔裘》)

晋民认为，朱熹等宋儒之所以在解《诗》上有如此多的错误，与宋儒喜欢以义理说《诗》有关，如：

> 旧云：黎侯寓于卫，其臣劝以归也。按《左传》载晋伯宗言，赤狄夺黎氏地，晋侯灭潞而立。黎侯传言是而已，其详不可考。后世不知诗教，缘传傅会，欲强合己志。但《毛传》犹未言之，序始言焉，而郑玄依之。朱熹虽疑，取而释之，以义理视诗者，不得不然。(卷一《邶风·式微》解题)
>
> 后儒不知道，不知礼，不知乐，不知诗，唯义理之视，其陋如此。……理学者所求非道矣，焉得其说？其所谓责难之意寓焉。(卷三《小雅·天保》解题)
>
> 后儒不唯诗以义理视也，欲乐亦以义理听焉。董氏云，知义已失之，皆理学之弊也。(卷三《小雅·南陔》解题)
>
> 宋儒唯理之谭，甚疏于礼，而犹毁经。间有详之者，亦一据汉说，益傅会耳。(卷五《大雅·旱麓》"瑟彼玉瓒，黄流在中"注)

这里的"后儒"主要指宋儒。同样，对以义理说《诗》的批判也是古文辞学派的基本观点，太宰春台《朱氏诗传膏肓》卷上对这一点再三批判：

> 所谓义理者，随人之所见而无常度者也，故君子小人各有所以为义理，我以吾义理正人，则人亦以其义理抗我，争之所由起也。且礼者，实事也；义理者，虚言也。古人不贵虚言，晦庵以礼为义理故也。余尝以为宋儒义理之说作，而先王之道废焉，不其然乎！

《朱氏诗传膏肓》卷下解释《大雅·桑柔》一诗亦云："人者，实物也；义理者，虚名也。古人言必实，如宋儒好言义理，徒虚说耳。虚说者，佛氏之道也。"在太宰春台看来，义理具有很大的主观性，不同的主体相对应有不同的"义理"，并无一种普遍适用的"义理"。同时，与在现实中被践行的礼不同，"义理"是"虚"的，缺乏操作性。"义理"，在中国文献的语境中，经常被称为"心性"，从宋代起就广受争议和批评。

晋民批判宋儒的另一个理由是"不知情""不知道"，这与晋民对《诗经》的基本认识是联系在一起的，晋民在《原志》卷一"风"之解题中说："古者采列国之诗，使工诵之，以知人情世态，以观四方风俗，而施政治。"可见晋民认为《诗经》的抒情机制是建立在"人情世态"基础之上的。"不知情"可以理解为不懂人类的基本感情，或不理解《诗经》中蕴含的"人情世态"；而"不知道"则可理解为不懂事物的规律，其实两者是相通的，且看几则晋民的批评：

朱熹轻视天物，而慢弃之言，可谓经生不解人间之事矣。（卷四《小雅·大田》注）

怨役使不均也。○宋儒有谓《北山》不当怨而怨者，又有谓《谷风》未免有施劳之意者，其不知人情，宜乎不知道也。（卷四《小雅·北山》解题）

岂弟，嘉乐也。干，求也。干禄、岂弟，言得禄而嘉乐也。○后儒谓君子无求福之心，其不知道，职此之由。君子何不求福，其曰"天命靡常"，曰"峻命不易"，曰"为君也难"，皆劝禄之言也。若无求福之心，则谁为其难者？凡有血气者，不能无欲，故以欲诱之，尧舜之欲，安斯民欲也。是以祀天地山川，祭社稷宗庙，虽孝敬为主，而在己亦得福之道也，故嘏辞授福为言。《左氏》每云"求福于敝邑社稷"，古之道为然。然欲有善有恶，故以天道福善祸淫戒之。宋儒欲绝欲，此所以其学流于虚无，而不能遂绝也。（卷五《大雅·旱麓》"岂弟君子，干禄岂弟"注）

也就是说，宋儒解《诗》时，戴上理学意识形态的有色眼镜，没有考虑《诗经》之产生是基于"人情世态"这一基本事实，从而遮蔽了对《诗》意的准确判断。这一点可能与晋民受到荻生徂徕、太宰春台等古文辞学派学者的影响有关，荻生徂徕认为："是故诸子百家九流之言，以及佛老之类，皆道之裂已，亦莫有不由人情出焉，故有至言。夫圣人之道，尽人情而已。"①《朱氏诗传膏肓》卷首所附太宰春台《读朱氏诗传》云："若仲晦者非徒不知诗，要之乃不知圣人之道者也。"又云："夫诗者，人情之发也。岂可以心言哉？非徒不可以心言，亦不可以道言，必以心与道言。"从上可见，晋民对朱熹的批判应该受到了太宰春台的直接影响②，但也可以将其视为古文辞学派批判朱子学的一贯主张，甚至是江户儒学的一个共通倾向，如江户另一位儒学家增岛兰园（1769—1839）也著有《诗序质朱》，批判朱子的《诗经》学。晋民也从"人情"的角度批评了日本的朱子学者，如他批山崎闇斋（1618—1682）云："山崎家之儒，皆有禅僧气质，居高临下，责求他人，不知世故，不达人情，故于国家无用，适成国治之碍。"③用语与批评朱子完全相同。

四 《诗经原志》与近世中国《诗经》学

《原志》以自出机杼为主，并没有大量征引他人之说，这显示了

---

① 荻生徂徕《学则》，享保十二年（1727）江户嵩山房刊本，庆应义塾大学图书馆藏，叶7a。

② 平贺晋民的《学问捷径》卷中提到过太宰春台，晋民也读过春台的著作。《朱氏诗传膏肓》延享三年（1746）就已经出版，晋民接触到并不困难。晋民亦有不同于春台之处，春台比较推重汉儒的《诗经》学，其《读朱氏诗传》云："客问曰：然则今人学诗如之何？曰：从毛郑及《尔雅》训故，以求其义。不问作者之贤否，不议言之邪正，但诵其辞，朝夕讽咏，以求其为人温柔敦厚而不愚。"

③ 『經學者平賀晋民先生』，第107頁。

《原志》在学术上追求原创性的努力。不过,晋民在写作《原志》的过程中,除了要回应在中国《诗经》学史上影响巨大的《毛传》《郑笺》《孔疏》和朱熹《诗集传》外,也参考了中国近世以来的一些《诗经》学著作,包括宋元明清四代《诗经》学者的著作,从中也可寻绎出晋民的学术资源、学术取向以及学术理念。

据笔者统计,《原志》提到明代《诗经》学家季本(1485—1563)的《诗说解颐》最多[①],不下数十次。《原志》不但引用季本的观点,而且时时与其辩论、商榷、反驳,可以说季本的《诗说解颐》是《原志》对话的对象。

季本,字明德,号彭山,会稽(今浙江绍兴)人。正德十二年(1517)进士。曾师事王阳明,受其思想影响很大。其所著《诗说解颐》四十卷,"比诸家旧说为详,然一以经文为主,而于旧说多所破之"[②],又"大抵多出新意,不肯剽袭前人,而征引该洽,亦颇足以自申其说,凡书中改定旧说者,必反复援据,明著其所以然"[③]。晋民的《诗经》研究实际上也延续了季本的路子,致力于打破"旧说"。他在《原志》中对季本不拘于旧说之处,皆予以表出。如卷一《王风·黍离》,晋民解题云:"此周民伤己之诗也。○旧皆谓周大夫行役闵宗周,独季本以为非。"又《王风·大

[①] 关于季本的《诗经》学,目前已成为学术界的研究热点,笔者寓目的论文有:蒋秋华《季本〈诗说解颐〉诗次说评议》,《第四届诗经国际学术研讨会论文集》,北京:学苑出版社,2000年;西口智也《季本的诗经学》,《第四届诗经国际学术研讨会论文集》;〔日〕西口智也《季本的诗经观》,《嘉应大学学报》2002年第4期;刘毓庆《季本、丰坊与明代〈诗〉学》,《中国文学研究》2003年第3期;张俊丽《季本〈诗说解颐〉析探》,广西大学硕士论文,2011年;沈丹《季本〈诗经〉学思想研究》,《长春工程学院学报》(社会科学版)2011年第2期。

[②] 〔明〕季本《诗说解颐总论引》,《诗说解颐》卷首,《景印文渊阁四库全书》第79册,台北:台湾商务印书馆,1986年,第3页。

[③] 〔清〕永瑢等《四库全书总目》卷十六"《诗说解颐》提要",北京:中华书局,1965年,第128页。

车》，晋民解题云：

> 此诗甚难解。序云：礼义陵迟，男女淫奔，故陈古以刺今大夫不能听男女之讼焉。毛郑以之诗，其有徒陈古而已，而刺今者乎？且诗无男女之讼事，故朱熹氏不从焉，而云"周衰，大夫犹有能以刑政治其私邑者，故淫奔者，畏而歌之如此"，而解多从《毛传》……故季本氏不从焉，而云，妻为夫所弃，而誓死不嫁，其后夫服毳衣、乘大车以出，而妻望见之，故作此诗……此说最近是。

又解释此诗中"岂不尔思，畏子不敢"两句中的"子"字云："毛、郑及朱共为大夫，以是'子'字故也。虽子为大夫之称，而民间不可指大夫称子也。季本为弃妇，亦以'子'字故也，指前夫为子，甚允当。"又卷二《郑风·将仲子》，晋民解题云：

> 季本云：旧说以仲为祭仲，而谓其不当与庄公诛叔段之谋。诗人之闵叔段，未知其得正与否。然以诗意求之，则谓武姜为母，可也，而武公已死，安得并言父邪？且曰"可怀"，则非所以语祭仲也。此盖女子私其所私者之言耳。《集传》独取夹漈郑氏淫奔之说，得之矣。季说甚辨，无可议者。

卷二《陈风·宛丘》，晋民解题云："《地理志》曰：大姬好祭祀用巫。郑玄和之，又傅会无子。地志因此诗而伪造之说，诬古人，欺后世。汉人之学为然矣，后代唯季本发其妄诞。"卷五《大雅·皇矣》"维此王季，因心则友。则友其兄，则笃其庆，载锡之光"，晋民注云："季本云，旧说以为与其兄以让德之光，则与民无得而称者，有戾矣。盖太伯之让，止是家庭常事，有何异焉，而王季受之，亦不以为将得天下也。但原周所以得天下之由，则自王季受太伯之让始，故推及太伯言之，自史迁以来言此事者，多失本意。此说能砭后儒之病。"同诗"依其在京，侵自阮疆。陟我高冈,无矢我陵。我陵我阿,无饮我泉,我泉我池。度其鲜原,居岐之阳,在渭之将。万邦之方,下民之王"一章,晋民注云:"季本云,旧说以度鲜原居岐阳为徙都程邑,则于上文伐密之事不相连属,而又不言迁程之详,语亦近晦。……后儒因以程为汉扶风安陵,即今咸阳县,又或以程为毕郢之郢,亦皆臆说耳。愚谓,文王迁程以此诗附会焉耳,季氏能发汉以来之蒙。"这些地方,皆是季本对旧说的破除,因而得到了晋民的肯定。

不过,对于不同意季本之处,晋民的批评也是辛辣的。卷二《郑风·有女同车》解题云:"季本云,国君娶夫人,妾媵同行,而夫人独贤。人之不知诗,而穿凿如此。"卷三《小雅·鱼丽》解题云:"季本云,此诗为尊礼贤者而作,因以为燕飨之乐歌,盖亦大雅也。欲强附义理,其迂腐如是。"综观《原志》全书可以发现,对季本《诗说解颐》的援引与批评在《原志》中多次出现,可以说,《原志》在其成书过程中,《诗说解颐》是其主要的参考与辨正对象。

除了《诗说解颐》外,《原志》还引用到数十家近世中国《诗经》学者及其著述,今对其所引的文献一一详考如下:

宋　欧阳修

卷三《小雅·湛露》解题云:"欧阳修云,天子燕诸侯当以昼,而此言夜饮者,燕礼有宵则设烛之礼,是古虽以礼饮酒有至夜者,所以由燕私之情,尽殷勤之意,以见天子恩礼,诸侯之厚也。此说甚有理,多当如是。"按:欧阳修(1007—1072)此语见其所著《诗本义》卷六,又见引于明季本《诗说解颐》卷十六。

卷四《小雅·四月》"先祖匪人,胡宁忍予"注云:"季本云,如旧说则孙之于祖,岂可以匪人言之,欧阳修亦言之。此大不解事之言也。"按:欧阳修观点见《诗本义》卷八。

宋　苏辙

卷二《魏风》解题云："苏辙因公行、公路、公族之言，云晋诗果然，不系于魏何乎？"按：苏辙（1039—1112）对《魏风》的解题见其所著《诗集传》卷五，但并没有晋民引用的话。

卷四《小雅·小旻》解题引苏辙语云："《小旻》《小宛》《小弁》《小明》四诗皆以'小'名篇，所以别其为《小雅》也。其在《小雅》者，谓之小，故其在《大雅》者，谓之《召旻》《大明》……"按：苏辙此语见其《诗集传》卷十一。

卷六《周颂》解题："苏辙云，《周颂》皆有所施于礼乐，盖因礼而作。颂非风雅之诗，有徒作而不用者也。"按：苏辙此语见其《诗集传》卷十八。

宋　李樗

卷一《邶风·旄丘》解题云："而甚有李樗者，谓卫之为狄所灭，不救黎故。人之好穿凿至如此，可叹哉。"按：《经义考》卷一百五引《闽书》云："樗字若林，闽县人，受业于吕本中，后领乡贡，有《毛诗注解》，学者称迂斋先生。"《宋史·艺文志》著录李樗有《毛诗详解》四十卷，据考应为三十六卷，与黄櫄《诗解》合为一编，称为《毛诗李黄集解》。①李樗对《旄丘》的解释见《毛诗李黄集解》卷五，亦见刘瑾《诗传通释》卷二、何楷《诗经世本古义》卷二十六。

宋　范处义

卷二《秦风·小戎》"虎韔镂膺"注云："膺，《毛传》为马带，上下文不属，故范处义、严粲、季本皆排之是也。"按：范处义，字击中，纯孝

---

① 参见刘毓庆《历代诗经著述考（先秦—元代）》，北京：中华书局，2002年，第239页。

乡人,绍兴二十四年(1154)进士。著有《诗补传》①,今有《四库全书》本,范氏关于"膴"的考证见《诗补传》卷十一。

宋　王质

卷二《秦风·驷驖》"輶车鸾镳,载猃歇骄"注云:"《毛传》以猃歇骄为田犬……故王雪山、戴溪、严粲皆以为非。"按:王质(1135—1189),字景文,号雪山,其先郓州(今山东东平)人,绍兴三十年(1160)进士。著有《诗总闻》二十卷,今有《四库全书》本,上述王质意见见于《诗总闻》卷六。

卷四《小雅·四月》"山有嘉卉,侯栗侯梅"注云:"汉有侯梅,晋有侯桃。王质以是破朱氏好奇之失也。"按:朱熹《诗集传》卷十二云:"山有嘉卉,则维栗与梅矣;在位者变为残贼,则谁之过哉?"②王质《诗总闻》卷十三注此句云:"此登山有见也。栗熟八月后,梅熟五月后也。"

又《原志》另有两处提到王质,但据笔者考证,所称引之语皆未见于《诗总闻》中。卷一《召南·采蘋》"于以湘之"注引王质语云:"(湘)字从水,潒濯也。"按:此语,《诗总闻》未见。卷四《小雅·大东》解题注云:"雪山王氏以王城为大东,成周为小东。皆傅会之说也。"按:检王质《诗总闻》卷十三并无晋民所引之语,《诗总闻》原文作:"当是周道之侧有大东山、小东山,俱在东,而以大小别之也。"此处恐是晋民记忆之误。

宋　吕祖谦

卷二《郑风·清人》"左旋右抽,中军作好"注云:"此诗之作,在溃

---

① 关于范处义《诗补传》,参见杨秀娟《范处义及其〈诗补传〉研究》,华东师范大学硕士论文,2006年。
② [宋]朱熹注《诗集传》,王华宝整理,南京:凤凰出版社,2007年,第173页。

奔以前，若在后则诗辞决不如此矣。吕祖谦曰：'不言已溃，而言将溃，其词深，其情危矣。'非也。"按：吕祖谦（1137—1181）之语见其所著《吕氏家塾读诗记》卷八（《四库全书》本）。

卷二《豳风·七月》"嗟我妇子，曰为改岁，入此室处"注云："吕祖谦不知此义，徒见三正，而云三正通于民俗。"按：上引吕祖谦语，见《吕氏家塾读诗记》卷十六。

卷三《小雅·出车》"赫赫南仲，玁狁于襄"注云："朱《传》引吕祖谦、程颐二说，此腐儒之谭，大费辞。"按：朱熹《诗集传》卷九云："东莱吕氏曰：'大将传天子之命以令军众，于是车马众盛，旌旐鲜明，威灵气焰，赫然动人矣。兵事以哀敬为本，而所尚则威，二章之戒惧，三章之奋扬，并行而不相悖也。'程子曰：'城朔方而玁狁之难除，御戎狄之道，守备为本，不以攻战为先也。'"[1]吕氏原语见《吕氏家塾读诗记》卷十七。

卷三《小雅·南陔》解题云："吕祖谦、严粲皆祖郑玄。吕氏固信序之为子夏作……"按：参见《吕氏家塾读诗记》卷十八。

卷三《小雅·南有嘉鱼》"翩翩者鵻，烝然来思"注云："凡诗之取譬，无深义，其（朱熹）所引吕祖谦之说，所谓固者也。"按：朱熹《诗集传》卷九："东莱吕氏曰：'瓠有甘有苦，甘瓠则可食者也。樛木下垂而美实累之，固结而不可解也。'"[2]吕氏原语见《吕氏家塾读诗记》卷十八。

卷三《小雅·彤弓》"钟鼓既设，一朝飨之"注云："'一朝'字无意义，郑、孔拘，朱《传》引吕祖谦说。经生之腐谈，以此说诗，所以不得诗。"按：朱熹《诗集传》卷十："东莱吕氏曰……一朝飨之，言其速也。

---

[1] 《诗集传》，第125页。

[2] 同上书，第129页。

以王府宝藏之弓，一朝举以畀人，未尝有迟留顾惜之意也……"①吕氏原语见《吕氏家塾读诗记》卷十九。

宋 戴溪

卷二《秦风·驷驖》"輶车鸾镳，载猃歇骄"注云："《毛传》以猃歇骄为田犬……故王雪山、戴溪、严粲皆以为非。"按：戴溪，字肖望，一作少望，永嘉（今属浙江）人。淳熙五年（1178）为别头省试第一。著有《续吕氏家塾读诗记》②，今有《四库全书》辑本三卷。《续吕氏家塾读诗记》卷一仍将"猃歇骄"解作"田犬"，未见其非议之辞。引处疑是晋民误记。

宋 严粲

卷一《邶风·谷风》"习习谷风，以阴以雨"注云："严粲解《谷风》云，来自大谷之风，大风也，本《桑柔》之诗。大牵强。"按：严粲，字坦叔，又字明卿，号华谷，福建邵武人。著有《诗缉》三十卷③，今有《四库全书》本，上引严粲观点见《诗缉》卷四。

卷一《卫风·硕人》"朱幩镳镳"注"镳镳"云："严粲以边傍之异，谓不同。以今视古也。"按：《诗缉》卷六云："镳谓马衔外铁也，一名扇汗。镳镳非一镳也。《清人》'驷介麃麃'，武貌，无边傍。《载驱》'行人儦儦'，众貌，从立，人傍。此'镳镳'从金傍。义各异。"

卷二《郑风·有女同车》解题云："严粲以《有女同车》为谓郑忽尝娶陈女。"按：《诗缉》卷八云："《有女同车》指忽所取者。"

卷二《郑风·风雨》解题云："甚有如严粲之说，而悦之。人之不知

---

① 《诗集传》，第132页。
② 参见《历代诗经著述考（先秦—元代）》，第261页。
③ 关于《诗缉》，参见《历代诗经著述考（先秦—元代）》，第311页。又参见陈清茂《从〈诗辑〉论严粲〈诗经〉学重要观念》，《中国学术年刊》2008年第1期；李锦英《严粲〈诗缉〉研究》，山西大学硕士论文，2010年。

诗,至于此,悲夫。"按:《诗缉》卷八解"既见君子,云胡不夷"云:"今曰传以夷为悦,心悦则夷平,忧则郁结也。"

卷二《秦风·驷驖》"輶车鸾镳,载猃歇骄"注云:"《毛传》以猃歇骄为田犬……故王雪山、戴溪、严粲皆以为非。"按:《诗缉》卷十二云:"《补传》曰:毛云,长喙曰猃,短喙曰歇骄。今田犬长喙诚然,短喙非田犬也。"

卷二《秦风·小戎》"虎韔镂膺"注云:"膺,《毛传》为马带,上下文不属,故范处义、严粲、季本皆排之是也。"按:《诗缉》卷十二云:"膺,胸也。"

卷二《豳风·破斧》"周公东征,四国是皇"注云:"严粲之言,僻儒之常套。"按:严粲解《破斧》之语见《诗缉》卷十六。

卷三《小雅·南陔》解题云:"吕祖谦、严粲,皆祖郑玄。……严粲云,董氏以为笙入有声而无诗,非失亡之,乃本无也。此说非也。……僻儒之不知乐,可笑如此。"按:上引严氏语见《诗缉》卷十七。

卷三《小雅·鱼丽》"鱼丽于罶,鱨鲨"注云:"程颐、严粲皆云,开人主怠政之渐。腐儒哉!"按:严粲观点见《诗缉》卷十七。

卷四《小雅·鱼藻》"鱼在在藻,有颁其首"注云:"严粲以鱼在藻为失所,以大首长尾为劳而穷。"按:《诗缉》卷二十四云:"兴也。水深则鱼乐,所谓跃渊纵壑,相忘于江湖者也。今鱼何在乎,浅水生藻而鱼在焉,露其颁然之大首,犹言鱼在于沼,亦匪克乐,喻民之穷蹙窘迫也。"

宋 董氏

卷三《小雅·南陔》解题引董氏语云:"诗有歌有声,见于诗者,歌也;寓于乐者,声也。以其用于乡人邦国,故当时人习其义,是以因其事而识其声,知其义也。然则亡其辞者,乃本亡之,非失亡也。"按:董氏语见宋段昌武《段氏毛诗集解》卷十六、元刘瑾《诗传通释》卷九,可见董氏为宋人。

卷四《小雅·何人斯》"尔还而入……俾我祇也"注引董氏语云:"是诗至此,其词益缓。"按:董氏语见宋吕祖谦《吕氏家塾读诗记》卷二十一、宋段昌武《段氏毛诗集解》卷十九、元刘瑾《诗传通释》卷十二,及明何楷《诗经世本古义》卷二十。

元 胡一桂

卷五《大雅·桑柔》"不殄心忧,仓兄填兮"注云:"填,未详。胡一桂训'满',似是。"按:胡一桂(1247—?),字庭芳,徽州婺源(今江西婺源)人。其学源于其父胡方平,胡方平之传又源自朱熹,故一桂之学,得朱熹源委之正。著有《诗集传附录纂疏》①。然考《诗集传附录纂疏》卷十八"桑柔"条,胡氏云:"填,未详,旧说与尘陈同,盖言久也,或疑与瘨字同,为病之义,但《召旻》篇内二字并出,又恐未然,今姑阙之。"②与晋民所引不同,故疑此处晋民引错。

元 刘瑾

卷二《唐风》解题云:"刘瑾云:'武公能灭晋之宗,而不能改唐之号;能冒晋之号,而不能继唐之统,君子欲绝武公于晋而不可,故总名其诗为唐以寓意焉。然则晋诗称唐,见曲沃武公灭宗国之罪,而《魏风》首晋,又以见曲沃献公灭同姓之恶。世变如此,《春秋》欲不作不可也。'夫理学何者,其愚戆甚于序,不堪可笑。"按:刘瑾,字公瑾,江西

---

① 关于《诗集传附录纂疏》,参见《历代诗经著述考(先秦—元代)》,第344—348页。
② 续修四库全书编纂委员会编《续修四库全书》经部第57册,上海:上海古籍出版社,2002年,第456页。

安福人。著有《诗传通释》①，有《四库全书》本。上引刘瑾语见《诗传通释》卷十一。

明　杨慎

卷一《召南·采蘋》"于彼行潦"注引杨慎语云："谓水潦之年，大道上积水。"按：此语见杨慎（1488—1559）《丹铅余录·总录》卷二、《丹铅余录·续录》卷八。

卷一《卫风·氓》解题引杨慎语云："氓之为字，从亡，从民，流亡之民也。"按：此语见杨慎《升庵集》卷四十五《氓字训》。

卷二《秦风·权舆》"夏屋渠渠"注引杨慎语云："《鲁颂》笾豆大房注"云云。按：此语见《丹铅余录》卷三。

卷四《小雅·何人斯》"胡逝我陈"注引杨慎所引："《战国策》'美人充下陈'。"按：此语见《丹铅余录》卷九、《丹铅余录·续录》卷八。

又卷五《大雅·灵台》"于乐辟廱"直接引用到杨慎《丹铅录》中关于辟雍泮宫的考证（见《丹铅余录》卷十二）。卷六《鲁颂·泮水》亦引用此段考证。卷六《商颂·玄鸟》亦提到杨慎驳斥简狄吞卵之事。

明　黄佐

卷六《周颂·载芟》"载芟载柞，其耕泽泽"注云："黄佐云，柞，其木子，非柞大木也。"按：黄佐（1490—1566），字才伯，号泰泉，香山人。正德十六年（1521）进士，《明史·艺文志》著录其有《诗传通解》二十五卷。据《中国古籍善本目录》，中国国内仅复旦大学图书馆有收藏，题作《诗经通解》②。又日本国立公文书馆亦藏此本，可见此书曾传

---

① 关于《诗传通释》，参见《历代诗经著述考（先秦—元代）》，第356—359页。又参见刘镁硒《刘瑾〈诗传通释〉的撰述体例与解经方式》，《诗经研究丛刊》第二十八辑，北京：学苑出版社，2015年。

② 参见杨焄《复旦大学所藏黄佐〈诗经通解〉发微》，《文献》2006年第2期。

到日本。

明　邹忠胤

卷一《邶风·谷风》"习习谷风……及尔同死"注云："邹忠胤云：'此诗非必弃妇自作，特诗人摹写其情形，而夫之凉德自见。'夫诗之用在观风俗，在知人情，若诗人为之，何用采诸国之诗？使太史作各国之风，可也。且古有诗人者乎？其不知古，不知诗也。悲矣哉！"按：邹忠胤，一作忠允，字肇敏，武进（今属江苏）人。万历四十一年（1613）进士。著有《诗传阐》①，上引邹氏语见《诗传阐》卷四②。

卷二《郑风·东门之墠》诗末注云："邹氏据伪申培传并《论语》'唐棣之华'于此，季本言其非。"按：《诗传阐》卷十三《郑风》部分未收《东门之墠》。

卷二《陈风·东门之杨》解题云："朱《传》谓'期而不至'下二句能协，然上二句取譬甚疏，难从。邹忠胤非朱云：郊外林间，幽期密约，岂其不畏人知，而反诵言以泄之乎？是非情也。夫男女作诗，私以赠遗，岂先诵言以泄之乎？诗又有如后世词曲，必无其事，故设词歌之者，《丘中有麻》类也，亦写时之风俗，故取之。邹何知之乎？"按：邹氏语见《诗传阐》卷十四③。

卷三《小雅·彤弓》解题云："邹忠胤云：'古者诸侯有大功，天子赐弓矢及圭瓒。其赐之圭瓒，使得为鬯以祭先也；其赐之弓矢，使得待王命以征不庭也，故《王制》曰：诸侯赐弓矢而后征伐。典綦重矣，后儒遂以为得专征伐，彼特因《王制》之语而误增一字，失之远矣。'邹说甚卓

---

① 关于《诗传阐》，参见刘毓庆、贾培俊《历代诗经著述考（明代）》，北京：中华书局，2008年，第265—267页。

② 参见四库全书存目丛书编纂委员会编《四库全书存目丛书》经部第65册，济南：齐鲁书社，1997年，第529页。

③ 参见上书，第644页。

明　徐常吉

卷二《魏风·陟岵》解题云："岵、屺、冈等,古义不可知也。役人思家,凭高而瞻望,叙父母属己之言以伤之。其心可悲。○徐士彰之说犹可也。"按:徐常吉(1528—?),字士彰,武进人。万历十一年(1583)进士,著有《毛诗翼说》五卷②。《毛诗翼说》已佚,但其关于《陟岵》的阐释见于徐光启的《毛诗六帖讲意》卷一:"徐士彰曰:孝子思亲,不言己之念亲,而反言亲之念己,则所以存诸心者益切。不言己之自慎,而言亲之欲其慎,则所以保其身者益至。详味之,蔼然有天亲惨怛之情焉。"③

明　邓元锡

卷二《齐风·还》解题云："咏在田猎,相揖让也。○不争功而相称扬,俗之美者,圣世之田,不之过也。儒者不知诗,以美刺劝惩视之,于是穷,则曰'不自知其非也,则其俗之不美可见'……甚焉有如邓元锡之言,岂知诗者矣邪?"按:邓元锡(1529—1593),字汝极,号潜谷,人称"潜谷先生",新城(今属江西)人。著有《诗经绎》三卷④,载于其所著《经绎》中,《诗经绎》卷一释《还》云:"《鸡鸣》刺色荒也,《还》刺禽荒也,古夏王戒之矣。然《鸡鸣》思古贤妃,不言今好内,《还》言俗好猎,不言君从禽,斯风人之言哉。"⑤

---

① 参见《四库全书存目丛书》经部第65册,第679页。
② 关于《毛诗翼说》,参见《历代诗经著述考(明代)》,第164页,注云:"未见。"按:徐光启《毛诗六帖讲意》多次引用到徐士彰之说,当即徐氏《毛诗翼说》中语。
③ 《四库全书存目丛书》经部第64册,第198页。
④ 关于《诗经绎》,参见《历代诗经著述考(明代)》,第120—121页。
⑤ 《四库全书存目丛书》经部第149册,第590页。

明　杨守勤

卷三《小雅·常棣》"常棣之华，鄂不韡韡"注云："鄂，毛云：外发也。杨守勤云：'常棣之华，其内向而下垂者，未必韡韡也……'后儒穿凿，大率然也。"按：杨守勤（？—1620），字克之，号昆阜，慈溪人。万历三十二年（1604）会试、廷对均第一。著有《诗经讲意悬鉴》二十卷、《诗经主意冠玉》。①

明　郝敬

卷二《魏风·陟岵》解题云："岵、屺、冈等，古义不可知也……如季本、郝敬则理学头巾气，岂知诗者乎？"按：郝敬（1558—1639），字仲舆，号楚望，湖北京山人，世称"京山先生"。著有《毛诗原解》三十六卷（附《读诗》一卷）②，郝敬对《陟岵》的解释见《毛诗原解》卷十："山多草木曰岵，山无草木曰屺，山脊曰冈。"③

卷二《陈风·防有鹊巢》解题云："……而郝敬驳朱云：'以予美为男子，则简兮为怨女矣；以予美为妇人，则《离骚》为旷夫矣。'晦翁其将以何解嘲，愚哉！郝敬是胶柱而鼓瑟也……"按：郝敬语见《毛诗原解》卷十三④。

卷二《曹风·下泉》"洌彼下泉，浸彼苞稂"注云："或云，郝敬言隆冬之水，故云洌然寒凉。曰敬虽愚也，必不然矣。冬时诸草死，岂亦水所为乎？其生者亦不伤之，凡涌泉虽夏必寒，故以洌言之，是亦郝敬所不能知。"按：《毛诗原解》卷十五《下泉》条，未见郝敬将"洌"解释为

---

① 关于《诗经讲意悬鉴》《诗经主意冠玉》，参见《历代诗经著述考（明代）》，第228—229页。
② 关于《毛诗原解》，参见《历代诗经著述考（明代）》，第178—180页。又参见王小超《郝敬〈毛诗原解〉研究》，北京大学硕士论文，2008年。
③ 《四库全书存目丛书》经部第62册，第230页。
④ 参见上书，第251页。

"隆冬之水",仅云"冽,寒也"。这两句诗,郝敬解释为:"冽然寒凉下流之泉,本不能生物,况今田无五谷。但浸彼丛生之稂,民间荒凉,苛政侵刻,何以异此。"①晋民这里用的是"或云",可能是耳食之误。

卷二《豳风·九罭》解题云:"郝敬驳非朱,何不责'无以我公归兮'之言,学究哉!"按:《毛诗原解》卷十六"九罭"条云:"朱子改为周公居东,东人喜之而作,非也。夫居东,公之不幸也。不以朝廷失公为忧,而以东人见公为喜。其于君子立言大义,近儿女私情,谓周大夫托东人爱公讽王,则可;谓东人喜之而作,则谬矣。"②

明 徐光启

卷二《豳风·七月》"春日迟迟,采蘩祁祁"注云:"采蘩,朱熹意解之,徐光启辨其非。"按:徐光启(1562—1633)的《诗经》学著述主要有《毛诗六帖讲意》《诗经传稿》及《葩经嫡证序》③。《毛诗六帖讲意》卷一"七月"条云:"一说,求柔桑之后,桑已老而蚕尚未齐,故后出者,则以蘩啖之。此本朱《传》,想俱未尝目睹此事,故以意解之耳。且求桑采蘩一时事尔,自无前后也。"④

明 胡胤嘉

卷一《邶风·匏有苦叶》"士如归妻,迨冰未泮"注云:"诗凡男女之事,女子呼男子称士,如'求我庶士''吉士诱之''女也不爽,士贰其行'是也。胡胤嘉云:'刺淫之诗,未有若苦叶之辞微矣。曰士如归妻,自士而上,更不可苟矣。于此见其为刺宣公诗也。'理学者不能读诗如

---

① 《四库全书存目丛书》经部第62册,第257页。
② 同上书,第265—266页。
③ 关于徐光启的《诗经》研究,参见村山广吉《徐光启的诗经学——关于〈毛诗六帖〉》,《第四届诗经国际学术研讨会论文集》;林璟《徐光启〈诗经〉研究三题》,浙江大学硕士论文,2007年。
④ 《四库全书存目丛书》经部第64册,第222页。

此。"按：胡胤嘉（1570—1614），字休复，仁和（今浙江杭州）人。万历四十一年（1613）进士。《明史·艺文志》著录，胡胤嘉有《读诗录》二卷，此书可能已经亡佚①。《原志》所引之语见于何楷《诗经世本古义》卷十之上。从上可见，晋民并不同意胡胤嘉的观点。

明　黄文焕

卷一《王风·君子阳阳》"君子阳阳，左执簧"注云："簧为笙竽之金叶，自是后世之事，古别一物。黄文焕《诗经考》考证详矣。"按：黄文焕（1598—1667），字维章，号坤五，又号觚庵、恕斋，永福（今福建永泰）人，明天启五年（1625）进士。著《诗经考》十八卷②。黄文焕对"簧"考证见《诗经考》卷五。③

卷二《齐风·著》"俟我于著乎而"注云："黄文焕云，'宁'与'著'字义各别，他处未有相通者。"按：黄氏考证见《诗经考》卷六④。

卷四《小雅·车舝》解题引黄文焕语云："雅诗皆君德时政，新婚之歌似不得入。"按：黄氏关于《车舝》的注释见《诗经考》卷十四⑤，然未见上引之语。上引之语见于郝敬《毛诗原解》卷二十三⑥，此处晋民记忆有误。

明　陆南阳

卷六《周颂·载芟》"载芟载柞，其耕泽泽"注云："陆南阳云：芟、柞，不是耕，盖将先芟除草木。"按：陆南阳，字伯明，号聚冈，常州府武

---

① 《历代诗经著述考（明代）》著录胡胤嘉三部《诗经》学著作：《读诗录》二卷，未见；《诗经全稿》，未见；《诗说》，佚。第269—270页。
② 关于《诗经考》，参见《历代诗经著述考（明代）》，第351—352页。
③ 参见《四库全书存目丛书》经部第68册，第103—104页。
④ 参见上书，第126页。
⑤ 参见上书，第267页。
⑥ 参见《四库全书存目丛书》经部第62册，第330页。

进（今属江苏）人，隆庆年间贡生，尝为湖北善化知县，在任多有政绩。著有《诗经讲意》①，已佚。此条记载，可能为《诗经讲意》佚文。又江户时代经学家仁井田好古《毛诗补传》亦引用到此书，则《诗经讲意》曾东传到日本。

明　何楷

卷二《郑风·萚兮》解题云："何楷诋朱熹以何意，又非人理。何楷无意不知人情，何况诗乎？"按：何楷（？—1645？），字玄子，号黄如，泉州晋江人。天启五年（1625）进士，著有《诗经世本古义》二十八卷②，有《四库全书》本。《诗经世本古义》卷二十云："不知朱子何意必欲改为淫女之词。夫女虽善淫，不应呼叔兮，又呼伯兮，殆非人理，言之污人齿颊矣。又按郑六卿饯晋韩宣子，各赋《郑诗》，子柳赋《萚兮》，宣子皆称善，则其非淫诗可知。"

卷二《陈风·防有鹊巢》解题云："……故朱熹不从，而云男女有私，而忧或间之之词。虽季本僻颇，亦从朱说，而郝敬驳朱云：'以予美为男子，则简兮为怨女矣；以予美为妇人，则《离骚》为旷夫矣。'晦翁其将以何解嘲，愚哉！郝敬是胶柱而鼓瑟也……盖何楷之言也。我能为晦翁解嘲，更一言难郝敬，不知何楷能为解嘲乎？"按：《诗经世本古义》卷二十三之上，并无为朱熹解嘲及质难郝敬之语，其观点为："其所云'予美'者乃妻称夫之辞，与《葛生》之'予美'同义……"

卷二《豳风·七月》"七月在野"注云："七月属下，何楷云，特失文理。足与言古文乎？"按：《诗经世本古义》卷一云："'七月在野'以下蒙上文皆谓莎鸡也，旧说以为属下文，指蟋蟀，不特文理未顺……"

---

① 关于《诗经讲意》，参见《历代诗经著述考（明代）》，第146页。
② 关于《诗经世本古义》，参见《历代诗经著述考（明代）》，第339—350页。

清　王梦白

卷一《王风·大车》"谷则异室，死则同穴"注云："朱氏以为合葬，则王梦白《广大全》讥之，而取毛义。"按：王梦白，字金孺，无锡（今属江苏）人。与陈曾同编《诗经广大全》。《四库全书总目》谓其书"采择精详，诠释简当，或有功于朱《传》……然未能深研古义"[①]。《诗经广大全》卷五云："同穴，《毛传》云：死则神合，同为一也。朱子以同穴为合葬，按合葬始于周法，夫妇之礼。生既不得同室，死何得合葬，只宜如毛说。"[②]

卷二《郑风·将仲子》解题云："诗第叙小不忍而已，致大乱之为刺在何处？汉儒诞妄明白，故朱氏取郑樵，而王梦白排之云……为宋学者乐讥古，故梦白之废朱，是呵佛骂祖也，而烦恼之猛火，不能别黑白。"按：王梦白语见《诗经广大全》卷六[③]。

钱氏

卷四《小雅·瓠叶》"有兔斯首，燔之炮之"注云："炮、燔、炙之别，古法不可知，后儒各以意言之，皆不可信。但钱氏以燔为爇之，盖膰、燔可通也。"按：钱氏，不详其人。宋代有《诗经》学者钱文子（1148—1220），名宏，以字行，又字文季，号白石山人，浙江乐清人，著有《白石诗传》《诗训诂》[④]，已佚。明代有《诗经》学者钱天锡，字公永，竟陵人。天启二年（1622）进士，著有《诗牖》十五卷，今已收入《四库全书存目丛书》经部第77册，然检《诗牖》卷十《瓠叶》部分，未见晋民所引之解释，故可排除钱氏为钱天锡。

[①] 《四库全书总目》卷十八，第146页。
[②] 《四库全书存目丛书》经部第77册，第447页。
[③] 参见上书，第450页。
[④] 参见《历代诗经著述考（先秦—元代）》，第274—277页。

从上可见，《原志》援引了宋代九家（包括朱熹，则为十家）、元代二家、明代十二家、清初一家，未知时代一家的《诗经》学著述，可见他在写作《原志》时确实参考过不少中国《诗经》学著作。其中又以援引的明代《诗经》学著作最多，这与日本享保年间，明学受到古文辞学派的推崇有关。从中国学术史来看，中国学者一向贬视明代《诗经》学，如胡朴安认为："明人之学，在义理一方面言，不如宋人之精；在考证一方面言，不及汉唐之密。"[①]现代学者刘毓庆大力揭橥明代《诗经》学的学术价值，著有《从经学到文学——明代〈诗经〉学史论》[②]一书，在一定意义上重新论定了明代《诗经》学的地位。江户时代中期的日本学者平贺晋民对明代《诗经》学著作的重视也是值得注目的。

　　笔者发现，晋民对中国《诗经》学著作大多不以为然，特别是对理学家，更是冷嘲热讽。只有对苏辙、杨慎、黄文焕等学者没有提出批评，对欧阳修这样的大学者，也以"此大不解事之言"之类的言语加以批评。对宋代以降的中国近世《诗经》学者，诸如"大不解事""穿凿""腐儒之谭""经生之腐谈""大牵强""僻儒""腐儒""愚戆""可笑""理学头巾气""理学者不能读诗"之类的"指控"在《原志》中俯拾即是。晋民也明确说："凡宋后说诗，唯是而已，大害乎诗。今举一于此，他不尽辨。"（卷三《小雅·出车》注）以此可见，晋民对中国近世以来《诗经》学的总体意见以贬斥为主，主要因为这些解释受到理学影响比较大，在释义上确有穿凿之处。晋民对中国《诗经》学者的批评主要集中在《诗经》诗意阐释方面，而于文字训诂，晋民对中国学者著作的参考则比较多。

[①] 胡朴安《诗经学·宋元明诗经学》，《国学小丛书》本，上海：商务印书馆，1933年，第100页。

[②] 刘毓庆《从经学到文学——明代〈诗经〉学史论》，北京：商务印书馆，2001年。

由于受理学意识形态的影响，有些地方，理学家以义理说诗固然有方凿圆枘之处，清代朴学家也对理学家的学术观点进行过批判，如与荻生徂徕差不多同时的清代学者毛奇龄（1623—1716）也极诋朱子，沈德潜（1673—1769）言：

> 西河（毛奇龄）湛深经学，著述等身，在国朝可称多文为富者。惟攻击朱子，不遗余力，至镌书若干卷，以示旗鼓，所以不得为醇儒，艺林惜之。①

但无疑晋民走得更远，批评也更直接，甚至更辛辣。不过笔者认为，没有必要一笔抹杀中国《诗经》学的价值，择善而从即可。晋民参考的《诗经》学著作，有的在中国比较常见，但不少即使在中国也是僻书，如晋民引用的陆南阳的《诗经讲意》、黄佐的《诗传通解》皆是比较罕见的典籍，可见晋民写作此书时收罗典籍甚勤。不过，从上面笔者的考证也可看出，尽管晋民对中国学者颇有批评，但其本人为学亦有鲁莽灭裂处，在援引资料时也有耳食或记忆不确之处。

五 平贺晋民的学术理念与《诗经原志》的学术价值

平贺晋民的学术理念受到明代季本《诗说解颐》很大的影响，上文已经说过，《诗说解颐》解《诗》的特征就是"一以经文为主，而于旧说多所破之"，晋民的学术理念与之相近。晋民在《原志》中明确说：

> 凡古之事迹，六经、左氏所不载者，一不可信。此学者当谨之第一也，何居？惧诬古人故也。（卷一《王风》解题）

这里晋民特别强调《左传》的地位，《左传》是汉代古文经学家确立的

---

① [清]沈德潜等编《清诗别裁集》卷十一，上海：上海古籍出版社，1984年，第427页。

经典，其记载的史料有比较大的确定性。卷三《小雅·采芑》注中，他批评季本云："季本不能解书，而妄非左氏，其所注之诗说，皆是不胜捧腹者也。"此处，季本因为非议《左传》就遭到了晋民的批评。晋民又认为《国语》是"伪书"，并不可信，卷一《邶风·新台》注云："《国语》亦秦汉伪撰之书，误会此诗而为言，亦未可知也。"又卷六《商颂·殷武》解题云："汉说为祀高宗，后儒不敢致疑者，惑《国语》之说……"他甚至连《尔雅》都觉得不可信，卷三《小雅·六月》注中说"《尔雅》妄辨"，卷六《周颂·有客》注中批评说："《尔雅》之说，甚陋矣。"卷一《召南·何彼秾矣》注亦云："《尔雅》以下意料之说，曷可据信。""意料之说"仍是臆想之说之意。

《原志》展现了晋民一个重要的学术理念，即阙疑精神。《原志》在解《诗》中的名物时，遇到自己未解之处，很坦率地说"未详"。卷一《召南·野有死麇》"舒而脱脱兮，无感我帨兮"注云："'感'字义，未详。"《邶风·柏舟》"寤辟有摽"注云："寤辟，未详。"《邶风·新台》"戚施"注云："戚施，未详何物。"《卫风·考槃》注云："考槃，未详。"《卫风·芄兰》"童子佩韘"注云："韘，未详，亦子弟之佩也。"卷二《郑风·出其东门》"出其闉闍"注云："闉闍，未详。"《秦风·小戎》"阴靷鋈续"注云："阴靷，其制未详。鋈续，未详何物。"《曹风·蜉蝣》"蜉蝣掘阅"注云："掘阅，未详，以喻麻衣好洁。"

《诗》意的解释亦是如此。卷一《邶风·绿衣》解题云："此诗未详指何而咏也。旧说谓妾上僭，夫人失位，据绿衣、黄里而言之。然此譬谕，未明本意，则其实不可知也。"卷二《唐风·扬之水》解题云："此篇未详何咏。"晋民在《原志》承认"未详"的例子不在少数，对于自己未知的名物，不强作解人，这是他一再强调的，卷三《小雅·湛露》解题云："然古礼亡，则难以臆定，不如阙疑。"而因为不能阙疑，导致各种牵强附会说法的出现，这也是他反对的，卷一《鄘风·桑中》解题云："人之不能阙疑，而欲强知不可知，因以穿凿饰言至于此，极悲夫。"他一再推崇孔子"知之为知之"的学术精神，卷一《王风》解题中说得很清楚："孔子曰：知之为知之，不知为不知，是知也。又曰：古者言之不妄出也，耻躬之不逮也。学者一师古，无履后儒之迹，而后始可窥古也。"这里的"师古"并不是泥古，而是回到可信的古典，也就是晋民自己说的，回到六经和《左传》。

晋民解《诗》的另一个学术理念也值得表出，即对于"人情"的重视。汉儒说《诗》，基本对《诗经》中的爱情诗视而不见，而将《诗经》道德化；朱熹开始承认《诗经》中的人欲的成分，承认《诗经》中的很多诗是"淫奔"之诗，这已经是《诗经》阐释史上很大的进步了[①]。但中国的解释基本上也就止于此了，并没有从人性角度来看待《诗经》中的"淫奔"之诗，《原志》则明确肯定了《诗经》中的人性、人欲成分。如卷一《召南·野有死麕》第二章注云："季本为淫诗。夫男女，人之大欲。虽圣世无此情乎？苟不犯礼，则不绝之。"晋民认为，男女之欲是人的正常需求，只要"不犯礼"，不与正常的社会规范相冲突，没有必要加以声讨并"绝之"。这可谓非常开通的看法了。卷二《桧风·隰有苌楚》第三章"夭之沃沃，乐子之无室"注云："不淫于色，斯可矣。无情欲，又无室家，此浮屠氏之所尚，岂君子所望于人乎？"卷五《大雅·旱麓》"岂弟君子，干禄岂弟"，注云："凡有血气者，不能无欲，故以欲诱之……宋儒欲绝欲，此所以其学流于虚无，而不能遂绝也。"宋儒提出"存天理，灭人欲"本来是要限制君王过度的"人欲"，但后来这一观点逐渐异化为对正常人欲的压抑，如果以此来理解基于人性创作的《诗经》，则定会"流于虚无"。在晋民看来，《诗经》就是"人情"的正常表达，所以他

[①] 参见莫砺锋《朱熹的诗经学》，《朱熹文学研究》，南京：南京大学出版社，2000年，第222—239页。

批判腐儒不知人情，阻隔了对《诗经》的理解，如卷二《郑风·萚兮》解题云："何楷无意不知人情，何况诗乎？"又卷四《小雅·北山》解题云："怨役使不均也。○宋儒有谓《北山》不当怨而怨者，又有谓《谷风》未免有施劳之意者。其不知人情，宜乎不知道也。"对"人情"的正确把握，才能厘清《诗经》真正的诗意。

《原志》的《诗经》阐释特色就在于冲破旧说，另立新说。从上面的分析我们已经看到，晋民对中国汉代以来对《诗经》的阐释非常不满，动辄斥之以"牵强""傅会"，所以在重新阐释时，他一方面学习季本冲破中国一些腐儒的旧说，同时也以自己的思考出发，提出新见。下文拟从几个方面略陈《原志》的学术价值。

（一）对风、雅、颂的新解释

对风、雅、颂的解释在中国历代因为时代风会的变化，可谓众说纷纭，但占主流地位的仍是汉儒与宋儒的说法，作为异国人士的晋民也提出了自己的看法：

> 邦国之诗谓之风。风者，风俗之风，民俗歌谣之音声，列国各有其风，所谓"节八音而行八风"之风，指此而言也。夫风从俗者也，虽山川异俗，而其美德亦由政之得失而变焉。古者采列国之诗，使工诵之，以知人情世态，以观四方风俗而施政治。又察邦君之德否，以行黜陟，此王道之本也。（卷一"风"解题）

> 天子之乐歌是曰雅，雅谓其声也。雅有大小，《大雅》有《大雅》之音，《小雅》有《小雅》之音。……凡歌各有节奏，而不皆同其音，然属《小雅》者，不失《小雅》之音；属《大雅》者，不失《大雅》之音。虽小大分而其音皆雅，不同于颂及风之复别，故总谓之雅也。属《小雅》者，自《鹿鸣》至《庭燎》，此各行礼时所奏之乐歌，周公所定之典章，而乐工之所制也，不唯王朝各礼而已。凡乡射、乡饮酒等诸侯燕飨宾

客之礼，皆用此中之乐，而不得各别制之矣，亦是周公之礼经也。（卷三"小雅"解题）

美先公、先王之德而歌之，此《大雅》之主意也。自《文王》至《卷阿》，至大之乐，而非《鹿鸣》《四牡》等之比，故曰《大雅》。不但事之大小也，声亦不同。季札听《大雅》曰："广哉！熙熙乎！曲而有直体，其文王之德乎！"此文王之德之形于声也。凡属《大雅》者，不失是音节，而其音节，文王自作乎？虽工师所为，而自然与气运会而然矣。此天地和气之妙也，故虽同在《大雅》，其怨刺等之诗，亦各有音节，不尽同也，而亦不出于《大雅》之体，是以与《小雅》又异矣，不可不知焉。……盖《大雅》所收止于上世，中世以下悉收于《小雅》，所以《小雅》独多也。平王东迁以后，唯采《国风》而已，《小雅》无复收，所以道之益衰也。至春秋中世，《国风》亦不采，于是诗灭矣。又按上世之时，苟有讽诗，则工师不得不采而入乐，亦是周公之制也。（卷五"大雅"解题）

颂者，祭祀所奏之乐歌是而已。〇训诵、训容者，后儒之傅会也。（卷六"颂"解题）

对风、雅、颂解释的主流意见是《诗大序》与朱熹《诗集传序》的看法，晋民对风、雅、颂的解释完全摆脱了正统儒家的政教观，而是从音乐的角度予以重新解释[①]，而且解释得很清晰，风是"民俗歌谣之音声"，雅是"天子之乐歌"，颂"祭祀所奏之乐歌"，逻辑很一贯，层次也很分明。这应该是晋民的一贯意见，他在《日新堂集》卷七《大和风雅

---

① 从音乐角度解释风、雅、颂可谓非常正确的认知，当代学者甚至进一步认为，南、风、雅、颂其实是周代乐器的名称，如"'风'最初为普通管弦乐器的代称，后来成为具有地方色彩的音乐的代称；'颂'源自商代的乐钟'庸'，是殷商贵族用于祭祀、飨宴以至军旅所用之器"。参见陈致《从礼仪化到世俗化：〈诗经〉的形成》，吴仰湘、黄梓勇、许景昭译，上海：上海古籍出版社，2009年。

序》中也表达了类似的认识：

> 夫诗，乐之器，而道之用也……邦国之诗，谓之风。风者，容也，容以俗而成，俗即人情之所趣也……雅者，王廷之乐也，故制之辞，临时奏之，被诸管弦，以宴喜焉……若乃颂，自郊庙以下凡百神，祭祀之所用是而已，亦莫不各本于其情也。享祀之音曰颂，宴飨之音曰雅，训正、训容，有不知为音也。①

以上也是从音乐角度来解释风、雅、颂，明确提出了《诗经》是"乐之器"，即音乐的表现形式。

虽然朱熹《诗集传序》也说，风"多出于里巷歌谣之作"，雅乃"朝廷郊庙乐歌之词"，但并没有落实到音乐的层面。关于大小雅之别，《诗大序》认为"政有小大，故有小雅焉，有大雅焉"，而晋民则坚持从音乐出发，认为"不但事之大小也，声亦不同"。晋民还推测了大小雅产生的时间，认为《大雅》产生于"上世"，大概即西周初期；而《小雅》产生于"中世"，大概即西周中后期。而且他根据《小雅》中各诗的功能，认为《小雅》是"周公之礼经"。他甚至怀疑《大雅》是文王自作的。他对"颂"的解释很简单，但他直接否定了《诗大序》"颂者，美盛德之形容"的看法。在卷六解释《鲁颂》时，他又对"颂"的内涵做了进一步说明：

> 颂者，宗庙祭祀所奏之乐歌也，而《鲁颂》所编之诗在周则雅，在列国则风，而非颂也。谓之颂者，何乎？夫鲁以周公之故，成王许用王者之礼，不唯禘周公而已。立七庙，郊天，凡如《明堂位》所述是也。用王者礼之国，其诗不系于风，杞、宋无风，可以见也。不系于雅者，何乎？凡非王者之朝，则不得以雅称也。周之先世，如二《南》、

---

① 『經學者平賀晋民先生』，第473—474頁。

《豳》,犹且不称雅,而为风,而况列国乎?但《豳》、二《南》以有其先世之事,故时或称雅,如豳雅、南雅是也。因知用王者之礼,如宋、鲁则称之为颂,《豳风》时称豳颂,亦其证也。故虽称颂而其诗非颂也。

这一段,他对《鲁颂》何以能被称为"颂"做了解释,同时他又指出"虽称颂而其诗非颂也",其实可视为鲁国之风。反过来,《豳风》虽然列于国风,但其有时又被称为"豳雅""豳颂",可见《豳风》具有雅、颂的性质。总之,晋民对风、雅、颂的解释自成体系,足成一家之说。

(二)对"国风"含义的新探究

关于各国"国风"名称的来源、内涵,中国学者疑义不多,但晋民却在不疑处起疑,如卷一《王风》解题云:

王之畿内,民俗歌谣之诗,故谓之王风。《左传》,季札闻《王风》曰:"美哉!思而不惧,其周之东乎?"则此为东周、西周之民谣,是为《周南》《召南》,故今曰"王"以别二《南》,即东周之乡乐也。但凡左氏东迁云者,多是指平王之都,是成王所定鼎郏鄏之地,即王城是也。周公所营洛邑,是曰成周,与王城固不同矣,辨备载余所著《春秋》宣公十六年《折衷》……窃谓自《黍离》至《扬之水》,是成周之诗,自《中谷有蓷》,或东迁以后之诗,合二都以为《王风》,与二《南》、《豳风》并为王国之风。

中国传统看法,《王风》所收诗即是王城之诗。王城的范围,郑玄在《诗谱》中是这样定义的:

王城者,周东都王城畿内,方六百里之地,其封域在《禹贡》豫州太华外方之间。北得河阳,渐冀州之南。始武王作邑于镐京,谓之宗周,是为西都。成王在丰,欲宅洛邑,使召公先相宅,既成,谓之王城,是为东都,今河南是也。召公既相宅,周公往营成周,今洛阳是也。

也就是说,王城即"洛邑"(河南),而成周即"洛阳"。朱熹在《诗集传》卷四中也认为:"王,谓周东都洛邑,王城……则今河南府及怀孟等州是也。"①但吕祖谦认为:"成周,乃东都总名。河南,成周之王城也。洛阳,成周之下都也。"②这里,成周又包括王城(河南)和洛阳了。晋民提出新见解,认为王城即"郏鄏之地",而洛邑即成周。所以《王风》其实包含了两部分诗,即成周地区之诗与王城地区之诗,即从《黍离》至《扬之水》是平王东迁之前成周地区之诗;自《中谷有蓷》始则为平王东迁之后王城地区之诗。笔者认为,晋民考证王城为"郏鄏之地"是可信的,中国地理学文献也证明了这一点,如唐代的《括地志》就说:"王城,一名河南城,本郏鄏。"③虽然晋民对《王风》的"两分法"还有待检验,但其所论也不无道理。同时,他的"两分法"也影响到了他对《诗》意的阐释。

(三)对《诗》意的新检讨

破除旧说,力求创新是晋民对《诗》意解释的基本态度。《原志》对《诗》的重新解释比比皆是,如卷二《豳风·七月》解题云:"《七月》,咏稼穑之事也。"中国儒者一般皆将《七月》意识形态化,将其解释为"陈王业也"(《七月》小序),而晋民的解释已经基本接近于现代学者的看法了,也是比较平实的看法。晋民反对将《诗》意的解释与具体的历史绾合在一起,力图将《诗经》脱政治化,将其还原为文学。如卷一《卫风·河广》解题云:

---

① 《诗集传》,第49页。
② 转引自[宋]王应麟《诗考 诗地理考》,王京州、江合友点校,北京:中华书局,2011年,第222页。
③ 同上。

> 卫人思宋而不得往，作此诗也。〇旧说，宋桓夫人见出而归，思宋而作，未见传记所出。《毛传》犹未言之，至序始言之。甚哉，汉人之杜撰，诬古人。

卷一《王风·黍离》解题云：

> 此周民伤己之诗也。〇旧皆谓周大夫行役闵宗周，独季本以为非。

这首诗的解释非常典型，历来对《黍离》的解释，皆将其视为感伤国家兴亡的诗，晋民直接否定了这一点，抒情主人公也从"周大夫"变为"周民"，即将此诗视为普通民众的自我抒情。如果跳出千年来的中国《诗经》阐释传统，这一解释反而解放了《诗经》，更加扩大了《诗经》的普世性。再如卷四《小雅·苕之华》解题云：

> 伤饥寒之诗。〇士之遇饥寒，虽政治之所与，而诗辞无可及国家者也。汉说固不足言，朱以下为咏周室将亡者何居。

此诗，《毛诗序》释为"大夫闵时也"，宋儒则解释为"周室将亡"[1]。总之，汉宋儒者的解释皆是站在国家立场上的"宏大叙事"，而晋民则将其缩小为具体士人"伤饥寒"的"私人叙事"。晋民虽然承认此诗有一定的政治意涵，但反对过度阐释，反对将诗意与国家兴亡联系起来，而力图恢复诗歌的抒情性。其他，如将《卫风·氓》解释为"淫奔之妇为夫所弃，叙其始而悔恨之诗"，而非弃妇之怨诗；再如将《魏风·硕鼠》解释为"妇人不答于夫，而怨之诗"，而非刺政之诗；又如将《小雅·采薇》解释为"劳将卒之乐歌"。这些新解释皆能从"人情"出发，不牵强附会，大多是非常有见地的创见，值得研究《诗经》者仔细参考。

---

[1] "周室将亡"之解并非朱熹之说，乃朱熹《诗集传》所引陈氏之语。

（四）对《诗经》人物的新考证

卷六《商颂·殷武》"挞彼殷武"注云：

> 旧缘"殷武"文字以为祀高宗，余则唯此殷武，即见非祀高宗焉。凡当其代有配代号而称之者乎？未见祀文武称周昌、周发也。以功之高，既为高宗，何不称之，而以武乎？武丁，名乎？谥乎？谥则何不称武王也？名乎？有称名祀其先者乎？将曰殷质以名祀焉，殷字何紧要，不举全名乎？既尊为高宗，岂无其德之可称乎？此篇自发首举伐荆楚，卒章言作寝庙，是主意而其他陪说耳。夫兵，圣人不得已之事也。高宗是守成之君，非如汤武也，何乏于所称而以不得已者祀之乎？若唯以此为高宗，则吾不知焉。

关于此诗，汉儒与宋儒基本上没有疑问，基本都认可《毛传》的说法"殷武，殷王武丁也"，即诗中的"殷武"被坐实为高宗武丁。[①]朱熹在《诗集传》卷二十中表示了怀疑，认为"殷武，殷王之武也"[②]，并没有将"殷武"视为人，可见其审慎，不过朱熹并没有进一步发挥。这里晋民做了详细的考释，否定了"武丁"之说，笔者认为基本上可从。

（五）《诗经》名物的新阐说

卷一《召南·羔羊》"羔羊之皮"注云："羔羊，黑羊也。"又云：

> 《论语》曰："缁衣羔裘。"又曰："羔裘，玄冠，不以吊。"凡羔皆以黑言之，故余断以为黑羊。自《毛传》以大小别之，《说文》以下，诸儒以羔为羊子，非古也。又以此为羔裘，而大夫服之。然此或喻其文，不似言羔裘者，且凡裘有裼衣，何以见素丝之饰？

关于"羔羊"，中国历来的解释比较统一，皆承袭《毛传》"小曰羔，大曰

---

① 《毛诗注疏》卷二十又曰："《殷武》诗者，祀高宗之乐歌也。"
② 《诗集传》，第289页。

羊"的说法，从来没有将"羔羊"解释为"黑羊"的说法。晋民的解释虽然比较独特，但也是建立在先秦文献基础之上的，可备一说。

（六）对《诗经》地理的辨正

对《诗经》中地理的考证，《毛传》《郑笺》《孔疏》中已经出现，但到宋王应麟《诗地理考》才真正成为专门之学。《原志》也涉及《诗经》地理的考证，如卷一《鄘风·桑中》解题云：

> 淫奔之诗也。○《乐记》曰："郑卫之音，乱世之音也，比于慢矣。桑间、濮上之音，亡国之音也。其政散，其民流，诬上行私，而不可止也。"《诗序》剿窃其语云："政散民流而不可止。"朱熹因是以此篇即桑间。或据《史记》云："桑间、濮上，纣乐也。"与此诗无涉。或因地志有濮水上地有桑间者，在濮阳南云。淇水去濮水，其间不但数百十里也，与此异矣。愚按：孔子恶郑声，未及卫焉。《乐记》始兼卫言，配之以桑间、濮上，盖因《左传》申叔跪云"有桑中之喜"附会之。其意以桑间属卫，以濮水属郑。《史记》因是以桑间、濮上为一，构成卫灵公之事，而傅会之。地志因是记濮上有桑间而傅会之，而或云桑中是桑间，或云非是，致纷纷之论，人之不能阙疑，而欲强知不可知，因以穿凿饰言至于此，极悲夫。

关于"桑中"，王应麟《诗地理考》卷一汇集了很多资料①，他自己虽然没有下结论，但他所列材料所指向的结论就是晋民在这里批评的观点。晋民认为，中国学者的考证不可信，将"桑中"与"桑间"混为一谈。而且因为此诗是所谓的"淫奔之诗"，鄘地属于卫国，郑卫之音又被《乐记》批评过，正好《乐记》中也出现了"桑间"之语，故后人将两者等同起来，但实际上桑间所在的濮水，与《桑中》出现的淇水"其间不但数

---

① 参见《诗考　诗地理考》，第209页。

（七）对《诗经》本文的新认识

《诗经》在传播过程中，经历了口传到书诸竹帛，中间又遭遇秦始皇焚书坑儒，所以文本状态有很多讹脱错简之处。如果泥于古，则很难发现这方面的问题。而晋民在解读过程中发现了不少《诗经》本文上的问题。如卷六《周颂·敬之》注云：

> 季本《闵予小子》一篇为颂，自《访落》到《小毖》三篇，通为一篇五章，以为《大雅》。愚按：自《闵予小子》至《敬之》三篇脉络贯通，必是一篇之文字无疑焉，而祭祀之用，不便于长篇，故以章析之，各命篇，犹《大武》之例也。若乃《小毖》与前诸篇语意大异，当别为一篇。

这里晋民发现《周颂》中的《闵予小子》《访落》《敬之》三篇在内容和体制上存在相似性，认为它们应是一首诗的三章，但因为祭祀的原因分为了三篇。《周颂·小毖》一篇在文本上比较奇怪，因为篇名"小毖"并未在文本中出现，所以晋民怀疑今本有阙字："此诗阙文多矣，其义未详。又篇目'小'一字，不可晓。窃疑篇末阙文中有'小毖'字面。"在《小毖》末句后又注："此非结句，则不知此下有许多阙文。"晋民的观察是非常仔细的。

关于《诗经》文本的体制，晋民也有新的看法，如论卷四《小雅·黍苗》云："此篇与《大雅·崧高》相表里，盖成康间之诗也。《小雅》唯是一篇错简，窃疑自《大雅》搀入也。"关于《黍苗》与《崧高》之间的紧密关系，中国学者也提出过，朱熹《诗集传》卷十五云："此宣王时诗，与《大雅·嵩高》相表里。"[①]而晋民则认为，此诗可能是错简，原应属于

---

① 《诗集传》，第199页。"嵩"当作"崧"。

《大雅》。晋民虽然没有提出他的论据，但其说无疑值得参考。方玉润（1811—1883）则认为："此诗明言召穆公营谢功成，士役美之之作。而《序》固云'刺幽王'者，何也？事与《崧高》同，诗亦出于一时，而彼篇则入《大雅》，此自归《小雅》者，体异故耳。诗以体分，不在事同。"①此语对《黍苗》没有归入《大雅》做出解释，也可谓对晋民观点的一个回应。但可以确定的是，方玉润并没有看到过平贺晋民的《原志》。

总之，晋民秉持着怀疑与批判的精神，在《诗经》阐释上，突破中国汉宋腐儒的旧说，提出了很多极有见地的创见，值得中国研究者加以重视。

六 结　语

平贺晋民是日本江户中期一位重要却受忽视的经学家，他一生著作颇多，但流传不广且有散佚。笔者在美国哈佛大学哈佛燕京图书馆发现其所著的《诗经原志》稿本，是一部江户时代非常重要的《诗经》学著作。全书六卷，每首诗都有晋民的解题和诗注，稿本保留了晋民完成此书后继续修改的痕迹。《原志》稿本集中体现了晋民的学术思想及其与江户中期反朱子学的古文辞学派的联系。通过对此书的分析，笔者得出以下结论：

一、平贺晋民深受江户中期日本反朱子学的荻生徂徕学派（古文辞学派、蘐园学派）的影响，特别是荻生徂徕弟子太宰春台《朱氏诗传膏肓》的影响，《原志》对朱熹进行了严厉的批判，对其"以义理解《诗》"以及解《诗》"不知情""不知道"，进行了比较激烈的批评。

二、与太宰春台《朱氏诗传膏肓》不同，《原志》还对汉儒的《诗

---

① ［清］方玉润《诗经原始》，李先耕点校，卷十二，北京：中华书局，1986年，第463页。

经》学进行了批判,认为其以美刺说《诗》,多有牵强附会之处。

三、《原志》在写作过程中,广泛参考了中国近世以来的诸家《诗经》学著作,尤以参考明代《诗经》学著作为多,其中参考季本《诗说解颐》最多,但晋民对近世中国《诗经》学也持批判的态度。

四、《诗说解颐》"一以经文为主,而于旧说多所破之"的学术思想对晋民产生了一定的影响,《原志》解《诗》也力求突破旧说。

五、晋民信奉孔子"知之为知之"的阙疑精神,在解《诗》时对自己不了解的内容,不做主观臆断。

六、《原志》在对风雅颂原义、《国风》篇名内涵、《诗经》诗意,以及《诗经》中的人物、名物、地理、本文的阐释上,都有所创新,突破了中国汉宋经学的樊篱,在东亚《诗经》学史上具有较高的学术价值。

七、从东亚学术史来看,晋民对朱子学的批判与中国兴起的乾嘉朴学以及朝鲜北学派的实学思想遥相呼应,是整个东亚儒学史上重要的一环。

第二章 "文选东传学"之一斑

——菅原和长《御注文选表解》古钞本探析

唐代之后,《文选》就成为中国士子学习古代典雅文学的范本以及科举考试的参考书,并形成了历史悠久的《文选》学传统。同时,《文选》的影响并没有局限于中国国境之内,很早就传到了相邻的日本与朝鲜,对两国的汉文学产生了深远的影响。[①]根据学者的研究,早在推古天皇时代(592—628),《文选》就传到了日本,广为人知的是,圣德太子(574—622)《十七条宪法》就有《文选》影响的痕迹[②]。日本最早的诗集《怀风藻》以及敕撰三诗集(《凌云集》《文华秀丽集》《经国集》)都明显受到《文选》的沾溉。在王朝时代(710—1192),《文选》就是贵族文士学习汉文学的重要教本,清少纳言《枕草子》就说:"好书莫过于《(白氏)文集》《文选》。"同时,《文选》也成为平安大学寮里博士传授的学问,其中菅原家与大江家世代担任天皇的《文选》侍读,从而形成了《文选》的菅家与江家之学,江户时代汉学家林鹅峰(1618—1680)《题侄宪所藏〈文选〉后》云:

---

① 参见张伯伟《中国古代文学批评方法研究》外篇第一章"选本论"有关部分,第320—322页;张伯伟《〈文选〉与韩国汉文学》,《域外汉籍研究论集》,北京:北京大学出版社,2011年。

② 《十七条宪法》中"有财者之讼,如石投水;乏者之诉,似水投石",出于《文选》卷五十三李康《运命论》:"其言也,如以水投石,莫之受也……其言也,如以石投水,莫之逆也。"

故本朝菅、江诸家博士，成业扬名，藉此书（指《文选》——引者按）之力者不为不多。①

虽然《文选》的典范地位在日本中世时期受到了挑战，当时人们学习中国文学的范本转为《三体诗》《古文真宝》等书，但《文选》仍然是士人与僧侣喜好的读物，镰仓末期的吉田兼好《徒然草》就云："《文选》卷卷，情思绵绵。"五山时代著名禅僧瑞溪周凤（1392—1473）的日记《卧云日件录拔尤》就有当时五山禅僧阅读《文选》的多处记录。②

自二十世纪起，中日学人都有建立"新文选学"的倡议，在这一理念推动之下，《文选》研究别开生面，取得了很多进展。③近来中国学者许逸民在日本学者清水凯夫提倡的"新文选学"基础上，又将这一理念扩充为"八学"，即"文选注释学""文选校勘学""文选评论学""文选索引学""文选版本学""文选文献学""文选编纂学""文选文艺学"。④应该说，这对"新文选学"的概括已经比较全面了。不过，笔者以为，还可以再加上"海外文选学"，即对海外学者翻译、研究《文选》的评论与再研究；以及"文选东传学"，即《文选》在同属汉文化圈的日本、朝鲜等东亚国家的流传与影响，特别是对日韩两国汉文学的影响。清水凯夫很早就提出要进行对"各国、各时代的《文选》研究著作的

---

① 林恕撰，日野龍夫編集・解説：『鵞峰林学士文集』卷一百，『近世儒家文集集成』第十二卷，東京：ぺりかん社，1997年，第407頁。

② 參見瑞溪周鳳撰，惟高妙安抄録『臥雲日件錄拔尤』（東京大学史料編纂所編纂『大日本古記録』本，東京：岩波書店，1961年），文安四年（1447）十月七日、長録三年（1459）八月四日、寛正五年（1464）五月廿日都有讲读《文选》的记录。

③ "新文选学"是日本学者神田喜一郎率先提出来的，见其「新らしい文選學」，『世界文学大系月報』第74号，東京：築摩書房，1963年12月。大加发扬这一理念的是清水凯夫，见清水凯夫『新文選学：「文選」の新研究』，東京：研文出版，1999年。

④ 參見許逸民《"新文选学"界说》，《郑州大学学报》（哲学社会科学版）2010年第3期。

研讨",根据这一理解,对日本古代《文选》学的梳理应该也是题中应有之义。本文拟以日本室町时代(1338—1573)末期菅原和长(1460—1529)所著的《文选》汉文研究著作《御注文选表解》为例,透视日本中世《文选》学的面貌,并窥探"文选东传学"之一斑。

平安时代的菅原家《文选》学,我们还可以从九条本《文选》保存的菅家识语中略窥一斑;现在有学者提出日本所藏的古钞本《文选集注》是大江家的大江匡衡编纂的观点[①],如果这一观点成立,那么必将丰富我们对平安时代《文选》学的认识。日本中世时期的《文选》学由于资料匮乏,似乎还不能窥其详。虽然这一时期学问及汉学传承的主体主要是五山僧侣,但这并不意味着这时的贵族文人断绝了其学问与汉学。作为传统学问家族的菅原家,其学问也在中世时期得以延续,其家学《文选》学也没有断绝。菅原和长所著的《御注文选表解》不但是其家学的发扬,而且是日本中世《文选》学的一个典型,借此可管窥《文选》东传过程中的新面貌。

一 菅原和长与《御注文选表解》

在日本学术史上,"抄物"(しょうもの)是室町时代中期到江户时代初期日本禅僧或文人对汉籍(包括内典和外典)进行解说与注释之书物的统称。这些抄物使用的语言或为汉语,或为假名,或为汉文与假名的混合体,一般是禅师或文人研究或讲解汉文作品讲义的记录。抄物因为是讲授或研究的工作文本,所以往往解说或注释得非常详尽,引用了

---

① 参见陈翀《〈文选集注〉之编撰者及其成书年代考》,张伯伟编《域外汉籍研究集刊》第六辑,北京:中华书局,2010年。后收入〔日〕静永健、陈翀《汉籍东渐及日藏古文献论考稿》,北京:中华书局,2011年。

大量的文献资料。抄物是日本中世时期特殊的著述形式,对于研究日语史以及日本中世的学术史、汉学史,都是重要的资料。这些抄物除了对内典解说注释之外,还有大量作品是对外典的研究,集部主要集中在对《古文真宝》《三体诗》《长恨歌》以及杜诗、苏黄诗的注释上。作为抄物之一种的《御注文选表解》则是对中国文学总集《文选》的注解,这在日本的抄物中是比较鲜见的。

所谓"御注文选表",即是对李善《上文选注表》的注释。这是东亚学术史上最早对李善本人作品的注释与研究。[1]特别注重对李善《上文选注表》的学习是日本《文选》学史上的独特现象,有学者就认为这与日本平安时代大学寮的贵族文人学习《文选》的方式有关[2]。而《御注文选表解》则是对李善《上文选注表》"御注"的再解释。

菅原和长所著的《御注文选表解》目前仅有钞本存世,据笔者调查,在日本仅有国立国会图书馆(下简称"国会本")及京都建仁寺两足院(下简称"两足院本")有藏本,两本笔者皆有寓目。此书末尾的识语云:"大永六年(丙戌)三月日清书之,菅❀(此是两足院本花押,而国会本花押为"菅❀",详见图2-1、图2-2——引者按),六十七岁。"据此可知,此书作者为菅原和长,成书于大永年间(1521—1528)。菅原和长,又称东坊城和长,出身于文华世家东坊城家(菅原家的一支),其父为室町末期的公卿东坊城长清(1440—1471)。因父亲早丧,菅原和

---

[1] 有学者认为,"时至今日对于该表,似乎尚未出现令人称道的释义"(富永一登「李善の『上文選注表』について」,『広島大学文学部紀要』第55辑,1995年,后修订收入其所著『文選李善注の研究』,東京:研文出版,1999年,第43—70頁)。笔者仔细考察菅原和长的注解后,发现其多有胜义,所以富永先生的结论还可以进一步探讨。

[2] 参见陈翀《九条本所见集注本李善〈上文选注表〉之原貌》,北京大学国际汉学家研修基地主编《国际汉学研究通讯》第二期,北京:中华书局,2011年,特别是第135页。后收入《汉籍东渐及日藏古文献论考稿》。

 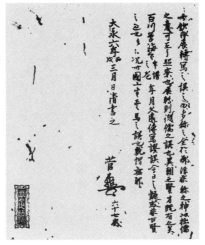

图2-1 日本国立国会图书馆藏
《御注文选表解》末页书影

图2-2 京都建仁寺两足院藏
《御注文选表解》末页书影

长由其祖父东坊城益长（1407—1474）抚养。①从东坊城益长以降，其家族代代为文章博士、大学头、少纳言、大藏卿等，并担任天皇的侍读官，主讲历史（主要是中国史，日本大学寮称之为"纪传道"，区别于主讲文学的"文章道"）。所以菅原和长所著的《御注文选表解》可以视为日本中世"纪传儒"学问的体现。

笔者比较了国会本与两足院本，发现两本内容基本相同。两足院本较为潦草，可能抄写时代更早。此书注文以汉文为主，间有假名，并有假名训读。国会本用楷书抄写，字迹清晰工整，首尾完全；而两足院本则基本用行书抄写，虽然字迹也可辨读，但没有国会本那么工整，且脱落了此书开头的"御注"部分，另外还有部分错简。据日本国立国会图书馆著录，国会本一册，和装（书长28.3cm×23.1cm），为江户初期写本，共五十一页，每半叶十二行，行二十三字左右。国会本末表纸有一墨书贴纸

---

① 菅原和长的生平可以参见伊藤慎吾「東坊城和長の文筆活動」,『国語と国文学』第82卷第6号, 東京：至文堂, 2005年, 第45—60頁。

云:"《文选表解(御注)》一册,为庸卿御自笔无疑者也。式部大辅为定识。""庸卿"即五条为庸(1619—1677),曾为正二位权大纳言、文章博士。五条家,亦为菅原家之一支,所以五条为庸亲自抄写《御注文选表解》,亦是对其家族文化的传承。

两足院本《御注文选表解》,抄写时间不明,结合两足院所藏的其他抄物的历史来看,可能是室町末或江户初的钞本。此钞本封面题"三十抄",末题"御注表愚解",应是其正式的书名。为何题作"三十抄"?"三十"指的是《文选》昭明太子的三十卷本系统,"三十抄"承继的可能是日本独特的《文选》解释传统。也就是说,菅原和长在讲授《文选》时用的是白文无注的三十卷本《文选》。此书正文约五十九叶,每半叶抄写十一行,每行约二十四字。末钤有"两足院"之印。

此书原为菅原和长的讲课笔记,还没有完全整理成书,所以从国会本与两足院藏本来看,可以看到不少修改的文字。菅原和长在书末记载了其制作此书的经过:

> 《御注文选表》为讲诵遽钞之讫。大永四年四月下旬终其功矣。
> 　同五月十一日乙亥,初讲谈。同十二日丙子、同十四日戊寅,已上三ヶ日讲毕,依长淳发起也(依秘本无外人也)。此一钞外见停止矣。
> 五更老儒前亚槐菅原朝臣和长。

"长淳"即菅原和长之子菅原长淳(1506—1548),可见这次讲授《上文选注表》的倡议是菅原长淳发起的。又从上可见,菅原和长在大永四年(1524)四月完成了对《御注文选表》的注释工作,同年五月作为讲义"讲谈"了三次,最后于大永六年(1526)誊清一过。虽然此书是一部"清本",但从国会本与两足院本来看仍有不少修改,书头还有不少补充文字。①从文末的结衔"五更老儒前亚槐",可以看出菅原和长的地位。所谓"五更",《礼记·文王世子》云:"遂设三老、五更、群老之席位焉。"注:"三老、五更各一人也,皆年老更事致仕者也。"意为引退后的公卿。"槐",即大臣之意,"亚槐",意同于"亚相",相当于大纳言。

更重要的是,为日本天皇侍读《文选》是菅原家的传统;菅原家对《文选》的讲解注释,被称为"菅家证本"。在《御注文选表解》中,菅原和长云:

> 或注云,《文选》序非昭明太子之所作,此是刘孝绰作也。孔子作《易》序,卜子夏作《毛诗》序,孔安国作《尚书》序例也云云。纵虽有此义如神注,则昭明太子序曰云云。于吾纪传道说,则可谓太子作也。

从这段话可见,菅原和长在他的注解中承袭的是"吾纪传道说",也就是作为大学寮博士菅原家对《文选》的解释传统。虽然早有《文选》序是刘孝绰所撰的看法,但菅原家一直保持着此乃昭明太子所作的观点。又李善《上文选注表》开首"道光九野,缛景纬以照临;德载八埏,丽山川以错峙",和长"愚解"云:

> 韵声之法律者,他、平、平、他是也。唐四六皆此一声也,《蒲室疏》等同之。此声之时,又有平、他、他、平之声,是同声也,非别义也。吾家之法亦以此声为本也……吾家法者,不用此隔句,大略用杂隔句也、平隔句之类也。自八字称之胁句,用轻隔句、重隔句等也。

这里反复强调"吾家之法""吾家法",指的就是菅原家的家学。《蒲

---

① 非常可惜的是菅原和长的日记《和长卿记》恰恰在大永六年四月之前没有记录,所以我们对其编纂《御注文选表解》的著述过程不得而知。

室疏》为元代笑隐大䜣（1284—1344）所作，其写作四六疏文之法东传到日本，在五山禅林中影响非常大，被称为"蒲室疏法"。李善此句是典型的骈四俪六，根据唐代《赋谱》及藤原宗忠（1062—1141）《作文大体》的分类，属于"轻隔句"。菅原和长说，菅家的文法不月这种隔句对法，而用杂隔句、平隔句。据《作文大作》，杂隔句指"上四下五，或七八；下四，上七八，去声，或不去。又上九十，下七八；或上四，下九、十、十一二三也。或上七，下六；或上六，下五"；平隔句指"上下或四或五或六，去声，又不去"。这是所谓的菅原家的家法。《御注文选表解》是一份讲义，除了疏通文句之外，对文章技法的关注也是讲授的重点。因为讲授的对象是其子菅原长淳等人，故在讲解中又反复强调"吾家之法""吾家法"，也希望其能传承。"愚解"还有对骈文的韵律的分析，指出唐四六与《蒲室疏》押韵方式是"他、平、平、他"，同时还有"平、他、他、平"一法，但两者是相同的，菅家家传的文法也是此法。这种对四六文中句式、韵律的分析，是"愚解"的特色。

目前，关于菅原家《文选》学的资料已经基本不可见，虽然菅原和长所撰的《御注文选表解》已是日本中世时期的作品，但也继承和保留了"菅家证本"的传统。所以，我们可以通过《御注文选表解》来透视菅原家《文选》学的基本情况。不过，毕竟菅原和长生活的时代离平安时代已经有几百年，中日的学术风会都发生了很大的变化，平安时代菅原家崇尚的学问，在室町时代末期已经被新的学问取代。《御注文选表解》书末，菅原和长云：

> 此钞《易》注之语者，非本注，皆是程氏《易》注也，朱晦庵新注之板也。

所谓"程氏《易》注"即程颐所著的《易传》。在解释《上文选注表》"基化成而自远"时，菅原和长引用了程颐《易传》中的话来解释这一句：

> 《易》道广大,推远则无穷云云。"自远"之义是也。天地别,人才成;人才成,文亦资始,故《易》书起也。

程颐《易传》成书晚于李善几百年,而菅原和长在这里还特别使用程氏之说,可见在菅原和长的时代,以程朱理学为代表的"宋学"(特别是朱子学)已经逐渐取代了传统的汉唐经学,成为当时的解释话语。又"含章之义聿宣"一句,"御注"云:"含章之义者,《易》之语矣,未能知也。""愚解"云:"又御注云《易》语未能知也云云。《易》注云:非知太极之蕴者也云云。盖依之容易,不可言之御注欤?"此处所引的《易》注之语,见于宋儒胡宏所撰的《知言》卷一。又"愚解"解《上文选注表》第一句话"道光九野,缛景纬以照临"云:"九天之次第,伏羲氏之《易》,先天之理也……又五星之次第,周文王后天之理也……""理"是朱子学的核心概念,指一种形而上之存在。"先天""后天"亦是宋代理学的术语。这里援引宋代理学的术语来阐释李善的文章可能有点牵强,但也可以看出朱子学在当时的影响以及菅原和长对朱子学的吸收。

五山名僧义堂周信(1325—1388)尝言:

> 近世儒书有新旧二义,程、朱等新义也。宋朝以来儒学者皆参吾禅宗,一分发明心地,故注书与章句学迥然别矣。①

朱子学传入日本后,被称为"新义""新释",以区别于汉唐的章句之学。虽然李善是唐人,但菅原和长在解释他的作品时,却用了宋人的观点,可见当时朱子学慢慢取代汉唐经学成为解释经典的话语。菅原和长解释《上文选注表》也因应时代学术风气的变化,开始采纳已经流行的朱子学,这可能是日本中世《文选》学与平安时代《文选》学在解释系统上的显著不同。

---

① 義堂周信撰,辻善之助編纂著『空華日用工夫略集』,東京:太洋社,1939年,第147頁。

二 “御注”之特色及其与九条本《文选》识语之关系

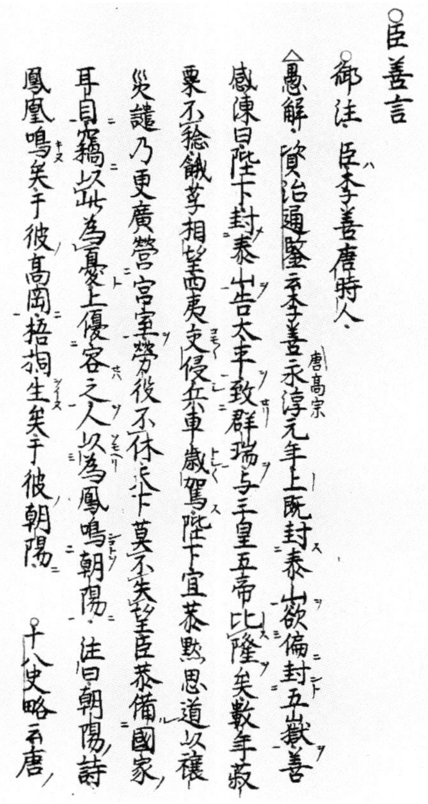
○臣善言
○御注 臣李善唐時人
○愚解：資治通鑑云李善永淳元年上既封泰山欲徧封五嶽善（唐高宗）
感陳曰陛下封泰山告太平致群瑞與三皇五帝比隆矣數年菽
粟不稔餓莩相望四夷交侵兵車歲駕陛下宜恭默思道以禳
災譴乃更廣營宮室勞役不休天下莫不失望臣忝備國家
耳目竊以此為憂上優容之人以為鳳鳴朝陽 注曰朝陽詩
鳳凰鳴矣于彼高岡梧桐生矣于彼朝陽
○十八史略云唐

图 2-3　日本国立国会图书馆藏《御注文选表解》书影

《御注文选表解》的文本形式为：先李善《上文选注表》原文，中“御注”，后“愚解”。李善表顶格，“御注”与“愚解”皆低一格（见图2-3）。“御注”解释李善之表，而“愚解”则是对“御注”的补充解释。从“愚解”可见，菅原和长当时能见到的“御注”就已经有多本存在，《上文选注表》“球鍾愈畅”，“御注”：“鍾，今之金也。”“愚解”：“或本云，御注：鍾，今之鐘也。”从“或本”可见，“御注”有多种传本存世，可能还有其他的钞本在流传。

“御注”为何人所作？《御注文选表解》开首即云：

> 唐所言之御注者，天子之注也，《孝经》是也（唐太宗注也）（当为唐玄宗——引者按）。吾朝所言者，圣庙御注是也，于家者谓“神注”也。《文选》一部注者至六臣也，序亦是同，至此表注解，唐人不用，故有“御注”也。

这段话指出“御注”出现的背景，就是《文选》本文及萧统《文选序》皆有唐人之注，惟李善《上文选注表》无注。“御注”或“神注”则为菅原家所作，日本学者认为此注为在日本被称为"学问之神"的菅原道真（845—903）所作①。友人日本广岛大学陈翀教授曾撰文认为，现存的《文选集注》是大江匡衡奉一条天皇之命编纂而成的文本，又认为："《集注文选》卷首部分并没有完全散佚，其基本形态被保留在了现藏于京都东山御文库的九条本《文选》之卷首。""由于《集注文选》的注文全部被写在了纸背，因此我们还可以判断出本文间所加入的注文主要是菅家证本注。"②在另一篇文章中他又指出："九条本卷一所收李善《上文选注表》之栏外、行间小注均与菅原和长（一名东坊城和长）之《御注文选表解》所收注语一致，由此可确证这些注语为菅家所撰……另外，菅原和长之所以尊称这些注文为'御注'，极有可能是因为与后来的《集注文选》一样，这些注本都是以天皇名义编撰而成的。"③在他之前，日本学者山崎诚已经指出，九条本李善表注与《御注文选表解》所收注语多有重合之处④。至于"御注"是否"以天皇名义编撰而成的"，文献无征，暂且存疑，笔者认为"御注"应是日本平安时代博士家《文选》学的遗文，是平安时代关于《上文选注表》的古注，与菅原家关系颇大。（参见图2-4、图2-5）

---

① 日本大正时期所编的有关菅原道真的文献集《北野文丛》卷七"遗文部"（北野神社社务所编『北野誌』，東京：國學院大學出版部，1909年）就收录此注，但亦是从菅原和长《御注文选表解》中辑出的。庆应义塾大学图书馆藏有原始状态的《御注文选表》写本（笔者所见写本由广岛大学陈翀教授惠示，特此致谢），参见陈翀《〈文选集注〉李善表卷之复原及作者问题再考——以庆应义塾大学图书馆藏旧抄本〈文选表注〉为中心》，《文学遗产》2013年第4期。

② 陈翀《〈文选集注〉之编撰者及其成书年代考》，《域外汉籍研究集刊》第六辑，第507页。文章认为《文选集注》原名当作《集注文选》。

③ 陈翀《九条本所见集注本李善〈上文选注表〉之原貌》，『国际汉学研究通讯』第二期，第127页注2。

④ 参见山崎誠「式家文選学一斑—文選集註の利用」，『中世学問史の基底と展開』，東京：和泉书院，1993年。

据陈翀兄发现，《御注文选表》单注的古写本现存于日本庆应大学图书馆（请求记号为"132X@134@1"，庆应大学图书馆将其著录为《文选表注》，应该是其原始书名），在此卷之末有两段跋文，其一云：

> 此本累代相传之处，先年烧失之时，忽化灰尘，未致书写。今借柱下之本，即驰灯前之笔而已。迎阳轩秀长书之。

"秀长"，即菅原秀长（亦称东坊城秀长，1338—1411，著有《迎阳记》）。秀长之所以会抄写这部"御注"，正因为此注是菅原家"累代相传"的学问。所谓"柱下之本"，即可能是宫内图书寮的藏书。总而言之，不管"御注"是否确为菅原道真所作，至少可以认为

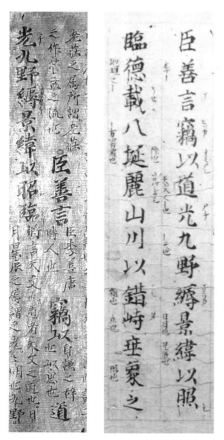

图2-4 庆应义塾大学图书馆藏《御注文选表》古写本书影（左图）

图2-5 九条本《文选》书影（可见其识语书于行间）（右图）

其与日本《文选》的菅家注有密切关系，这也是其一直得到菅原家重视的原因。

根据陈翀兄复原的九条本《文选》识语中的"菅注"[①]，发现"御注"确实与"菅注"相关文字基本一致，略举数例如下（见表2-1）：

表2-1　《上文选注表》御注、菅注示例表

《上文选注表》本文	御注	菅注
德载八埏，丽山川以错峙	将言地理也。德者，地理之德，山川草木之属也。载，乘也。八埏者，八方，四方四维也。埏，际也，谓八方之际也。丽，著也。山川，则地理也。错，杂也。峙，立也。谓此句者，为下之"含章"之发语者也。	（德）地理之德。（八埏）八方，四方四维也。（埏）际也。（错）杂也。（峙）立也。
垂象之文斯著，含章之义聿宣	著，明也。垂象之文者，天文，日月星辰也，言仰见日月之垂光，以象为法则，故曰垂象文斯著也。象，形也，则所谓道光九野是也。宣，舒也。聿，则也。含章之义者，《易》之语矣，未能知也。然于阴阳者，阴位也；于君臣者，臣位也；于天地者，地之义，则所谓德载八埏也。	（著）丁虑反，明也。（垂象之文）天文日月星辰也。（象）形也。（聿）则也。（宣）舒也。
楚国词人，御兰芬于绝代	楚国词人者，屈原、宋玉之徒也。御，治也。兰芬皆香草，以譬于文章也。文章，诸人之所馨，故以此比于香草也。绝代，谓绝远之世也。	（楚国词人）屈原、宋玉之徒也。（御）治也。（兰芬）香草，以譬于文章也。（绝代）绝远之世也。
汉朝才子，综鞶帨于遥年	汉朝才子者，司马相如、扬雄之徒也。综，治也。鞶帨：帨，巾也；鞶，带端也。皆以比文章，言鞶帨者，人之所玩，文章亦人之所好，故以为譬也。遥年，谓遥远之年也。	（汉朝才子）司马相如、扬雄之徒也。（综）治也。（鞶）带端也。（帨）巾也，以比文章也。（遥年）遥远之年也。

[①]　这里对九条本《文选》"菅注"与"集注"的复原，除参考陈翀的《九条本所见集注本李善〈上文选注表〉之原貌》外，亦利用了陈翀惠寄给笔者的《〈文选集注〉李善表卷之复原及作者问题再考——以庆应义塾大学图书馆藏旧抄本〈文选表注〉为中心》增订稿，特此致谢。笔者有所校订。

续 表

《上文选注表》本文	御注	菅注
后进英髦，咸称准的	后进者，谓后代之进人也。英，英俊也。髦，毫也，言群毛之中长为髦也。咸，皆也。资，取也。准，量也。的，射也。言后代之进、英髦之人皆以斯《文选》为准的也。	（后进）后代之进人也。（英）英俊也。（髦）高［毫］也。（咸）皆也。（资）取也。（准）量也。（的）射之称也。
蓬衡蕞品，樗散陋姿	品，等也。蓬衡，贱陋之称，谓以蓬而为衡门者也。蓬，蒿属也。衡，门衡也。蕞，貌小也，言李善自蓬衡蕞品之者也，此以下陈自谦之辞。 樗，似漆而恶木也，言如樗散之陋姿者也。	（蓬）蒿属也。（衡）门衡也。（品）等也。（樗）似漆而恶木也。

虽然"菅注"与"御注"有详略之别，但可以看出，两者在对语词的解释上基本一致。不过，也可以看到"御注"在文字阐释之外，还有对文义解释的句子，往往以"言……"或"谓……"的形式出现。因为九条本的识语是抄写在行间的，空间有限，所以为了追求简洁明了，只抄写了解释字句的部分。不过，有些地方，"菅注"与"御注"亦有不同，如《上文选注表》中"寨中叶之词林"一句，"御注"云："中叶，斥[①]班固以来也。"而"菅注"则云："中叶，斥于周以来也。"可能这里"菅注"依据了其他的资料。

另外，"御注"有不少文字与九条本背面的"集注"内容有相重之处，亦略举数例如下见表2-2：

---

① 斥，日语"指すところ"的略写，即"所指"之意。

表2-2 《上文选注表》御注、九条本集注示例表

《上文选注表》本文	御注	九条本集注
羲绳之前，飞葛天之浩唱	羲者，伏羲氏之三皇号也。绳者，结绳也。言上古之时，无是文字，唯结绳以为事，事大以大绳，事小以小绳。至于伏羲之时，无此文字，唯结绳以为政。然羲绳者，结绳之政及伏羲之时，故云羲绳耳。葛天者，葛天氏，伏羲之前王者号也。浩，大也。唱，歌也。葛天之浩唱者，三人持牛尾投足以八曲。一曰载人，二曰玄鸟，三曰育（旁注"青钦，本"）草木，四曰旧五谷，五曰敬天帝，六曰彻帝功，七曰依地德，八曰总禽兽之极也。言文之起，从来远矣。故伏羲结绳之前，飞葛天之浩唱也。以此下序文章之起也。	【菅注】（羲）伏羲氏三皇号也。【集云】上古之时，无是文字，唯结绳以为事。事大以大绳，事小以小绳。至于伏羲之时，始画八卦以代结绳之政。然羲绳者，结绳之政及伏羲之时，故云羲绳也。【菅注】（葛天）葛天氏，伏羲之以前王者号也。（浩）大也。（唱）歌也。【集云】葛天之浩唱者，三人持牛尾投足以歌。
步骤分途	途，道也。步，三皇之时也。言三皇之时，无为小事，故云步。步，徐行也。骤者，五帝之时。稍急繁事，故为骤，骤疾于步。言三皇五帝，各异时代，故云分途。三皇者，太昊、炎帝、黄帝也，亦云天皇、人皇、地皇也。五帝者，少昊、颛顼、高辛、尧、舜也。	【菅注】（途）道也。【集云】步者，三皇之时也。言三皇之时，无为小事，故云步。步，徐行也。骤者，五帝之时也。稍急繁事，故为骤，骤疾于步也。言三皇五帝，各异时代，故云分途也。
化龙东骛，煽风流于江左	化龙者，斥于晋元帝也。言西晋之末，童谣曰：五马渡江，一马化龙也。以后西晋既乱，琅琊王、西阳王、汝（南王）、南顿王、彭城王俱行江南。琅琊王自立，以为元帝，东晋元帝是也。煽，盛也。风流，文章之风流也。江左，东晋也。言东晋元帝之时，盛其文章，故云尔。	【菅注】（化龙）斥于晋元帝也。【集云】西晋之末，童谣曰：五马渡江，一马化龙也。以后西晋既乱，于是琅琊王、西阳王、汝南王、南顿王、彭城王俱行江南。琅琊王自立为元帝，东晋元帝是也。【菅注】（煽）盛也。（风流）文章之风流也。（江左）斥东晋也。

续　表

《上文选注表》本文	御注	九条本集注
嵩山坠简，未议澄心	嵩山，山名也。简，书札也，贯者曰简也。言晋元帝之时，有一人得短籍于嵩山之下者，皆古文科斗，时人无知于是，束晳唯独知之，曰：是汉明帝时书也。议，谋也。嵩山之坠简，未议以澄于己心也。是亦谦辞耳。束晳，人名也。	【营注】（嵩山）山名。（坠）落也。（简）书札也，贯者曰策，不贯曰简。【集云】言晋元帝之时，有一人得短籍于嵩山之下，皆古文科斗，时人无知于是，束晳唯独知之，曰：是者汉明帝陵中之书也。
杀青甫就，轻用上闻	就，成也。甫，则也。杀青者，青竹。上古之时无纸，唯以竹书之。竹色青，不得书之，唯熟令黄，则得书之，故云杀青。言无纸者，后汉之时作之。然于是杀青，追无纸之时，以云而已，是文章之势。犹字也。	【营注】（青）青竹也。（甫）则也。（就）成也。【集云】杀青，上古之时无纸，唯以竹书之。生竹色不得书之，唯熟令黄，则得书之，故曰杀青。【营注】（闻）谓白也。
亭帚自珍，缄石知谬	亭，留也。帚，治庭之器也。言魏文帝曰：夫家藏贵帚而自以为直当千金。是者自见之患也。缄，裹也。石燕，状似燕，若欲雨雷之时，先飞行之也。言宋有愚人，当得石燕，于是不知燕石，自以为异，以藏于柜中。时有一人，教愚人曰：是燕石，天欲雷雨，必先飞矣。愚人益以为贵，亦缄以牛皮五皮五色而藏之。此言斯虽愚自以为珍，犹缄石而知其谬乎。	【营注】（享）留也。（帚）治庭之器也。（珍）宝也。（按，九条本此处作"享帚"。庆应本作"亭帚"，旁小字注"享帚"）【集云】魏文帝曰：夫家藏贵帚而自以为直当千金。是自见之患也。【营注】（缄）裹也。（石）燕石。（谬）过也。【集云】石状似燕，若欲雨雪之时，先飞行之也。言宋有愚人，当得燕石，于是不知燕石，自以为异，以藏于柜中。时有一人教愚人曰：是者燕石，天欲雪雨，必先飞。愚人益以为贵，亦缄以牛皮五重而藏之矣。

其中"御注"画线部分就是与"集注"重叠的内容,可见"菅注"与"集注"都有与"御注"重叠的地方。日本学者已经指出,成书于日本应保元年(1161)的《和汉朗咏集私注》中就已经引用过《文选表注》[①],那么"御注"当成书于1161年以前,而且"御注"其实当名为《文选表注》。九条本《文选》卷一末藤原相房识语云:"本云,弘安八年(1285)六月廿五日,以菅、江两家证本校合书写了。"可见,九条本卷一包括李善《上文选注表》的原卷,当抄写于1285年之前,而且藤原相房还用了菅、江两家"证本"做了校合,九条本《文选》识语当出于菅、江两家证本。九条本《文选》识语与《文选表注》多有重合之处,而且《文选表注》的部分脱文也可以在九条本《文选》识语中发现,两者应该有共同的文献渊源,九条本《文选》识语可能抄自《文选表注》的祖本[②]。如果九条本《文选》背面所附的"集云"就是已经失传的《文选集注》中李善《上文选注表》之注文的话,《文选表注》还有另一层意义,即对于我们厘清《文选集注》的编者有很大的帮助作用。众所周知,李善《文选》注中李善的《上文选注表》是没有注的,因为李善不可能为其本人的文章作注,不过《文选集注》应有对李善此表的注解,遗憾的是,现存《文选集注》中的李善《上文选注表》注的部分已经佚失。如果九条本《文选》背面的"集云"就是《文选集注》中李善《上文选注表》的"集注"佚文,而且确实来源于日本平安时代古注本《文选表注》的话,那么"集注"的编者似可以确定为日本学者。

---

① 参见佐藤道生、堀川貴司「慶應義塾図書館蔵日本漢学関係書籍解題」,佐藤道生編『慶應義塾図書館の蔵書』,慶應義塾大学出版会,2009年。亦参见陈翀《〈文选集注〉李善表卷之复原及作者问题再考——以庆应义塾大学图书馆藏旧抄本〈文选表注〉为中心》,《文学遗产》2013年第4期。

② 参见陈翀《〈文选集注〉李善表卷之复原及作者问题再考——以庆应义塾大学图书馆藏旧抄本〈文选表注〉为中心》,《文学遗产》2013年第4期。

不管"御注"或《文选表注》是否为菅原道真所作,但其成书于平安时代应是无疑的,"御注"难得地为我们留下了研究日本平安时代《文选》学的珍贵资料,也是《文选》东传的第一手文献。"御注"在注书模式上不同于李善注旁征博引式的注释,而类似于五臣以文字训解、串讲为主的方式。如果说李善注面对的对象是以科举为目标或已经登第的知识阶层,那么五臣注的阅读对象则是一般的读者,而"御注"面对的则是日本人,故在注释上选择了五臣注的模式。其注释也显现出日本注本的地域特色,如对《文选》相关问题的解说就比较独特:

《文选》之说在六,一说撰集之人名,二说撰集之时代也,三说撰集之人数,四说撰集之篇数也①,五说配类五经也,六说所以题名也。撰集之人名者,梁昭明太子所撰之书也;撰集之时代者,八代之文章也,从周至梁八代,言周秦汉魏晋宋齐梁也;撰集之人数者,言所撰之人数者,一百三十人也;撰集之篇数者,所撰篇数者,七百三十八首也;配类五经者,言《文选》之中各类五经。诗、赋、骚人、赞、颂、符命者出于《毛诗》,启、表、弹、诏、策、教、令者出于《尚书》,书、移、檄、难者出于《春秋》,设论、辞、序、史论、连珠者出于《易》,箴、铭、诔、碑、行、志、哀、策、吊文、祭文者出于《礼记》。所名题者,名曰《文选》。文在五义,选在三义。五义者,一曰天文,日月星辰也;二曰人文,典籍诗传也;三曰物象文,五色也;四曰音声文,宫商角徵羽也;五曰文字文,六本体也。选在三义者,一曰数之极也,言十万曰亿,十亿曰兆。兆、经、垓、秭、选,如次言《文选》群藻之极,故云选也。二曰贤千人曰选也,言《文选》贤于群书。三曰弃恶录善之书名也,或曰十秭曰选,十选曰冓,十冓曰极。然则从选有余数,何以选为选之极也,答曰:冓、极二数,以当圣贤也。圣者,五经也;贤者,诸子也。昭

---

① "之篇数",原作"篇之数",兹据上下文改之。

> 明太子序曰："若夫姬公之籍，孔父之书，与日月俱悬，鬼神争奥，孝敬之准式，人伦之师友也。岂可重以芟夷，加之翦截？老庄之作，管孟之流，盖以立意为宗，不以能文为本。今之所撰，又亦（以）略诸。"故知菁、极二数，以当圣贤也，是者博士杂意。五经诗书之属，所谓"姬公之籍，孔父之书"也；诸子老庄之属，所谓"老庄之作，管孟之流"也。

因为《文选表注》面对的是日本读者，所以必须一开篇就要将《文选》的相关问题解释清楚，这里分为六个层次来解说："一说撰集之人名，二说撰集之时代也，三说撰集之人数，四说撰集之篇数也，五说配类五经也，六说所以题名也。"这实际是关于《文选》的解题，牵涉《文选》的编者、入选作品的时代、入选作家的人数、入选诗文的篇数，《文选》与"五经"的关系，以及《文选》之"文"的含义。比较特别的是第五层次，即《文选表注》将《文选》与"五经""配类"，即将《文选》中的文体导源到"五经"中《诗》《书》《春秋》《易》《礼》各经。我们知道，《文选》编选原则是"事出于沉思，义归乎翰藻"（萧统《文选》序），不收经学文章，但《文选表注》却指出了《文选》中文体与"五经"的关系。这种独特的认识，似乎也揭示了萧统在选择文体时的一些用心。虽然《文选》不选经学著作，但其文体多来自于"五经"，似乎也赋予了《文选》以经典性。中国的注释，如李善注与五臣注皆未对《文选》作如此解题，这也是《文选表注》的特色。关于"文""选"二字的含义，《文选表注》指出"文"有五层意思，即天文、人文、物象文、音声文、文字文；而"选"则有三义，即数之极、贤千人、弃恶录善之书名。关于"文""选"之意，中国的注释鲜少加以研究，后代的注解，如高步瀛的《文选李注义疏》也只是对"文"加以解释[①]，而《文选表注》还有对"选"的关注。按照我

---

① 参见高步瀛《文选李注义疏》，曹道衡、沈玉成点校，北京：中华书局，1985年。

们一般的理解,"选"应该就是"遴选"之意,而《文选表注》的理解却有三种。这是笔者所见到的唯一对"文选"之"选"做出解释并有多种解释的文献。在此基础上,《文选表注》对萧统《文选》进行了重新解读。

三 菅原和长"愚解"的特色

与"御注"的简洁相比,"愚解"显得比较详细,不但注重对字句的解释,而且还引用了不少典籍对《上文选注表》的文义进行发挥,试看其解"垂象之文斯著"一句:

> 御注:著,明也。垂象之文者,天文,日月星辰也,言仰见日月之垂光,以象为法则,故曰垂象文斯著也。象,形也,则所谓道光九野是也。

> 愚解:《易·系辞》云:"在天成象,在地成形,变化见矣。"象况日月星辰,形况山川草木也。法象莫大乎天地,变通莫大乎四时,悬象著明莫大乎日月。〇又曰:天垂象见吉凶,圣人象之;河出图,洛出书,圣人则之云云。〇又曰:明吉凶刚柔,相推而生变化。是故吉凶者,失得之象也;悔吝者,忧虞之象也;变化者,进退之象也;刚柔者,昼夜之象也云云。

"御注"没有引用任何文献,只是对文中的词句进行解释,或对文义有所阐释。而"愚解"不但引用了《易经》的文字,还引用了韩康伯的注来说明这句话可能的引申义。这里可能有发挥过度之虞,但可以看出"愚解"的特点,也可见菅原和长的学问基础。除了以上所言,关于"愚解",以下几点亦值得重视:

其一,"愚解"面对的是日本中世时期的贵族子弟,一方面听讲者是外国人,一方面解释的对象又是中国唐代的骈文,"愚解"因而带有授课讲义的性质，务求讲解透彻，所以在中国人看来根本不需要注的语词，"愚解"也予以详细解释。比如"上文选注表"，对"上""注""表"这些词，菅原和长都花费笔墨予以解说。试举一例：

> 愚解：上，犹登也，言从下登以献于天下也。凡献于天子，通曰上也。奉、进、献、上之四字，是同意也。

在日本，从平安时代开始，《文选集注》就成为类似于学习汉语的教材①，这一特色似乎也同样适合于《御注文选表解》一书。解者不但解释了"上"的意思，还举一反三地列出了与"上"意思相同的词。目的不外乎想让读者掌握汉语的相关词汇。

其二，正是因为讲授的是唐代的骈文，所以菅原和长在解释的过程中，除了讲解释义之外，还花了大量笔墨剖析文章的结构以及写作的要素。"愚解"留下了很多当时授课的痕迹，而将李善《上文选注表》分段讲解即为其一。从上文引用的菅原和长的跋语可见，他讲解这篇表花了三天时间，从"愚解"留下的标记可以看出，和长每天讲解时并不是讲到哪儿算哪儿，而是明显分段讲授的。无独有偶，现代日本学者富永一登也将此表分为若干段加以解说②，我们比较一下两者的分段（见表2-3）：

表2-3 菅原和长、富永一登对《上文选注表》的分段比较表

段序	讲解者	
	菅原和长	富永一登
第一段	臣善言……基化成而自远	臣善言……基化成而自远
第二段	故羲绳之前……宏材弥劭	故羲绳之前……煽风流于江左

---

① 参见山崎誠「式家文選学一斑——文選集註の利用」，『中世学問史の基底と展開』。

② 参见富永一登「李善の『上文選注表』について」，『広島大学文学部紀要』第55辑，第75页。又见其『文選李善注の研究』，第58页。

续　表

段序	讲解者	
	菅原和长	富永一登
第三段	昭明太子……咸资准的	爰逮有梁……咸资准的
第四段	伏惟陛下……导涓宗海	伏惟陛下……导涓宗海
第五段	臣蓬衡蕞品……合成六十卷	臣蓬衡蕞品……合成六十卷
第六段	杀青甫就……上表	杀青甫就……上表

我们惊奇地发现，除了第二段有细微差异外，两者的分段几乎完全相同。这说明"愚解"的分段方式基本上符合日本人的阅读习惯。在第一段末"基化成而自远"，"愚解"云：

> 已上至于兹，此表之序段之文章也。文章之书注，先有序段，故有序，正流通之文法也。内典、外典，共其法同也，仍纪传一家之儒法，文章四六之模样等。次于事，欲明之者也。

可见，和长是基于"流通之文法"，即文章的写作或阅读程序来分段的，而且这种分段的方法可能还是祖传的纪传儒家法，即所谓"纪传一家之儒法"。

除了分段注释之外，"愚解"还从文章学的角度对李善的上表进行了剖析。因为《上文选注表》是一篇应用文，所以菅原和长着重从写作的角度来注意开首与结尾的词。《上文选注表》开首云："窃以……""御注"云："自谦之辞也。""愚解"则云："书文章时，发端之句也。但此二字云起句也，此字法可在后段所所也。"又"故羲绳之前"，"愚解"解"故"云："此起句之字也，序段终。正之段始也，仍先置起句之字也。此字者无对句之字，不逐韵声也。一字二字之间，任意可置也。"又"臣蓬衡蕞品""御注"："臣，李善自谓之。""愚解"云："臣ノ字ヲ置（ク）事（ハ）、是（レ）则（チ）表ノ文體也。故（二）初（メ）モ先（ノ）臣善言ノ三字ヲ置(ク)也、是(コ)自(リ)五段(ノ)初也。"又此书末尾,"愚解"云:"凡于表者,书终处必可有'诚惶诚恐'之词也。然此表不用之,其义则曹子建表之文体也云云。《文选》表部,子建表有二篇,'寔彼'四字不用也,余则皆有之。子建与李善不违矣。"从上可见,"御注"与"愚解"关注点的不同很明显。由于"表"是一种特殊的文体,正如"愚解"引《文选》李善注所云的"表者,明也,标也。如物之标表,言标著事序,使之明白,以晓主上,得尽其忠曰表。"这篇表的阅读对象是皇帝,所以措辞一定要适当得体。文章开头与结尾的词不但决定了一篇文章的文气,而且还体现了作者的写作态度。菅原和长之所以对这些地方比较重视,亦是出于指导子弟进行文章写作的目的。

由于李善《上文选注表》是一篇典型的四六文,所以"愚解"用了不少篇幅解说这篇文章的文体结构,特别是句与句之间的关系。菅原和长对四六文的作法曾做过研究,著有《四六作抄》一书,而且这可能还是菅原家的家传之学①。作为"锦心绣口,骈四俪六"②的骈文,虽然都是由四字句、六字句构成,但其间的关系颇为复杂,如果不精于文章之道,很难掌握创作的规律。李善《上文选注表》"德载八埏,丽山川以错峙","愚解"云:"此一对云轻隔句也,上四字,下六字也。依之谓四六也。"除了"轻隔句"之外,和长又指出很多种句式,其解"娲簧之后,挨丛云之奥词"云:

> 此(ノ)一對亦(タ)輕隔句也。此(ノ)表ニハ只(ダ)輕隔句、平隔句兩樣ノ外ハ、不書也。重隔句ハ上六字、下四字也。輕隔句ヲ打反シタル也。平隔句卜云(フ)ハ、上モ四字也、下モ四字也。或

---

① 菅原和长在《御注文选表解》中又云:"吾朝之文章,儒家之作法。据之,故具注之。先四六,有隔句之重、品韵,有三说。跨句有三字之法,又有发句之字,或云施头;又有起句,或傍字;又有送句,或施尾。此等之委旨,往年《四六作抄》一册,今新编,见彼钞矣。"
② [唐]柳宗元《柳河东集》卷十八《乞巧文》,上海:上海人民出版社,1974年,第316页。

(ハ)上下六字、或(ハ)上下七字、共ニ平隔句也。上下五字ハ、平隔句ト雖(ドモ)、嫌テ不用也。其義ハ五言ノ詩ニ似ガ故(ニ)不用也、是(レ)吾家ノ文法也。疏隔句ハ、上三字下六字、七字、八字ニモ及(ブ)也。密隔句ハ、又疏隔句ヲ打反シタル也，上六字、下三字也。雜隔句ハ、上四字，下五字、六字、七八字(ナリ)；或(ハ)上五字，下四字(ナリ)；或(ハ)上五字，下四字，上五字(ナリ)；或(ハ)上六字，下五字、七八九十字(ナリ)；或(ハ)上七、八、九、十字，下六字等也。委旨尚見《四六作抄》。【此一对亦轻隔句也，此表只轻隔句、平隔句两样，其余不书也。重隔句者，上六字下四字，轻隔句之相反也。所谓平隔句者，上四字下四字，或上下同为六字，或上下同为七字，均为平隔句也。上下同为五字者，虽为平隔句而不用，因其与五言诗相似之故也，乃吾家之文法也。所谓疏隔句者，上三字下或六字或七字，甚或八字者也。密隔句者，疏隔句之相反也，上六字，下三字也。杂隔句者，上四字，下五字、六字、七八字；或上五字，下四字、上五字；或上六字，下五字、七八九十字；或上七八九十字，下六字等也。详细参看《四六作抄》。】①

这里提到四六文的多种句式，如轻隔句、平隔句、重隔句、密隔句、疏隔句、杂隔句，都是指上下句之间的关系。保存在日本的唐代赋格书《赋谱》就已经讲到这几种隔句对的形式："隔体有六：轻、重、疏、密、平、杂。""轻隔者，如上有四字，下六字。""平隔者，上下或四或五字等。""重隔，上六下四。""密隔，上五已上，下六已上字。""疏隔，上三，下不限多少。""杂隔者，或上四，下五、七、八；或下四，上亦五、

---

① 本段日语训读之翻字，得王连旺博士之助，翻译则承日本武藏野大学杨昆鹏教授之助，特此感谢。

七、八字。"①《赋谱》讲的是唐代律赋的作法,而律赋在文体上与骈文也有相通之处。《四六作抄》可能主要参考的是平安时代藤原宗忠所撰的《作文大体》,该书"杂笔大体"部分也讲到隔句的各种类型,其中轻隔句指"上四下六";平隔句指"上下或四或五或六,去声,又不去";重隔句指"上六下四";密隔句指"上五已上,下六已上,多少不定,下三有对";疏隔句指"上三下一,多少不定,去、平、他声,又未必去之";杂隔句指"上四下五,或七八;或下四,上七八,去声,或不去。又上九十,下七八;或上四,下九、十、十一二三也。或上七,下六;或上六,下五"。《作文大体》应该承袭的是《赋谱》,而略有变化,而《四六作抄》则渊源于《作文大体》,同时结合了菅原家家传的学问并加以改变。菅原和长指出,李善《上文选注表》中只有轻隔句、平隔句两种。这种对句式句型的分析、细致的讲解无疑有利于受众迅速掌握骈文创作的特点。这里又提到"吾家之文法",应即菅原家累代相传的四六文作法。

其三,值得注意的是"愚解"对"御注"的进一步发挥。菅原和长在"愚解"中云:

> 御注至妙之外,虽不可及别义,今初学之儿,于御注成巨细之问,故聊作其答之义,称"愚解"是也。

"御注"被和长奉为"至妙",同时"愚解"对"御注"的意见基本上是接受的,而和长所做的工作就是对"御注"没有注释的地方加以补充,或对已有的注释引经据典加以强化。从上节的引文中我们可以看出,"御注"的特点就是简洁,以疏通文字为主,很少像李善注那样引证大量典籍;"愚解"的特点就是详细,而且引用不少典籍对语汇的出处与文义详加解释。且看对《上文选注表》中"舞咏方滋"一句的注释:

---

① 张伯伟《全唐五代诗格汇考》,南京:江苏古籍出版社,2002年,第557—559页。

御注：方，犹方今之方。滋者，繁也。

愚解：舞，《说文》曰：乐也云云。按：有乐之时，必有文武舞也。〇《礼记·乐记》篇云：乐者，德之华也；金石丝竹，乐之器也。诗言其志也，歌咏其声也，舞动其容云云。"舞咏"之义是也。〇又云：钟磬竽瑟以和之于戚，旄狄以舞之，此所以祭先王之庙也。〇又云：夫歌者，直己而陈德也。动己而天地应焉，四时和焉，晨辰理焉，万物育焉。故商者，五帝之遗声也。宽而静、柔而正者宜歌《颂》；广大而静、疏达而信者宜歌《大雅》；恭俭而好礼者宜歌《小雅》；正直而静、廉而谦者，宜歌《风》云云。咏歌者依之三百篇之风也；三百篇之咏歌者，文章也。御注之意，又是也。

"御注"对"舞咏"没有解释，而"愚解"先是引用《说文解字》对"舞"的意思加以解释，接着又引用《礼记·乐记》解释其文化意义。"愚解"加按语云"有乐之时，必有文武舞也"，则指出了上古乐舞合一的文化特征。最后又说"咏歌者依之三百篇之风也；三百篇之咏歌者，文章也"，则指出《国风》与文章起源的关系。可见，"愚解"对"御注"有很大的发挥。

"愚解"虽是补苴"御注"之作，但"愚解"亦有不少发现，如"汾河委笫，凤非成诵"一句，愚解云："笫者，恐箧字欤？辗转之误欤？韵书皆云，笫，箸也。夹，牵也。箧，箱属，藏也。御注亦笘属也，然者可为箧字欤？"关于"笫"字，高步瀛《文选李注义疏》云："'笫''策'字通，实'册'之借字。"[①] 而富永一登校云："笫，九条本作'函'，上野氏藏钞本作'箧'。"[②] 和长的判断与被定为"日本重要文化财"的上野氏藏《文选》古钞本一致，可见和长的见识。

---

① 《文选李注义疏》，第45页。
② 〔日〕富永一登「李善の『上文選注表』について」，『広島大学文学部紀要』第55輯，第75頁。又见其『文選李善注の研究』，第58頁。

其四,《御注文选表解》是日本中世纪传儒《文选》学的一个标本,我们可以从菅原和长的引书情况看出当时纪传儒的学问。"愚解"引用了大量的中国典籍,经史子集都有,如经部有《毛诗》《论语》《礼记》《左传》、程颐《易解》、《玉篇》等,史部有《史记正义》、刘昭《后汉书》注、《晋书》《南史》《资治通鉴》《十八史略》《帝王世纪》等,子部有《事林广记》《高氏小史》《绍运图》等,集部有《楚辞》、韩文、柳文、《诗人玉屑》《潜溪诗眼》《唐子西文录》《白石诗说》《沧浪诗话》《四六谈麈》《四六话》等。

"愚解"还引用到一些日本的汉籍,如解"故撰斯一集,名曰文选"时引用到《发题大断序》。《发题大断》可能是日本讲授写作之类的书,目前似乎已经亡佚,"愚解"引用到的该书之序是用骈文写的,值得引录如下:

> 厩中求马,志驽骀而纳骍骝;海中寻珠,取灵蛇而弃鱼目。翰林之琼蕊,文苑之芝英;先贤之规矩,后生之韦弦。既得四海之欢心,加以五灵之瑞应。功业流于无穷,芳尘振于宇宙。诗者,六义之通体;赋者,一条之别用。诗弱赋强,七步之内功浅,十年之外劳深,故诗居赋之后云云。是皆感昭明太子硕学之功也。

这段话提出的"诗弱赋强"的观点特别有意思,给出的理由是"七步之内功浅,十年之外劳深",分别用了曹植七步成诗及左思十年写作《三都赋》之典故,意思是说从花费的时间与精力上来看,写诗比不上作赋,所以诗"居赋之后"。这种见解在中国文学批评中似乎没有出现过,相反中国文学批评一直强调诗的地位比赋要高,所谓"赋者,古诗之流也"(班固《两都赋序》)。

最后,"愚解"在注解中,还用了一些日本的汉字词汇,如在解萧统《文选序》中"盖以立意为宗,不以能文为本者"时云:"此语亦妙面白。"其中"面白"(おもしろい)一词即为日本汉字词,意思为"有趣",与此句中前面的"妙"意思差不多。

四　《御注文选表解》的价值与意义

从东亚学术史来看，《御注文选表解》的价值与意义也值得注意。

首先，本书是研究李善《上文选注表》的宝贵资料，也是第一部详细注释与研究《上文选注表》的著作。李善本人的文学创作实绩一直为其《文选》注的光芒所掩，《新唐书》卷二百二《李邕传》载其父李善"淹贯古今，不能属辞，故人号'书麓'"[1]，加之李善的创作又比较少，所以李善本人的文学创作没有得到深入的研究，就是这篇《上文选注表》，历来的关注也比较少。二十世纪以来，中国学者高步瀛及日本学者富永一登对这一篇典型的四六文加以注解疏证，应该可以改观我们对李善"不能属辞"的认知。高步瀛先生明言：

> 善文不多见，即以此表观之，闳括瑰丽，较之四杰、崔、李诸家，殊无愧色。则所谓"不能属辞"者，殊不待辨。[2]

不过，因为日本文人学习《文选》的特殊方式，《上文选注表》一直是日本学人必读的文献，所以《上文选注表》在日本得到较多关注，早在平安时代，大学寮中的博士菅原家就为其做过注释，五百多年前，菅原家的裔孙菅原和长又对李善之表及其祖先之注做了疏证。所以说，《御注文选表解》是东亚《文选》学史上第一部对李善《上文选注表》进行研究的著作，可惜因为其以钞本形式存在，没有翻刻出版，所以一直没有得到学人的重视。中国可能要到清代时才有对《上文选注表》的注释，笔者寓目比较早的文献是清乾隆四十三年（1778）刊行的于光华所辑的

---

[1]　《新唐书》，北京：中华书局，1975年，第5754页。
[2]　《文选李注义疏》，第34页。

《重订文选集评》十五卷①,该书卷首有对《上文选注表》的注释和评论,大概比《御注文选表解》要晚二百五十年左右。同时,就详细程度而言,《御注文选表解》也比《重订文选集评》详尽,而且两者的注释方式也有所不同,示例见表2-4:

表2-4 《御注文选表解》《重订文选集评》对《上文选注表》的注释比较

《上文选注表》	《御注文选表解》	《重订文选集评》
德载八埏,丽山川以错峙	八埏者,八方,四方四维也。埏,际也,谓八方之际也。丽,著也。山川,则地理也。错,杂也。峙,立也。谓此句者,为下之"含章"之发语者也。	埏。○俞曰:《淮南子》:九州之外有八埏。峙,屹立貌。

《御注文选表解》主要以文字训诂为主,而《重订文选集评》以汇辑诸家注释为主,并重视书证,其特色在于集注和汇评,特别是其评点部分尤为重要。

我们也可以将《御注文选表解》与现代学者对李善《上文选注表》的注释比较一下,就可以看出《御注文选表解》的学术价值。譬如,关于"楚国词人,御兰芬于绝代;汉朝才子,综鎏悦于遥年"四句,《御注文选表解》和高步瀛的《文选李注义疏》注释如下(见表2-5):

---

① 据于光华注云,《上文选注表》"旧有俞犀月注。按:犀月,名场,江南吴江人"。《重订文选集评》,乾隆五十四年(1789)锺绹刻本,哈佛燕京图书馆藏。于光华,字惺介,又字晴川,江苏金坛人。秦镇镠序云,是书"盖据义门先生为蓝本,复取诸家评论,荟萃精核,标识简端,举目豁如"。参见沈津主编《美国哈佛大学哈佛燕京图书馆藏中文善本书志》,桂林:广西师范大学出版社,2011年,第2002页。

表2-5 《御注文选表解》《文选李注义疏》注释示例

《御注文选表解》	《文选李注义疏》
御注：楚国词人者，屈原、宋玉之徒也。御，治也。兰芬皆香草，以譬于文章也。文章，诸人之所馨，故以此比于香草也。绝代，谓绝远之世也。	《史记·屈原传》曰：屈原者，名平，楚之同姓也。忧愁幽思，而作《离骚》。本书《离骚》曰：纫秋兰以为佩。
御注：汉朝才子者，司马相如、扬雄之徒也。综，治也。鞶帨：帨，巾也；鞶，带端也。皆以比文章，言鞶帨者，人之所玩，文章亦人之所好，故以为譬也。遥年，谓遥远之年也。	扬子《法言·寡见篇》曰：今之学也，非独为之华藻也，又从而绣其鞶帨。
愚解："兰芬"者，下之意惠可在于屈平也。《楚辞》云：纫秋兰以为佩云云。又颜延之《吊屈原文》云：兰薰而摧，玉缜则折云云。鞶，《说文》云：大带也。○《礼记·内则》云：男鞶革，女鞶丝。注云：鞶，小囊也，盛帨巾者也。○帨，又《内则》：左佩纷帨。注云：拭物之巾也。○又云：盥卒、授巾。注云：巾以帨手。○又云：子生，男子设弧于门左，女子设帨于门右。注云：帨事人之佩巾也。（已上《内则》）○《毛诗》云：无感我帨兮。注云：感，动也。帨，佩巾也。笺云：奔走失节，动其佩饰。○遥年者，以司马相如、扬雄等推之，自后汉明帝朝至于唐高宗显庆三年勘之，年数总六百四十年欤？故云"遥年"也。	

关于这两个对句，其中有些词句，可能中国人读起来都有点困难。高先生的义疏比较简单，仅仅指出语汇的来源，甚至对"汉朝才子"都没有出注，而对"鞶帨"语源出处的考证也未指出最早的来源。而五百多年前的《御注文选表解》不但对四句话的所有词语都予以解释，而且还能证之以中国古典，最后还能抉发其文章的意义。

其次，从日本《文选》学史来看，《御注文选表解》也是研究日本古代《文选》学的第一手资料。日本平安时代大学寮博士菅原家的《文选》学是日本古代《文选》学的代表，但由于资料散佚，后人不得其详。

而保存在《御注文选表解》中的"御注"即是菅家注的遗文,这对于研究《文选》菅家学具有非常重要的意义。菅原和长对《御注文选表》的疏证,则是研究日本中世末期《文选》学的宝贵资料,这对于晦暗不明的室町时期纪传儒的《文选》学,以及《文选》菅家学在日本中世的传承都具有非常大的价值。从上面的讨论可以看出,作为纪传儒的菅原和长有较好的汉学修养,汉学浸润很深;同时又对新兴的朱子学知之较多,甚至开始用朱子学的观点去解释古典的文本,这是日本中世《文选》学的新动向。

再次,此书亦是建构"文选东传学"的重要资料。"文选东传学"研究的范围是《文选》在古代东亚汉文化圈国家的流传及刊刻,这些国家对《文选》的注释、翻译与评论,以及《文选》对这些国家汉文学创作的影响。现在有不少学者对《文选》在日本与朝鲜的流传做过研究,也研究过日本与朝鲜所保存或刊刻的《文选》版本,而鲜有文章谈到日朝两国对《文选》的注释,究其原因,可能是缘于这方面的文献比较稀见。《御注文选表解》正是一部日本古代学人注释《文选》之作,对于"文选东传学"的建立具有重大意义。

总而言之,经过五百年时间的检验,《御注文选表解》的学术价值并没有失却,反而更加突显出来,值得当今治《文选》学者进一步研究与探讨。

第三章　日藏《重广草木虫鱼杂咏诗集》钞本考论

一　《重广草木虫鱼杂咏诗集》在历代之著录

宋家求仁、龙溪所编的《重广草木虫鱼杂咏诗集》①（下简称《诗集》）是一部宋人所编的唐宋诗专题总集，《宋史·艺文志》最早著录：

> 家求仁《名贤杂咏》五十卷，又《草木虫鱼诗》六十八卷。②

然对其内容并未详细介绍，且宋本已经亡佚，原貌已不得其详。此书在明成化年间再次刊刻，但卷帙从六十八卷变为了十八卷，明高儒所编《百川书志》卷十九"总集类"著录：

> 《增广草木虫鱼杂咏》十八卷，宋眉山家求人（当作"仁"——引者按）直夫编集唐宋人诗。凡咏物者长编短章细大不遗，效宋宣献公《岁时杂咏》之例。编中草木鸟兽之名，有出《三百五篇》之外者，可助多识。乾道中龙溪增广之。③

---

①　《重广草木虫鱼杂咏诗集》，宋刻本原名作《增广草木虫鱼杂咏》，明刊本、日本钞本皆作《重广草木虫鱼杂咏诗集》。祝尚书《宋人总集叙录》（北京：中华书局，2004年），陈伯海、朱易安编撰《唐诗书目总录》（增订本，上海：上海古籍出版社，2015年）对此书有简单的叙录，但因为二书皆未著录日本十八卷钞本，故相关观点有待修正。
②　《宋史》，北京：中华书局，1977年，第5401页。
③　冯惠民、李万健等选编《明代书目题跋丛刊》，北京：书目文献出版社，1994年，第1345页。

《百川书志》对此书的记载比较详细,信息也比较丰富,高儒应是见过明刊本原书的。此书的卷数,从《宋史》著录的"六十八卷"变为《百川书志》中的"十八卷",与日本现存的钞本卷帙一致,而且日藏本目录卷十八后,明确标"终"字,可见明代此书已经仅有十八卷,其余五十卷已经亡佚。《百川书志》又著录是书所编为"唐宋人诗",应是承袭编者家求仁序中之语,而现存明刊本、日本钞本皆仅有唐人之诗,并无宋人之诗,则至明代时,是书所选的宋人之诗已经亡佚。结合《宋史·艺文志》的著录来看,该书所选宋人之诗为五十卷。《百川书志》又注明,此书所选为"咏物"诗,与现存文本一致。又云,此书在体例上是效仿宋绶所编的《岁时杂咏》,只不过《岁时杂咏》咏的是节气时令,而《诗集》咏的是草木虫鱼等动植物,而且《诗集》所咏之物还有《诗经》所未咏者。"可助多识"回应的是孔子所言的读《诗经》可"多识于草木鸟兽之名"(《论语·阳货》)之语。

傅增湘《藏园群书经眼录》卷十七则著录此书的残本:

重广草木虫鱼杂咏诗集□卷 残本 存十卷
　　宋元间刊本,十行二十一字,黑口,四周双阑。存卷六、七、十一、十二、十三、十四、十五、十六、十七、十八,共十卷。钤有"朱彝尊印"白、"竹垞老人"朱两印。(己巳五月阅。)[1]

此残本为刻本,傅先生将其定为"宋元间刊本"。傅先生所见之残本现藏于中国国家图书馆,不过《中国古籍善本书目》已将其著录为明刊本。笔者认为,《中国古籍善本书目》的著录是正确的,"宋元间刊本"实误。中国国家图书馆藏本原为清代学者朱彝尊藏书,但已为残本,而在日本关西大学图书馆、日本国立公文书馆内阁文库中还藏有两部完整

---

① 傅增湘《藏园群书经眼录》,北京:中华书局,2009年,第1244—1245页。

的明刊本十八卷钞本。

二　日藏《重广草木虫鱼杂咏诗集》钞本的基本情况

　　日本所藏的两种钞本，一为关西大学图书馆藏室町时代末期钞本（下简称"关大本"），一为内阁文库藏江户时代钞本（下简称"内阁本"）。关大本两册，有"小汀氏藏书""村野藏书"之印，卷首贴有浮签云："足利时代写，元装。"可见是室町时代钞本，1946年入藏关西大学。内阁本亦为两册，原为昌平坂学问所藏书，书首钤有"书籍馆印""浅草文库""日本政府图书"三枚朱文印。第一册卷八、第二册卷十八尾页，皆有"昌平坂学问所"之墨印及红色"享和癸亥"字样。享和癸亥，即享和三年（1803）。第一册卷八末页有"文化元年甲子三月望佐父理希亮、乾无必校"墨书，第二册卷十八末页有"文化纪元春二月下澣加藤维藩校"墨书。①文化元年，即公元1804年。可见，此书在享和三年入藏昌平坂学问所，文化元年又有人对其进行了校勘。

　　关大本和内阁本皆为明刻本之钞本，两者抄写内容基本相同，但前者较后者抄写时间为早，故保存了更多的信息，特别是关大本末尾有内阁本所无的此书刊刻者吴恒的跋。日本钞本前有明成化十八年（1482）赐进士出身前奉政大夫修正庶尹尚书户部郎中江阴卞荣序、宋家求仁原序、龙溪原序，后有十八卷目录，末有奉政大夫直隶常州府同知四明

---

① 可考的校者为佐父理希亮（1774—1820），阿波国阿波郡（现德岛县阿波市）人，出身农家，后为桑名藩进修馆的副教（实为校长）。他之前曾在昌平坂学问所学习，此书当是彼时所校。

吴恒的跋。①非常庆幸日本钞本保存了这些序跋，其中透露的信息，对于还原此书在明代的流传与刊刻有极大的帮助。卞荣《增广草木虫鱼杂咏序》云：

> 予常之别驾四明吴公廷用，迩者获见《草木虫鱼杂咏》录本二编于晋陵儒士朱忞易之家塾。既为正其字之讹者，复锓梓，用广其传，属余叙之。夫诗莫圣于杜少陵也，予观其咏物诸篇，往往寓忠君爱国、闵时忧世之意于其间，盖有关于风教不浅浅矣。咏草木如甘菊，若苦竹，若种莴苣，若海棕，若桃树，若《古柏行》之类；咏虫鱼若双燕，若百舌，若黄鱼，若白小，若《打鱼歌》之类是也。自唐以后，诗家非一，而亦有假物寓意，可以兴观群怨，有关风教，仿佛于少陵者，盖不徒嘲弄风月，流连光景而已。然则家直夫之所编，龙溪之所增广，而吾贤别驾之为之锓梓，将垂于永永，其嘉惠后学之心，何其至哉！予无似，亦尝有志于学诗，幸得新编开卷有益，是亦别驾之教我也。因乐而书之。
>
> 成化十八年龙集壬寅春三月清明日
>
> 赐进士出身前奉政大夫修正庶尹尚书户部郎中江阴卞荣序

此序的意义非常重大，直接证明了《诗集》是明代所刻，而且其刊刻者、刊刻过程都非常清楚。②今中国国家图书馆所藏的残本应即明人吴廷用的刻本，傅增湘所称的"宋元间刻本"当是失考，亦因其未见日藏钞本全帙致误。从序中可以看出，在吴廷用刊刻之前，此书有"录本二

---

① 有论者认为该书无序跋、目录，此说不确，盖因未见日本钞本之故。见陈伯海、朱易安编《唐诗书目总录》，第50页。黄淑芳、王顺贵《新发现稀见宋元明清唐宋诗歌选本二十种述论》，《上饶师范学院学报》2011年第5期。

② 祝尚书《宋人总集叙录》认为："《百川书志》所录，疑即明刊本。悬测之，盖明代流传之旧椠《增广草虫鱼杂咏》乃残帙，明人因刊之，即现存本。"（第98页）此判断殆误，盖明代流传之旧椠并非残帙，只不过中国现存明刊本为残本，并非原本是残本，原本是完整的十八卷，从日本钞本可见其原貌。

编"。所谓"录本"可能指过录的钞本,也可能指节录本。此书的刊刻者为吴廷用,即吴恒。

关大本末附吴恒跋云:

> 予于公暇,适遇朱忞易持至龙溪增广直夫家先生《草木虫鱼杂咏》二编录本,俱唐宋诸贤作者。观之令人爱慕无已,自谓读古诗、三百篇,鸟兽草木之名,知之既悉,而此诗多古诗所未载者,形容工巧,穷探造化,殆无余蕴。历览全编,字多差讹,相与忞易正其一二。按本誊写,命工锓梓以传,俾后之读诗者亦有小补焉。
>
> 成化壬寅八月中秋日
奉政大夫直隶常州府同知四明吴恒识

吴恒,事见明《两浙名贤录》《(嘉靖)宁波府志》《(康熙)鄞县志》及《(雍正)宁波府志》等,所载事迹基本相同。据以上诸书,可知:吴恒,字廷用,鄞人。中景泰癸酉(1453)乡试选,尝通判汀州府,摄守事,剖决如流,庭无滞讼。后任常州通判,秩满当迁,常民诣关上书,请留之,升本府同知。后以中宪大夫、常州府知府致仕。可见吴恒是一位颇有政绩的循儒。他刊刻《诗集》之机缘,为偶然从朱忞易处获得该书的"录本",因为此书所载"鸟兽草木"之诗,"多古诗所未载者,形容工巧,穷探造化,殆无余蕴",遂谋刊印。吴恒说,他所见的"录本","俱唐宋诸贤作者",但现存吴氏所刊的明刻本及日本钞本,俱无宋人之诗,此处吴氏可能乃承袭家求仁序中之语,他可能并没有看到全本。

本书的序者卞荣(1418—1487)是明代著名的学者、诗人。卞荣,字伯华,江苏江阴人。正统十年(1445)进士,试政大司马,历官户部主事、员外郎中。卞氏曾奉命检校戎马南畿,监税河西务,干办金沙洲,所至皆称其官。其文思敏捷,能诗善书,文名称誉吴越,其画世称"卞郎中画",有《卞郎中诗集》七卷。《嘉靖江阴县志》卷十七载其传云:

"盖自大江以南，南抵越，北抵吴，无一人不知公名，无一家不蓄公篇什。"①从此可见，卞荣在当时江南一带颇有名气，吴恒请其作序也因此可以解释。明代弘治、正德年间（1488—1521）兴起的前七子的复古诗风，论者认为可能肇始于金陵人陈铎（1448?—1507）的创作与主张②，而卞荣就曾赞扬过陈铎的诗"用意和平，不务雕刻，深入虞、杨、范、揭之阃奥，而渐登盛唐作者之阶梯"③。可见，在七子提出"诗必盛唐"之前，卞荣已经标举盛唐诗的典范意义。从卞荣与陈铎的交游来看，卞荣的文学思想应该也是倾向于复古一脉的。所以全部收录唐诗，且盛唐咏物诗占较大比重的《诗集》在明代重新刊刻，应与此时行将大兴而在酝酿之中的复古思潮有一定的关联。从卞荣序中也可窥见其诗学思想比较传统，他认为咏物诗应该像杜甫咏物之作一样"寓忠君爱国、闵时忧世之意于其间"，更要"有关于风教"，"不徒嘲弄风月，流连光景"。这是传统儒家诗教观的体现，也明显受到宋代理学思想的影响。朱镛《卞郎中诗集后序》云："诗岂易乎哉！原于性情，扩之问学，协之声律，具自然之节，发悠然之趣，涵有余不尽之微意，可以感人心而成治道，其要如此，邵子所谓删后无诗，岂虚言哉。"④朱镛序中的观点应该也代表了卞荣本人的看法，所谓"涵有余不尽之微意，可以感人心而成治道"，也与卞荣序中的观点相通。

卞荣之序后为宋代家求仁的原序，题"草木虫鱼杂咏"，编者题署

---

① ［明］赵锦修，［明］张衮纂《嘉靖江阴县志》，刘徐昌点校，上海：上海古籍出版社，2011年，第313页。

② 参见李舜华《从诗学到曲学：陈铎与明中期文学复古思潮的滥觞》，《文学遗产》2013年第1期。

③ ［清］钱谦益《列朝诗集小传》丙集《陈指挥铎》，上海：上海古籍出版社，1983年，第351—352页。

④ ［明］卞荣《卞郎中诗集》，《四库全书存目丛书》集部第35册，第520页。

云"眉山家求仁直夫编集"。其序云：

> 余昔过鄂渚，得《岁时杂咏》一编，读之，盖魏晋以来至唐所作，宋宣献公集而成之也。归至蜀，则见好事者益以本朝巨公所作，合为一编，而宣献公之集亡矣。窃尝谓自古以诗为难，诗以咏物为尤难，故论画者亦谓鬼魅易而狗马难，诗之咏物殆如是也。余因取自唐以来至于本朝，凡诗之咏物者长篇短韵，细大不遗，效宣献公集为二编，目之曰《草木虫鱼杂咏》。宣尼有言："诗可以兴，可以观，可以群，可以怨。迩之事父，远之事君，多识于鸟兽草木之名。"今二编之中，其名有出于三百篇外者，抑云可以助多识乎！家求仁题。

从题署可见，家求仁，字直夫，眉山人。家氏是宋代眉山地区的大族，据陈廷炜《姓氏考略》记载："宋时，蜀之眉山多此姓，为望族。"《（嘉庆）眉州属志》卷十九《艺文志·杂纪》亦云："宋时眉州苏、程、家、史，是称著姓。"据祝尚书研究，眉山家氏祖籍山西，唐德宗时徙眉，两宋时期涌现出许多名人。[①]家求仁抑或出自这一家庭。将上文所引高儒《百川书志》的著录与此序对照，可以发现《百川书志》之语多来自家氏原序，这也印证了高儒当见过家氏原书。据本序可知，家求仁在体例上效仿的是宋绶的《岁时杂咏》，一是分类而编，二是收入唐宋两朝诗人之诗。上文所引卞荣之序与此序都提到此书原有"二编"。"二编"或有三种解释：一是此书分为唐宋二编，二是此书分草木、虫鱼二编，三是"二编"即二册之意。现存此书的明刊残本及日本钞本所收之诗全部为唐人之诗，未见宋人之诗，则与家求仁序中所言的"益以本朝巨公所作，合为一编"不符。那么"二编"就可以解释为唐宋二编，现存的只有唐代

---

① 参见祝尚书《论宋代文化中的"眉山现象"》，《四川大学学报》（哲学社会科学版）2004年第3期。关于家氏的资料，承杨曦博士告知，特此感谢。

一编，宋代的部分已经散佚。《宋史·艺文志》著录此书为"六十八卷"，现仅存十八卷唐代的部分，则亡佚的宋代部分有五十卷。笔者认为，卞荣所言的"二编"可能与家氏所言的"二编"并非一回事，卞氏所谓"二编"可能指的是"二册"，则与今天日本所藏的二册钞本相同。

其后为龙溪"增广草木虫鱼杂咏"之序：

> 人之心画与造物同巧，乃能极咏物之工，是诗岂苟然哉？吾乡家先生沉酣斯文，深有自得，集古作者《草木虫鱼杂咏》二篇，以告诸往而求知来者。士林传播，籍甚东南。夫善歌者使人继其声，余因纵观，增所未集，锲木以广其传，将以继其声云。乾道戊子中秋龙溪书。

此序非常重要，透露了《诗集》的成书时间。"乾道戊子"，即宋孝宗乾道四年（1168），则《诗集》应该成书于乾道四年，而家求仁原编则可能成书更早，当在南宋初。其原书名为《草木虫鱼杂咏》，而龙溪所做的工作就是在此基础做了"增广"，即增加了若干家求仁未收的诗作。笔者注意到，最早的《宋史·艺文志》著录是："《名贤杂咏》五十卷，又《草木虫鱼诗》六十八卷"，如果"名贤杂咏"就是"草木虫鱼杂咏"的话，那么家氏所编原书可能有五十卷，后龙溪在此基础上又"增广"到六十八卷。增广此书的龙溪生平不详，但从序中可知其与家求仁为同乡，皆为四川眉山人。同时从序中又可知，家求仁原书编成后，非常受欢迎，以至于"士林传播，籍甚东南"。其中可能有夸张的成分，但此书近于类书，方便日常应用，其畅销也是可以想见的。文中亦提到"二篇"，应与上文所说的"二编"同义。从龙溪之序可见，此书宋刻本原名当作《增广草木虫鱼杂咏》，但其中"增广"二字在明刊本和日本钞本中皆作"重广"（见图3-1）。宋人著书好以"重广"命名，如《重广眉山三苏先生文集》等，"重广"意思基本同于"增广"。据吴恒之序，其"按本誊写，命工锓

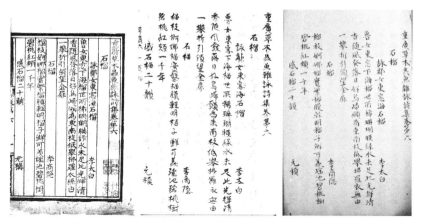

图 3-1 明刊本（左）、关大本（中）、内阁本（右）书影（一）

梓以传",应该只是对原书的翻刻,并未增加新的诗篇,故明人将书名改为"重广",亦承宋人之习,应与"增广"意同。

目前中国国家图书馆所藏的明刊本《诗集》为残本,共十卷。笔者比较了现存明刊本和日本钞本相关卷帙,发现两者行款、形制、文字几乎相同（现存明刊本能见到的首卷为卷六。比较明刊本与日本钞本卷六首页,可以看到它们的文本形态基本相同）,甚至明刊本有墨丁之处,日本钞本也作阙字处理。如卷六白居易《重寄荔枝与杨使君时闻杨使君欲种植故有落句戏之》"相连翠叶真堪尽","连"字明刊本作墨丁,日本钞本作阙字。同卷郑谷《荔枝》"南荒何所恋","荒"字明刊本作墨丁,日本钞本则作阙字。卷十七刘禹锡《鸢》"箭头砉划声相似""游鹍翔雁出其下","砉""雁"明刊本作墨丁,日本钞本亦作阙字（见图3-2）。这样的例子很多,不再一一列举。可见日本钞本是以明刊本为底本抄写的,明刊本确曾流传到日本。

不过,笔者仔细比较了国家图书馆所藏的明刊本和日本钞本,发现现存此明刊本十卷本亦并非完本,仍有散佚。最明显的是卷十七,明刊本仅到"禽虫"类为止（以白居易《禽虫十二章》结束）,而日本钞

图 3-2 明刊本(左)、关大本(中)、内阁本(右)书影(二)

本在白诗后有"虾蟆"一类,收韩愈《答柳州食虾蟆》、白居易《虾蟆》二诗。国家图书馆所藏明刊本卷十七白诗结束后,不见其他文字,也没有其他卷结束时都有的"重广草木虫鱼杂咏诗集卷第×"的字样,可见国家图书馆藏明刊本现存卷帙中也有阙佚,日本钞本所见的"虾蟆"类应该不是日本人抄写时加入的,其所据的是完整的明刊本原有的内容。

同时,现存明刊本还有不少错误,如卷十一罗隐《蝶》首句"漢王刀笔精","漢王"明刊本误作"漠工",而内阁本则无误。这说明,内阁本在抄录时,做了一些校勘或校改工作(关大本"工"亦作"王",应该

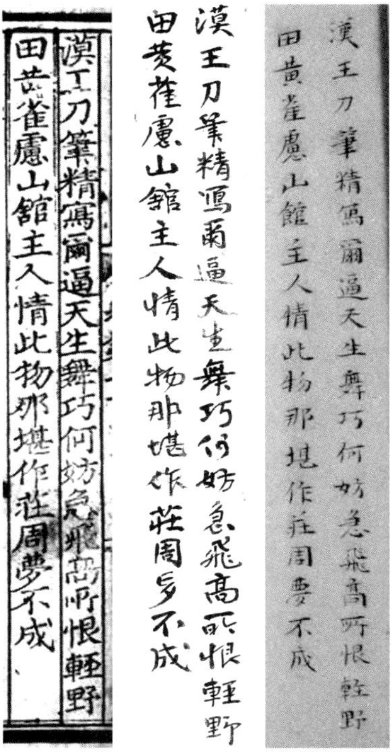
漢王刀筆精寫爾逼天生舞巧何妨急飛高所恨輕野
田黄雀慮山館主人情此物那堪作莊周夢不成

漢王刀筆精寫爾逼天生舞巧何妨急飛高所恨輕野
田黄雀慮山館主人情此物那堪作莊周夢不成

漢王刀筆精寫爾逼天生舞巧何妨急飛高所恨輕野
田黄雀慮山館主人情此物那堪作莊周夢不成

图 3-3　明刊本（左）、关大本（中）、内阁本（右）书影（三）

也经过了校勘）（见图3-3）。幸有日本钞本传世，让我们得以知晓《诗集》的原貌和全貌，则日本钞本的价值善莫大焉。

三　《重广草木虫鱼杂咏诗集》之文献考察

《重广草木虫鱼杂咏诗集》是现存最早的宋人所编的咏物诗集，意义重大，今将其目列之于下，以供学者参考：

卷一：牡丹　芍药　海棠　蔷薇

卷二：辛夷　迎春花　山石榴　踯躅　木兰花　枇杷　水莲　木槲　丽春　紫阳　杜鹃花　金钱　玉蕊花　紫薇　槿花　芙蓉　栀子　山姜　石竹　葵花　刺桐花　萱草　蓼花　红蕉　芭蕉　苔　木瓜

卷三：梅　杏　樱桃　桃

卷四：李　梨　林檎　椋　莲（荷同）　兰　苏　菊

卷五：桐　夜合　红荆　仙灵毗　朮　蘘荷　灵寿木　茯苓　苍耳　紫参　兔丝　车前子　地黄　白头翁　相思木　菖蒲　枸杞　丁香　黄精　茱萸　漆园　椒园　菱

卷六：石榴　荔枝　蒲桃　甘橘　枣　柿　稻　瓜　莴苣

薤　葵

卷七：槐　楸　冬青　海棕　海柳　海桯　枯棕　枏　樗　葛　藤　萍　萱　蓝　椰树　蒲　蒹葭　芦　蓬草

卷八：松　柏　杉　柟　桧　石楠　桂

卷九：竹　笋　茶

卷十：柳

卷十一：蝶　蝉　萤　蚕　促织　蜻蜓　蛞蜂　蛇　蜘蛛　蟆子　浮尘子　蛊　蚁蚊　烛蛾　蝙蝠

卷十二：燕　莺　鹦鹉　百舌　杜鹃

卷十三：鹤　乌雀　水鸟

卷十四：雁　鹅　鸭　鸡　雉（山鸡同）

卷十五：鹭鹚　鸥　鸂鶒　鸳鸯　鹊　鸤鹕　戴胜　提壶　鹠鸩　鸠　喜鹊　山鹧鸪　鹧鸪　精卫　山鹊　山禽

卷十六：时乐鸟　秦吉了　吐绶鸟　白鹇　孔雀　凤　朱鹭　翠碧鸟　御鱼翠鸟　獭　龟　鱼　龙　虎　牛　猿　鹿

卷十七：鹘　鹰　养鸷　鸥　乌　鸢　狐　鸦　禽虫　虾蟆

卷十八终：马

从目录可见，《诗集》关于草木的部分是十卷，而关于虫鱼等动物的部分是八卷，两者并不平衡，但分类非常细致，既有比较常见的动植物，也有不少罕见之名物。笔者统计了《诗集》十八卷选入的唐代诗人及其诗作数量：

白居易183题[①]；杜甫72题；刘禹锡65题；李商隐54题；元稹46题；韩愈37题；柳宗元27题；郑谷26题；李白24题；张籍24题；钱起

---

① 这里用"题"而没有用"首"，是因为本书所选诗歌有的一题有多首。

22题；杜牧19题；韦应物18题；李德裕18题；孟郊17题；王维15题；罗隐15题；陆龟蒙14题；许浑13题；张祜13题；张九龄12题；贾岛11题；杜荀鹤10题；刘长卿9题；王建9题；储光羲8题；温庭筠8题；裴迪7题；骆宾王6题；李益6题；权德舆5题；鲍溶5题；窦巩5题；王绩4题；李嘉祐4题；李涉4题；李贺4题；韩偓4题；李郢4题；张说3题；刘言史3题；吴融3题；沈佺期2题；陈子昂2题；王昌龄2题；崔兴宗2题；皇甫冉2题；吕温2题；薛能2题；皮日休2题；沈亚之2题；刘希夷1题；王缙1题；高适1题；岑参1题；李欣1题；李端1题；欧阳詹1题；卢仝1题；丘为1题；朱庆馀1题；刘商1题；杨巨源1题；崔涂1题；陈陶1题；蒋涣1题；卢象1题；罗邺1题

从上可见，《诗集》入选了68位唐代诗人，初盛中晚唐诗人皆有，尤以中晚唐诗人为众，李、杜、王、高、岑等盛唐诗人皆悉数入选。收入作品最多的是白居易、杜甫，这与唐代咏物诗史的实际相符，雷国楫《龙山诗话》卷三说："咏物诗，唐人最夥者莫逾杜陵。"[1]据学者统计，白居易和杜甫是唐代文学史上写作咏物诗最多的两位诗人，分别有三百四十一、三百一十六首咏物之作，草木虫鱼类仅是其中一部分。[2]其他入选二十首以上的诗人，还有刘禹锡、李商隐、元稹、韩愈、柳宗元、郑谷、李白、张籍、钱起诸人，大多是中晚唐诗人，这与中晚唐时期咏物诗创作的兴盛有关。

《诗集》中还有一些《全唐诗》未收的唐人之诗，如卷七张祜《和李子智曾中使院前凿池种芦之什》，《全唐诗》未载（已收入孙望所辑

---

[1] ［清］雷国楫《龙山诗话》，张寅彭选辑《清诗话三编》，吴忱、杨焄点校，第3册，上海：上海古籍出版社，2014年，第1788页。

[2] 参见胡大浚、兰甲云《唐代咏物诗发展之轮廓与轨迹》，《烟台大学学报》（哲学社会科学版）1995年第2期。关于唐代咏物诗的全面研究，参见杨凤琴《唐代咏物诗研究》，北京：大众文艺出版社，2008年。

《全唐诗补逸》卷九）。①张祜此诗见于宋蜀刻本《张承吉文集》卷八，而家求仁亦为蜀人，可能家求仁编《诗集》时就利用了蜀刻本《张承吉文集》。南宋后期陈景沂所编的植物学类书《全芳备祖》后集卷十二亦收录了此诗，则很可能利用的是同样分门别类编纂而成的《诗集》一书。《全芳备祖》分为前后两集：前集二十七卷，皆为花部；后集第一至八卷为果部，十至十二卷为卉部，十三卷为草部，十四至十九卷为木部，二十至二十二卷为农桑部，二十三至二十七卷为蔬部，二十八至三十一卷为药部。其体例，每一物分事实祖、赋咏祖二类。赋咏祖中收录了大量吟咏这些植物的诗作，其中花部与草部、木部，与《诗集》所选相关。据学者考证，《全芳备祖》为陈景沂在理宗宝庆元年（1225）前后编成。②此时《诗集》已经成书近六十年，陈景沂当见过此书。《全芳备祖》中所选之诗很多可能就来自于《诗集》。如《诗集》卷七选钱起《定德殿芝草》一诗，《文苑英华》卷一百六十七、《唐诗品汇》卷五十六、《全唐诗》卷三十五皆归为李义府作，而《全芳备祖》后集卷十一同于《诗集》，则《全芳备祖》在编纂过程中参考利用过《诗集》当无疑义。③

现存《诗集》所载之诗全部为唐诗，因此书为宋人所编，故所录之文本保存了某种宋人所见之本，颇可资校勘。如卷六沈亚之《题海榴树呈八叔大夫》中"大夫"二字，《全唐诗》卷四百九十三作"大人"，而

---

① 参见陈尚君辑校《全唐诗补编》，北京：中华书局，1992年，第200页。
② 参见程杰《〈全芳备祖〉编者陈景沂生平和作品考》，《绍兴文理学院学报》（哲学社会科学）2013年第6期；《〈全芳备祖〉编者陈景沂姓名、籍贯考》，《南京师大学报》（社会科学版）2015年第6期。
③ 《全芳备祖》所录之文本亦有异于《诗集》之处，如卷七杜甫《海棕行》"左绵公馆清江濆"，"濆"《全芳备祖》后集卷十九作"滨"；"苍棱白皮十抱文"，"十"《全芳备祖》作"合"。此诗《全芳备祖》编者可能做了改动，因为现存杜集诸本文字皆同于《诗集》。

《四部丛刊》所收明翻宋刻本《沈下贤文集》卷一亦作"大夫"。① 卷六柳宗元《始见白发题所植石榴树》，《全唐诗》卷三百五十三、《四库全书》本《训诂柳先生文集》卷四十三诗题皆无"树"字，而宋刻本《河东先生集》卷四十三、元刻本《注释音辩柳集》卷四十三题同于《诗集》。卷七李德裕《海柽》一诗，《李文饶别集》卷十题作《海》，《全唐诗》卷四百七十五题作《海石楠》，可资校勘。卷七杜甫《凭何十一少府邕觅桤木数百栽》，《杜工部集》卷十二、《九家集注杜诗》卷二十二、《全唐诗》卷二百二十六皆无"数百"二字，而《集千家注杜诗》卷七题则同《诗集》。卷九录蒋涣《和徐侍郎中书丛莜咏》，此诗题《全唐诗》卷一百二十二作《和徐侍郎丛莜咏》，而《文苑英华》卷三百二十五、《唐百家诗选》卷六、《唐诗纪事》卷三十二等宋代总集题同《诗集》（《文苑英华》本"和"前有"奉"字）。诗中"声落凤池深"一句之"声落"，《文苑英华》《唐百家诗选》《唐诗纪事》《全唐诗》皆作"影落"，唯《佩文韵府》引作"声落"，可见《诗集》所录应有一定的版本依据。

当然，因为《诗集》是钞本，也有一些抄写之误，如：卷十一《咏萤》，作者题作"李嘉运"，实为"李嘉祐"之误；卷十《柳浪》作者"裴迪"，误作"崔迪"。《诗集》作者题名一般都是承前省，即下一首诗的作者与前一首的相同，下一首诗则不出作者名。但笔者发现，有时候也会出现错误，即下一首诗作者与前一首不同。如卷七《大同殿生芝草龙池上有庆云百官共观圣恩使赐宴乐即事》，此诗没有署作者之名，依例应该承前一首诗的作者钱起省，但实际上此诗乃王维之诗。如果不仔细核查的话，就会疏忽。

---

① 不过需要注意的是，《诗集》所录诗歌文本有异于《沈下贤文集》之处，如上举《题海榴树呈八叔大夫》中"文章枝叶五云笺"，"笺"《沈下贤文集》作"边"；"凌寒向暖占风烟"，"向"《沈下贤文集》作"送"。

四 《重广草木虫鱼杂咏诗集》的文学史背景与意义

《诗集》作为一部宋人所编的咏物诗总集,多达六十八卷,其在宋代之编纂成书,与咏物诗创作的发展及兴盛有着密切关系。《四库全书总目》对中国古代的咏物诗史有一番勾勒:

> 昔屈原颂橘、荀况赋蚕,咏物之作,萌芽于是,然特赋家流耳。汉武之《天马》,班固之《白雉》《宝鼎》,亦皆因事抒文,非主于刻画一物。其托物寄怀,见于诗篇者,蔡邕《咏庭前石榴》,其始见也。沿及六朝,此风渐盛。王融、谢朓至以唱和相高,而大致多主于隶事。唐宋两朝,则作者蔚起,不可以屈指计矣。其特出者,杜甫之比兴深微,苏轼、黄庭坚之譬喻奇巧,皆挺出众流。其余则唐尚形容,宋参议论,而寄情寓讽,旁见侧出于其中,其大较也。[①]

可见,咏物诗早在先秦文学中即已萌芽,《诗经》《楚辞》中就有不少咏物佳什,上文所称的《橘颂》不但是文学史上的咏物名篇,而且也开启了中国咏物诗"托物寄怀"的传统。咏物诗发展至唐宋两朝蔚成大国,一方面写作咏物诗的作者"不可以屈指计",另一方面咏物诗的数量与质量均上升到一个高度。这也是为何《诗集》所选全部是唐宋两代咏物诗的原因。换言之,唐宋两代咏物诗创作的丰硕成果为《诗集》的成书提供了基础。俞琰云:"故咏物一体,三百导其源,六朝备其制,唐人擅其美,两宋、元、明沿其传。"[②] 俞氏特别说唐人咏物诗"擅其美",可见唐代咏物诗的创作成就达到一定的高度早已受到古人的认可,而现存《诗集》十八卷展现的唐代咏物诗创作成就,颇可以印证俞氏之判断。

《诗集》之成书也与宋人的格物思想有关。宋代士大夫往往集诗

---

① 《四库全书总目》卷一百六十八"《咏物诗》提要",第1453页。
② [清]俞琰《咏物诗选》,成都:成都古籍书店,1984年,第2页。

人与学者于一身,有明显的知识主义的博学倾向。他们认为,事物之理寓于万事万物特别是鸟兽草木之中,要识得万物之理,必须"格物"。苏轼曾云:"物有畛而理无方,穷天下之辩,不足以尽一物之理。达者寓物以发其辩,则一物之变,可以尽南山之竹。学者观物之极,而游于物之表,则何求而不得。"①学者必须"寓物以发其辩",大量观察物之特性,通过"观物之极",才能"尽一物之理",就像庖丁解数千牛,才知牛之郤窾。家求仁、龙溪都是眉山人,他们编纂此书,很可能受到同乡苏轼的影响。只有识得鸟兽草木之性,才能知道其中蕴含的形而上的万物之"理"。故宋人特别重视对鸟兽草木的探究,编纂了不少备载鸟兽草木的类书,如《全芳备祖》《记纂渊海》等。同时,儒学在宋代得到复兴,不同于汉唐时代重视"五经",宋代开始突显"四书","四书"之一的《大学》也越来越受到重视,《大学》中所言的"格物"之道也伴随着对"理"的探究渐渐升温。韩境《全芳备祖序》云:"盈天壤间皆物也。物具一性,性得则理存焉。《大学》所谓'格物'者,格此物也。""格物"必须"格"具体的"物",而万物之大宗即是鸟兽草木。陈景沂《全芳备祖》自序亦说:"《大学》立教,格物为先;而多识于鸟兽草木之名,亦学者当务。"与家求仁差不多同时的程大昌(1123—1195)在《演繁露序》中也说:"《大学》致知,必始格物。圣人之教初学,亦期其多识鸟兽草木之名也。"②因为是"学者当务",而且是致知之"始",所以

---

① [宋]苏轼撰,茅维编《苏轼文集》,孔凡礼点校,卷六十六《书黄道辅品茶要录后》,北京:中华书局,1986年,第2067页。

② [宋]程大昌《演繁露》,上海师范大学古籍整理研究所编《全宋笔记》第4编第8册,郑州:大象出版社,2008年,第141页。宋代的理学家特别讲求"格物致知",程颐、程颢曾说"一草一木皆有理,须是察"([宋]程颢、[宋]程颐《二程集》,王孝鱼点校,北京:中华书局,2004年,第193页);'多识于鸟兽草木之名',所以明理也"(《二程集》,第323页)。家求仁在序中也说:"其名有出于三百篇外者,抑云可以助多识乎!"对"格物致知"的强调发展到朱子,达到了高峰,朱熹曾说:"上而无极、太极,下而至于一草、一木、一昆虫之微,(转下页)

在宋代形成了所谓的"鸟兽草木之学"。"鸟兽草木"当然最早见于《论语》,孔子说学《诗》可以"多识于鸟兽草木之名"。家求仁在《诗集》序中也特别提到孔子此语。"鸟兽草木之学"这个概念最早可能是郑樵(1103—1162)提出的,他说:"大抵儒生家多不识田野之物,农圃人又不识《诗》《书》之旨,二者无由参合,遂使鸟兽草木之学不传。"①"鸟兽草木之学"是关于鸟兽草木的知识与学问,只有同时具备田野经验和理论知识才能掌握。郑樵生活的时代与《诗集》成书的年代相近,《通志·昆虫草木略》记动物一百三十余种,植物一百四十余种,《诗集》所载的鸟兽草木有的亦可以在《昆虫草木略》中找到,故其编纂成书当与宋代"鸟兽草木之学"的兴起息息相关。

《诗集》所选全部是"草木虫鱼",还可能与唐宋人认为"草木虫鱼"是诗歌写作的"发兴之本"有关。皎然《诗式》云:"凡禽鱼草木、人物名数,万象之中义类同者,尽入比兴。"②郑樵也说:"夫《诗》之本在声,而声之本在兴,鸟兽草木乃发兴之本。汉儒之言《诗》者,既不论声,又不知兴,故鸟兽草木之学废矣。"③可见南宋时期,当时之人普遍对所谓"鸟兽草木之学"颇为重视,多读关于"草木虫鱼"之诗,无疑有助于诗歌发兴。

(接上页)亦各有理。一书不读,则阙了一书道理;一事不穷,则阙了一事道理;一物不格,则阙了一物道理。须着逐一件与他理会过。"([宋]黎靖德编《朱子语类》,王星贤点校,卷十五,北京:中华书局,1986年,第295页)朱熹认为,理存在于万物之中,故可以通过"格物致知"的方式洞透万物之理。我们无法考证家求仁、龙溪是否受到了理学的影响,但无论朱熹还是苏轼,都强调格物与"尽理"之间的关系。《诗集》所选皆为"一草一木一昆虫",当与宋人对格物之重视有关。

① [宋]郑樵《通志》卷七十五《昆虫草木略序》,北京:中华书局,1987年,第865页。
② [唐]皎然著,李壮鹰校注《诗式校注》卷一"用事",北京:人民文学出版社,2003年,第31页。
③ 《通志》卷七十五《昆虫草木略序》,第865页。

从文学史发展来看，家求仁、龙溪生活在两宋之际，此时正是江西诗派大行其道之时，江西诗派提出的创作理论，如"无一字无来处"之说也流行于世。江西诗派讲求"资书以为诗"，有一种知识主义的趣味，颇与以"多识于鸟兽草木之名"为宗尚的《诗集》相合。对比《诗集》目录所列的草木虫鱼名目和宋代类书中的相关条目，可以发现《诗集》对草木虫鱼的划分非常细致，还收入了不少不常见的动植物。江西诗派开创者黄庭坚有一首《演雅》，以一首长诗的形式铺陈数十种鸟类、昆虫的样态，不过《诗集》的规模更大，所收名物更多，但其旨趣颇与《演雅》相似。

《诗集》明刊十八卷钞本在日本的发现，为我们提供了一个非常好的观察唐代咏物诗演进以及宋人所编唐宋诗合选本的样本，具有不可忽视的文学史意义。首先，从文学史来看，《诗集》是现存最早的咏物诗总集。在唐代，李峤就撰有咏物诗集《杂咏诗》（又称《百咏诗》《廿二咏》），分为十二部，每部十首诗，凡一百二十首诗。① 其中"芳草部"十首，咏兰、菊、竹、藤、萱、萍、菱、瓜、茅、荷；"嘉树部"十首，咏松、桂、槐、柳、桐、桃、李、梨、梅、橘；"灵禽部"十首，咏凤、鹤、鹊、雁、凫、莺、雀、雉、燕。可以发现，《诗集》与李峤《杂咏诗》很多条目是重合的，不过《诗集》并没有选李峤的诗，这可能与李峤《杂咏诗》被认为是蒙学读物有关，与"风教"相去较远。北宋初年，丁谓模仿李峤《杂咏诗》著成的《青衿集》（或称《单题诗》）也是一部咏物诗集，在明钞本《诗渊》中还有残篇存世。从《诗渊》的引文来看，《青衿诗》所咏对象与李峤《杂咏诗》相同者甚多，都有"芳草""嘉树""灵禽"之诗。② 但李峤《杂咏诗》、丁谓

---

① 关于李峤《杂咏诗》，参见[唐]李峤撰，张庭芳注，胡志昂编《日藏古抄李峤咏物诗注》，上海：上海古籍出版社，1998年；福田俊昭『李嶠と雜詠詩の研究』，東京：汲古書院，2012年。

② 参见卞东波《类书中的宋代文学史料——以明钞本〈诗渊〉为例》，《宋代诗话与诗学文献研究》，北京：中华书局，2013年，第197—202页。

《青衿集》都是个人诗集，而非总集。总集中收录咏草木虫鱼诗，见于宋初所编的《文苑英华》。《文苑英华》卷三百二十一至三百二十六为"花木"类，卷三百二十七至三百三十为"禽兽"类，其下还有若干子类，如卷三百二十二子类为梅花、芙蓉花、莲荷、石榴、海棠、玫瑰、玉蕊、蔷薇、菊花、蜀葵，卷三百二十八子类为凤、鹤、鹰、乌、鹊、雁、鹦，这些子类与《诗集》亦有相同之处。从中国文学总集发展史来看，《文苑英华》并非专门的咏物诗总集，《诗集》则为现存最早的咏物诗总集。

其次，从咏物诗史来看，《诗集》也具有重要意义。中国早期的咏物诗虽然已有"托物寄怀"的比兴因素，但大量的咏物诗还是以描摹物象为主，特别是六朝时期的咏物诗，"大致多主于隶事"。唐宋以降写得好的咏物诗大多能摆脱单纯的物态描绘，而济之以作者的主观情思，即上文下荣序中所说的"假物寓意"，也就要求咏物诗中要有"比兴"。"比兴"是中国咏物诗写作的核心要素，是否有比兴成为衡量咏物诗是否成功的关键元素之一。纪昀曾说："咏物无比兴，不免肤浅。"①金圣叹《贯华堂选批唐才子诗》亦云："咏物诗纯用兴最好，纯用比亦最好，独有纯用赋却不好……若使不比、不兴，而徒赋一物，则是画工金碧屏障，人其何故睹之而忽悲忽喜？夫特地作诗，而人乃不悲不喜，然则不如无作，此皆不比、不兴，纯用赋体之过也。"②所谓"纯用赋体"则是指诗歌纯粹白描，没有投射创作主体更多的情感意蕴。陈仪《竹林问答》也说："咏物诗寓兴为上，传神次之……若模形范质，藻绘丹青，直

---

① 此为纪昀对王安石《华岩院此君亭》的评语，载［元］方回选评，李庆甲集评校点《瀛奎律髓汇评》，上海：上海古籍出版社，1986年，第1425页。
② ［明］金圣叹《金圣叹全集》，曹方人、周锡山标点，南京：江苏古籍出版社，1985年，第452页。

死物耳,斯为下矣。"①相似的看法,亦见于纳兰性德之语:"虽作咏物诗,亦必意有寄托,不作死句。"②所谓"死物""死句"都是形容咏物诗在写作时粘执于描写对象,可能在描写上惟妙惟肖,但如果缺乏主体的投入与观照,无诗人的比兴寄托,即如"画工金碧屏障",徒炫人眼目,终不能成为优秀的诗作。综观《诗集》所选之诗,不少诗歌具有深刻的比兴寄托,皆是所谓"假物寓意"之作。如卷十一所选的贾岛二首蝉诗:

> 病蝉飞不得,向我掌中行。折翼犹能薄,酸吟尚极清。
> 露华凝在腹,尘点误侵睛。黄雀并鸢鸟,俱怀害尔情。(《病蝉》)
> 早蝉孤抱芳槐叶,噪向残阳意度秋。
> 也任一声催我老,堪听两耳畏吟休。
> 得非下第无高韵,须是青山隐白头。
> 若问此心嗟叹否,天人不可怨而尤。(《早蝉》)

关于《病蝉》一诗的寓意,方回《瀛奎律髓》卷二十七云:"贾浪仙诗得老杜之瘦而用意苦矣。蝉有何病,殆偶见之,托物寄情,喻寒士之不遇也。"③蝉本无有病无病可言,完全是诗人情志的投射,也是贾岛"久第不售"自我形象的象征。蝉生性高洁,且腹有才华,"露华凝在腹";但终究为世所困,不但"飞不得",而且还受到黄雀、鸢鸟的忌恨。何光远《鉴诫录》卷八载:"(岛)吟《病蝉》之句,以刺公卿。"④《唐诗纪

---

① 郭绍虞编选《清诗话续编》,富寿荪校点,上海:上海古籍出版社,1983年,第2245页。
② [清]纳兰性德《通志堂集》卷十八《渌水亭杂识》四,上海:上海古籍出版社,1979年,第698页。
③ 《瀛奎律髓汇评》,第1157页。
④ [五代]何光远撰,邓星亮、邬宗玲、杨梅校注《鉴诫录校注》,成都:巴蜀书社,2001年,第194页。

事》卷四十亦载："岛久不第，吟《病蝉》之句，以刺公卿。"①诗中的黄雀、鸢鸟正是隐喻这些公卿。《早蝉》诗中的比兴意味亦很强烈。"早蝉"应是寒蝉之意，也隐喻多次"下第"的诗人自我②，虽然"孤抱芳槐叶"，但也只能"噪向残阳"，异常凄凉，分明是生活在时代夹缝中的晚唐下层士人命运的象征。再如卷十四选杜甫《孤雁》，何焯评此诗云："亦自喻差池流落，远去王室也。"③此诗杜甫亦以孤雁自比，并有寄托在诗中。④

其三，上文考证《诗集》可能成书于乾道四年（1168），那么从文学史来说，此书还有另一层意义。据笔者考察，宋人所编的第一部唐宋诗合选本可能是北宋中后期罗、唐二人所编的《唐宋类诗》。⑤《郡斋读书志》卷二十著录云："《唐宋类诗》二十卷。右皇朝僧仁赞序称罗、唐两士所编，而不详其名字。分类编次唐及本朝祥符已前名人诗。"⑥此书编者罗、唐二氏名字不详，但此书所选内容为唐代及宋代真宗大中祥符（1008—1016）以前诗人之诗，所选宋诗为北宋开国约五十年间的诗

---

① ［宋］计有功撰，王仲镛校笺《唐诗纪事校笺》，成都：巴蜀书社，1989年，第1985页。

② 齐文榜言："诗作于屡举不第之后，借秋蝉以寄意。"见齐文榜校注《贾岛集校注》，北京：人民文学出版社，2001年，第438页。

③ 《瀛奎律髓汇评》，第1154页。

④ 《诗集》有多首诗亦见于陈沆的《诗比兴笺》，陈氏对这些诗中的比兴多有抉发，如卷六杜甫《病橘》，陈沆笺云："通章自喻，末乃寄慨，慨大材以违时不用，而小材力小任重也。'犹含栋梁具，无复霄汉志'，正许身契稷，自负自伤之词。"（《诗比兴笺》，上海：上海古籍出版社，1981年，第172页）卷七韩愈《庭楸》，陈沆笺云："此赋而兼比也。虽借庭楸以起兴，实则以朝日、昼日、夕日，喻世态之炎凉；树荫不见纤穿，喻先王之道可以庇身而乐志也。"（第208页）卷十八韩愈《鸣雁》，陈沆笺云："公在徐（州）郁郁不得志，见于诗者如此。盖托雁以自喻也。"（第217页）

⑤ 参见卞东波《宋代诗歌总集新考》，《宋代诗话与诗学文献研究》，第305—307页。

⑥ ［宋］晁公武撰，孙猛校证《郡斋读书志校证》，上海：上海古籍出版社，1990年，第1064页。

歌。可以想见，与唐代二百多年积累的文学遗产相比，《唐宋类诗》所选的宋初诗人之诗肯定不会太多，而且能够体现宋调特色的大诗人尚未登上宋诗舞台。《诗集》原书有六十八卷，唐诗部分有十八卷，而宋诗部分则多达五十卷，入选宋诗在数量上远超唐诗。这反映出宋人对本朝诗歌创作实绩的肯定与自信。刘克庄（1187—1269）《本朝五七言绝句》曾云："或曰：'本朝理学、古文高出前代，惟诗视唐似有愧色。'余曰：'此谓不能言者也。其能言者，岂惟不愧于唐，盖过之矣！'"[1]刘克庄之语见于他自己所编的宋朝五七言绝句诗选的序中，他非常自信地宣布宋诗不但无愧于唐诗，而且还能超过唐诗。他判断的依据就是宋人积累下来的创作成绩，这在宋人所编的诗选中都有所体现。这种宋诗可以与唐诗分庭抗礼的观念也是南宋以来才兴起的，南宋初年不但出现了曾慥（？—1155）编纂的第一部大型的宋人选宋诗总集《皇宋百家诗选》，选了二百多位宋代诗人的诗作；而且也出现了像《诗集》这种选宋朝诗人作品远超唐代诗人作品的总集。这显示了宋人在诗歌创作上的自信，即认为本朝诗歌有实力与已经经典化的唐诗相比肩。

综上所言，《诗集》是研究唐代咏物诗史、宋代选本学以及南宋诗学非常宝贵的新材料。

五　结　语

《诗集》的编成，一方面是唐宋时期咏物诗大量涌现的结果，正是因为咏物诗在唐宋两代积累了大量的创作成果，才为《诗集》的成书奠定了文献上的基础；另一方面，与宋代"鸟兽草木之学"之兴起以及宋

---

[1] ［宋］刘克庄著，辛更儒校注《刘克庄集笺校》卷九十四，北京：中华书局，2011年，第4005—4006页。

人的格物穷理思想有关。编者家求仁在序中也说到，其编纂受到了《岁时杂咏》的影响，其影响可能更多是体例上和旨趣上的。宋绶所编的《岁时杂咏》目前已经失传，但蒲积中所编的《古今岁时杂咏》基本保存了《岁时杂咏》的面貌，可知该书是按一年中的节气时令来编排的；《诗集》按各种草木虫鱼的类型来分类编排，与之完全相同。以"分门纂类"形式编排而成的《岁时杂咏》《诗集》具有类书的性质，亦是为了适应当时之人学诗的需要，也就是说，为了方便时人写诗时"獭祭"。《岁时杂咏》原为二十卷，所收之诗为六朝唐代之诗，蒲积中增广为四十六卷，益以欧、王、苏、黄等本朝诗人之诗。蒲积中《古今岁时杂咏》成书于绍兴十七年（1147），稍早于《诗集》，蒲氏亦为眉山人，家求仁见过该书，家氏《诗集序》言及《岁时杂咏》云："见好事者益以本朝巨公所作。"这里的"好事者"即蒲积中，故《诗集》合选"唐宋诸贤作者"，可能也是受到蒲氏启发。

  作为宋人所编的一部中国文学史上现存最早的咏物诗总集，也是现存最早的宋人所编的唐宋诗合集，《诗集》具有非常大的文献价值与文学史意义。中国仅有明刊本残本存世，而日本钞本则完整保存了明刊本十八卷的原貌，故日本钞本具有无可替代的文献价值。据笔者调查，日本还藏有很多中国文集的古钞本，包括总集与别集的钞本。有些文集的日本钞本是中国失传的文献，如日藏唐代李峤《百咏诗》张庭芳注的钞本、宋代马世和所编的方岳诗集《类编分体秋崖先生诗稿大全》钞本、京都龙谷大学图书馆所藏《新编郭居敬百香诗选》钞本、日本内阁文库所藏元代色目诗人金哈剌《南游寓兴集》钞本、京都建仁寺两足院所藏明代诗僧季潭宗泐《全室稿》钞本、内阁文库所藏明瞿佑《乐全诗集》钞本，都是研究与丰富中国文学史的极好材料。有些文集中国虽有传本，但内容多有缺失，而日本的钞本则保存着全貌，如宋元之际张逢辰所撰的《菊花百咏》，在明钞本《诗渊》中有部分遗文，但京都龙谷大学图书馆则藏有完整的古钞本，不但一百〇二首诗完整无缺，而且每首诗的小注也保存完整，应是钞自此书的元代刻本。有些日本钞本中包含大量中国本土亡佚的文献，如日本旧钞本《文选集注》中就有中国失传的唐代《文选》学著作公孙罗的《文选钞》《文选音决》，陆善经《文选注》等。有些中国文集的日本钞本与中国刊本存在着差异，如中国国家图书馆藏有明洪武年间所刻的元代郭居敬《全相二十四孝诗选》，有二十四首孝诗，而京都龙谷大学图书馆藏有据嘉靖二十五年刻本抄录的《新刊全相二十四孝诗选》钞本，则有二十五首孝诗。再如宋代诗话葛立方《韵语阳秋》有宋刻本传世，但内阁文库所藏的日本钞本与宋本不同，书前有宋本所没有的葛立方侄子葛郯所作的题词。总而言之，中国文集的日本古钞本是一座学术含金量极高的富矿，也将是中国古代文学研究的一个新的学术增长点。

第四章　明初诗僧季潭宗泐文集的版本及其作品在日本的流传

释宗泐（1318—1391），字季潭，别号全室，浙江临海人①。他是元末明初著名的临济宗高僧，佛教领袖，同时也是明初颇有成就的诗人。他八岁就跟从中天竺寺笑隐大䜣学习佛法，十四岁剃落，二十岁受具足戒，曾随广智住龙翔吉庆寺，后成为南岳怀让第二十代传人，临济宗第十六世祖师。元末兵乱，他栖迟山谷，息影潜声，"而静性弥坚，道行益励"②。洪武四年（1371）住径山寺。明太祖征江南有道浮屠时应召称旨，住天界寺（元代称大龙翔寺，明代又称龙河）。朝廷建广荐法会于蒋山太平兴国寺，他受命升座说法。九年春，明太祖"遐游"天界寺，见其"博通今古，儒术深明"，"命育须发以官之"。③他表示不愿为官，希望终老释门。明太祖从之，御制《赐宗泐免官说》赐之。十年冬，诏笺释《心经》《金刚》《楞伽》三经，制赞佛乐章。次年，受命往西域"搜求

---

① 清人对宗泐的籍贯有不同的记载，载其为台州路属黄岩州人或温州路乐清人。参见何孝荣《元末明初名僧宗泐事迹考》，《江西社会科学》2012年第12期。
② 喻谦《新续高僧传》四集卷二《明临安净慈寺沙门释宗泐传》，北京：北洋印刷局，民国十二年（1923），叶7a。
③ ［明］朱元璋《明太祖文集》卷十五《赐宗泐免官说》，《景印文渊阁四库全书》第1223册，第170页。

遗经"①，终译《文殊》等经而还。开僧录司，授右善世。因牵连胡惟庸案，著为散僧，往凤阳槎峰建寺。后因诏再住天界寺，寻复官。不久，以老赐归槎峰，示寂于江浦石佛寺。

　　季潭宗泐生活于元末明初，一生住持江南诸多名寺，特别是驻御题"天下第一禅林"的天界寺，成为当时的佛教首领。天界寺原在旧城之中，与民居混，宗泐上书明太祖，太祖下谕于金陵聚宝门外重建。宗泐主持了新天界寺的兴建工作，"凡寺之方向、规制，泐与谋画"②。建成之后，宗泐成为第一任住持。时人称天界寺"非惟绮严梵刹，亦足壮观天都"③，"连冈回抱，据高向明，环秀拱碧，诚一出尘之境"④。京泐能成为该寺住持，可见其在当时佛教界之地位。其时文坛领袖宋濂赞其像曰："笑隐（大䜣）之子，晦机（元熙）之孙，具大福德，足以荷担佛法，证大智慧；足以摄伏魔军，悟四喝二玄于弹指，合千经万论于一门。""信为十方禅林之领袖，而与古德同道同伦者邪！"⑤

---

　　①　关于宗泐出使西域之事，参见榎一雄《1378—1382年宗泐出使西域考》（Tsung-Le's Mision to the Western Regions in 1378—1382），德国汉堡《远东》（Orienu Extremus）1972年第19卷第1号；邓锐龄《明朝初年出使西域僧人宗泐事迹补考》，《历史地理》1992年第10辑，又收入《邓锐龄藏族史论文译文集》，北京：中国藏学出版社，2004年，第125—146页。以上文献转引自何孝荣《元末明初名僧宗泐事迹考》，《江西社会科学》2012年第12期。

　　②　［明］葛寅亮《金陵梵刹志》，何孝荣点校，卷十六，天津：天津人民出版社，2007年，第308页。

　　③　同上书，第309页。

　　④　同上书，第310页。

　　⑤　［明］明河《补续高僧传》卷十四《泐季潭传》，《大藏卍新纂续藏经》第77册，台北：白马精舍印经会，2008年，第471页。季潭宗泐生平，主要见于《释氏稽古略续集》卷二、《南宋元明禅林僧宝传》卷十三、《补续高僧传》卷十四等。另外，日本五山版《全室和尚语录》所附岱宗心泰（1327—1415）所撰的《前天界寺住山全室大禅师塔铭并序》可能是目前最早的季潭传记资料。此书京都建仁寺两足院、日本国立国会图书馆有藏本。又参见佐藤秀孝「季潭宗泐と『全室和尚語録』——『全室和尚語録』の紹介とその翻刻」，『駒沢大学仏教学部研究紀要』第56輯，1998年3月，第167—212頁。又参见何孝荣《元末明初名僧宗泐事迹考》。然何文没有利用到日本所藏的《全室和尚语录》以及两足院所藏的《全室稿》等文献。

第四章　明初诗僧季潭宗泐文集的版本及其作品在日本的流传

宗泐既精于佛理，又擅长文学创作，今传有《全室外集》九卷、续编一卷。《四库全书总目》称："宗泐虽托迹缁流，而笃好儒术，故其诗风骨高骞，可抗行于作者之间。"①所谓"作者"之文即士大夫的作品。宗泐在文化史上的意义并不止于此，他还是明初中日文化交流史上一位重要的人物，他的文集和作品在日本颇有流传，对日本五山文学产生了深远的影响。其语录《全室和尚语录》在中国失传，仅保存在日本；其文集《全室外集》在日本有五山版、宽文版两种和刻本，而京都建仁寺两足院所藏古钞本《全室稿》，则为天下孤本，其中有数量颇多的宗泐集外佚诗佚文。其他日本汉籍中也有不少不见于《全室外集》的作品。本文拟对《全室外集》的版本及宗泐作品在日本的流传详加考察，以透视明初中日文化交流史的一个侧面。

一　《全室外集》的明刻本与清《四库》本

《全室外集》目前有两种明刻本，最早的刊本为明永乐年间刻本，现藏于中国国家图书馆。此外尚有明嘉靖年间补刊本，上海图书馆、南京图书馆及山东省图书馆皆有收藏，笔者所见为国家图书馆所藏永乐本、南京图书馆所藏嘉靖本。又有清抄本一部，见藏于中国国家图书馆。永乐本四册九卷，四周双边，上下黑口，上下单鱼尾。每半叶十二行，行二十一字，卷一作"全室外集"，版心刻"全室集"。永乐本卷一上有"古愚"之印，卷九末有"古愚藏本"之印。卷一作者题"天台释季潭宗泐"，卷首有朱右②、徐一夔、王达善永乐元年（1403）序。初刊本永乐

---

① 《四库全书总目》卷一百六十九"《全室外集》提要"，第1479页。
② 关于朱右与宗泐的交往，参见黄瑛《朱右研究》第二章"朱右生平事迹考辨"第二节"朱右交游考"，扬州大学硕士论文，2010年。

本与补刊本嘉靖本两者亦有一定的差别,嘉靖本正集款格同于永乐本,唯比永乐本多出续集一卷。续集半叶十一行,行二十字,作"续全室外集",版心刻"续集"。南京图书馆藏嘉靖本原为清翰林院藏书,书上钤有"翰林院"印一方,后归丁丙八千卷楼,故亦有"八千卷楼珍藏善本"之印①。从永乐本、嘉靖本卷一首页来看,正集两者并不完全相同(见图4-1、图4-2)。全书第一首诗,永乐本作《钦和御制暑月民劳律诗一首》,而嘉靖本作《钦和御制暑月民劳律诗二首》,当以作"一首"为是,故四库馆臣将"二首"涂改为"一首"。另外,第二首诗的诗题,嘉靖本脱"钦和"二字。清抄本题为《补刊全室外集》,以此可见,其所抄之底本为嘉

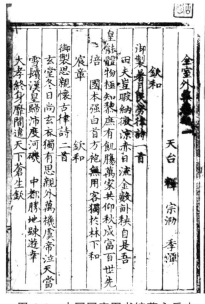
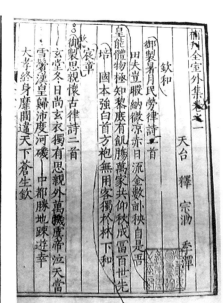

图4-1　中国国家图书馆藏永乐本　　　图4-2　南京图书馆藏嘉靖
　　　《全室外集》书影　　　　　　　　　　《补刊全室外集》书影

---

① ［清］丁丙藏,［清］丁仁撰《八千卷楼书目》卷十六集部别集类著录:"《全室外集》九卷,明释宗泐撰,明刊阁退本。"《续修四库全书》史部第921册,1996年,第312页。

靖补刊本，清抄本形制与嘉靖本完全相同（见图4-3）。

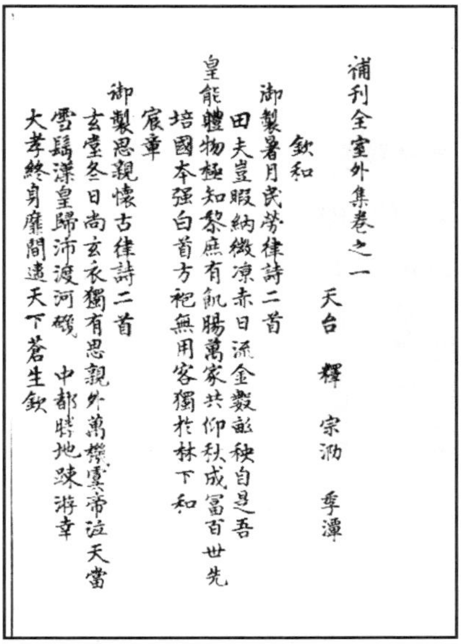
補刊全室外集卷之一
天台　釋　宗泐　季潭
欽和
御製暑月武勞律詩二首
田夫豈暇納微凉赤日流金數畝秧自是吾
皇能體物極知黎庶有飢腸萬家共仰秋成富百世先
培國本强白首方袍無用客獨於林下和
宸章
御製思親懷古律詩二首
玄堂冬日尚玄衣獨有思親外萬樂寰帝泣天當
雪鬢漾皇歸沛渡河磯　中都特地竦游章
大孝終身靡間遠天下蒼生欽

图 4-3　中国国家图书馆藏清抄本《补刊全室外集》书影

南京图书馆藏嘉靖本曾是《四库全书》本《全室外集》之底本，也就是《八千卷楼书目》中所称的“阁退本”，故书中随处可见四库馆臣改动之痕迹。序前附《四库全书总目》对该书之提要，扉页上贴有浮签，为丁丙之跋，交代此书来龙去脉甚详，其文如下：

《全室外集》十卷，天台释季潭宗泐。宗泐，字季潭，临海人。洪武初举高行沙门，居首。命住天界寺，寻往西域求经。还授左善世。先是太祖幸天界，泐方住持。赏其读儒书，知礼义，命畜髭发。发长数寸，欲授以官，固辞，太祖□（亲？）作免官诏。时宋学士濂好佛，太祖目为宋和尚；泐好儒，太祖呼以泐秀才。受诏制赞佛乐章。蒙嘉叹，赐和平日作诗。晚归老凤阳之槎峰，敕曰：“寂寞观明月，逍遥对白雪。汝其往哉。”后智聪坐胡惟庸党，词连泐及来复，诏泐西域取经。惟庸□说吐蕃为外应，有司奏当大辟。诏免死。其受知者深矣。此集第一卷皆钦和御制及应制之作。首题“补刊”二字，盖必有所讳而补编以冠其端。二卷为乐府赞佛乐章，皆□□。三卷五古，四卷七古，五卷五律，六卷七律，七卷七绝，八卷六言、五绝，九卷疏，十卷续集。前有徐一夔序云：“季潭学博才瑰，诗不沦于枯寂。在江湖，在山林，在殊方异域，众体具美。”朱右序云：“泐公识地高迈，调趣清古，风度悠扬。时霞晨老鹤，风月九皋。瀹乎若清廓朱弦，曲终三叹。”王达

> 善序云："潭公诗章浑涵汪洋,千汇万状,而一以理为主。"卷端盖翰林院印,且多涂乙之笔,当为馆中底本也。

这段跋语简要说明了宗泐的生平大概、诗风特色,以及嘉靖本《全室外集》的内容。同时丁丙又敏锐地观察到,此书首题"补刊",并将钦和御制及应制之作列于卷首,定有隐情,"必有所讳"。笔者认为,此观察很准确,从日本所存的宗泐文集集外文献来看,其文集经过删改应是毫无疑义的。丁丙又进一步揭出此本是《四库》本底本(即所谓"馆中底本")的事实,从其所存修改痕迹可以看到《四库》本成书之过程。

首先,明刻本中,凡提到"御""皇""圣""帝""诏""玉""龙""大驾""鸿祚""宸章""大明""太祖""御制"之处,全部另起提行,以示尊重。四库馆臣将空格与提行处全部取消,我们在南京图书馆嘉靖本上可以看到四库馆臣用墨笔勾画的痕迹。

其次,四库馆臣对原书中出现"虏""狄""胡"这些字眼的地方,全部加以改动。如卷一《钦和御制大将征回朔漠空虚二首》其一第三句,明刻本(包括永乐本、嘉靖本,下同)作"北边自古防骄虏","防骄虏"被改为"存瓯脱";其二第三句,明刻本作"一朝白狄无遗种","狄"被改作"草","遗种"被改作"秋牧";第五句,明刻本作"追虏不知飞骑远","虏"被改作"敌"。卷七《徽宗雪江独棹图》次句,永乐本作"胡尘吹满衮龙衣","胡"被改为"沙"。

再次,《四库》本将嘉靖补刊本的书名从"补刊全室外集卷之×"改为"全室外集卷×",恢复了永乐本的原名。还有一些文字上的改动,主要是将明代的用字改为通行字,如将"嵒"改为"岩",将"只尺"改为"咫尺","楳"改为"梅","尒"改为"尔"。

尽管《四库》本以嘉靖补刊本为底本,除了改动避忌的字之外,《四库》本与明刻本仍有不少文字上的不同。如卷一《奉制贺灵谷寺住持潝天渊三首》,"贺"《四库》本作"赋"。卷二《平陵东》首句,明刻本作"赤制中微光不竞","制"《四库》本作"运"。卷二《短歌行》第八句,明刻本作"枝叶堕瀛岛","堕"《四库》本作"随",《四库》本似误。卷三《喜清远兄至以齐己诗长忆旧山日与君同聚沙十字为韵》其八第四句,明刻本作"两耳生松风","松"《四库》本作"秋"。卷三《雪上题菁山书舍图为周伯阳作》,"菁"《四库》本作"青"。卷三《春雨吟》第四句,明刻本作"飘风激曾波","曾"《四库》本作"层"。卷三《分题道林宝塔送贯道先生归湖南》第七句,明刻本作"夕梵铿清钟","梵"《四库》本作"夕"。卷三《寄题云门松风阁》第四句,明刻本作"泠然满幽壑","泠"《四库》本作"冷",《四库》本似误。同卷《松下居偶作》第五句,明刻本作"松响风忽来","忽"《四库》本作"急"。卷四《赋一曲亭送赵本初待制致仕归越》倒数第二句,明刻本作"醉倚阑干撼不甦","甦"《四库》本作"醒"。卷五《发扶风》,明刻本作《晓发扶风》。卷七《渔樵图》首句,明刻本作"息薪岸口晚风和","息"《四库》本作"析"。同卷《宣城见吴溥泉》次句,明刻本作"弊貂残衲总清贫","弊"《四库》本作"敝"。

不可讳言,明刻本亦有一些文字不安之处,如卷八《莲社鍾》,"鍾"南京图书馆嘉靖本上有批语云:"讹,鐘,看诗便知。"《四库》本已改作"鐘"。卷九《实章法师住上竺诸山山门二疏》其二"由梁甫登泰山","甫"嘉靖本作"辅",似不确。同卷《智海岩住太平万寿京刹疏》"得六卿之符命","符"明刻本作"苻"。南京图书馆嘉靖本批语云:"应作'符'。"续集《琢炼堆》"贯休齐己名相侪","侪"嘉靖本作"齐","齐"显为误字。

由此可见,南京图书馆嘉靖本虽是《四库》本的底本,但《四库》本在重编的过程中, 对底本做了不少的改动,《四库》本已经失去了宗泐文集的原初面貌，而且还留下了一些讹误，故若点校，不能以《四库》本为底本。

二 《全室外集》的五山版与宽文版

宗泐是明初中日佛教交流史上一位非常重要的人物，其集很早就传入日本，室町时代就有了翻刻本，即五山版。此本九卷一册，半叶十二行，行二十一字，四周双边，黑口，双鱼尾。书口上刻"全室集"，题"天台释季潭宗泐"。据川濑一马调查，五山版在日本御茶之水女子大学成篑堂文库（二本）、石井氏积翠轩文库（在天理大学附属天理图书馆）、京都建仁寺两足院（见图4-4）、东洋文库皆有收藏①。五山版版本形态基本上同于永乐本，永乐本空格、提行的地方，五山版也如此。另外，被四库馆臣改掉的犯忌的字，五山版也一依永乐本。永乐本与《四库》本不同的地方，五山版基本同于永乐本。

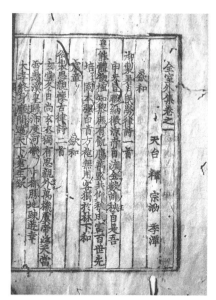

图4-4 京都建仁寺两足院藏五山版《全室外集》书影

五山版应该就是依永乐本翻刻的。如卷一《钦和御制山居诗赐灵谷寺住持》其四首句"刹幢高出众峰颠"，"颠"嘉靖本、《四库》本作"巅"，永乐本与五山版皆无"颠"。卷一《御赐复住持善世新寺诗一首》，永乐本、五山版皆

---

① 川瀬一馬『五山版の研究』，東京：日本古籍商協会，1970年，第404页。天理大学附属天理图书馆藏本已影印收入椎名宏雄编『五山版中国禅籍叢刊』第十一卷，京都：臨川書店，2014年。

第四章 明初诗僧季潭宗泐文集的版本及其作品在日本的流传

无"持"字,嘉靖本、《四库》本皆有。卷二《空城雀》"朝傍空城飞","傍"永乐本、五山版皆作"旁"。卷三《奉和镏彦基待相空至》,永乐本、五山版在"彦基"下有"尊师"二字,而嘉靖本、《四库》本无。卷五《排律诗三十韵奉饯杭州王太守任满朝京》,"排律",永乐本、五山版皆作"古律",而嘉靖本、《四库》本作"排律"。卷八《岩潭道中》"风送一溪白浪","送"永乐本、五山版作皆"起",嘉靖本、《四库》本作"送"。

不过笔者仔细比对了永乐本和五山版,发现两本亦有一些差异。永乐本有朱右、徐一夔、王达善三序,而五山版仅有徐一夔序。除此之外,还有一些文字上的不同。如卷二《长安道》"家僮尽卫明光宫","僮"五山版作"童"。卷八《秋夜》"檐前蟋蟀声","前"五山版作"间"。五山版在翻刻的过程中,做了一些改动,从以上的改动来看,五山版改动后的文字皆逊于永乐本。另外,明刻本《四库》本《全室外集》卷九末有《跋王达善梅花诗》一文,五山版无。

笔者查阅了两足院、东洋文库、天理大学附属天理图书馆所藏的五山版《全室外集》,比较珍贵的是,前两本皆是批校本,书眉俱有不少批语,这些批语对于理解《全室外集》大有帮助,两足院本与东洋文库本批语大致相同,可能是从同一版本上过录的。今依东洋文库藏本将这些批语辑录为表4-1,以供学者参考:

表4-1 东洋文库藏本批语辑录表

序号	批语位置		批语内容
1	序	而广智交泐公	唐本"广智"上有"与"字[①]。
2	卷一	《御制思亲怀古律诗二首》其二"皇陵松柏老园丘"	"皇陵"事见于危太朴所撰《大明皇陵碑》。
3	卷一	《御制大将征回朔漠空虚二首》其一"汉家曾奏无人曲"	李白《胡无人篇》云:"胡无人,汉道昌。"

---

① 按:核永乐本、嘉靖本,王达善序皆有"与"字。

续　表

序号	批语位置		批语内容
4	卷一	《钦和御制山居诗赐灵谷寺住持》其三	齐高祖有事于锺山,因幸僧远所居,远床坐,辞以老病不能出迎。
		其六"清看八德池中水"	八功德水在蒋山悟真庵后,《胜览》十四。
5	卷二	《长安道》"七贵五侯"	李白诗:五侯七贵同杯酒。注:河平二年,同日封王氏五侯。《西征赋》:窥七贵于汉庭。谓吕、霍、上官、赵、丁、傅、王。
6	卷二	《盛唐枞阳歌》	汉武元封五年冬,行南巡狩,至于盛唐,望祀虞舜于九疑,登灊天柱山。自浔阳浮江,亲射蛟江中,获之,舳舻千里,薄枞阳而出,作盛唐枞阳之歌,遂北至琅琊,并海。
7	卷二	《交门歌》	汉武太始四年,幸不其,祠神人于交门宫,若有乡坐拜者,作交门之歌。不其,山名也。
		"五柞宫中泪如雨"	《武纪》:后元二年丁卯,帝崩于五柞宫。注:有五柞树,因以名宫也。
8	卷二	《上之回》	"上之回"者,汉武元封中,因至雍,遂回中道,后数游幸焉。其歌称帝游石关,望诸国,月支臣,匈奴服,皆美当时也。
9	卷二	《行军行》	贯休《塞下曲》云:披山见探卒,放火猎黄羊。又云:突围金甲披,趁贼铁枪飞。皎然《塞下曲》云:寒塞无因见落梅,胡人吹入笛声来。
10	卷三	《桓茂伦诗》"时有卞都督"	卞壸,字望之。晋太宁末领尚书令,与王导同受顾命。苏峻反,壸战死。
11	卷三	《冰雪窝》"彼美西方人"	"西方人"谓无量寿佛。
12	卷三	《题山水图》"江城眯眼黄尘起"	眯,莫礼切,物入目中。《玉篇》。
13	卷三	《裴季和著存堂》	《礼记·祭义》:致爱则存,致悫则著。著存不忘乎心,夫安得不敬乎?

续　表

序号	批语位置	批语内容	
14	卷三	《日彰法师得旨还山王生作泉石闲斋图予题诗其上以为赠行》	法师祖偶,字日彰,晚号用拙,苏之常熟人。洪武二年,住杭之上竺。数召入禁中,以备顾问。八年秋,得旨还山,营别业于苏城东,偏曰安隐。
15	卷三	《萱堂诗》"堂后萱花明"	谖(萱),许园切,忘也,诈也。
16	卷三	《送大彰徐博士还钱塘以客路青山外五字为韵赋诗五首》"握手复一嘅"	嘅,苦载切,叹也,满也。
17	卷三	《孤凤引鹓行题何氏母子贞孝卷》"朝曛待哺急""晨曦出旸谷"	曛,许云切,黄昏时。《玉篇》云云。曦,许宜切,日色。
18	卷三	《隐耕为陈参政作》	董仲舒策,承流宣化,元置承宣使。
19	卷四	《清源洞图为洁上人作》	清源洞在泉山之巅,郡人岁时游焉。有蔡尊师居此修真,蜕骨而去。
20	卷五	《一室》"兴来戛铜碗"	皎然《戛铜碗为龙吟歌序》曰:缁人或有讥者,予曰:此达僧之事。可以嬉禅,尔曹无以琐行自拘。
21	卷五	《西阁为修师作》	食舌,钩取也。《孟子》又言之。
22	卷七	《次韵钱塘怀古》"不是苏卿"	王晋卿尝云:和靖"疏影""暗香"之句,杏与桃李皆可用也。苏子瞻云:可则可,但恐杏花、桃李不敢承当耳。《类聚》梅评。
23	卷七	《秋日钱塘杂兴》	辨才法师元净谢事上竺,退居南山之龙井。东坡往见之,出至凤篁岭,左右惊曰:远公复过虎溪矣。辨才笑曰:杜子美不云乎,"与子成二老,来往亦风流"。
24	卷七	《吴松江逢清明》"两岸人家插杨柳,不知今日是清明"	唐谚"清明不插柳,死去作狗"。
25	卷七	《次韵题宋孝宗朝马和之所画三篇诗图此图乃王风扬之水篇也》	马和之,钱塘人,高、孝两朝每令画《毛诗》三百篇,官至工部侍郎。

又卷七末附有《吾衍传》,文长不录。这些批语有的是对诗中文字的训诂,有的是对文本典故的注释,更有价值的是对诗中出现的"今典"即明代本朝史事的注释。所以,五山版虽然在版本上并不比永乐本好,但其批校的价值很大。

和刻本除了五山版之外,尚有宽文九年(1669)饭田忠兵卫刊本,这里暂将其称作宽文版。宽文版在日本国立国会图书馆、尊经阁文库、京都建仁寺两足院、京都花园大学禅文化研究所皆有收藏(见图4-5),另外日本国立公文书馆内阁文库还藏有宽文十三年(1673)刊本。笔者比较了宽文版与五山版,发现宽文版与五山版几乎完全相同,故可以推断宽文版乃从五山版翻刻而来。不过,宽文版在翻刻时对五山版做了一些卷帙上的改变,将五山版九卷合并为上、中、下三卷,同时也留下了一些文字上的错讹。如徐一夔《全室外集》序"才甚瓌伟"之"瓌"字,宽文版作"環",而五山版同明刻本皆作"瓌"。同序"出乎世相之表","世"宽文版作"些"。卷二《战城南》"但恨生男少","男"宽文版作"勇",而五山版与明刻本作"男"。同卷《陇头水》"拔剑斫断令不流","斫"宽文版作"研"。卷三《梅咏》"天寒清礀阿贞姿","姿"五山版同明刻本作"姿",而宽文版作"资"。以上异文,显然宽文

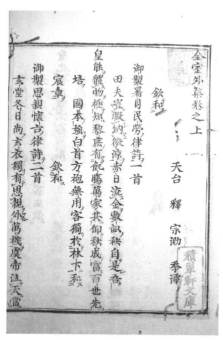

图4-5 花园大学禅文化研究所藏宽文版《全室外集》书影

第四章　明初诗僧季潭宗泐文集的版本及其作品在日本的流传

版存在刊刻之误。卷九《岳原灵住台州鸿福杭诸山疏》,"福"宽文版脱,而五山版及明刻本未脱。可见,相对于五山版,宽文版文字多有讹脱,质量上逊于五山版。

三　京都建仁寺两足院所藏古钞本《全室稿》

除了和刻本之外,日本京都建仁寺两足院还藏有一部古钞本《全室稿》(见图4-6),京都大学人文科学研究所宫纪子博士最先撰文加以介绍。①经笔者仔细比勘,这部《全室稿》与明刻本、《四库》本、五山版、宽文版《全室外集》完全不同,全书不分卷一册,前仅有朱右之序。卷首前有抄写者所书季潭宗泐之佛学谱系:

圆悟克勤—大惠(慧)宗杲—佛照德光—北磵居简—物初大观—元熙晦机—笑隐大䜣—季潭宗泐。

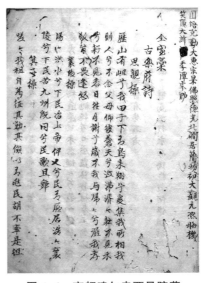

图4-6　京都建仁寺两足院藏《全室稿》书影

---

① 参见京都大学大学院文学研究科国語学国文学研究室編『両足院——学問と外交の軌跡』,平成十八年度(2006)東方学会関西部会;宫纪子「幻の『全室藁』」,京都大学人文科学研究所附属漢字情報研究センター編『漢字と情報』第11号,第4—5頁。明刻本《全室外集》朱右序中已经提到《全室稿》:"兹获遇西湖之上,握手道旧,因出其平日所著《全室稿》。"《全室稿》极可能是宗泐文集之稿本,明代时此稿在中国亦有流传,《文渊阁书目》著录:"《僧全室稿》,一部一册,完全。"《全室稿》可能明代中后期后在中国失传,但很早就东传到日本。

《全室稿》虽然不分卷，但其编集与《全室外集》相似，大致按古乐府诗、七言古诗、五言古诗、五言律诗、七言绝句、五言绝句、疏等文类来编排。其编排比较凌乱，基本打散了《全室外集》正续编的编排顺序。不过，比较特殊的是，《全室稿》专门辟出了"西天纪行"一类。宗泐奉明太祖之令赴西域取经，是明代初年中外交流史上的一次重要事件，但宗泐及其随行人员没有留下任何游记以记载其事，所以《全室稿》中标举的"西天纪行"一组诗非常引人注目，这极可能是宗泐记载其赴西域取经经过的唯一文本。这组诗中的大部分已见于《全室外集》中，但分散于各卷，《全室稿》将其集中编在一处，更能突现宗泐西行的大致轮廓。今依《全室稿》录相关诗题如下：

《隋堤》《登相国寺楼》《过虎牢关》《夜宿陕州》《度潼关》《骊山》《长安雪中》《题马文德终南别业》《发扶风县》《过凤翔》《沔阳雪中》《度关陇》《别陇头》《巩昌道中》《雪岭》《河湟漫兴》

其中仅《骊山》和《巩昌道中》不见于《全室外集》。从上文诗题可见，宗泐赴西域的路线是先从河南到陕西，再到甘肃，然后再西行。可惜其离开甘肃后的行迹，不知是没有写成诗，还是诗稿已经亡佚了，目前不得而知。单独列出"西天纪行"一类，可能是宗泐文集稿本中就有的内容，出于宗泐本人的手定亦不无可能。

笔者比较《全室稿》与明刻本、五山版《全室外集》后发现，《全室稿》与两种《全室外集》差异很大。兹以五山版为参照，略述《全室稿》版本情况如下：

首先，五山版前有徐一夔之序，而《全室稿》只有朱右之序，比照明刻本，此二本之序皆不全。

其次，五山版仅有正集九卷的内容，而《全室稿》虽然卷次不同于明刻本，但其中却收录了续集的内容。

最后,《全室稿》中有大量明刻本、五山版《全室外集》未收的宗泐之佚诗与佚文。据笔者统计,有整首诗不见于《全室外集》的,也有一组诗中的若干首不见于《全室外集》的,今将这些诗题、文题罗列于下:

《思亲操》《襄陵操》《箕子操》《伤殷操》《文王操》《采薇操》《神凤操》《关山月》《公无渡河》《三台词》四首中二首、《杨柳枝词》五首中二首、《从军行》十五首中十首、《上留田》《筑城曲》《沐浴子》《轻薄行》《促促词》《王孙游》《乐府诗二首》《燕引儿》《为王盖树题张雪林画》《还山吟赠胡守中》《春桂行》《应制日本纸扇歌》《春日吟五首》中三首、《雨后访瑞公山居》《为张征君赋雪林图》《十二月廿八偶作》《楚山春晓图》《送裕上人归天台二首》《闵桂一首》《咏荆轲一首》《述怀四十韵奉送仲和长兄归乡里》《贞白轩》《与刘尊师别》《山间四时亭四首》《夏日憩林中作》《出石门谷》《春晓》《古诗二首》《答夏本心》《夏夜与钱子贞坐西斋以欲觉闻晨钟令人发深省之句为韵各赋诗十首叙会别之意》十首中八首、《采蕨》《采薇》《老翁哭》《送周道和知事之建德》《理松》《雨夜忆相空》《和杨好问照磨游水西诗因赏字增二韵》《送李通判之官徽州以新安江水清五字为韵赋古诗五首》《雨中坐西阁怀修师》《濯缨亭诗为同安镇师作》《蚤秋雨中作》《悼亡》《奉酬程元忠见寄同长字韵》《梅咏》其二、《丛桂楼》《瞻云轩为计筹山牟公恺作》《题吴斯可小图》《松雪轩》《辛亥新岁程处士见过常熟别墅临别赋诗》《题风竹图》《题张天秩独冷斋图》《王景行养志堂诗》《题白云书舍图》《题画》《钱叔昂雪山萧寺图》《如在堂诗为四明陈思礼作》《夏周二节妇诗》《分题凤凰台送毛叔钱还四明》《孤云篇送满无溢还山》《松月轩为康上人赋》《灵槐篇》《送钱彦德之益都教谕》《兰隐亭》《篁谷》《孟氏处仁堂》《闻武昌陷》《挽王处士》《挽戴叔良隐君二首》其一、《和趣无旨哭其徒演师一首兼次韵》《重赠郭子章参谋五言诗二首》《村径》《过白云寺》《下方待渡船不至》《渡赏溪遇暴涨戏赠舟子》《冬日过俞孟和南墅》《寄俞处士》《寄李尧兄宣使》《故泾县典史徐君挽歌二首》《思江客》《得清远消息》《赠别王使君》《送徐伯廉归姑苏》《酬答芜湖马复初县丞见寄》《送龙门讲师归临平故山》《寄题蜀山草堂》《送罗舜言之郑州判官》《送李象贤之官郿州同知》《送张景素赴□州白渡监马司丞》《青山仙馆图》《戚生清源洞图》《赵本初听雪斋》《送赵季伯知事还叙州》《咏胡公子》《蒋氏三径堂》《延陵季子庙送常州张太守之官》《送信师归华亭》《秋日钱唐杂兴四首》其三、《暮秋雨中见黄鹂有作》《春雪二首》其一、《暑夜》《秋花咏》《南雁词戏赠北客》《小隐图》《画梅》《题唐马图》《老子度关图》《柳禽图》《题宋生双竹图》《竹斋官暇图》《牛图》《和张来仪见寄》《送魏国用归南昌绝句五首》（其二、其三、其四）、《观吾子行别仇山村诗作绝句三首吊之》（其二、其三）、《梅竹图》《钱唐咏古四首用祥汉原韵》（其一、其三）、《岩潭道中六言二首》（其一）、《具庆堂绝句一首》《题天竺僧友朋云一枝梅图》《牛图》《题独钓图赠献莹中归吴》《题蓴江草堂》《题画一首》《绝句三首送何□自济南省父归广东》《谢桂师送菊》《御赐诗一首斯游锺山次韵奉和三首》《上咏西天僧赋二句命足成一首》《九曲山房》《题柳禽图赠人回乡》《步虚词五首赠汤云心》其二至其五、《题徽宗桑燕图》《题群雁水鸟图》《寄题陈德馨春晖堂》《稽山萧寺图》《宋徽宗雪江独棹图》《送姚云峰道士》《两牛图》《题竹图》《渭水离筵图》《次韵答藤子载》《题画》《题宜兴王氏山斋》《送陈太常赴河南省参政》《南洲藻禅师以苏东坡诗求题就用韵寄之》《送戴元礼之金华》《次韵温迪罕实理寄丞相诗并绝句》《墨诗一首奉赠文远高士》《送张志中赴宛平知县》《送增城谢县丞》《闻啼鸟应制》《骊山》《巩昌道中》《卧云轩》《送潘同知归华州》《马陈孟文题云山图》《竹梧深处马沔阳陈县丞作》《题折枝海棠图》《晨起》《经盘谷》《题红梅》《瀑布》《题画竹》《书窗》《耕稼》《戏题坏纸莲□瓣绝句》《题江山小景图》《题看梅图》《赠铦上人归天台省亲序》《题萧翼辩才图后》《水西图记》《题程氏父子所书□□□画像后》《送杨伯庸补吏徽州诗(并序)》《益以道住苏州尊相京城疏》《明古心住宁国景德寺疏》《勤晓耕住无锡南□京城疏》《义物先住道场京城宗会疏》《珩伯琚住普福宗会疏》《怿巽中住长庆京城宗会疏》《勤无逸瓦官第二代住持京城宗会疏》

从如此大量的诗文未收于《全室外集》的情况来看，《全室稿》可能抄自更完整的文本，尤其可能直接抄自宗泐本人的稿本。宗泐入明后，由于身陷政治旋涡中，特别是牵涉到胡惟庸一案，因为朱元璋的从轻发落，才免遭杀身之祸，但也从此被边缘化。经历了这些事件之后，其集也极可能出现了散佚，甚至遭到了删削或改动。《四库全书总目》卷一百六十九"《全室外集》提要"云："诗文之间阙四页，其原数遂不可考。"①清人已经注意到宗泐文集出现了散佚。

宗泐在明初的中日佛教交流史上是一个重要的人物，特别是五山名僧绝海中津（1336—1405）入明后曾从宗泐学习。入明的日本僧人（极可能是建仁寺的僧人）也可能与宗泐有交往，从宗泐本人处抄得《全室外集》的原稿，将其携带回国，因而在日本保存了这部反映宗泐文集原始状态且为天下孤本的《全室稿》。"稿"极可能是原稿、底稿或手稿之意。

《全室稿》中保存的宗泐佚诗颇能体现宗泐在文学上的功力，如《述怀四十韵奉送仲和长兄归乡里》一诗：

---

① 《四库全书总目》，第1479页。

干戈横海隅，风尘起淮右。自从两地危，日夜忆老母。去年道路通，失问平居否。兄来以讣闻，报德吾独负。死不凭棺哭，生不事甘滫。学道竟何成，万古一过咎。诸兄礼不违，乡间称孝友。毫发无遗恨，独我颜益厚。感兄为弟来，留住旬及九。六年不相见，忽觉成皓首。乱余喜弟存，悲欢动林薮。松槚夜分坐，往事堪具剖。前秋贼侵疆，我寺不得守。烟燎涨弥天，脱身中夜走。朝适南陵道，莫登敬亭阜。故人慰奔窜，解衣或相授。贼退辄来归，所居不复有。刈茅覆作屋，拾橡煮为糗。慨此祖庭荒，誓欲树不朽。到今费经营，衫裳杂尘垢。羡君得闲趣，莫年摆纷糅。息机同海翁，消摇慕庄叟。佛书时一诵，生理不挂口。有子能力家，稍亦勤陇亩。或从里曲游，亲朋邀置酒。爱探泉石奇，往不携徒偶。谓余赏溪山，胜概斯尽取。独龙下长川，万马奔众嵝。夜闻子规啼，仆夫起相趣。翩然东归兴，欲遏不可久。俶装贰长途，邻鸡始鸣丑。别思满西郊，青山惜分手。泛舟苏台侧，汀花被菱藕。蹑屐陵霄峰，崖径盘蚴螺。深逾钱唐阔，险陟日驻陡。想当到家时，已度星火后。我今苦羁身，有若鱼在笱。故乡岂不怀，行止非矫揉。坡陀双亲坟，宛然南山岰。它年访松楸，悲风为吾吼。

此诗伤感动人，情真意切，不似衲子所为。这首长达四十韵的五言古诗读来颇似《十五从军征》之类的汉乐府，但感情的容量更充沛。诗歌可能作于元末社会动乱之际，叙述了诗人在动乱中远离故土而日夜思念其母，后听闻母亲过世之后的痛怆心情。诗中又写到诗人与兄长的手足情深。诗人虽然是出家人，但在元末的动乱中，与世事无涉的寺院也遭到波及，诗人也写了其在战乱中颠沛流离的经历。诗歌最后写到诗人不能像兄长那样翩然东归，同时表达了思乡之情。末尾又写到双亲坟，与开头部分呼应。此诗将思亲思乡之情、个体的身世之感以及社会的变乱元素糅合在一起，从一己之感受写出元明之际的社会现实。中国早期的僧诗，多写寺院幽寂的生活，气局狭小，感情平淡，被宋人讥为"蔬笋气"太重。宋代以降的僧诗更加士大夫化，因而更多了人间烟火气和文人色彩。宗泐此诗虽是缁流所为，但感情真挚动人，与一般士大夫所作无异。而且由于作者身份是僧人，观察的角度、体会的方式与一般士人又有所不同，故而此诗更具有典型意义。

《全室稿》呈现了宗泐文集最原始同时也是最完整的状态。《全室外集》卷五有《重答夏本心》一诗，却无《答夏本心》原诗，这显得比较奇怪，而《全室稿》则保存了《答夏本心》一诗，由此可见两者交往的过程。《全室稿》保存了不少完整的组诗，但《全室外集》仅录了原作的部分诗篇，如《从军行》原有十五首，《全室外集》仅录五首；《夏夜与钱子贞坐西斋以欲觉闻晨钟令人发深省之句为韵各赋诗十首叙会别之意》原有十首，而《全室外集》仅录二首，脱八首；《送魏国用归南昌绝句》原有五首，《全室外集》仅录二首，脱三首，《全室稿》诗题正作《送魏国用归南昌绝句五首》；《观吾子行别仇山村诗作绝句》原有三首，《全室外集》仅录一首，而《全室稿》诗题则直接作《观吾子行别仇山村诗作绝句三首》。这样的例子还有很多。至于这些不见于《全室外集》的佚诗佚文，是宗泐或其弟子编集时删除的，还是永乐年间刊行《全室外集》时删除的，目前不得而知，但可知的事实是明刊本包括五山版《全室外集》并不能反映宗泐文集的原貌。

还有一种情况，《全室外集》收录了某组诗的全文，却未收此组诗的诗序，而诗序则见于《全室稿》中。比较典型的是《杂诗十一首》，《全室外集》卷三见收而无序，而《全室稿》则明确标明"有序"，其序文云："予居水西之明年，有妄庸数辈遽以它事诬我以罪，官得其情，遂能自直。切惟沦弃岩穴，幸及壮齿。误身涉世，罹祸受枉，叹薄命之多艰，伤世道之不古。掇拾绪言，以自见志，知我狂斐，或无诮焉。"此序将这组诗的写作背景交代得很清楚，即作者是在遭诬，心情郁闷的境况下写作此诗的。可能牵涉的背景比较敏感，编者在编订《全室外集》时删除了这段序文，幸赖《全室稿》保存了原貌。

《全室稿》所收诗作在诗题上也与明刻本、五山版《全室外集》多有不同之处，诗题有差异比较大的例子（见表4-2），也有一两字之差的。

表4-2　《全室外集》《全室稿》所收诗作差异较大的诗题比较表

卷数	《全室外集》	《全室稿》
卷三	《酬张来仪见寄》	《酬张来仪见寄兼次韵（时来仪在潘平章宅）》
卷三	《分题八功德水送人归金华》	《分题八功德水古诗一首送宋仲珩归金华》
卷三	《日彰法师还山王生作泉石闲斋图予题诗其上以为赠行》	《题王叔铭画送日彰法师还山》
卷三	《张侍郎栖凤山房诗》	《张景仪侍郎栖凤山房诗》
卷四	《菖蒲歌》	《印碧潭菖蒲歌》
卷四	《墨竹行》	《墨竹行题屿云心画》
卷五	《陈检校见过》	《陈检校养吾见过》
卷五	《大宁寺喜雨》	《大宁寺喜雨一首（时无极老病）》
卷五	《送夏景瞻独立有作》	《溪上送夏景瞻船行后独立有作》
卷五	《送春》	《送春归三月廿九日雨中作》
卷五	《送潘允英还乡》	《送潘允英自金陵归台州》
卷五	《送宋学士归金华》	《送宋承旨致仕归金华》
卷七	《题小景》	《题小景绝句为会稽准师作》
卷七	《送人归南昌》	《送魏国用归南昌绝句五首》
卷七	《步虚词赠汤炼师》	《步虚词五首赠汤云心》
卷八	《梅花庄水轩望清远不至》	《杨花庄水轩望清远不至》
续编	《送术士李光道归越》	《送李光道归浙东》
续编	《读断江集》	《读断江禅师诗一首》

从表4-2可见，《全室外集》的诗题可能经过了删减，相比而言，《全室

第四章 明初诗僧季潭宗泐文集的版本及其作品在日本的流传

稿》则显得信息量比较丰富。如《全室外集》诗题中的人名比较模糊,仅称"侍郎""检校""炼师"之类,有的甚至笼统称"人",而《全室稿》则有明确的姓名,显得非常准确。而且《全室稿》的诗题下还有不少小注,介绍写作的具体情境,这也是非常重要的信息。

两本诗题的差异还有一点值得注意,就是《全室外集》中某几首诗是单独的诗,而在《全室稿》中则被归在一组诗题之下。如《全室外集》卷二《善世曲》《昭信曲》《延慈曲》《法喜曲》《禅悦曲》《遍应曲》《妙济曲》《善成曲》八首诗,在《全室稿》中被归为《献佛乐章八曲应制造》组诗。再如《全室稿》有《斫黄独》《采芹》《采蕨》《采薇》四首诗,总题作《和相空古诗四首》;然《全室外集》不但脱《采蕨》《采薇》二诗,而且亦无组诗总题。

《全室稿》在文字上与《全室外集》亦有大量异文,不胜枚举,略举数例如下:《全室外集》卷二《桂之树行》"从来反覆无根蒂","根蒂"《全室稿》作"根柢"。同卷《盛唐枞阳歌》"谁言此竟成淫荒","竟"《全室稿》作"意",于意为优;"载拜愿君千万寿","载"《全室稿》作"再",于意亦胜。同卷《陇头水》"况复陇水惊断肠","复"《全室稿》作"闻";"为我殷勤达乡里","里"《全室稿》作"曲"。同卷《春江曲》"春江沉沉春水满","春"《全室稿》作"新"。同卷《墓上华》中"莫是东君惜无主","东"《全室稿》作"春"。《全室外集》卷三《喜清远兄至以齐己诗长忆旧山日与君同聚沙十字为韵》其五"平生竟何为","平"《全室稿》作"浮";其十"当期岁月赊","岁"《全室稿》作"日"。同卷《赠安古心还山中》首句"子来能几日","能"《全室稿》作"讵"。同卷《风雪归庄图》"千林雪正深","正"《全室稿》作"未"。《全室外集》续编《龙江送别图》"留取新图别后看","取"《全室稿》作"得"。

笔者亦发现,在有些异文之处,《全室稿》与《全室外集》的明刻本、五山版多同，而与清《四库》本不同。如《全室外集》卷二《平陵东》首句，《四库》本"赤运中微光不竞"，"运"永乐本、五山版、《全室稿》皆作"制"。同卷《短歌行》，《四库》本"枝叶随瀛岛"，"随"明刻本、五山版、《全室稿》皆作"堕"。卷三《雪上题菁山书舍图为周伯阳作》，此题明刻本、五山版、《全室稿》皆同，"菁"《四库》本作"青"。卷三《春和镏彦基尊师待相空至》，此题五山版、宽文版、《全室稿》同，《四库》本作《奉和刘彦基街相空至》，其中"街"字显然不妥。卷八《渔樵图》"息薪岸口晚"，明刻本、五山版、《全室稿》同，"息"《四库》本作"析"。这说明《全室稿》与《全室外集》的明刻本、五山版虽不是同一版本系统，但关系比较近，有共同相近的渊源。

从以上对《全室稿》的考察可见，《全室稿》是宗泐文集最完整、最接近原貌的传本，极可能抄自宗泐本人的稿本，这从书名亦可看出。在宗泐文集刻本中，永乐本是最早的刻本，但也可能经过了删节；日本五山版、宽文版源自永乐本，三者差异不大。《四库》本是最常见的版本，却是质量最劣的版本，文字上的删改错讹之处相比各本最多。《全室稿》除保存了宗泐文集的大量佚篇之外，其在文本上亦最为完整和准确。如果要整理宗泐文集的话，应该以《全室稿》为底本。

四　日本汉籍中所见季潭宗泐的作品

从以上的分析我们可以发现，中国传本（明刻本、《四库》本）与日本传本（五山版、宽文版、《全室稿》）有或多或少的差异，特别是在日本发现的《全室稿》，让我们知道了一种完全不同于刻本系统的宗泐文集的存在，而这部古钞本极可能是入明的日本僧人直接从宗泐那里得到的手稿的钞本。

季潭宗泐在日本的影响超过我们的想象，这可以从日本室町时代

（1338—1573）所编的中国诗歌总集中看出来。室町时代著名禅僧江西龙派（1375—1446）所编的大型中国诗歌总集《新选分类集诸家诗卷》（下简称《新选》）历选中国唐五代宋元明初诸朝诗人七言绝句约一千二百首，分为天文、节序、地理、寺观（附居室）、怀古（附题咏）、人品、简寄（附酬答）、寻访（附会合）、送别、行旅（附从军）、游览、闺情、哀伤、器用（附宝贝）、食服、草木、鸟兽、画图、杂赋十九类。入选诗人的诗作一般不会超过十首，唯有季潭宗泐一人入选了四十七首。这四十七首诗大部分见于流传于中国的《全室外集》及存于日本的《全室稿》中，但出人意料的是，竟然有两首诗既不见于《全室外集》，又不见于《全室稿》，具体情况见表4-3：

表4-3 《新选》选入季潭宗泐诗作情况表

与《全室外集》《全室稿》对比情况	诗题	数量
仅见于《全室外集》	《春雪》其二（卷七）、《吴松江逢清明》（卷七）、《访胡守中不遇》（卷七）、《宣城见吴溥泉》（卷七）、《送魏国用归南昌》其一（卷七）、《送魏国用归南昌》其二（续编）、《观吾子行别仇山村诗作绝句吊之》（卷七）、《柳》（卷二）、《渭水离筵图》（续编）、《龙江送别图》（续编）、《题翠竹芙蓉图》（续编）、《重过东庵》（续编）	12首
仅见于《全室稿》	《明妃曲》、《钱塘》（其三、其四）、《暮秋雨中见黄鹂有作》、《春雪》其一、《暑夜》（"暑气蒸人坐夜分"）、《小隐图》《梅》《老子度关图》、《题画》二首、《铜雀台》《题柳禽图赠人回乡》、《步虚词赠汤云心》三首、《题尊江草堂》《答藤子载》《和张来仪见寄》、《宋徽宗雪江独棹图》其一、《稽山萧寺图》《两牛图》《竹图》《秋花咏》《题徽宗桑燕图》《竹斋官暇图》《梅竹》	27首
同时见于《全室外集》《全室稿》	《钱塘》（其一、其二）、《渔樵闲坐图》二首、《暑夜》（"此夜炎蒸不可当"）、《宋徽宗雪江独棹图》其二	6首
《全室外集》《全室稿》皆未收	《夜雪》《闻母讣》	2首

从《新选》选入季潭宗泐的诗作同时与《全室外集》《全室稿》有重合的情况来看,编者江西龙派很可能接触过这两部书,他曾经做过建仁寺的住持,而《全室稿》又仅藏于建仁寺两足院,他见过《全室稿》应该是没有疑问的。但笔者发现,《新选》中所收的宗泐作品与《全室稿》相比也有一些异文,如《宋徽宗雪江独棹图》其一第三句,《全室稿》作"谁信北来诸房便","便"《新选》作"使",于意为胜;其二末句,《全室稿》作"得似寒江独棹归","得"《新选》作"满"。有可能江西龙派编选时根据自己的理解做了改动。

《新选》编成后,江西龙派的同门慕哲龙攀(?—1424)、瑞岩龙惺(1384—1460)又继此书编成一部收诗约一千三百首的大型中国诗歌总集《续新编分类诸家诗集》(下简称《新编》)。室町时代,禅林中又流行另一部大型的中国诗歌总集《学者旅亭分韵集诸家诗卷》,此书亦是钞本,现藏于日本名古屋市蓬左文库,是所谓的德川家康"骏河御让本"。① 有日本学者认为,此书是将《新选》与《新编》所收诗按平声三十韵重新编排的合集②。但笔者经过考察后发现,情况并非如此,《学者旅亭分韵集诸家诗卷》并非简单地将《新选》与《新编》合而为一。即以《学者旅亭分韵集诸家诗卷》所收的宗泐之诗为例,《新选》共选入宗泐诗歌四十七首,但《学者旅亭分韵集诸家诗卷》仅收宗泐诗歌三十八首,其中三十六首见于《新选》,两首不见于《新选》《新编》。这两首诗是:东韵所录《题画山水》一诗,此诗见于《全室外集》续编(亦见于《全室稿》);萧韵所录《钱塘》一诗("唐僧巢屋近云霄"),此诗

---

① 此书编者不详。蓬左文库藏本外题"旅亭文韵(共二)",分乾坤两册,乾册收诗一千三百三十首,坤册收诗一千零五十九首。

② 参见朝倉尚「禅林における『詩の総集』について——受容の實態と編纂意図」,日本文部科学省科学研究費補助金特定領域研究「古典学の再構築」総括班編『古典学の現在』IV,2001年11月。

见于《全室稿》。可见,《学者旅亭分韵集诸家诗卷》之编纂主要利用了《新选》与《新编》二书,但并不限于二书,还利用了其他的一些典籍。

除《新选》与《新编》外,又有相国寺禅师春溪洪曹(?—1465)所编的唐宋元明诗歌选集《锦囊风月》,该书体式与《新选》《新编》相同,亦分门纂类编排诗歌,但规模更大,收诗更多,有三千余首七言绝句。①《锦囊风月》收录了宗泐诗歌十五首,其中四首(《春雨》《题徽宗山鹊图》《读断江禅师诗》《柳》)见于《全室外集》,另有九首(《钱塘》《铜雀台》《步虚词》《王昭君》《老子度关图》《小隐图》《徽宗桑燕图》《牛图》《秋华(花)咏》)见于《全室稿》,仍有两首(《庄子图》《马贲画》鸂鶒)不见于《全室外集》《全室稿》《新选》《新编》及《学者旅亭分韵集诸家诗卷》。不过,《锦囊风月》所录之诗与《全室稿》有异文。如《钱塘》"如此高风世莫招","莫"《锦囊风月》作"无";"街头骑马发飘萧","髪"《锦囊风月》作"鬘"。《王昭君》"玉貌风流胜画图","流"《锦囊风月》作"沙";"枇杷难写旧恩疏","枇杷"《锦囊风月》作"琵琶",就此例而言,《锦囊风月》的文本更准确。《全室稿》《新选》《锦囊风月》都是古钞本,其中所选宗泐之诗有很多的重合,应有共同的文献渊源,同时古钞本又有较大的流动性,故而出现不少异文和佚诗。不过,从日本中世时期这些汉诗总集可见,季潭宗泐的文集东传到日本,其主体应是稳定的。

由于《新选》与《新编》这两部总集部帙过大,选诗过多,不易于学习,故五山禅僧天隐龙泽(1422—1500)及其弟子月舟寿桂(1460—1533)又从这两部书精挑细选,编成两部小型的诗歌总集《锦绣段》与

---

① 关于《新选》《新编》,参见卞东波《域外汉籍中的宋代文学史料——以日本汉籍〈新选分类集诸家诗卷〉〈续新编分类集诸家诗集〉为例》,收入《宋代诗话与诗学文献研究》。关于《锦囊风月》,参见堀川贵司「『錦囊風月』解題と翻刻」,『国立歴史民俗博物館研究報』第198集,2015年。

《续锦绣段》。特别是《锦绣段》,在日本非常流行,是日本学习汉诗的基础读本。江户时代著名汉学家宇都宫由的(号遯庵,1634—1709)对《锦绣段》进行了深入研究,著成《首书锦绣段》《锦绣段详注》两种汉文注释。① 月舟寿桂也著有汉文著作《续锦绣段抄》,京都建仁寺两足院藏有写本。宗泐之诗入选《锦绣段》的有六首(其中有三首今本《全室外集》未收)、入选《续锦绣段》的有一首(另有一首署宗泐作,经查《新选》,实为释晦机之诗)。《锦绣段详注》《续锦绣段抄》对这七首诗都进行了详细注释,这是学术史上最早也是目前唯一的宗泐诗歌注释。今录《春雪》二首其一注,以见其一斑:

> 春雪《群芳谱》曰:雪,天地积阴之气,温则为雨,寒则为雪。盖因空中风结而成,雨为气之和,雪为阴之盛。盈尺顺时,益于万物则为瑞;及丈逆令,损于万物则为灾。草木之花皆五出,雪花六出。朱文公谓,地六生水之义。然观立春后,雪皆五出。冬属阴,春属阳,想阴阳奇偶,天亦不能违也。刘熙《释名》曰:雪,绥也。水遇寒而凝,绥绥然下也。寒甚则为粒珠,寒浅则为花粉。雪寒在上,故高山多雪。此来年丰稔之兆。 僧季潭《续传灯录》五:龙翔笑隐䜣禅师法嗣,应天府天界季潭全室宗泐禅师,台之临海人也,周姓。父吉甫,母葛氏。师生始能坐,即跏趺,父母亲族异之。八岁从杭之中天竺广智学佛经,书过目成诵。十四薙发,二十受具。智开山金陵龙翔集庆寺,师与俱云云。
>
> 欲积高深自不成,霏霏《诗·小雅·采薇篇》:今我来思,雨雪霏霏。朱注:霏霏,雪甚貌。连日《字林》曰:连日,谓自朝至于暮。一说,"连日"谓数日之间。尚纵横。随风强学杨花舞,叶梦得《贺新郎》词:惟有杨花自舞。杜诗:颠狂柳絮随风舞。《世说》云:谢安雪日内集,[与]儿女讲论文义。俄而雪降,公

---

① 宇都宫由的生平及著作,参见關儀一郎、關義直共編『近世漢学者傳記著作大事典』,東京:井田書店,1943年,第73頁。《锦绣段详注》成书于《首书锦绣段》之后,稍有增益,故本文以《锦绣段详注》为例加以说明。

欣然曰：白雪纷纷何所似？兄子朗儿曰：撒雪空中差可拟。兄女曰：未若柳絮因风起。公大笑为乐。胡儿，谢朗小字。兄女道蕴，王凝之妻也。便向檐间作雨声。《三体诗》：都入长杨作雨声。①

从上可见遯庵注释的特色，类似于李善《文选》注，引用了不少典籍对诗的作者及诗中词语、典故进行详细解释。再如其对《春雪》其二"眼看平白失前坡，三日青松奈老何。昨夜东风消不尽，古墙阴处晓犹多"的注释云："'平白'谓雪也。雪满山野，平地皆白，故云'平白'。坡，陂也。雪埋没前境，堤坡不见，故云'失前坡'。'奈老何'，青松戴雪而似人之白发，故云老。"这一段并没有引经据典，而是出以己语，但清通明畅，释意明晓。除了释事之外，遯庵对宗泐之诗亦有释意之处。如解宗泐《王昭君》"自恃婵娟望主恩，谁知美恶忽相翻。黄金不买汉家貌，青冢空埋秦地魂"云："此诗言虽途中蒙风沙而玉貌犹胜延寿之所画，琵琶何为君恩疏远之怨乎？宫中咫尺犹如此，况今行匈奴万里之外乎？"这是对诗歌大意的串讲，遯庵对宗泐诗的注释在今天看来亦有较高的学术价值，值得重视。

其他日本汉籍中也保存了一些《全室外集》的集外之文，如五山禅僧义堂周信的文集《空华集》卷首就有宗泐所撰的《空华室歌为义堂禅师作》一诗：

> 空华无蒂从何生，目前杂殒森从衡。得非目眚华乃成，幻起幻灭无实形。道人空华榜其室，应知此室终非实。幻成幻住幻坏空，与彼空华体元一。岂独此室如空华，是身世界曾不差。涅槃生死亦复尔，圣名凡号宁堪夸。道人燕座此室内，一心廓尔空三际。手握宝剑金刚王，击着须弥成粉碎。空本空兮华本无，赵州壁上悬胡卢。篆烟半销月在牖，寥寥永夜栖团蒲。

---

① 《锦绣段详注》卷上，元禄十五年（1702）跋刊本，早稻田大学图书馆藏，叶9a-b。

> 洪武九年,苍龙在丙辰春二月五日己丑,龙河传法正宗堂之东轩书,全室叟宗泐识。①

此诗作于洪武九年(1376),此时宗泐正住"江南三大佛寺"之一的天界寺(即上文所称的"龙河")。此年春,宗泐的日本弟子绝海中津往天界寺。义堂周信为绝海中津法兄,宗泐为义堂作此诗,定是受绝海之请。

日本僧人南浦绍明(1235—1308)语、侍者祖照等编录的《圆通大应国师语录》卷首也有宗泐所作之序:

日本国建长寺明禅师语录叙

> 吾佛以教外别传之旨,付大迦叶,廿八传至菩提达摩,当梁武帝时来中国,以无上心印授可大师。而中国始有禅宗。自后派别支分,弥布华夏。唐宋之间,号为极盛。日本国远在大海之东,虽自唐以来,若空海、最澄、奝然、寂照之流,徂来中国,传教乘而已。至宋南渡,千光禅师荣西者,来参天童虚庵敞公,得禅学以归,日本之有禅宗,则自西公始。而觉阿来参灵隐瞎堂远公,妙悟心要,亦言彼国未有禅学。由是而言,则西与阿盖同时云。厥后学禅自中国而归者,不可胜计。至今彼国禅宗大盛,凡丛林典礼,一效中国之制,兹读建长寺圆通大应国师明公语录,信然。公得径山虚堂愚公之道,归化其国,四迁名刹,大敷玄旨,学徒骈集,而王公贵人,入室问道者甚众。盖其履践真实,开示学者之语,简古严整,无毫发虚伪,真一代宗师也。嗟乎!中国之于日本,同在阎浮提之内,同一天地,同一日月,虽有山海之限,而人物性情,与夫所得道德之懿,其有不同者乎。观公之言行,卓异如此,古人所谓何地无才,良有征矣。三复感叹,乃叙其录之首。洪武八年仓龙乙

---

① 上村観光編『五山文學全集』第二卷,京都:思文閣,1973年,第1330頁。又见〔日〕伊藤松辑,王宝平、郭万平等编《邻交征书》初篇卷之二,上海:上海辞书出版社,2007年,第91页。"实形""燕座",《邻交征书》作"实相""燕坐"。

卯五月十有九日戊寅,天界善世禅寺住持天台释宗泐叙。①

南浦绍明,日本临济宗僧人,曾于南宋开庆元年(1259)入宋求法,拜于净慈寺虚堂智愚(1185—1269)门下。咸淳三年(1267)归国,归国前智愚等南宋禅僧赠诗送行,这些诗后来汇集为《一帆风》一书②。日本德治二年(1307),南浦绍明应幕府执权北条贞时招请,到镰仓正观寺,再转至建长寺。去世后,后宇多上皇赐封"圆通大应国师"号。宗泐此文作于洪武八年(1375),文风平实,回顾了唐宋以来的中日佛教交流史,以及南浦绍明在此潮流中的作用。

洪武五年(1372)五月,明太祖命僧祖阐、克勤等人出使日本,这是明日外交史上一次重要的事件。③祖阐、克勤出使前,宗泐有诗《送祖阐克勤二师使日本》送行,全诗如下:

> 帝德广如天,圣化无远迩。重译海外国,贡献日赍委。维彼日本王,独遣沙门至。宝刀与名马,用致臣服意。天子钦其衷,复命重乃事。由彼尚佛乘,亦以僧为使。仲猷知心宗,无逸写经义。二使当此任,才力智余地。朝辞阊阖门,夕宿蛟川涘。巨舰扬独帆,长风天万里。如鲸不敢骄,冯夷效驱使。沧茫熊野山,一发青云际。王臣闻诏徕,郊迎举欣喜。时则扬帝命,次乃谈佛理。中国师法尊,远人所崇

---

① 《圆通大应国师语录》,应安五年(1372)刻本,日本国立国会图书馆藏。又见《邻交征书》初篇卷一,第35页。"入室问道者甚众"之"众"、"无毫发虚伪"之"伪"、"仓龙乙卯"之"仓",《邻交征书》作"多""讹""苍"。

② 《五山文学新集》别卷所载《一帆风》初刻本有诗四十四首,宽文四年(1664),日僧轮峰道白刻本有诗六十九首。关于《一帆风》,参见陈捷《日本入宋僧南浦绍明与宋僧诗集〈一帆风〉》,《中国典籍与文化》编辑部编《中国典籍与文化论丛》第九辑,北京:北京大学出版社,2007年。最新的研究成果,参见〔日〕衣川贤次《南宋送别诗集〈一帆风〉成书考》,金程宇译,张伯伟主编《域外汉籍研究集刊》第十一辑,北京:中华书局,2015年。

③ 关于祖阐、克勤出使日本之事,详见陈小法《明代中日文化交流史研究》第四章"仲猷祖阐和无逸克勤使日本考",北京:商务印书馆,2011年。

礼。况兹将命行,孰有重于此。海天渺无涯,相念情何已。去去善自持,愿言慎终始。①

该诗不见于《全室外集》《全室稿》,可能为日本僧人直接携回日本的手迹。此文首先称赞了明朝的帝德广大,感召"日本王"遣使进贡,但使臣却是"沙门"。故明王朝"亦以僧为使",而祖阐与克勤是不二人选,"仲猷知心宗,无逸写经义",称赞了二人的佛学造诣。诗中又写到二人到日本之后的情景,"郊迎""谈佛理"恐怕是宗泐的想象之辞。宗泐对祖阐与克勤之使行寄寓了厚望,诗中亦多勉励之词。

日本所存的《全室稿》中还录有《全室外集》未收的宗泐所写的有关上述使者之一无逸克勤的史料《勤无逸瓦官第二代住持京城宗会疏》,此文陈小法在研究祖阐、克勤等人出使日本时未及利用,今录之于下,以为参考:

> 阐一代之时教,出类人才;振千载之颓纲,非常事业。眷虎额图金粟之地,即天台讲《法华》之场。复在斯时,继逢作者。某心同止水,行若清冰。力穷权实乘,深探大小部帙。吴云楚水,历百十城以寻师;德藏瓦官,当第二会而说法。时至自然缘熟,少学则能壮行。因韶师以复令书,流通正脉;效相国之分别院,会集诸宗。毋多让以咈众情,聊一鼓而奋士气。

从宗泐多次写诗文给克勤来看,他们之间应该比较熟悉。克勤为天台宗澄性湛堂之法裔。从上文也可见看出,克勤还曾为金陵瓦官寺之住持。瓦官寺始建于东晋兴宁二年(364),为南京最古老的寺宇之一。但

---

① 《邻交征书》初篇卷二,第82—83页。又见[明]严从简《殊域周咨录》,余思黎点校,北京:中华书局,2000年,第53页。两本略有异文:"译""钦""使""智""如""举""况",《殊域周咨录》作"驿""鉴""师""有""鲵""大""祝"。以上二书还载有明太祖和宗泐之诗,可参看。

第四章 明初诗僧季潭宗泐文集的版本及其作品在日本的流传

在明初,"寺废,半为徐魏公族园,半入骁骑卫仓"①,直到嘉靖年间才重建,故克勤为瓦官寺住持之事可能只是名义上的。此疏前四句,称赞克勤的才华,能够重振佛门,阐扬释教。"虎额"指顾恺之,恺之小字虎头。顾恺之曾在瓦官寺画维摩诘示疾壁画,是著名的"瓦官三绝"之一。②"金粟"指瓦官寺附近的金粟庵,亦是金陵古刹,传说顾恺之画维摩诘像时曾在此草稿,因维摩诘别称"金粟如来"而得名。宗泐此文对克勤多有赞扬与勉励之词。此文虽未涉及克勤等人出使日本之事,但从中也可看出宗泐与克勤之间的交往。

宗泐流传到日本的佚诗佚文当然不止以上数篇。洪武七年(1374),室町幕府遣闻溪圆宣为正使入明,期间有十位日本僧人相继去世。为了给这些亡僧祈祷冥福,子建净业特请季潭宗泐举行小参,并求法语一则。这则法语还保存在日本古钞本中。③另外,宗泐还作有《天龙寺瑞芳清云顶相赞》。④绝海中津入明前,义堂周信把自己写的梦窗国师行状交给梦窗弟子绝海,想请宋濂据此撰写塔铭。洪武八年(1375)七月,日本使节来朝,绝海和法孙权中中巽借机通过曾出使过日本的无逸克勤请宋濂为梦窗国师撰写塔铭。当时宋濂因故并未撰成,后来终于撰成,并被带回日本。现附在义堂周信《空华日用工夫略集》卷四后的碑铭,在宋濂题署后还有"洪武十六年苍龙癸亥春二月朔

---

① 《金陵梵刹志》卷二十一"凤凰台上下瓦官寺",第374页。
② 参见苏颂《题维摩像》:"顾生首创《维摩诘像》,有清赢示病之容,隐几忘言之状。陆探微、张僧繇效之,终不及。"[宋]苏颂《苏魏公文集》,王同策、管成学、颜中其等点校,卷七十二,北京:中华书局,1988年,第1097页。
③ 现藏日本东福寺灵云院。参见玉村竹二『日本禪宗史論集』,京都:思文阁,1980年,第455—467页。又参见《明代中日文化交流史研究》第四章"仲猷祖阐和无逸克勤使日本考",第106页。
④ 参见《明代中日文化交流史研究》第八章"策彦周良携回的中国典籍与文物"附《东传日本的明人序跋、画赞等一览表》,第310页。

日乙亥,僧录司右善世天界善世禅寺前住持天台沙门释宗泐书丹/僧录司右讲经普福天台教寺前住持富春沙门守仁篆额"诸语[1],可见此碑铭是宗泐手书的。

室町时代中期临济宗圣一派禅僧季弘大叔(1421—1487)的日记《蔗轩日录》文明十八年(1486)三月廿一日条载:"'山寺馈茶知谷雨,人家插柳记清明',陆放翁《剑南续稿》有此句。予云,《全室外集》云:'两岸人家插杨柳,始知今日是清明。'"按:宗泐诗见《全室外集》卷七《吴淞江逢清明》。"始知",《全室外集》作"不知"。从这条史料可见,《全室外集》传到日本相当早,而且成为日本禅僧日常阅读的读物[2]。

不但《全室外集》及宗泐的其他作品很早就传到了日本,而且宗泐本人和日本五山僧人的交往也是中日文化交流史上的一段佳话。最为后人称道的是五山著名诗僧绝海中津与季潭宗泐的师生之谊。绝海中津的诗与义堂周信的文被视为五山文学的双璧,其文学造诣之取得与他入明时受到宗泐指导有很大的关系[3]。绝海在明生活了约十年时间,先后三次问学于宗泐。永乐元年(1403)杭州净慈寺住持释道联《绝海和尚语录序》称绝海:

> 尝入中国,历参季潭、清远、恕中、穆庵等诸大老,于内外学俱有

---

[1] 绝海请宋濂撰写梦窗国师塔铭的经纬,参见牛建强《明洪武初中日僧人间的文化交往——以日僧绝海中津为例》,《西南大学学报》(社会科学版)2007年第6期。又参见《明代中日文化交流史研究》第一章"宋濂与日本"—"与日僧的交流"。

[2] 《全室外集》在五山时代有比较广的阅读面,参见芳賀幸四郎『中世禅林の学問および文学に関する研究』,東京:日本学術振興会,1956年,第258頁。

[3] 关于绝海入明之经历以及受教于季潭之经过,参见丸井宪《日本五山"梦窗派"禅僧绝海中津在明经历浅析》,《日本研究》2002年第4期;牛建强《明洪武初中日僧人间的文化交往——以日僧绝海中津为例》,《西南大学学报》(社会科学版)2007年第6期;韦立新、任萍《日本初期入明僧的目的考辨——以绝海中津为例》,《广东外语外贸大学学报》2010年第1期;任萍《五山僧绝海中津与日本中世禅林文学》,《日本研究》2010年第4期。

第四章 明初诗僧季潭宗泐文集的版本及其作品在日本的流传

发明。①

绝海在洪武元年（1368）二月入明，而宗泐刚于此年四月升任杭州中天竺寺住持，绝海很快就往中天竺拜访了宗泐。宗泐先让其做烧香侍者，后又提拔为藏主②。绝海在《蕉坚稿·中竺全室和尚自京师还山作诗以献》中云：

> 一代文章同器之，道尊还喜至尊知。
> 九重天上须三诏，千百年中际一时。
> 枫陛祥风生玉尘，金襕晓日映丹墀。
> 从兹宝掌岩前路，松桂漫山雨露滋。③

诗中赞扬了宗泐至京师晋见皇帝的荣耀。洪武四年（1371）正月，宗泐成为五山第一的径山兴盛万寿寺住持。洪武五年（1372）绝海拜访宗泐，被任命为后堂首座。绝海在《蕉坚稿·闻径山全室和尚入京作》中云：

> 金缕伽梨白雪头，诏书催入帝王州。
> 老安德望高今古，屡约玄音动冕旒。
> 天下车书混同日，丛林礼乐中兴秋。
> 远传盛世空回首，泛泛江湖不系舟。④

---

① 五山版《绝海和尚语录》，东福寺自悦守择旧藏本，日本国立国会图书馆藏。

② 荫木英雄《绝海中津略年谱》应安元年（1368）条下说："渡明，初依道场的清远怀渭，辞退用贞辅良的灵隐寺书记之招，继依中竺的全室和尚，由侍香转为藏主。"（荫木英雄『蕉堅藁全注』，大阪：清文堂，1998年）藏主为掌管寺院佛典之职。

③ 『五山文學全集』第二卷，第1912页。

④ 『五山文學全集』第二卷，第1913页。关于季潭主持径山的时间，岱宗心泰《前天界寺住山全室大禅师塔铭并序》称"三年"，恐不确。季潭入京事，《续灯正统》卷十五载："辛亥迁双径，是年冬。诏征江南有道浮屠十人诣京。"《大藏卍新纂续藏经》第84册，第493页。又《八十八祖传赞》卷四："四年正月，住径山，次五十五代。太祖高皇帝召西白金公，问鬼神事。诏举高行沙门，师居其首。"《大藏卍新纂续藏经》第86册，第643页。

洪武六年（1373），宗泐已住持京师天界寺。洪武九年（1376）春，绝海又往天界寺。永乐元年（1403）道衍（姚广孝）《蕉坚稿》序云，绝海禅师"客于杭之千岁岩，依全室翁（即季潭宗泐）以求道，暇则讲乎诗文"①。"讲乎诗文"的经历对绝海很重要，绝海的才华经过宗泐的淬炼，后来终成正果，《蕉坚稿》中还保存着绝海与宗泐的酬唱之作，颇为珍贵。先看宗泐的原作：

> 欲识钱塘王气徂，紫宸宫殿入青芜。
> 朔方铁骑飞天堑，师相楼船宿里湖。
> 白雁不知南国破，青山还傍海门孤。
> 百年又见城池改，多少英雄屈壮图。（其一）
> 天地无情日月徂，凤凰山下久榛芜。
> 独怜内殿成荒寺，空见前山映后湖。
> 塞北有谁留一老，海南无处问诸孤。
> 蓬莱阁上秋风起，先向燕京入画图。（其二）②

钱塘曾为南宋首都临安府首县。德祐二年（1276），繁华一时的临安已黯然失色。新建立的元朝也好景不长，不足百年又被明朝取代，即所谓"百年又见城池改"。昔日金碧辉煌的皇宫内殿，如今已成为废墟荒寺，历史风云的变幻，让人不禁产生一种幻灭感与沧桑感。也许正是诗中洋溢的伤感触动了绝海，他也步原韵，作《钱唐怀古次韵》二首：

> 天目山崩炎运徂，东南王气委平芜。
> 鼓鼙声震三州地，歌舞香消十里湖。
> 古殿重寻芳草合，诸陵何在断云孤。

---

① 『五山文學全集』第二卷，第1903頁。
② 五山版《全室外集》卷六《钱塘怀古》。

> 百年江左风流尽，小海空环旧版图。（其一）
> 兴亡一梦岁云徂，葵麦春风久就芜。
> 父老何心悲往事，英雄有恨满平湖。
> 朱崖未洗三军血，瀛国空归六尺孤。
> 天地百年同戏剧，燕人又献督亢图。（其二）①

绝海的和诗深得宗泐诗意的精髓，宗泐诗中的沧桑，到绝海诗中的"天地百年同戏剧"，让人觉得历史是如此荒诞，屈辱的一幕又在重演。

于上可见，宗泐的作品并没有全部收入《全室外集》中，日本汉籍中还有不少佚篇存在，同时也有不少宗泐作品流传日本的记载。故要研究宗泐其人及其作品的话，必须全面检视中日两国的文献。

五 余 论

宗泐身为元代高僧笑隐大䜣的弟子，又先后在杭州、南京的名寺担任住持，加之明太祖朱元璋对其礼遇有加，故其在明初佛教界中享有极高的威望，自然成为入明学习的日本僧人竞相争赴礼随的对象。除了与绝海有交往外，史料还可见其与多位日本僧人有交游，这使得宗泐成为明代初年中日文化交流史上的一个非常重要的人物。明僧大闻《释鉴稽古略续集》卷三载日本僧人太初禅师（1332—1406）事曰：

> 太初禅师，讳启原，号太初，日本国人。九岁礼物外禅师得度，年十九与宗猷等十八众游参上国。丙午二月进京，见季潭禅师。②

---

① 『五山文學全集』第二卷，第1912頁。
② 《大正新修大藏经》第49册，第942页。

如心中恕(？—1419)入明也参禅于季潭宗泐。①傅芸子《正仓院考古记　白川集》之《读西山品》引明秀水汪砢玉《西山品》云：

> 明兴有无初禅伯，日本人也。得全室泐公指受，飞锡金台。永乐初，主兹法席，刻意修缮，以蜀献王赐金，塑三世佛，功未就而圆寂。宣宗命其徒无相继之，宗风丕振。②

又日本临济宗大慧派禅僧子建净业入明后，上天界寺谒见了季潭宗泐。③另外，随洪武七年(1374)闻溪圆宣入明的日本僧人元初德始在正使闻溪圆宣回国后，愿继续留在中国学法。得到许可后，德始侍从季潭宗泐，并任书记一职。④从上可见，宗泐与日本僧人的交游相当密切。也正因为宗泐热心指导入明学习的日本僧人，所以这些僧人学成之后，也将宗泐的著作与思想带回了日本，从而影响了五山文学的发展。

其他的一些日本汉籍中也有宗泐与日本士人交往的记录，如《新选》载藤子载《寄季潭》一诗："蓟门一别各成翁，三十一年如梦中。几欲封书问安否，行人仓卒意难穷。"可见，宗泐曾与藤氏在"蓟门"相会过，此后分别三十一年再未相见。《新选》又载宗泐《和答》一首："天南地北两衰翁，尚寄残生化育中。闻说蓟门田舍乐，年来不省有诗穷。"⑤此诗当作于宗泐晚年。关于藤子载，江户时代汉学家宇都宫由

---

① 参见《明代中日文化交流史研究》第四章，第106页。
② 傅芸子《正仓院考古记　白川集》，沈阳：辽宁教育出版社，2000年，第122页。
③ 参见《明代中日文化交流史研究》第四章，第141页。
④ 参见陈小法《洪武七年的日本入明僧研究》，《社会科学战线》2010年第10期，第33页。
⑤ 《新选分类集诸家诗卷·简寄》。宗泐答诗又见两足院藏《全室稿》中，题作《次韵答藤子载》。《全室稿》在宗泐此诗旁还抄有藤氏原诗，题作《寄全室》。"三十一年"，《全室稿》作"三十余年"。"意难穷"，《全室稿》作"思无穷"。

的所著的《锦绣段详解》在注解藤氏《寄季潭》时引"古钞"云:"藤子载,日本藤氏人也。大唐久居住也。"可见藤氏是侨居在中国的日本人士,但此人的生平履历已经无法详考了。

两足院所藏《全室稿》中还有一首未见于《全室外集》而与日本有关的诗《应制日本纸扇歌》:

> 天门昼晴春日迟,奉诏为作纸扇歌。此扇来从海东国,昨同骅骝献丹墀。海东之人多巧思,茧纸斜裁月半规。卷舒在手称人意,席间飒飒生凉飔。就中画者工益奇,山川人物开思姿。皂衣猛士肃队伍,严车列骑扬旌旗。庭燎煌煌照深夜,□然白日回光辉。俨如明堂听朝政,又似狩猎城外归。弯弓一箭双雕落,平原走马身若飞。人生行乐有如此,见诸图画良亦宜。方今吾皇抚外国,恩同父子专仁慈。所重其物重其意,直将此扇题品之。模写斯图畀使者,拜受归国神怡怡。大船挝鼓泛溟渤,一帆十日长风吹。嗟尔沙门充使职,亦足见尔才有为。於戏!古来奝然与寂照,上下千载相追随。

"应制"当是奉明太祖之诏而作。此纸扇是日本向朝廷进贡之物,日本纸扇在当时不仅是稀见之物,而且其上贡亦有很大的象征意义。宗泐此诗敏锐地抓住了这两点,既描写了此扇的工艺价值,又栩栩如生地描绘了扇面上武士列队行进的内容。很快作者笔锋一转说"所重其物重其意",即此物的到来象征着明廷怀柔远人,"抚外国"政策发生了效应。不过,宗泐之诗并没有在一片颂圣之音中结束,其妙处还在于将它提升到中日文化交流史的高度,诗篇末尾提到奝然与寂照两位早期来华的日僧,意在希望中日间和平交往的历史继续下去。故此诗亦具有中日文化交流史的意蕴。

又江户时代源秋峰所编的汉诗总集《异称锦绣段》载宗泐诗《赠日本僧》云:

> 海外趁商船，江东住几年。华音虽已习，乡信若为传。
> 一钵随时饭，诸山到处禅。凉秋明月夜，梦渡石桥烟。①

《异称锦绣段》是一部集中反映古代中日文化交流的文献，编者序称：

> 本朝之诗人播名于异域者不少也，仍抄录唐宋元明之间词人赠答题咏之诗，而别名曰《异称锦绣段》。

此书分为两卷，上卷为日本汉诗中有关中日交流的诗作，下卷则为中国诗人赠送入华日本僧侣、使者归国的作品。此诗即见于《异称锦绣段》的下卷，编者注明此诗出处为《明诗归》。《明诗归》，旧题明锺惺、谭元春所编，清初王汝南补辑。四库馆臣已定其为伪托之作，但其中所收之诗不一定为伪作。此诗又见于《全室外集》卷五，题作《赠立恒中》；又见于明刘仔肩所编的《雅颂正音》卷四，题同于《异称锦绣段》。该诗亦见于《全室稿》，题作《赠日本立恒中》，从诗中"海外"诸语也可以印证赠诗的对象是日本人。综合起来看，《全室稿》的题名可能是比较准确的，而"立恒中"可能为一位入明的日本僧人（从"一钵随时饭"可见是僧人）。

江户时代释性宗（？—1717）据日本崇福寺藏宋元明禅僧及日本僧人真迹所编的诗文总集《石城遗宝》中收有季潭宗泐《送吾长老归日本》一诗：

> 大坐牛头启祖关，真灯照世古风还。
> 一庵高卧衣堂寂，百鸟不来春昼闲。
> 白下正提新鈯斧，日东犹忆旧家山。

---

① 源秋峰《异称锦绣段》卷下，宝永二年（1705）山形屋传兵卫刻本，早稻田大学图书馆藏，叶13a。"随时""诸山""梦渡"，《全集外集》作"随缘""诸峰""梦度"。

第四章　明初诗僧季潭宗泐文集的版本及其作品在日本的流传

铁船打就浑闲事,满载清风不可攀。①

此诗《全室外集》及《全室稿》皆未收,可能是直接保存在日本的真书手迹。诗题言及的吾长老亦是入明的日本僧人,他在归国之前,宗泐赠以此诗,故一直保存在日本。

于上可见,季潭宗泐是明初中日文化交流史上的一个非常重要的人物,他不但积极与入明的日本僧人互动,而且还悉心指导像绝海中津这样的五山禅僧,绝海等人也将中国最新的文学形式输入到日本,并对日本汉文学产生了很大影响。②虽然宗泐终生都没有去过日本,但他的文集和作品很早就东传到日本。《全室外集》不但有五山版、宽文版两种和刻本,而且两足院还藏有一部较今传本内容都多的古钞本《全室稿》,可能是直接录自宗泐文集的稿本。作为明初佛教界的领袖人物,宗泐的声名早已远播日本,日本五山禅林也竞相请宗泐为其语录、文集作序,这些序文目前还保存在日本汉籍文献中,而不见于宗泐本人的《全室外集》。随着域外汉籍调查工作的深入,还可能在日本发现更多的宗泐佚文以及其与日本僧人交往的文献。

---

① 释宗性编《石城遗宝》,元禄十三年(1700)妙乐寺刊本,日本国立国会图书馆藏,叶24b。
② 最具代表性的是,绝海将季潭宗泐老师笑隐大䜣创制的新的四六文传到了日本,笑隐的文集《蒲室集》在日本也产生了很大的影响,其法被称之为"蒲室疏法"。中天竺寺如兰《蕉坚稿跋》云:"信矣,其疏语绝类蒲室之体制。"参见任萍《五山僧绝海中津与日本中世禅林文学》,《日本研究》2010年第4期。

第二辑

唐宋诗日本古注本研究

第五章 寒山诗日本古注本的阐释特色与学术价值

一 寒山诗在日本的流传与接受①

寒山子是唐代著名的诗僧,也是唐代著名的白话诗人。寒山诗虽明白如话,却浸透了极深的佛理。清代雍正皇帝曾这样评价寒山诗:

> 读者或以为俗语,或以为韵语,或以为教语,或以为禅语,如摩尼珠,体非一色,处处皆圆,随人目之所见。朕以为非俗非韵,非教非禅,真乃古佛直心直语也。②

寒山诗看似浅显易懂,实则使用了大量唐代口语、俗语,还有很多佛禅之语,这都成为阅读寒山诗的障碍。在古代中国,士大夫文学是中国古典文学的主流,虽然也有人拟寒山诗,和寒山诗,用寒山诗为典,但寒山

---

① 关于寒山诗在日本的刊刻与流传,参见金英镇《王梵志诗和寒山诗在日本的影响》,《中国俗文化研究国际学术研讨会论文集》,2002年;区鉷、胡安江《寒山诗在日本的传布与接受》,《外国文学研究》2007年第3期;甘正芳《寒山诗在日本的经典化及其影响》,《江苏技术师范学院学报》2010年第4期;费勇、辛暨梅《寒山诗在日本的文化接受与经典化路径——以三首寒山诗的日文注本为例》,《浙江工商大学学报》2015年第2期。这些论文皆没有论及江户时代刊刻的寒山诗汉文古注本,也较少谈及日本汉诗对寒山的吟咏。又参见张石《寒山与日本文化》第二编,上海:上海交通大学出版社,2011年。张书讨论到《寒山子诗集管解》与《寒山诗阐提记闻》两书,其他两部古注本未及。

② 清宣统二年(1910)苏州程氏思贤堂重刊本《寒山子诗集》卷首,见叶珠红编著《寒山资料类编》,台北:秀威资讯科技股份有限公司,2005年,第22页。

诗并没有得到士大夫们的真正重视，故寒山诗在中国没有一部古代注本流传下来。然而，随着佛教在日本的流传，寒山诗在古代日本却激起了很大的反响。

寒山诗是北宋年间传到日本的。据日本入宋僧成寻（1011—1081）《参天台五台山记》卷一记载，宋神宗熙宁五年（1072）五月他来到中国天台山巡礼参拜，从国清寺僧禹珪处得到《寒山子诗》一帖[①]，此书于翌年被带回日本。十二世纪日本学者通宪入道（1106—1159）的藏书目录中就有《寒山子诗》一帖的记载。

日本中世时期（镰仓与室町时代），模仿中国的佛教制度，在镰仓与京都分别设立了"五山十刹"。平安时代的贵族文化衰落了，中世日本的学术与文学传承者即是"五山十刹"中的禅僧，他们创作的文学作品主要是汉诗与汉文，这就是著名的"五山文学"。五山文学是佛教文学，也是汉文学，其受到中国古典文学的影响极大。中国唐宋文学史上的著名作家，如杜甫、韩愈、柳宗元、苏轼、黄庭坚等皆成为五山禅师学习与效仿的对象。寒山诗对五山文学也产生了一定的影响：其诗中的语汇与意象经常出现在五山汉文学中，其本人的身影也经常成为五山文学的主题。如虎关师炼（1278—1346）《济北集》卷二有诗云：

寒山拈笔

穷怀一点不关胸，未见愁容只笑容。
割破海山风月看，剑锋争似秃笔锋。[②]

[①] 参见成寻《参天台五台山记》卷一熙宁五年（1072）五月廿二日条。〔日〕成寻著，王丽萍校点《新校参天台五台山记》，上海：上海古籍出版社，2009年，第74页。

[②] 『五山文學全集』第一卷，第135頁。

寒山持经

猊台稳坐身，海峤苦吟人。手里大千卷，何时得破尘。①

如果观看中国古代关于寒山、拾得的绘画的话，如日本MOA博物馆藏南宋梁楷的《寒山拾得图》、东京国立博物馆藏元代因陀罗的《寒山拾得图》，会发现图中的寒山、拾得皆是"不见愁容只笑容"。另外，因陀罗的《寒山拾得图》上题有元明之际高僧楚石梵琦（1296—1370）写的赞："寒山拾得两头陀，或赋新诗或唱歌。试问丰干何处去，无言无语笑呵呵。""无言无语笑呵呵"，颇可以和《寒山拈笔》一诗相对读。这两首诗刻画出得道高僧寒山的形象，虽然外在的生活穷困不堪，但其内在的精神世界已经超越了这一切。一支秃笔虽然看似没有力量，但寒山也能用它写出大千世界，勘破尘世的万象。以上两首诗非常形象地写出了日本人眼中的寒山。

中岩圆月（1300—1375）《东海一沤集·寒山拾得》云：

竹筒里有菜滓，经卷中无文字。

奇哉奇哉，怪矣怪矣。

眼孔睁嗤，笑口张开，更奇怪哉？

朝峨眉夕五台，到头身不离天台。②

此诗是对寒山得道生活的诗化反映。本诗的前两句，基本上是寒山、拾得生活的写照，寒山住在寒岩中，拾得常收拾斋堂里吃剩下来的饭菜，用一个竹筒装好，留给寒山取用。寒山的诗也不是写在经卷上的，而是随意写于林间的竹木石壁之上。《寒山子诗集》中也说到"经卷"："他

---

① 『五山文學全集』第一卷，第135頁。
② 『五山文學全集』第二卷，第1044頁。

家学事业,余持一卷经。"据项楚解释,"持"是"信奉读诵"[1]之意。不过,中岩圆月在诗中强调"经卷中无文字",似乎有点禅家讲的"不立文字"的意味,将寒山禅学化了。诗中出现的竹筒、经卷,在江户时代所画的寒山、拾得像中也多次出现。"笑口张开"几乎成为东亚汉诗与绘画中寒山、拾得的标准形象,既是文献中记载的所谓二人性格癫狂的反映,又反映了二人对世俗价值的不屑。

此山妙在(?—1377)《若木集·寒山》诗云:

> 鬘松剪发垂,蕉叶更题诗。只个风狂子,何堪七佛师。[2]

"鬘松剪发垂"是东亚绘画传统中的寒山形象,而闾丘胤在《寒山子诗集序》中则将其描绘为"状如贫子,形貌枯悴""桦皮为冠,布裘破敝,木屐履地"。寒山给人的印象是形容枯槁寒悴,却能"蕉叶题诗",这样一个其貌不扬的人,能写出如许意蕴深厚的诗,不能不令人惊奇。闾丘胤序又记载,寒山诗原先是写在"竹木石壁""并村墅人家厅壁上"的,本诗则将寒山诗的载体变为"蕉叶",似乎更有诗意。寒山诗中也曾出现"蕉叶",如"蕉叶且充盘",但寒山并未言题诗其上。宋代诗僧释子益《寒山把蕉叶执笔赞》云:"吟诗吟未就,执笔且搜枯。欲写芭蕉上,依前一字无。"[3]这里只是说"欲写",真正写未则不知。可能从宋代开始,时人就将寒山与蕉叶题诗联系在一起。"只个风狂子",亦是传世文献中对寒山的描绘,闾丘胤《寒山子诗集序》早已称寒山是"贫人风狂之士"。所谓"七佛",指释迦牟尼佛及其出世前所出现之佛,即毗婆尸佛、尸弃佛、毗舍浮佛、拘留孙佛、拘那含牟尼佛、迦叶佛、释迦牟尼

---

[1] [唐]寒山著,项楚注《寒山诗注》,北京:中华书局,2000年,第643页。
[2] 『五山文學全集』第二卷,第1118页。
[3] 傅璇琮等主编《全宋诗》第63册,卷三千三百〇二,北京:北京大学出版社,1991—1998年,第39350页。

佛。"七佛师"则指文殊菩萨,因七佛成佛之前曾得其指点。《古尊宿语录》卷四十七言:"文殊是七佛之师。"而寒山一直被视为文殊菩萨的化身。此诗最后两句似乎在质疑,其实肯定了寒山是"七佛之师"。

希世灵彦(1404—1488)《村庵稿》中的《读寒山诗》一诗代表了日本中世时期很多人对寒山诗的认识:

> 落韵村诗到处留,者风颠汉孰风流。
> 就中一句无人会,月在青天夜夜秋。①

与士大夫文学精致的修辞相比,寒山诗是所谓的"落韵村诗",似乎在艺术上欠琢磨,但诗中表现的深邃意蕴却是"就中一句无人会",很少有人能领悟。此处的"风颠汉"与上文出现的"风狂子"是同一个意思,就是这样一个貌似疯疯癫癫的人物却表现出一种别样的"风流",背后其实是一种脱俗的智慧。最后一句"月在青天夜夜秋"则是对寒山本人之诗"吾心似秋月,碧潭清皎洁""圆满光华不磨莹,挂在青天是我心"的呼应。

江户时代的汉诗中亦有对寒山诗的吟咏,如松本慎(松本愚山,1755—1834)《愚山诗稿后集》卷下《寒山子赞》云:

> 一从李贺早归泉,天使奇材却在禅。
> 自有佳篇垂后世,世间底事画图传。②

此诗对寒山子的吟咏跳脱了传统上对寒山形迹的描绘,而更多着眼于他的文化贡献,即禅与诗。虽然历代以寒山为主角的绘画很多,但作者认为其意义都不如寒山在禅与诗上的贡献,也可以说此诗将寒山进一

---

① 玉村竹二编『五山文學新集』第二卷,東京:東京大學出版會,1968年,第224页。
② 松本慎《愚山文稿后集》,文政十一年(1828)吉田四郎右卫门刊本,京都大学附属图书馆藏,叶4b。

步文人化了。

除了在汉诗中吟咏寒山外,日本汉文学史上还有众多的拟寒山诗之作。东亚汉文学史上最早模拟寒山诗的可能是中国五代时期的法灯禅师泰钦(？—974),他模拟了十余首寒山诗。日本汉文学史上,最著名的"拟寒山诗"是日本黄檗宗的创始人、来自中国福建的隐元隆琦(1592—1673)所作的《拟寒山诗》二百首①。隐元大师作于宽文六年(1666)的《拟寒山诗自序》云:

> 季春望日偶过侍者寮,见几上有寒山诗,展阅数章,其语句痛快直截,固知此老游戏三昧,非凡小愚蒙所能蠡测也。②

隐元这几句对寒山诗的评论非常深刻,而用"痛快直截"来概括寒山诗的语言,则别具只眼。其《拟寒山诗》第二首云:

> 孤迥寒山道,跻攀不等闲。奇峰高突兀,瀑布响潺湲。
> 一陟三思退,十登九个还。若非真铁汉,争透顶门关。

此诗拟的是《寒山诗》第三首:"可笑寒山道,而无车马踪。联溪难记曲,叠嶂不知重。泣露千般草,吟风一样松。此时迷径处,形问影何从。"所谓"寒山道"实是一种求道寻法之道,异常冷寂与艰险,只有

---

① 元禄五年(1692)所刊的《广益书籍目录》(慶應義塾大学附属研究所斯道文庫編『江戸時代書林出版書籍目録集成』[下简称《目录集成》],東京:井上書房,1962—1964年,第1册,第271页)、元禄十二年(1699)永田调兵卫等所刊的《新板增补书籍目录》(《目录集成》第2册,第30页)、延宝三年(1675)所刊《新增书籍目录》(《目录集成》第2册,第58页)皆著录隐元《拟寒山诗》一卷。宝历四年(1754)永田调兵卫所刊的《新增书籍目录》还著录了东山和尚所作的《和寒山诗》二卷(《目录集成》第2册,第90页)。笔者所编的《寒山诗日本古注本丛刊》(南京:凤凰出版社,2017年6月)附录收入了隐元隆琦的《拟寒山诗》。

② 隐元隆琦《拟寒山诗》,日本宽文六年(1666)刊本,《寒山诗日本古注本丛刊》下册,第1433—1434页。

对佛法有恒心的人才能悟得。比较两诗,我们可以看到,两首诗都明白如话,但寒山诗更跳脱,不执意于义理,而隐元的拟诗入理更深。隐元是来自中国、寄寓日本的禅僧,而江户初期的日本临济宗僧人一丝文守(1608—1646)[①]亦深受寒山诗影响,著有汉诗《拟寒山诗》十首,其中第九首云:

> 冷笑有情海,贤愚同一篷。爱憎徒自苦,冷暖互相攻。
> 万事都无赖,百年要有终。寒山好言语,唤作黑头虫。[②]

此诗是对《寒山诗》"人是黑头虫,刚作千年调。铸铁作门限,鬼见拍手笑"的衍义。《寒山诗》亦云"寒山有裸虫,身白而头黑",所谓"黑头虫"即指忘恩负义之人[③]。人寿百年而终,却怀千岁之想,这种念头,寒山认为是可笑的。年寿有时而尽,这是无法阻挡的自然规律,用铁铸成门槛,也是徒劳的,连鬼看了都不觉好笑。一丝文守的拟诗基本上也是寒山的意思,不过"贤愚同一篷"也掺入了庄子齐物论思想。

除此之外,日本中世和近世时代还以绘画的形式表现寒山的形

---

① 一丝文守,号桐江、耕闲等,出生于山城(今京都府)。师事京都相国寺雪岑梵崟、堺南宗寺泽庵宗彭,后水尾天皇曾向其皈依。贺茂灵源院、丹波法常寺的开山住持。在书画和茶道上颇有造诣。宽永二十年(1643),住于近江永源寺。正保三年(1646)圆寂,年39岁,敕号定慧明光佛顶国师。著有《大梅山夜话》《定慧明光佛顶国师语录》。《本朝高僧传》卷四十五有传。

② 转引自金英镇《王梵志诗和寒山诗在日本的影响》,《中国俗文化研究国际学术研讨会论文集》,2002年。

③ 参见《寒山诗注》,第392页。又参见陈开勇《"黑头虫"考辨——佛典、道藏及相关文献综理》,《文史》2007年第3期(后收入陈开勇《宋元俗文学叙事与佛教》,上海:上海古籍出版社,2008年);陈明《"黑头虫"的梵语词源再探——兼论佛经中"黑"的贬义用法》,《文史》2010年第1期。

象①，南北朝时期的默庵灵渊（？—1345?）、可翁宗然（？—1345）都以寒山图著名，而江户时代出现了更多的寒山图画家，如狩野山雪（1590—1651）、白隐慧鹤（1686—1769）、曾我萧白（1730—1781）、仙厓义梵（1750—1837）、松村月溪（1752—1811）等，其中长泽芦雪（1754—1799）所画的《寒山拾得图》就非常有代表性（见图5-1）。

长泽芦雪，名政胜、鱼，字冰计、引裾，号芦雪、千洲渔者、千缉，日本江户时代著名画家。他曾师从江户时代写生派名家圆山应举（1733—1795），与伊藤若冲（1716—1800）、曾我萧白等人并称为"奇想派"画家，其绘画充满奇妙、趣味、诡谲等强烈的个人风格。②芦雪所画的《寒山拾得图》不太注重写实，只用墨笔作画，突出黑白的对比。（见图5-2、图5-3）其中一幅，寒山手中还拿着纸卷，上面写着诗，象征其诗人身份。这是

图5-1　长泽芦雪纸本墨画《寒山拾得图》（画面顶端的经卷和扫帚是寒山、拾得的象征物）

---

① 关于日本绘画中的寒山形象，参见罗时进《日本寒山题材绘画创作及其渊源》，《文艺研究》2005年第3期。张石《寒山与日本文化》也论及寒山形象在历代绘画中的表现。又参见巫佩蓉《寒山拾得之多重意象——诗、画、传说的交互指涉》，石守谦、廖肇亨主编《东亚文化意象之形塑》，台北：允晨文化公司，2011年；巫佩蓉《吾心似秋月：中日禅林观画脉络之省思》，《台湾大学美术史研究集刊》第34期，台北：台湾大学艺术史研究所，2013年3月。

② 参见辻惟雄『奇想の系譜』，東京：美術出版社，1970年。

图 5-2　澳大利亚新南威尔士美术馆藏长泽芦雪《寒山拾得图》　　图 5-3　日本京都古美术濑户拍卖的长泽芦雪《寒山拾得图》

中国绘家所画的"寒山拾得图"中少见的。

目前寒山诗最早的版本是宋本,有南宋淳熙十六年(1189)国清寺释志南刊行的《三隐集》本以及由此衍生的东皋寺本、无我慧身本,学界著名的无我慧身本现藏于日本宫内厅书陵部。明治三十八年(1905),日本学者岛田翰曾将此本影印出版,题为《宋本寒山诗集》。在《刻宋本寒山诗集序》中,岛田翰称"寒山之诗,机趣横溢,韵度自高,在皎然上、道潜下",对寒山诗评价颇高。日本除了保存宋本《寒山诗》之外,各个时代还翻刻了不少《寒山诗》。其中正中二年(1325,元泰定二年)的翻刻本为最早,是为五山版,质量也最高,乃是覆宋本,此本保留至今,现藏于京都的大谷大学。①日本江户时代的元和、宽永、正保、延享年间又多次刊刻《寒山诗》②,使寒山诗在日本进一步传播。

《四库全书总目》引清王士禛《居易录》论寒山诗云:"其诗有工语,有率语,有谐语,至云'不烦郑氏笺,岂待毛公解',又似儒生语,大抵佛、菩萨语也。"③寒山诗看似浅显,似乎不须"毛传郑笺",实则寒山诗内涵深邃,不但诗意需要细释,而且其语词也有阐释之必要。虽然没有一部中国古代寒山诗注本流传下来,不过早在唐代,寒山诗就有曹山本寂(840—901)禅师的注释,名为《对寒山子诗》。《景德传灯录》卷二十七《天台寒山子》载:"(闾丘胤)于林间得叶上所书辞颂,及题村墅人家屋壁,共三百余首,传布人间。曹山本寂禅师注释,谓之《对寒山子诗》。"④又《宋高僧传》卷十三《梁抚州曹山本寂传》云:"复注《对寒山子诗》,流行寓内,盖以寂素修举业之优也。"⑤虽然此书在当时比较流行,但后来却逐渐散佚,此后在中国再未出现寒山诗的注释之作,直到1998年钱学烈《寒山拾得诗校评》(天津:天津古籍出版社)、2000年项楚《寒山诗注》。

日本在江户时代不但多次刊刻寒山诗,还出现了注释与研究寒山诗的多部著作,而且这些日本古注本皆为汉语注本,时间从江户时代初期一直延续到中后期。目前笔者收集到四种用汉语注释的寒山诗古

---

① 关于《寒山诗》五山版,参见辛德勇《五山版〈寒山诗〉版本价值测议》,刘玉才、潘建国主编《日本古钞本与五山版汉籍研究论丛》,北京:北京大学出版社,2015年。大谷大学图书馆所藏五山版《寒山诗集》,现已影印收入『五山版中国禅籍叢刊』第十一卷。

② 关于寒山诗的早期版本,参见李钟美《国清寺本系统〈寒山诗〉版本源流考》,项楚主编《中国俗文化研究》第三辑,成都:巴蜀书社,2005年;刘玉才《〈寒山子诗集〉早期刊本源流钩沉》,《北京大学学报》(哲学社会科学版)2012年第6期。

③ 《四库全书总目》卷一百四十九"《寒山子诗集》提要",第1277页。

④ [宋]道原《景德传灯录》,《大正新修大藏经》第51册,第433页。

⑤ [宋]赞宁《宋高僧传》,范祥雍点校,北京:中华书局,1987年,第308页。

注本:宽文十一年(1671)刊《首书寒山诗》,宽文十二年(1672)刊连山交易(1635—1694)的《寒山子诗集管解》、宽保元年(1741)刊白隐慧鹤的《寒山诗阐提记闻》,以及文化十一年(1814)刊大鼎宗允(1775—1832)的《寒山诗索赜》。日本学者太田悌藏《寒山诗解说》评价这四部古注本时说:"《阐提记闻》说禅特详,《首书》简易,《索赜》详密。白隐之注可能系根据《管解》者。"① 这个概括非常简短,似有必要从现代学术的角度对这四部古注本加以深入研究。除此之外,江户及明治时代还有不少以假名注释寒山诗的著作,如本内以慎的《寒山集抄》等。

这些汉文寒山诗古注本是研究寒山诗非常珍贵的资料,不但中国学者鲜有触及,就是在日本也是非常罕觏之珍籍。下文对这四种古注本的学术价值与文化意义略作论述。

二 《首书寒山诗》:江户时代寒山诗最早的注本

《首书寒山诗》是江户时代寒山诗最早的注释之作,关于其著者,一直不明,但最近笔者在翻阅江户时代书林所刊的出版目录时,在延宝三年(1675)刊行的《新增书籍目录》中发现以下著录:"(寒山诗)首书三,释虎圆。"② 释虎圆,生平待考,但作者可以确定是一位僧人。"首

---

① 〔日〕太田悌藏《寒山诗解说》,曹潜译,《东南文化》1990年第6期,第126页。
② 《目录集成》第2册,第90页。天和元年(1681)山田喜兵卫所刊的《书籍目录大全》(《目录集成》第2册,第178页)、《增益书籍目录大全》(元禄九年[1696]河内屋喜兵卫刻,宝永六年[1709]增修,丸屋源兵卫刊,《目录集成》第2册,第256页)皆有同样的著录。另外,延宝三年(1675)毛利文八所刊的《古今书籍题林》(《目录集成》第1册,第186页)、元禄五年(1692)所刊的《广益书籍目录》(《目录集成》第1册,第271页)、元禄十二年(1699)永田调兵卫等所刊的《新板增补书籍目录》(《目录集成》第2册,第30页)亦著录《首书寒山诗》三卷,然未标作者。

书",又称头书、鳌头,是日本特有的一种注释方式[①],起源于日本中世时代的"抄物",即在书本的天头及边页,对注释对象中的语词进行详细注释。这种注释方式不似传统的双行夹注,又不似一般的眉批。采用这种"首书"的方式,不用中断要注释的本文,使读者可以一口气读完,遇到不理解之处,即可以查阅在天头的注释。这些注释一般都比较长,不似眉批那般简短。

《首书寒山诗》,前有闾丘胤序,主体部分是《三隐诗集》(即寒山、拾得、丰干之诗),此书收寒山诗三百余首,末附"拾遗二首新添",与正本中《寒山诗》相同,故注释的底本应是正中本系统。其后有《丰干语录》及《拾得诗》。末有宋僧志南所撰之跋。《首书寒山诗》在江户时代曾经两次刊刻,最早为宽文十一年(1671)五月京都林久次郎刊本,另有宝历九年(1759)京都书肆兴文阁小川源兵卫的重印本(见图5-4)。两本的版式及文字完全相同,宝历本应是宽文本的后印本。

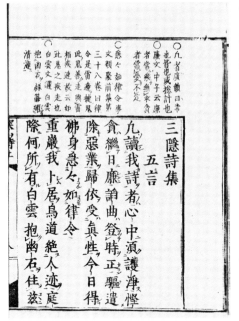

图5-4 宝历九年(1759)刊本
《首书寒山诗》书影

从注释可以看出,《首书寒山诗》的著者释虎圆有较好的汉学修养,"首书"引用了大量的中国典籍对寒山诗中的语汇、典故进行详注,其引用比

---

① 参见高山節也「和刻漢籍鼇頭本について——その特質と沿革」,『日本漢文学研究』第三輯,東京:二松學舍大学,2008年。

较多的典籍，经部有《诗经》《韩诗外传》《尚书》《礼记》《周礼》《左传》《论语》《说文》《尔雅》《广雅》《广韵》《增韵》《字汇》《韵会》等等，史部有《史记》《史记评林》《汉书》《后汉书》《晋书》《南史》《旧唐书》《战国策》《春秋后语》《吴越春秋》《越绝书》《唐会要》《编年通论》《古列女传》《列仙传》《高士传》《逸士传》等等，子部有《庄子》《说苑》《淮南子》《山海经》《孔子家语》《太玄经》《新论》《文中子》《搜神记》《幽冥录》《古今事文类聚》《事物纪原》《蒙求》《韵府群玉》《五车韵瑞》《图经本草》《青箱杂记》《资暇集》等等，集部有《楚辞》《文选》《古文真宝前集》《古文真宝后集》《三体诗注》《联珠诗格》《中州集》《唐诗训解》《陶渊明集》《圆机活法诗学全书》等等。从上可见，《首书寒山诗》引用的文献包罗经史子集四部文献，虽然都是较为常见的典籍，但也折射了当时禅僧的学问与知识结构。

因注者有良好的汉学修养，故《首书寒山诗》基本采用的是李善注《文选》的方法，即通过征引文献对寒山诗的典故进行解释，如注下诗：

> 不须攻人恶[一]，何用伐己善[二]。行之则[三]可行，卷之则[四]可卷。禄厚忧责大，言深[五]虑交浅。闻兹若念兹[六]，小儿当自见。
>
> [一] 攻人恶，《论语·颜渊篇》：攻其恶，无攻人之恶，非修慝与？
>
> [二] 伐己善，《论语·公冶长篇》：颜渊曰：愿无伐善，无施劳。
>
> [三] 行之则，《论语·述而篇》：子谓颜渊曰："用之则行，舍之则藏，惟我与尔有是夫。"
>
> [四] 卷之则，《论语·卫灵公篇》：君子哉，蘧伯玉！邦有道则仕，邦无道则可卷而怀之。
>
> [五] 言深，《后汉·崔骃传》云：交浅而言深者愚也。
>
> [六] 念兹，《书》：帝念哉！念兹在兹，释兹在兹。

这些注释钩玄探微，注出了寒山诗的典故出处。从寒山对传统经史典籍的熟稔来看，他早年可能受过较好的儒家教育，故才能对这些语典信手拈来。同时也可以看出，虽然寒山诗在唐代是通俗的白话诗，但实则有很深的文人意趣，通过《首书寒山诗》的抉发，我们益发可以相信这一点。

《首书寒山诗》还有一些地方虽然没有引经据典，但其解释也非常准确到位。如注第一百一十二首"常遭青女杀"句云："青女，霜神也。"简而明晰，这一解释也被项楚的《寒山诗注》采纳[①]。由于寒山诗是佛教诗，所以其诗中有很多佛教的典故，非深谙佛学者不能知其出处，《首书寒山诗》除引用大量外典之外，也引用了很多佛典，如《法华经》《涅槃经》《涅槃会疏》《首楞严经》《运气论》《善见律》《祖庭事苑》《翻译集》《广弘明集》《大明三藏法数》《佛遗教经》《禅林类聚》等等。如解第一百七首"锥刺犹不动"句云："锥刺，《涅槃经·梵行品》曰：善男子譬如豌豆，干时锥刺不可着，诸烦恼坚，亦复如是。"锥刺本是很平常的词汇，但《首书寒山诗》却能联系到佛经，故而深化了寒山诗的意涵。

《首书寒山诗》是江户时代最早对寒山诗典故进行注解的著作，其特色就在于对语汇、典故的详细注释，注释风格平实，而对诗意鲜有阐发，但其注释也对后来几部寒山诗注本产生了影响。

三 《寒山子诗集管解》的解诗特色与学术价值

《寒山子诗集管解》是江户时代刊刻的第二部寒山诗注本，也是规模较为宏大的一部。此书凡七卷，著者为日本曹洞宗著名僧人连山交易，宽文十二年（1672）江户中野孙三郎、奥田重郎兵卫刊行（见图

---

① 参见《寒山诗注》，第304页。

第五章 寒山诗日本古注本的阐释特色与学术价值

5-5）。① 连山交易②，俗姓岸，号归藏庵、海云、定岩、不白、杉室主人，水户（今茨城县）人。早年出家，后在日本曹洞宗最早的寺院宇治兴圣寺师从卍山道白（1636—1715）禅师求法。卍山道白在日本江户佛教史上，被称为曹洞宗中兴之祖，连山交易受其影响很大。连山交易曾任龙谷院、苍龙寺的住持，后来又任总管全国曹洞宗寺院寺务的曹洞宗僧录司一职。又被水户藩第二代藩主德川光圀

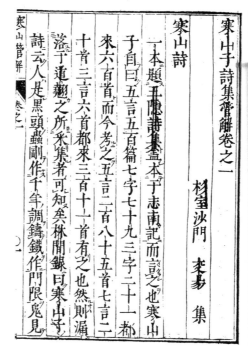

图 5-5　宽文十二年（1672）刊本《寒山子诗集管解》书影

任命为名寺天德寺的住持，受到德川光圀的优待。连山交易被视为日本江户时代曹洞宗复兴的重要人物，曾对禅宗多部经典做过注释。如宋

---

① 《广益书籍目录》（《目录集成》第1册，第271页）、《新板增补书籍目录》（《目录集成》第2册，第30页）、《新增书籍目录》（《目录集成》第2册，第90页）、《书籍目录大全》（《目录集成》第2册，第178页）、《增益书籍目录大全》（《目录集成》第2册，第256页）皆著录《寒山子诗集管解》七卷。另外，陈耀东《寒山诗集版本研究》还著录连山还有一部《寒山诗手书》，北京：世界知识出版社，2007年，第182页。

② 连山交易的生平与著作，参见立林宫太郎『連山和尚』，水戸：修史閣，1919年；大谷哲夫「宗統復古史上における連山師の位置」，『印度学仏教学研究』第26巻第1号，東京：日本印度学仏教学会，1977年12月，第233—235頁；佐々木章格「連山交易和尚の研究」之二「その著述について」，『宗学研究』第30号，東京：駒沢大学曹洞宗総合研究センター，1988年3月，第209—215頁。

代曹洞宗名僧宏智正觉（1091—1157）所作的《颂古百则》，经南宋末曹洞宗万松行秀（1166—1246）加以评唱，成为与《碧岩录》并称的禅语宝库，连山交易做过此书的头注本，成为日本曹洞宗的定本①。除此之外，连山交易还著有《永觉和尚禅余外集首书》八卷（明释元贤述，明释道顺太冲录，连山交易首书。延宝五年［1677］，江户户岛总兵卫刊），文集《归藏采逸集》六卷。

《寒山子诗集管解》前有连山交易宽文十一年（1671）所作之序，序文交代了其撰写此书的经纬：

> 其诗律之妙，当默而识之，决非世间之拘墟于宫商、束教于平侧者之所能仿佛也。余自蚤岁喜读之，其间或一句，或一章，若有会意，则不胜欣然忘食矣。于是顾其为诗也，自群经诸史，至异书曲典，拾其英，摭其华，莫不以发之于置字造语之间也，况于我佛祖之遗编乎？……是以若有得一义、得一事，则必笺之其下，如是日将月就，得十一于千百，分为七卷，名曰《管解》。

从上面的序文可以看出，连山交易早年就喜欢读寒山诗，从而萌发出为其注解的想法。他的注释工作应该持续了比较长的时间，是一个日积月累的过程，为此他多方参考各种著作，包括"群经诸史""异书曲典"。卍山道白在为连山交易《归藏采逸集》作序时称"其多闻博物，藏收竺坟鲁典于两脚书厨（橱），而不患多焉。混融济北洞上于一襟，灵台而无不辨焉"。大邻性巽《归藏采逸集》跋亦称其"竺坟鲁诰，子史杂书，靡不博究"。可见，连山交易的学问以"博物""博究"为特色，兼综内外之学，同时又能融合曹洞、临济二宗于一身。这并不是日本曹洞宗的传统，而体现了江户时代曹洞宗宗风的新变。连山交易博综的学风在

---

① 宏智正覺頌古，萬松行秀評唱，連山交易頭注『萬松老人評唱天童覺和尚拈古請益錄』，京都禪文化研究所編『基本典籍叢刊』第八種，京都：臨川書店，1992年。

《寒山子诗集管解》中也有所体现,其注释征引了一百多种内外典,在数量上也超过《首书寒山诗》,显示出连山交易的学问较释虎圆更为广博。

　　这段序文对寒山诗的评论也值得注意:"其诗律之妙,当默而识之,决非世间之拘墟于宫商、束教于平侧者之所能仿佛也。"如果从规范的律诗角度来看,则寒山诗似不合于"宫商",也不合乎"平侧",但其自有一种"诗律之妙",必须"默而识之",仔细体会。这就暗示读者不能用一般的审美态度去看寒山诗,必须超越宫商、平侧的外在形式,而去欣赏其独特的诗律及文字之妙。

　　《寒山子诗集管解》是江户时代第二部寒山诗的汉文注,连山交易在注释时并没有提到《首书寒山诗》,但笔者发现,《寒山子诗集管解》应该参考过《首书寒山诗》。如《寒山诗》第四首"吾家好隐沦",《首书寒山诗》引用桓谭《新论》来解释"隐沦",又引用蒋诩之事来解释"三径",这些文献出处皆见于《寒山子诗集管解》中。《首书寒山诗》在引用蒋诩之事后,注明见于《蒙求》上卷。虽然《寒山子诗集管解》引用的是《三辅决录》,但最后也注明出处"见《蒙求》"。最明显的是第十五首"父母续经多",《寒山子诗集管解》注云:"或说,续经,犹经营。"这里的"或说"的内容一字不变地见于《首书寒山诗》,所以这个"或说"就是指《首书寒山诗》。至于《寒山子诗集管解》为何不直接提到《首书寒山诗》的书名,目前还不清楚,但对《首书寒山诗》的袭取在书中还有很多。

　　综观江户时代四部寒山诗汉文古注本,笔者认为《寒山□解》学术水平最高。《首书寒山诗》基本是对寒山诗语汇与□而不涉及诗意的阐发,有点"释事而忘意";而《寒山诗□教义理解释寒山诗,则有过度阐释之虞。《寒山诗阐□

事也释意，但其注释比较浅近，面对的读者可能是汉学修养较低者，且其重心在诗评，其评往往也重在发挥个人的思想。《寒山子诗集管解》既重对寒山诗文本的疏通，又有对诗意的解释，但大都能结合文本，并不做过度的阐释，如《寒山诗》第七首"一为书剑客，二遇圣明君。东守文不赏，西征武不勋。学文兼学武，学武兼学文。今日既老矣，余生不足云"，《寒山子诗集管解》对其中的典故注云：

> 《史记·项羽本纪》曰：项籍少时学书不成，去学剑，又不成。项梁怒之，籍曰："书足以记名姓而已，剑一人敌，不足学，学万人敌。"于是项梁乃教籍兵法。籍大喜，略知其意，又不肯竟学。许浑诗云："十年书剑任飘蓬。"刘公幹《赠从弟》诗曰："何时当来仪，将须圣明君。"见《文选》。《前汉书·尹翁归传》曰：田延年为河东太守，行县至平阳，悉召故吏五六十人，延年亲临见，令有文者东，有武者西。阅数十人，次到翁归，独伏不肯起，对曰："翁归文武兼备，唯所施设。"《书言故事·寿考类》曰：颜驷，汉文帝时为郎。至武帝辇过郎署，见驷龙眉皓发，上问曰："叟何时为郎？何其老也。"答曰："臣文帝时为郎，文帝好文，而臣好武；景帝好美，而臣貌丑；陛下好少，而臣已老，是以三世不遇。"上擢会稽都尉。

这段注释引诗征史，对寒山诗中的典故解释得清清楚楚，而且非常准确。对照项楚教授所注《寒山诗注》所引文献，基本与《寒山子诗集管解》相同，可见其发明之先。除了典故注释，《寒山子诗集管解》的诗意阐释似更值得重视，《寒山诗》第九首"人问寒山道，寒山路不通。夏天冰未释，日出雾朦胧。似我何由届，与君心不同。君心若似我，还得到其中"注云：

> 宋玉《九辩》曰："君之心兮与余异，车既驾兮揭而归。"〇五六七八句意谓寒山子之不动于利衰、毁誉、称讥、苦乐者，犹须

> 弥山之不动乎八方之风也。指此为山也。世人之心不为外物之所动，能似寒山子，则是所谓到寒山中者也，岂可劳运步而到哉？山云山云，叠巘层嶂云乎哉？无心即是山也，君心不似我心，未如之何也已矣。

这段话对诗意的解释并没有穿凿之处，颇值得参考。再如第二十五首"智者君抛我，愚者我抛君。非愚亦非智，从此断相闻。入夜歌明月，侵晨舞白云。焉能拱口手，端坐鬓纷纷。"《寒山子诗集管解》释云：

> 我与人交，则有智者之胜我者，有愚者之劣我者，而不能无智愚相抛之事也。无与世交，则同无智于我，无愚于我，从此断相闻于智愚相拒矣，不亦乐乎？五六七八句者，有不知手之舞之足之蹈之之意乎？

寒山此诗并没有用多少典故，明白如话，但其内在的隐含意则比较深奥。连山交易的解释虽然也是他的推测，但不失为一种个人的解读，对现代读者来说也多有启发意义。

《寒山子诗集管解》还有一个特色，就是注意寒山诗的内部联系，同时还注意寒山诗与日本汉诗的比较，最明显的是寒山诗第五十首"吾心似秋月，碧潭清皎洁。无物堪比伦，教我如何说"之注：

> 寒山子七言诗曰："众星罗列夜明深，岩点孤灯月未沉。圆满光华不磨莹，挂在青天是我心。"与此篇相似矣。本朝大智和尚《题心月》曰："三星围绕一轮秋，万里天开爽气浮。秃发寒山题不上，石屏驻笔攒眉头。"本乎寒山子诗。

寒山的这两首诗所用意象、语汇以及营造的意境颇为相似，无论是第一首的秋月照碧潭，还是第二首的明月挂青天，寒山都在强调明月"似吾心"，或"是我心"，表明自己之心就如明月一般纯净无滓，没有为世俗所染。两首诗确有相似之处，连山的观察非常仔细。中国古代的注本在注释时,一般会援引后代的文献来说明受到所注文本的影响,而连山的注释则引用了日本僧人的汉诗来说明寒山诗的影响,而且明确说是"本乎寒山子诗",使得其注有一种比较文学的意味,这也是日本唐宋诗古注本的特色之一。

《寒山子诗集管解》对语汇典故的解释与诗意的阐释这两者的把握都比较好,语典的解释清晰明白,诗意阐释也不穿凿附会,甚至在注者没有把握的情况下,干脆放弃注释。《寒山子诗集管解》有几十首诗没有注释,正是其多闻阙疑学风的展现。另外,在注第七十八首时,注者云:"此篇不易解,姑申管见乎。"这也表现了注者审慎的学术态度。综上所述,笔者认为,《寒山子诗集管解》是寒山诗日本古注本中最具学术价值之著,也最值得现代读者参考。

四 寒山注我:白隐慧鹤与《寒山诗阐提记闻》

《寒山诗阐提记闻》三卷可能是江户时代最著名的寒山诗注本,其著者白隐慧鹤禅师是江户时代复兴临济宗的功臣,甚至有"五百年间出的大德"之称。白隐禅师别号鹄林,谥号慧鹤,骏河国(今静冈县)人。著有《语录》一百二卷、《槐安国语》《远罗天釜》《夜般闲话》等等,《寒山诗阐提记闻》为其名作,后人将其著述集为《白隐和尚全集》[①]。

《寒山诗阐提记闻》有延享三年(1746)骏河纪伊国屋藤兵卫刊本(见图5-6),前有宽保元年(1741)之序,序中言及白隐禅师的生存状

---

① 白隐慧鹤撰,禅学编集局编『白隐和尚全集』,東京:光融館,1911年。宝历四年(1754)永田调兵卫所刊《新增书籍目录》著录《寒山诗阐提记闻》三卷,见《目录集成》第3册,第150页。关于白隐慧鹤的生平与学问,参见大崎龍淵『白隱禪師傳』,東京:森江書店,1904年;福場保洲『白隱』,東京:弘文堂書房,1941年;陸川堆雲『考証白隱和尚詳傳』,東京:山喜房佛書林,1963年。

态,云:

> 宽保辛酉秋,同参百余员破衲子拗折杖子,亲参鹄林阐提窟。窟中枯白而不能容稠众,各走西东五六里之间,旧舍废宅老院破庙,借以为安居之处,屹屹而痴坐,其艰辛刻苦,见者皱眉,闻者浮泪。

可见白隐禅师过着与寒山相似的困厄生活,他也在这种情况下注释寒山诗。此本前有闾丘胤所作之序,末有释志南所作《天台山国清寺三隐集记》,以及朱熹的《与南老

图 5-6 延享三年(1746)刊本《寒山诗阐提记闻》书影

帖》、陆游的《与明老帖》。该书的主体部分是白鹤禅师对寒山诗的详细注释及阐发。

《寒山诗阐提记闻》注释的特点是在文字疏通之外,更重发挥诗意,全书详密精细,甚至在很多中国学者认为没有必要注释的地方,它都加以详注,如注"三隐诗集"云:

> 此集者,唐太宗贞观之间,台州主簿、朝仪大夫闾丘胤所编集也。三隐者,所谓丰干、寒山、拾得子也。传载《传灯》《会元》等僧史,与此集有大同少异。隐者,《汇》,于谨切,因上声,蔽也,安也,藏也。诗者,《汇》,申之切,志发言也。《释名》:诗者,之也,志之所之也。集者,秦入切,寻入声,杂也,聚也。《说文》,鸟在树上也,故从隹从木。

像"诗""集""三隐"这样的词汇，在中国的注本中是很少出现的，但对日本读者来说，这种疏通也有其必要。这种注释可能面对的是日本汉学修养不高的读者，所以尽可能地详细。当然，综观全书的注释，这样比较低层次的注释还是比较少的，大部分注释亦是征引各种资料，学术性亦较强。

《寒山诗阐提记闻》对寒山诗的阐释分为两个部分：首先是对寒山诗语汇的疏通，这与《寒山子诗集管解》比较相似；其次是对每首诗的评论，即每首诗皆有白隐慧鹤的"评曰"，是对寒山诗的评论与发挥。如白隐释《寒山诗》第二首"重岩我卜居，鸟道绝人迹。庭际何所有，白云抱幽石。住兹凡几年，屡见春冬易。寄语钟鼎家，虚名定无益"云：

卜居，《楚辞》有《卜居篇》。鸟道，李白诗："西当太白有鸟道。"注：道径微窄，止可容鸟过而已。何所有，陶弘景诗："山中何所有，岭上多白云。"《文选·谢灵运诗》："白云抱幽石，绿篠媚清涟。"钟鼎家，《选·西京赋》："张里［之］家，击钟鼎食［原作食鼎，兹正之］。"虚名，古诗：良无磐石坚，虚名复何益。《省心诠要》曰：虚名久不立，谬旨终有失。

评曰：此诗赋山居幽致，隐栖高闲，以教诫浮世利名人。卜居有三种：隔生死溟渤，靠偏执海岛，潜无明暗谷，深爱恶隍壍。列憍慢毒树，浴邪见深泥。四火迸，八风吹，众苦逼迫，终陷坠泥梨者，凡夫卜居也。恨三有牢落，恐四生患难，入我空幽谷，坚偏真基趾。耕高原瘠土，栽焦芽菝麦。开陆地石田，稼败种稗稊。担思念屎尿，浴静虑淤泥。磨八识赖耶片瓦，阅三生多劫寿算者，小乘卜居也。常游泳四弘愿海，凤认得寂光本土。占断实相佳境，聚集空华圣财。架上求高堂，深下化隍壍。培万善园林，洒平等法雨，与群生俱游，同成佛道者，大乘卜居也。作么生是衲僧卜居处，热铁九重城。

《寒山诗阐提记闻》的语汇注释部分基本上承袭的是《寒山子诗集管解》，两者几乎完全一样。白隐发挥的地方主要是评的部分，也是体现白隐思想的地方。就如上诗而言，白隐先对全诗进行总评，认为"此诗赋山居幽致，隐栖高闲，以教诫浮世利名人"，然后集中就诗中"卜居"两字展开了发挥，将其分为三重境界，即凡夫卜居、小乘卜居、大乘卜居。"卜居"可以理解为自我在世间的一种定位，凡夫处世无法摆脱世间的种种烦恼，只能在"偏执"与"无明"的世界里打转，最终的命运仍然是"陷坠泥梨"。"泥梨"即"泥犁耶"（乃梵语 naraka 或 niraya 的音译），即地狱之意，《佛说立世阿毗昙论》卷六《云何品》云：

> 云何地狱名泥犁耶？无戏乐故，无憘乐故，无行出故，无福德故，因不除离业故于中生，复说此道于欲界中最为下劣，名曰非道，因是事故，故说地狱名泥犁耶。[①]

这种生活方式是白隐批判的。小乘卜居为了摆脱凡夫世界的红尘烦恼，选择隐居在"空幽谷"，"耕高原瘦土"，远离尘世，过着所谓苦行的生活，但这种卜居仅是形迹上的隐居，在精神上仍然"担思念屎尿，浴静虑淤泥"，故而也不能得到最终的解脱。而白隐推崇的大乘卜居，达到了形神的高度自由，"常游泳四弘愿海"。"四弘愿"见于《大乘本生心地观经·功德庄严品第九》卷七：

> 一切菩萨复有四愿，成熟有情住持三宝，经大劫海终不退转。云何为四？一者誓度一切众生，二者誓断一切烦恼，三者誓学一切法门，四者誓证一切佛果。[②]

《六祖大师法宝坛经·忏悔品第六》又对此四弘愿做了进一步阐释：

---

① 《大正新修大藏经》第32册，第197页。
② 《大正新修大藏经》第3册，第354页。

> 善知识！既忏悔已，与善知识发四弘誓愿，各须用心正听：自心众生无边誓愿度，自心烦恼无边誓愿断，自性法门无尽誓愿学，自性无上佛道誓愿成。①

四弘愿是佛家的一种至高境界，如果能游泳于"四弘愿海"中，无异于精神自由地翱翔，摆脱了内在、外在的束缚。而且大乘卜居"培万善园林，洒平等法雨"，实现普度众生，是一种最高的精神境界。这段评语阐发的思想其实与寒山诗关系并不大，完全是白隐自我发挥的结果，而这也正是《寒山诗阐提记闻》的特色所在。

《寒山诗阐提记闻》中还有一些评语比较简短，也主要围绕诗意来展开，这部分评语更值得重视。如评《寒山诗》第五首"琴书须自随"一诗云：

> 此诗述古贤各爱清闲，乐枯淡，守道养德，底高风以诫浮华世人。

又如评第七首"一为书剑客"云：

> 此诗赋世荣难求，纵求得亦暂时梦境，而毕竟苦果所因，以劝发出离大志。

这两段评语与寒山诗的诗意比较贴近，阐释也能得寒山的原意。

如果《寒山子诗集管解》是"我注寒山"，那么《寒山诗阐提记闻》则是"寒山注我"，寒山诗已经成为白隐表达思想的一个媒介，寒山诗文本在白隐的阐释世界中起到了触因的作用。相比而言，下面要论述的《寒山诗索赜》，寒山诗文本已经不那么重要了，其阐释则完全脱离了寒山诗所表达的内涵。

---

① 《大正新修大藏经》第48册，第325页。

五 《寒山诗索赜》：寒山诗的佛教义理化

大鼎和尚所著《寒山诗索赜》三卷，是江户时代后期一部非常有特色的寒山诗注本，也是江户时代四部汉文寒山诗古注本中唯一一部纯粹以佛教义理释寒山诗的著作。（见图5-7）

大鼎和尚，即日本临济宗大德寺派大本山大德寺第四百三十九代住持（大德寺孤篷庵第八世住持）大鼎宗允。《寒山诗索赜》三卷，其注分为两部分：一部分在诗句后，为双行夹注；一部分为头注。夹注基本上是对诗意的阐释，

图5-7　文化十二年（1815）序刊本《寒山诗索赜》书影

而头注则以注语汇的典故出处为主。《寒山诗索赜》前有不顾庵主文化十一年（1814）、僧慧然文化十二年（1815）的序，不顾庵主序称此书"引证详备，其功勤矣"。此书前又有大鼎宗允所撰《读例》八条，后亦附闾丘胤所撰之序。大鼎所撰《读例》基本概括了此书注释的体例，其第一条云：

> 为凡情绝域，唯所遗诗，契理契机，济世医王。末代大师，垂迹大旨，专在诗中。然书不尽言，言不尽意，而况诗句意在言外乎？况于圣人善巧深旨乎？非审究深味之，难矣见大人也。

第三条云：

> 诗中多用比体，且如闺怨诗，若不知所比，与妇女痴情复何异？故随句悉指之，引经证之。问：苟顺俗，胡用比体，使人苦于难解？曰：比亦诗一体也。知者则知，般若非文字，文字显般若。黄绢幼妇，解者少矣，解者知绝妙。寒山子云："我诗比曹娥。"若嫌难解，安至绝妙？若嫌文字，争显般若？

这段话明确指出寒山诗的特点是多用"比体"。朱熹认为："比者，以彼物比此物也。"①也就是说，大鼎认为寒山诗是作者用诗歌来隐喻所谓"般若"佛理，所以这些诗歌皆"意在言外"。基于这样的认知，大鼎解寒山诗的特色主要是寻求诗歌背后的佛理。如解《寒山诗》第二十三首"妾在邯郸住"云："此诗全篇闺怨，以闺情喻佛大悲。"

大鼎以佛理解诗在注释《寒山诗》第一首上最为明显：

> 凡读吾诗者，心中须护净。首示读诗凡例，如教护持，则染心如洗，净心现前焉。悭贪继日廉，谄曲登时正。是护净验悭贪谄曲，举其粗者，以例细者，如洗衣粗垢先落。驱遣除恶业，归依受真性。真如实性，即如如境，又名自性。清净法身，言一切众生，无始以来恶业引苦果，妄现真隐，因灭果灭，妄除真显。受者谓受心所，真妄不二，但于所受领境界，忧喜苦乐，真妄差别。《涅槃经》云：所作善恶，皆是受时受因缘，故断善根；受因缘，故获得涅槃。【头注云：受是遍行心所，遍一切心起，诸识相应，今别取意识相应受，总系诸八识。《涅槃经·迦叶品》云：众生观受，知受诸漏，因漏受因缘，不能断绝诸漏，不能出三界牢狱。众生因受着我我所，生于心倒想倒见倒，乃至所作善。】今日得佛身，急急如律令。今日，指读诗护净之时。佛身，即三身也。如如法身，如如智应身。本愿自在，力现种种身，谓化身也，即利他。用密教云：父母所生身，即证大觉位。《证道歌》云：幻化空身即法身。爱知正受境界，则是佛身。律令者，雷边捷疾鬼也。

---

① 《诗集传》卷一，第5页。

> 言真妄凡圣,缘受异名,其要摄心与不摄心耳。摄不摄,放逸不放逸,故随受心转生佛名,如暗去明来,明去暗来,速疾于律令。【头注云:三身一法身,《识论》云:即此自性,亦名法身。《梁摄论》名自性身。《楞伽经》名如如佛二应身。契应真理能起此身,故《最胜王经》云:如实相应如如,如如智,本愿力故,又名受用身。《识论》,自受用者,恒自受用广大法乐;他受用者,令十地菩萨受用。大乘法乐,又名报身。三化身,《梁摄论》云,由佛本愿自在力,故似彼众生变异显现,名变化身。】

本诗是寒山诗的第一篇,也是读寒山诗的"凡例"。此诗确实用了一些佛教的语汇,如"恶业""真性",但这些词都是佛教中习见的词汇,不见得有什么微言大义,所以大鼎的"索赜"则有点求之过深。不过这也正体现了其特色,与其说大鼎是在注寒山诗,不如说大鼎是在借寒山诗来阐发佛教大义。

六 寒山诗日本古注本的价值与意义

明代梅村居士张守约云:"寒山诗,非诗也。无意于诗而似诗,故谓之寒山诗。"[①]寒山虽无意为诗,但诗中蕴含的人生与社会哲理却一直耐人寻味,值得世人仔细涵泳。明瞿汝稷《寒山诗序》云:"(寒山诗)小言大言,若讽若道,泂乎若倾云窦之冷泉,足以清五热之沉浊;皦乎若十日之出搏桑,足以破昏衢之重幽。"[②]此语正指出了寒山诗所蕴含的哲理对读者的启迪意义。这一点也得到域外人士的认同,《四部丛刊》景高丽本《寒山诗》卷末谁月轩人玉峰的跋云:"(寒山诗)正如清风明

---

① [明]张守约《拟寒山诗》,四库未收书辑刊编纂委员会编《四库未收书辑刊》第六辑第27册,北京:北京出版社,1997年,第667页。

② 转引自《寒山资料类编》,第8页。

月之共一天,虽片言半句,照人耳目,销鄙悋,铄昏蒙,顿获清凉于热恼之中,可谓救世医王,最上灵丹也。"① 日本江户时代出现的诸多《寒山诗》古注本,也从一侧面反映了日本社会对寒山诗的喜爱。二十世纪五六十年代,寒山诗传到美国,深受美国所谓"垮掉的一代"(The Beat Generation,或译为"疲惫的一代")的喜爱,被译为英文等各种语言,在世界范围内传播,这正证明了寒山诗的普世性。西方世界的"寒山热",其实也受到日本"寒山热"的影响,"早在上世纪50年代,寒山诗就随着日本铃木大拙对中国禅宗的介绍及日本画家的寒山拾得画像,传到了美国"②。学界对二十世纪日本及欧美的"寒山热"研究较多,但二十世纪的日本"寒山热"其实可以追溯到江户时代,从江户时代刊刻的寒山诗古注本之多可见一斑,可是鲜有学者对这些古注本进行研究,本章对这些古注本进行了全面观照,笔者所编的《寒山诗日本古注本丛刊》也是学术界首次对这些寒山诗日本古注本的汇集。寒山诗日本古注本为我们提供了新的角度、新的材料以研究世界范围内的"寒山热"。寒山诗在日本古代得到如此深入的研究,正体现了寒山诗的国际意义,是中国文化"走出去"的生动实例。这四部蕴含着巨大学术含金量的寒山诗日本古注本可以为世界范围内的"寒山热"提供进一步研究的学理基础,也是研究寒山诗日本接受史的第一手文献。通过上文分析,我们可以看到,日本注家在阐释寒山诗时,往往喜欢借寒山诗来表达自家见解,阐发寒山诗中的佛理意蕴,有时候也将自己的佛学见解投射到寒山诗上,使这些寒山诗古注本体现出强烈的个性化、义理化特征。所以有些古注本也可以视为这些注家本人的佛学著作,是研究这些注者佛学

---

① 转引自《寒山资料类编》,第18页。
② 钱学烈《碧潭秋月映寒山——寒山诗解读》,北京:中央编译出版社,2009年,第25页。

思想的极佳资料。

钱锺书曾说:"初唐寒山、拾得二集,能不搬弄翻译名义,自出手眼,而意在贬俗警顽,反复譬释,言俚而旨亦浅。"①虽然寒山诗有"言俚而旨亦浅"的一面,但更多的是其"旨"(义理)深奥的一面,对于生活在千年之后的我们,仍有不少阅读障碍,而日本江户时代所刊的四种寒山诗古注本,不但可以帮助我们扫除义理上的障碍,而且对于理解寒山诗的诗意也帮助颇大。日本寒山诗古注本特点有二:一、以"释"注"释"。这四部古注本的作者皆是佛学修养很高的学僧,对寒山诗中涉及的语汇、典故,皆能从佛教中找到依据,从而扫除了寒山诗中的佛语释典这一层的障碍。二、既释事,又释意。这四部注本,除了能引用大量内外典对寒山诗中的典故探赜索隐外,还注重阐发寒山诗所蕴含的佛理精义,释事以通文,释意以疏义,可谓研读寒山诗非常好的读本。这些古注本在制作之时,可能考虑到日本不同的阅读对象,有的读者汉学水平、佛学水平较高,有的则可能低一点,故这些注本有的注重语汇解释,有的侧重诗意发挥,有的则以义理阐发为主。我们发现,注释寒山诗的日本禅师,既有曹洞宗者,又有临济宗者,他们皆热衷于典籍的注释工作,超越了禅宗所谓"不立文字"的传统,而且注书还旁涉到外典的集部。除了《寒山诗》有注释外,宋代诗僧释惠洪的《石门文字禅》、释重显的《祖英集》、元代诗僧释英的《白云集》在日本皆有注本,这可能是受到朱子学博学风气的影响②。

---

① 钱锺书《谈艺录》(补订本),北京:中华书局,1984年,第225页。

② 这一点,笔者受到张伯伟先生的启发,参见张伯伟《廓门贯彻〈注石门文字禅〉谫论》,《作为方法的汉文化圈》,北京:中华书局,2011年;又见〔宋〕释惠洪著,〔日〕释廓门贯彻注,张伯伟、郭醒、童岭、卞东波点校《注石门文字禅》前言,北京:中华书局,2012年。江户曹洞宗僧廓门贯彻所著的《注石门文字禅》前有卍山道白之序,而卍山道白正是《寒山子诗集管解》作者连山交易的老师,可见注释唐宋元诗僧的文集是当时禅门的风尚。关于这一点,本书下章有详细讨论。

寒山诗日本古注本亦有一定的文献价值，如这些注本皆收了中国传本未见的一些寒山的佚诗，如《少年》："少年懒读书，三十业由未。白首始得官，不过十乡尉。不如多种黍，供此伏家费。打酒咏诗眠，百年期仿佛。"此诗及此诗的日本注文透露出的信息非常重要，连山交易《寒山子诗集管解》注此诗云："检异本得之。异本者，隋州大洪住山庆预序，并刘觉先跋有之。"罗时进认为："此异本与日本其他版本看来并非一个系统，疑徐灵府编纂的《寒山子集》在较早时已传入日本，这一首诗或即原徐编本中的。徐编本在晚唐时被改头换面，此诗入道士所编本无妨，但入释氏所编书，则似乎与色空之旨相去太远，故删去。然而它恰恰是了解寒山生平的极其重要的第一手资料。"[①]

寒山诗的日本古注本不但保存了寒山的佚作，而且可能还保存了《寒山诗》一些古本的面目，而此诗透露出的寒山生平与思想的信息更是非常重要。

中国古代的士大夫颇喜读寒山诗，也会去和寒山诗，但很少人会用心、用力去注释寒山诗，故自寒山诗产生后的一千多年内，在中国竟没有一部寒山诗的注本流传下来。直到2000年，中华书局才出版项楚所注的《寒山诗注》（附《拾得诗注》）。此书填补了中国没有寒山诗注本的空白，同时也在寒山诗文本研究上取得了超越前人的成就。中国学者中，项楚先生应是比较早注意到寒山诗日本古注本价值的学者，他取得如此高的成就，即与他广泛参考寒山诗日本古注本有很大的关系[②]。寒山诗日本古注本除了有较高的学术价值外，其与江户时代禅宗复兴的关系，以及其在寒山诗接受史中的意义，笔者将作进一步的探讨。由于

---

① 参见罗时进《寒山生卒年新考》，《唐代文学研究》第九辑，桂林：广西师范大学出版社，2000年。

② 参见项楚《寒山诗注·前言》；项楚《寒山诗籀读札记》，《新国学》第一卷，成都：巴蜀书社，1999年。

这些古注本一直在日本流传,中国学人参考起来颇有不便,笔者已经将自己收集到的这些古注本以及隐元隆琦的《拟寒山诗》和刻本编为《寒山诗日本古注本丛刊》,在国内影印出版,希望有助于推动寒山诗研究的进一步深入,并开拓寒山诗研究的新空间。

第六章 唐代诗僧贯休诗歌的日本古注本

——海门元旷《禅月大师山居诗略注》考论

唐五代时期,在中国文学史上崛起了一个新的创作群体——诗僧[①]。诗僧在唐代之前就已经出现,并且产生了一些著名的人物,如支遁、慧远、惠休等,但他们在诗歌创作的规模和质量上皆不及唐五代诗僧。唐五代时期产生了众多的诗僧,且他们的创作达到了一定的体量,这从南宋江湖诗人李龏所编的十卷本《唐僧弘秀集》可见一斑。该书收录唐代五十二位诗僧五百首诗,李龏在序中称这些诗僧"皆有拔山之力,搜海之功"[②],推重之意可见。《全唐诗》收录诗僧一百一十四人三千一百二十七首诗,加上陈尚君的辑补,可得僧诗约四千九百首[③],约占整个唐诗的十分之一,数量颇为可观。唐五代也涌现出一批著名的诗僧,诸如寒山、皎然、齐己、贯休、灵澈、清塞等,都在唐五代文学史上占有一席之地。

唐五代诗僧的创作获得了令人瞩目的成绩,形成文学史上独特的风景,钱锺书尝言:"僧以诗名,若齐己、贯休、惠崇、道潜、惠洪等,有风月情,无蔬笋气;貌为缁流,实非禅子,使蓄发加巾,则与返初之无本

[①] 关于唐五代诗僧,参见王秀林《晚唐五代诗僧群体研究》,北京:中华书局,2008年;查明昊《转型中的唐五代诗僧群体》,上海:华东师范大学出版社,2008年。

[②] 《景印文渊阁四库全书》第1356册,第862页。

[③] 参见《转型中的唐五代诗僧群体》,第26页。

（贾岛）、清塞（周朴）、惠铦（葛天民）辈无异。"①所谓"蔬笋气"，又称"菜气""酸馅气"，最早见于苏轼评僧诗之语："语带烟霞从古少，气含蔬笋到公无。"（自注："谓无酸馅气也。"）②宋人多认同苏轼的观点，蔡絛《西清诗话》卷中载："东坡言：'僧诗要无蔬笋气。'固诗人龟鉴。"③赵与虤《娱书堂诗话》卷上载："僧志南能诗，朱文公尝跋其卷云：'南诗清丽有余，格力闲暇，无蔬笋气。如云："沾衣欲湿杏花雨，吹面不寒杨柳风。"予深爱之。'"④又叶梦得《石林诗话》卷中云："近世僧学诗者极多，皆无超然自得之气，往往反拾掇摹效士大夫所残弃。又自作一种僧体，格律尤凡俗，世谓之酸馅气。"⑤"蔬笋气"或"酸馅气"，一言以蔽之就是"无超然自得之气"，意即诗歌意境枯槁狭窄，题材仅限于佛门生活。⑥清人贺贻孙《诗筏》云："唐释子以诗传者数十家，然自皎然外，应推无可、清塞、齐己、贯休数人为最，以此数人诗无钵盂气也。"⑦所谓"钵盂气"，即宋人所说的"蔬笋气"。贺贻孙和钱锺书都特别提到，唐代诗僧贯休能够避免"蔬笋气"或"钵盂气"，本文的研究对象就是贯休的《山居诗》及其日本注本，而《山居诗》可谓唐代

---

① 《谈艺录》，第226页。葛天民法名"义铦"，"惠铦"恐当作"义铦"。
② ［宋］苏轼《苏轼诗集》卷四十五《赠诗僧道通》，北京：中华书局，1982年，第2451页。
③ 张伯伟编校《稀见本宋人诗话四种》，南京：江苏古籍出版社，2002年，第205页。
④ 丁福保辑《历代诗话续编》，北京：中华书局，1983年，第491页。
⑤ ［清］何文焕辑《历代诗话》，北京：中华书局，1981年，第426页。
⑥ 周裕锴认为"蔬笋气"含义有四点：一意境过于清寒，二题材过于狭窄，三语言拘谨少变化，四作诗好苦吟。参见周裕锴《中国禅宗与诗歌》第二章"习诗的禅僧"四"蔬笋气或酸馅气"，上海：复旦大学出版社，2017年，第51—53页。关于"蔬笋气"，还可参见许红霞《"蔬笋气"意义面面观》，《中国典籍与文化》2005年第4期；高慎涛《僧诗之"蔬笋气"与"酸馅气"》，《古典文学知识》2008年第1期。
⑦ 《清诗话续编》，第192页。不过，苏轼却认为："唐末五代，文章衰尽，诗有贯休，书有亚栖，村俗之气，大率相似。"（《苕溪渔隐丛话》前集卷五，北京：人民文学出版社，1962年，第28页）

诗僧文学"无蔬笋气"的代表作。

一 海门元旷与《禅月大师山居诗略注》的成书

贯休（832—912），俗姓姜，字德隐，婺州兰溪（今属浙江）人。七岁投兰溪和安寺圆贞禅师，出家为童侍。天复三年（903）入蜀，受到前蜀王建礼遇。王建为贯休建龙华禅院，赐号禅月大师，或称呼得得来和尚。晚居唐山十四年以终。贯休著有《西岳集》四十卷，后弟子昙域重加编辑为《禅月集》。据昙域《禅月集序》记载："众请昙域编集前后所制歌诗、文赞，日有见问，不暇枝梧，遂寻检稿草及暗记忆者，约一千首，乃雕刻版部，题号《禅月集》。"①则《禅月集》可能为中国历史上第一部经雕版刊行的诗人自刻专集②。从上文可见，贯休创作从量上来看多达一千首，现存亦有七百三十五首，在唐代诗僧中仅次于齐己。从创作成绩上来看，贯休也颇为不俗，得到古人不少褒扬。《五代史补》卷一称其"有逸才，长于歌诗"。余璨《禅月集跋》："浮屠氏以诗鸣多矣，未若禅月之格高旨远也。"③辛文房《唐才子传》卷八称其"一条直气，海内无双。意度高疏，学问丛脞。天赋敏速之才，笔吐猛锐之气。乐府古律，当时所宗……果僧中之一豪也。后少其比者，前以方支道林不过矣"。对贯休评价颇高，称赞贯休既有"学"，又有"才"，而且创作兼综乐府、古近体诗。"当时所宗"，可见他在晚唐五代很受追崇。最后用"僧

---

① ［唐］贯休著，胡大浚笺注《贯休歌诗系年笺注》附录，北京：中华书局，2011年，第1296页。

② 《四库全书总目》卷一百五十一"《禅月集》提要"云："自刻专集，自是集始。"第1304页。

③ 《贯休歌诗系年笺注》附录，第1298页。

第六章　唐代诗僧贯休诗歌的日本古注本

中之一豪"来形容他，这让我们想起唐代另一位有"诗中一世豪"①之誉的诗人刘禹锡。《禅月集》徐琰之跋更称："详味其语，正宜高着眼，不当以诗僧看也。"②似乎认为贯休之诗放在士大夫文学中亦不输一格。

可见，无论在数量上还是质量上，贯休之诗在文学史上都应大书一笔，惜其集《禅月集》在中国古代无注，近年来才有陆永峰的《禅月集校注》、胡大浚的《贯休歌诗系年笺注》出版。不过，在日本江户时代，日本曹洞宗僧人海门元旷（？—1695）就著有《禅月大师山居诗略注》（下简称《略注》）二卷，是为东亚贯休诗歌最早之注本。③

《略注》仅是对贯休诗集中的组诗《山居诗》二十四首的注释，有日本元禄十年（1697）京都书林田中庄兵卫刻本（见图6-1），又有京都天王寺屋市郎兵卫刊本，平安（京都）兴文阁小川源兵卫又有该书的重印本④。笔者所见为元禄刊本，该书每半叶八行，行十六字，双行小字

---

① ［宋］罗大经《鹤林玉露》乙编卷三载宋人宋子京刺刘禹锡之说："刘郎不敢题糕字，虚负诗中一世豪。"北京：中华书局，1983年，第170页。
② 《贯休歌诗系年笺注》附录，第1299页。
③ 关于《禅月大师山居诗略注》，笔者尚未见到专门的研究，而贯休《山居诗》则有众多的研究，除胡大浚的笺注之外，可参见傍岛史奈「貫休『山居詩』二十四首について——謝霊運『山居賦』との関連にみる」，『未名』第19号，2001年3月，第33—66页。傍岛在文中也提到了《禅月大师山居诗略注》，但没有进行研究。另外西口芳男将《山居诗》译为日语，见其「貫休『山居詩』試譯註（上）」，『禅文化研究所紀要』第26号，2002年12月，第399—428页；「貫休『山居詩』試譯註（下）」，『禅文化研究所紀要』第29号，2008年1月，第37—57页。又祁伟《佛教山居诗研究》，北京：商务印书馆，2014年。最近余泰明（Thomas J. Mazanec）又将《山居诗》翻译为英文，参见其"Guanxiu's 'Mountain-Dwelling Poems': A Translation"，《唐学报》（*Tang Studies*）第34卷，2016年。关于贯休的全面研究，参见小林太市郎『禪月大師の生涯と藝術』，東京：創元社，1947年。
④ 日本宝历九年（1759）京都小川源兵卫覆刊宽文十一年（1671）《首书寒山诗》末所附的《平安书肆兴文阁藏版目录》就著录"《禅月山居诗注》一册"，参见笔者所编《寒山诗日本古注本丛刊》，南京：凤凰出版社，2017年，第275页。此本在日本实践女子大学图书馆有收藏。

图 6-1　元禄十年（1697）刊本《禅月大师山居诗略注》书影

夹注。四周双边，白口，无鱼尾。书口刻"禅月山居诗注"，题"义峰海门略注"。前有元禄三年（1690）海门元旷序。海门元旷，江户初期曹洞宗僧人，水户天德寺月坡道印（1637—1716）法嗣，曾为常陆（茨城县）大雄院第二十世住持。除著有《略注》外，还著有《楞伽经参订疏质实》（贞享三年［1686］序刊本）、《楞伽经合辙事略》六卷（元禄十一年［1698］刊本）[①]，另编有月坡道印所著的《庵居全集》（此书现有钞本藏于驹泽大学图书馆）。

　　江户时代的禅林不但翻刻了众多中国禅师的语录、文集，而且还热衷于给中国的僧人文集做注，除了上章介绍的四种寒山诗日本古注本外，宋代诗僧释重显的《祖英集》有日人注本《冠注祖英集》，释惠洪的《石门文字禅》亦有日本曹洞宗僧人廓门贯彻的《注石门文字禅》，元代诗僧释英的《白云集》则有日人之注《鳌头白云集》。这些注者之间，也存在着互动关系。如廓门贯彻《注石门文字禅》前有卍山道白之序，而卍山道白被称为日本曹洞宗中兴之祖，他也是《寒山子诗集管解》作者连山交易的老师，曾为连山交易的文集《归藏采逸集》作序。海门元旷与连山交易亦有交游，两人都做过水户大雄院的住持。元禄

[①]　参见佐々木章格「江戸期曹洞宗における楞厳・楞伽の註釈について」，『印度学仏教学研究』第36卷第1号，第237頁。

五年（1692）十月，水户藩第二代藩主德川光圀请东皋心越（1639—1696）入天德寺，海门与连山同时呈送请心越入寺的《同门疏》。连山的文集《归藏采逸集》中亦有《和答海门禅人》（卷一）、《答海门禅人来山见赠》（卷二）二诗，乃连山与海门交往之记录。海门元旷与连山交易皆为曹洞宗僧人，一者注《山居诗》，一者注《寒山诗》，两人又相互认识，故笔者认为，二者同时为唐代诗僧之集作注，应是时代风气及日本曹洞京僧人之间相互影响的结果。不过，《略注》之刊行晚于《寒山子诗集管解》二十多年，而且刊于海门去世两年后，可能是由其弟子整理刊刻的。

　　《略注》不是对贯休所有诗歌的注释，而是选择其组诗《山居诗》二十四首加以注释，但其意义非常重大，因为这是前现代时期贯休诗歌唯一的注本。何以海门会选择贯休《山居诗》作为注释的对象？笔者猜测可能有以下原因：首先，贯休《山居诗》是文学史上的名作，开启了所谓佛教"山居诗"的传统，在文学史上有一定的地位，在中国也颇受好评。宋代晁迥《法藏碎金录》多次评论到贯休《山居诗》，卷九还将《山居诗》与白居易的《松斋自题》相提并论，称："予以致政闲居，居常逍遥，因览二公诗而知二公意。是知道同者无隐显，无古今，遽自抽毫合而书之，得趣钦味，追然适悦。"[①]其次，"山居诗"也颇符合禅林的风习，其表现的山居生活也是禅师所追求的。《法藏碎金录》卷五评《山居诗》第二十二首云："予因思静胜境中当有自然清气，名曰天香；自然清音，名曰天乐；予故以所闻灵响，自为天簧，亦取天籁之义。"[②]此亦为其读《山居诗》后之感悟，"天香""天乐""天簧"都有一种禅境在其中。再次，贯休此诗在日本禅林中影响颇大，早在镰仓、室町时代，日本

---

① 上海师范大学古籍整理研究所编《全宋笔记》第8编第7册，郑州：大象出版社，2017年，第387页。

② 同上书，第280页。

曹洞宗创始人道元大师（1200—1253）以及五山著名诗人绝海中津就作有此诗的次韵诗十五首①，而海门是曹洞宗僧人，应该是受到始祖道元的影响而为此组诗作笺注的。

《略注》前海门元旷之序云：

> 盖晚唐之高僧不少，出乎其类者，其禅月大师休公乎！不止高德风于丛林而已，心声墨妙、金声玉振于艺苑。是以一生之著述，绝非浮词滥语、无补于实际之诗也。就中《山居吟》，最似清绝，而有换人俗骨之风调，故笃好之，偶为二三子考其事所原而讲之。每日四五首，考而又讲焉，讲而又考焉。如此者，于兹五六日，考讲俱终，而其稿本亦自成矣，离为两卷。二三子遂誊写将去，少焉，复袖稿本来，曰："异哉！师注诗也，特勤质乎事实，而于诗义略之，非阙然邪？"呜乎！杂华妙谈，非如聋之徒所闻；《春秋》微言，虽曰游、夏不得措一辞乎其间。何矧如余者，堪容喙于大师雅言乎？余所注者，只在质于事实耳，其如演义，余岂与也哉！余岂与也哉！小子曰："唯。"然请以斯语冠于注本，又非敢所以峻拒之云。时元禄庚午岁夏至日湖南比丘元旷海门题于水户城外义峰涵虚堂。

此序一开始即表彰贯休在晚唐高僧中"出乎其类"，意即出类拔萃之意，其在于贯休不但有"高德"，即道行高尚；而且"心声墨妙、金声玉振于艺苑"，即贯休在诗歌、书法等艺术领域都有不俗的成绩。这一段对贯休的评价应该是符合实际的，也可与中国的相关评论相印证。明人

---

① 参见川口久雄「禅林山居詩の展開について——道元山居十五首と絶海山居十五首」，『国學院雜誌』第72卷第11号，1971年11月。又参见高兵兵《绝海中津〈山居十五首次禅月韵〉考辨》，《日语学习与研究》2017年第2期。关于贯休在五山禅林中的接受的最深入的研究，参见朝倉和「五山文学における禪月の受容——絶海中津『蕉堅藁』を起點として」，『禪文化研究所紀要』第26号，2002年。后收入朝倉和『絶海中津研究：人と作品とその周辺』，大阪：清文堂，2019年。

胡应麟云：

> 唐末缁流空，休公崛然起。卑卑局晚调，兀兀吐玄旨。
> 冥心师楚圆，苦思叶齐己。禅启天竺诠，画妙应真理。
> 片言忤大帅，脱身钱塘沍。一钵游岷峨，逍遥入无始。
> （缁流谈禅盛极唐宋，然文彩顿乏矣。休公画理入妙，应真今传。）[1]

所谓"崛然起"也即"出乎其类"之意，而海门元旷所谓"高德风于丛林"也即胡应麟所言的"片言忤大帅，脱身钱塘沍"。据宋代《古今诗话》记载：

> 唐昭宗以钱武肃平董昌功拜镇东军节度使，自称吴越国王。贯休投诗曰："贵逼身来不自由，几年勤苦蹈林丘。满堂花醉三千客，一剑霜寒十四州。莱子衣裳宫锦窄，谢公篇咏绮霞羞。他年名上凌烟阁，岂羡当时万户侯！"武肃爱其诗，遣谕令改为"四十州"，乃可相见。贯休性褊，答曰："州亦难添，诗亦难改……"[2]

从此事可见贯休"沙门不敬王者"的骨气与勇气。至于贯休在文学与艺术上的成就，是该序突出的重点。《太平广记》卷二百十四引耿焕《野人闲话》云，贯休"能诗善书妙画……翰林学士欧阳炯亦曾观之，赠以歌曰：'……五七字句一千首，大小篆书三十家……诗名画手皆奇绝，觑你凡人争是人。瓦棺寺里维摩诘，舍卫城中辟支佛。若将此画比量看，总在人间为第一。'"《宣和画谱》卷十七载，贯休"工为歌诗，多警句，脍炙人口。以至丹青之习，皆怪古不媚……作字尤奇崛"。其书法自成一家，

---

① [明]胡应麟《少室山房集》卷十七《二怀诗》，《景印文渊阁四库全书》第1290册，第102页。

② [宋]阮阅编《诗话总龟》，周本淳校点，前集卷三十二引《古今诗话》，北京：人民文学出版社，1987年，第322页。

人称"姜体"。以上评论皆从诗歌与艺术两个角度证实了贯休的多才多艺。据元旷之序,他认为贯休之诗"绝非浮词滥语、无补于实际之诗",亦即贯休之诗多是有补世道的,也与古人称贯休之诗"无蔬笋气"相符。清代延君寿《老生常谈》尝言:"贯休诗是三唐好手,不仅冠于诸僧也。"又说他的诗"有奇气,绝不同于貌肖古人"。①这些评论都证明了贯休在晚唐高僧中确能"出乎其类",不似一般晚唐僧诗之卑琐。

该序重点讲到了《略注》的成书过程,从序可见,此书乃其弟子从元旷日常之讲义中整理而成,元旷特别提到,他"考其事所原而讲之","考而又讲焉,讲而又考"。可见,此书经过了元旷的几番"考讲"打磨,即考证与讲授的过程。通过考证"其事所原",即事典、语典的出处,来丰富讲义;又在讲授中与学生互动,将心得补充到考证中。据元旷此序,此书底稿成书时间很快,不过五六日。元旷作此序时在元禄四年(1691),至其去世的元禄八年(1695)之间,可能他还在不断地修订。但此稿竟在元旷生前未能刊行,直到其去世两年后才梓行于世。

此书在日本国立国会图书馆、京都大学附属图书馆、京都花园大学禅文化研究所、关西大学内藤文库等藏书机构皆有收藏。

二 《禅月大师山居诗略注》的阐释特色与学术价值

《略注》的解诗体例就是注重对诗中语典事典的解释,而不对诗意进行过度的发挥,这一点上文引用的元旷之序已经说得很清楚。序中引用弟子对"师注诗也,特勤质乎事实,而于诗义略之"的疑问,元旷的回答进一步坐实此书的体例:"余所注者,只在质于事实耳,其如演义,余岂与也哉!余岂与也哉!"最后,他用两个相同的句式来强调《略注》

---

① 《清诗话续编》,第1801页。

关注的是"事实",而非"演义",即注重对典故出处的考证,而对诗歌大意的"演义"则不是他所关心的。个中原因,元旷也做出了解释,诗中的典故(语典事典)运用到很多"杂华妙谈",都是很多人闻所未闻的,如果不加考证,自然"如聋之徒";之所以不发挥诗歌的微言大义,就因为即使精通"文学"的子游、子夏,也不敢说能道其"微言",故元旷不追求"演义",即对诗意的推衍发挥。这一解诗方法与廓门贯彻的《注石门文字禅》、连山交易的《寒山子诗集管解》如出一辙。卍山道白《注石门文字禅》序云:

> 夫文字禅之现成,学问该博之所吐演,其典故训诂不易解者,倚叠如山,而古来未有分疏之者,见者无不浩叹。于是乎前住那须大雄寺廓门彻公,二十余年用心于此中,而一事一言尽考其所出,注之解之,编为三十卷。开露觉范之蕴奥于今日,扬般若波罗蜜之波澜,润色文字禅之枯槁,以为见者慰叹。①

这里卍山称赞廓门"一事一言尽考其所出",这种学术态度与元旷"考其事所原""特勤质乎事实"完全相同,都体现出一种对"学问该博"的追求。连山交易《寒山子诗集管解》亦云:

> 余自蚤岁喜读之,其间或一句,或一章,若有会意,则不胜欣然忘食矣。于是顾其为诗也,自群经诸史,至异书曲典,拾其英,撷其华,莫不以发之于置字造语之间也……是以若有得一义、得一事,则必笺之其下,如是日将月就,得十一于千百,分为七卷,名曰《管解》,藏之笥箧,以备遗忘矣。第恨独学寡闻,兼之林下贫书,是故引事一一不能索其隐,解义句句不能钩其玄,恶乎识无杜撰耶?②

---

① 《注石门文字禅》卷首,第5页。
② 《寒山诗日本古注本丛刊》上册,第288—291页。

连山注释寒山诗的方法和态度与上述两者异曲同工,所谓"得一义、得一事,则必笺之其下",亦是"一事一言尽考其所出",而连山自谦"引事一一不能索其隐,解义句句不能钩其玄",也从反面印证其理想的笺注方式就是"索隐钩玄",亦即一种知识主义导向的注释方式,迥异于"演义"的方法。

禅宗强调"不立文字",曹洞宗也不例外。日本曹洞宗是由道元创立的,他于日本贞应二年(1223)入宋求法。据《日域洞上诸祖传》记载,道元在宋时参请曹洞宗洞山下第十三代天童如净(1163—1228)禅师,"翁(天童如净)一夜巡堂次,见僧坐睡,责之曰:'参禅须身心脱落,只管打睡为什么!'师从傍闻之,豁然大悟"[①]。道元以后也以"只管打坐,身心脱落"作为自己传授禅法的大旨。日本禅宗史学者也认为,"只管打坐,一般认为即日本曹洞宗的最大特色"[②]。海门元旷、连山交易、廓门贯彻都是日本曹洞宗僧人,却不守"只管打坐"的宗规,而热心于学问,勤于读书注书,追求学问的"该博"。业师张伯伟先生在研究廓门贯彻《注石门文字禅》时,对这个问题有深入的探讨。他认为,受到江户时代儒学,特别是朱子学重学问风气的影响,日本的禅僧也以博学为风尚,当时很多禅僧都是兼通内外典的博学者,曹洞宗也改变了"只管打坐"的风气。伯伟先生曾引用独庵玄光(1630—1698)《护法集》卷三中的话来说明这一点:

> 近世洞上之尊宿,惟教其徒读书学问,可谓善随病设方也。洞上今日有讲经讲论者,万安(万安英种[1591—1654])所倡也。

---

① 堪元自澄『日域洞上諸祖傳』卷上「永平寺道元禪師傳」,佛書刊行會編纂『大日本佛教全書』第110冊,東京:佛書刊行會,1914年,第5頁。

② 今枝愛真「坐禅のすすめ——曹洞宗の成立と発展」,今枝愛真編『曹洞宗』,東京:小学館,1986年,第25頁。亦参见张伯伟《廓门贯彻〈注石门文字禅〉谫论》。

在万安英种的倡导下，日本曹洞宗改变"只管打坐"的宗风，也开始讲究"读书学问"，海门元旷、连山交易、廓门贯彻都是这股风气的响应者。

笔者再补充一些连山交易、海门元旷的资料来说明这一点。为廓门贯彻《注石门文字禅》作序的卍山道白也曾为连山交易的《归藏采逸集》作序，在序中他称赞连山交易：

> 连山易禅师如星中之孤月，如火中之菡萏，难有希有，谁不景慕哉？且其多闻博物，藏收竺坟鲁典于两脚书厨（橱），而不患多焉。混融济北洞上于一襟，灵台而无不辨焉。是以一毫端上转文字轮，三寸舌头翻言辞海。

大邻性巽《归藏采逸集》跋亦云：

> 连山禅师，天资特异，才学优赡，德不逾闲，行中规绳，以操履实践而接于人，以法眼圆明而严于身也。竺坟鲁诰，子史杂书，靡不博究矣。

这两段文字不约而同地赞美连山交易博学多闻，"多闻博物，藏收竺坟鲁典"；"竺坟鲁诰，子史杂书，靡不博究"。所谓"竺坟鲁典""竺坟鲁诰"，乃指佛典儒书，泛指内外二典，也就是说连山的学问博综佛书和外典，迥异于传统的"不参知识，不看语录，只管蒙蒙闲坐"[①]的日本曹洞宗。卍山还有一句话很关键："混融济北洞上于一襟。"即连山的学问能够融会临济宗和曹洞宗，超越长久以来两家的冲突与隔阂，这应是当时曹洞宗僧人共同的趋向。关于海门的资料不多，但我们可知连山对海门的评价颇高，其《和答海门禅人》赞海门："兄瑚琏器难同反，岂是

---

① 梦窗疏石《西山夜话》，春屋妙葩编《梦窗国师语录》附，元禄十三年（1700）跋刊本，日本国立国会图书馆藏本。

相宜敲荜门。莫曰有才遗草泽，只由无艺在岩根。"①"瑚琏器"是孔子赞扬子贡的话，这里用来形容元旷，可见连山对海门的推重。至少，二人在学风上是相互欣赏的。弄清楚海门的学术背景，我们就可以理解他在《略注》序中强调"特勤质乎事实"的脉络所在了。

海门以释事为中心的注释方法与唐代李善注《文选》的方式相同，李善注当时有所谓"释事而忘意"之讥。当然这种看法是不准确的，并不符合李善注的实际。就《略注》而言，其注释并没有"释事而忘意"，而是"释事兼释意"。《略注》的解释基本上分为"释事"与"释意"两个部分，释意部分或长或短，短则一句，长则一段。如解《山居诗》其四前四句云："述山中之闲适也。"此概括能一语中的。《略注》一般的诗意解释都较长，附于文本考释之后，如《略注》第一首：

> 休话喧哗事事难，山翁只合住深山。
> 数声清磬是非外，一個闲人天地间。
> 绿画空阶云冉冉，异禽灵草水潺潺。
> 无人与向群儒说，岩桂高枝亦好扳。

《释名·释乐器》曰：磬，罄也，其声罄罄然，坚致也。《杜律七言集解》曰：钟磬，非琵琶、筝俗乐。《小补韵会》曰《广韵》：箇，数。《字汇》："個"与"箇"同。熊孺登《谢湘中春色》诗曰：比来天地一闲人。《杜诗集注》第一《法镜寺》诗注：冉冉，柔弱沾濡貌。又第三《玉华宫》诗：冉冉征途间。注：冉冉，行路貌。《事苑》二曰：冉冉，渐生貌。《小补韵会·删韵》曰：潺，水声。又先韵，水流貌。《楚辞·招隐士》曰：攀援桂枝兮聊淹留。郭璞云：桂，白华，丛生山峰。冬夏常青，间无杂木。《类书纂要》八曰：桂花，一名木樨，丛生岩岭，故

---

① 连山交易《归藏采逸集》卷一，元禄十三年（1700）京都书肆村上勘兵卫等刊本，日本国立公文书馆内阁文库藏，叶26b。

名岩桂。《三体诗·送宋处士归山诗》注曰：咏隐者，多言桂。〇诗意谓：我只忻住山而厌闻市井喧事，莫必来话世路多难，俗乐非隐者所宜弄，罕击磬乐焉。非有心而击之，则是非外，故音转清亮也。今见天地间，我独闲矣。云冉冉、水潺潺，山中自然景致堪可爱。此可爱景，希有人传道世学者，只恨无传道之者，矧又岩上香桂好于攀扳耶？

以上是典型的《略注》注释形态。从上可见，海门注诗的文献来源主要是字书、韵书、类书、诗文注，以及佛典。注文中引用的《杜律七言集解》为明代邵傅所作，在江户时代颇为流行，而释至圆注、裴庾增注的《三体诗注》从五山时代一直到江户时代都很流行，是日本士人、僧侣学习汉文学的教科书。海门对诗中的语汇以及诗意的解释非常详赡，光"冉冉"一词就列出了三种解释，当然，只有最后一种解释是切合诗意的。今人胡大浚的《贯休歌诗系年笺注》（下简称《笺注》）也解释了"冉冉"，注云："云气飘动貌。"基本与"渐生貌"意思相同。"一個闲人天地间"，《笺注》无注，而《略注》则引用了与贯休同时代的熊孺登的诗作为参照。"岩桂"句，《略注》引用《三体诗注》云："咏隐者，多言桂。"这与《笺注》看法相同："言当高隐山林也。"

上面第一首诗的诗意阐释，基本上是对诗意的串讲，发挥较少。海门在序中也说了，诗歌的"微意"难求，但在释意时，如果诗歌明显有"微意"时，他也会指出。如《山居诗》其六"亦曾高挹汉诸侯"，《略注》云："汉诸侯者，盖指当时诸侯言焉。不曰当世，而曰汉者，讳之也，是诗人微意也。"这大概也是唐人喜欢以汉朝自比的写法吧。

海门强调他的注解在于"事实"，而非"演义"，也暗示在东亚注疏传统中还有"演义"一脉，就集部文献的日本注释而言，也有注重发挥的传统，笔者曾经研究过的日本中世时期《中兴禅林风月集》的注即是如此，如该注解释道潜《临平道中》"风蒲猎猎弄轻柔"，认为："风者，比君子号令也。蒲者,比小人下劣也。君号令不正,则随上人之义指,言王荆公也。"将一首完全写景的诗"演义"为政治隐喻诗。笔者曾经将这种解诗传统命名为"讽寓阐释"①。相比"讽寓阐释"而言,《略注》的注释朴实而有学术性,故今天读来仍未觉落伍。

张伯伟先生在研究廓门贯彻《注石门文字禅》时,指出其特色是博通、阙疑和考典,这三种特色在《略注》上也表现得非常明显。博通已如上文所考,与海门的学术背景很有关系,就引书而言,《略注》也显出其学问的广博:

经部:《诗经》《论语》《孟子》《礼记》《尔雅》《说文》《释名》《广雅》《广韵》《字汇》《韵府》《续韵府》《小补韵会》

史部:《史记》《汉书》《后汉书》《唐才子传》《梁高僧传》《宋高僧传》《列仙全传》《水经注》《大明一统志》

子部:《法言》《孔子家语》《老子口义》《庄子口义》《列子》《孙子》《六韬》《事文类聚》《书言故事》《类书纂要》《群书拾唾》《排韵增广事类氏族大全》《本草纲目》《世说新语》《琅邪代醉编》《困学纪闻》《蒙求》《山海经》《法华经》《圆觉经》《楞伽经》《维摩经》《翻译名义集》《法界次第》《原人论解》《祖庭事苑》《碧岩录》《五灯会元》《嘉泰普灯录》《释迦谱》《佛祖通载》《大部补注》《禅林宝训音义》《空谷集》

集部:《楚辞章句》《文选》《古文真宝》《三体诗注》《江湖风月集》《李白集》《杜诗集注》《白氏长庆集》、唐韩愈诗、唐熊登孺诗、宋赵湘诗、宋黄庭坚诗、宋徐渊子诗、《诗人玉屑》

---

① 参见卞东波《南宋诗选与宋代诗学考论》第三章"日藏宋僧诗选《中兴禅林风月集》考论",北京:中华书局,2009年;卞东波《曾原一〈选诗演义〉与宋代"文选学"》,《文学遗产》2013年第4期,后收入《域外汉籍与宋代文学研究》,北京:中华书局,2017年。

短短一组二十四首诗,海门引用了这么多文献加以笺注,包括"竺坟鲁典",且这些文献都是直接引用,而非转引,其知识结构反映的应是当时江户汉学界的最高水平,与当时的博学者廓门贯彻、连山交易、无著道忠等相比也不相上下。多闻阙疑,也是《略注》的学术精神,《略注》解第二十首"僧采树衣临绝壑"云:"本注所谓'树衣',未知其何物也。"老实地承认不知,而不是强作解人。

在考典上,海门也是调动自己的知识储备,详注语典、事典出处。笔者在研究中国文集的日本古代注释时,发现有的注者,可能为了照顾日本读者,对一些中国读者看来不需要注释的简单的字也要解释一番,显示出较低的汉学品味与水准,不过在《略注》中,我们还没有发现这种情况。而且《略注》还能发现中国读者都习焉不察的问题,如《山居诗》序中说:"洎乾符辛丑岁,避寇于山寺,偶全获其本。"海门注云:

> 乾符,唐僖宗年号也。辛丑,中和元年,而丁本朝阳成帝元庆五年。按:夫乾符六年改元乎?广明,其明年,又改元乎?中和,自乾符元年甲午洎辛丑岁,计八年也。今日乾符辛丑岁,未详其义,盖此时四海交乱,而天子无德,政化不及于诸侯,故改元之命令,不达于庶州乎?

海门的观察非常仔细。唐僖宗乾符(874—879)共六年,干支没有"辛丑"。辛丑,应是广明二年(881)或中和元年(881),但贯休没有用新年号,仍然用乾符年号纪年。其原因,海门结合"避寇于山寺"之语,认为是因为当时"四海交乱",同时"天子无德",天下处于藩镇割据状态,故"政化不及于诸侯",已经改元两年了,而地方仍然不知道。这个解释应该说是合理的,从中也可见海门的细心。

在考典上,《略注》与《注石门文字禅》一样也很重视诗句的"句法",不过他没有用"句法"这个术语,而是喜欢用"势"这个字。如注吴融《禅月集序》中"自风雅之道息"一语云:"此语似《孟子·离娄篇》曰'王者之迹熄'之文势。"同序"国朝为歌为诗者不少,独李太白为称首",《略注》云:"《文选·司马长卿封禅文》曰:常为称首。又《李白集》萧士赟序曰:唐诗大家数,李杜为称首。盖因于此序语势乎?"所谓"文势""语势"即句法之意。关于"句法"有多种解释①,这里的"势"应是指一种语言结构。

《略注》最大的学术价值可能就在于其部分注解颇有可以补充今人胡大浚先生的《笺注》之处。②胡先生《笺注》注释精详,洵为贯休功臣,有些未及之处,可以利用《略注》补充。略举数例,如《山居诗》其十"石窗欹枕疏疏雨,水碓无人浩浩风"二句,《笺注》无解,《略注》则有比较详细的解释:

> 《一统志》四十六曰:宁波府四明山在府城西南一百五十里云云。上有石窗,四穴通日月星辰之先。疏疏者,《小补韵会》曰:《说文》,疏,通也云云。又粗也,或作"疎"。今疏密之疏,皆作疏。山谷《咏雪奉呈广平公》曰"夜听疏疏还密密"之句,盖依此等语欤?水碓者,李白《寻庐山女道士李腾空》诗:水春云母碓。白乐天《寻郭道士不遇》诗:云碓无人水自春。注:庐山中云母多,故以水碓捣炼,俗呼为水碓。浩浩者,《楚辞·九章》:浩浩沅湘,分流汩。注:浩浩,广大也。

该注不但解释了"石窗"的出典,"水碓"的注解也非常准确。因为贯休为婺州兰溪人,地近宁波,故可能知道其地有石窗。又引黄庭坚诗,指出

---

① 王德明在《论宋代的诗歌句法理论》中将宋代句法的概念疏理为十一种,见其《中国古代诗歌句法理论的发展》第一章,桂林:广西师范大学出版社,2000年。

② 今人所注贯休之诗,除《贯休歌诗系年笺注》之外,尚有陆永峰《禅月集校注》(成都:巴蜀书社,2006年)可资参考。本文主要以《贯休歌诗系年笺注》为主要参考对象。

其句法与贯休之诗相近。此段注释比较典型地呈现了《略注》对典故考证的特征,既注重出典,又重视句法。

又其十七"慵刻芙蓉传永漏",《笺注》注"刻芙蓉"云:"喻雕琢文采。"《略注》云:"刻芙蓉者,《梁高僧传》六曰:远有弟子慧要,亦解经律,而尤长巧思。山中无漏刻,乃于泉水中立十二叶芙蓉,因流波转以定十二时,晷影无差焉。"《略注》所引应是"刻芙蓉"的原始出处,也与诗句中"传永漏"相应。再如其二十三"如愚何止直如弦",《笺注》引《后汉书·五行志》注解,而《略注》除引《后引书》外,又引《老子》之语"圣德容貌若愚,直如弦",《老子》的典故可能更恰切。此外,因为海门的僧人身份,而且学问渊博,这就决定了其有较高的佛学修养,而贯休亦为僧徒,其在诗中化用或暗用佛典,若非精于释典,则不能洞悉其出处与精妙。《山居诗》其二十二"霞外天香满氅袍",《笺注》引了宋代晁迥《法藏碎金录》,而《略注》直接引用了佛经:"《维摩经·菩萨行品》曰:'行少欲知足,而不舍世法,天香当合见。'《维摩·香积佛品》曰:'上方界分,过四十二恒河沙佛土,有国名众香,佛号香积,今现在。其国香气,比于十方诸佛世界人天之香,最为第一。'之语等乎?"可能更准确。又如其七"何妨方寸似寒灰",《笺注》注"寒灰"云:"《晋书·庾阐传》:'夫心非死灰,智必存形,形托神用,故能全生。'《隋书·卢思道传》:'心若死灰,不营势利。'杜甫《自京窜至凤翔喜达行在所》:'眼穿当落日,心死著寒灰。'"而《略注》所引书证亦可为补充:"寒灰者,《会元·九峰章》曰:'师曰:"先师道:休去,歇去,冷湫湫地去,一念万年去,寒灰枯木去,古庙香炉去,一条白练去。"'《庄子·齐物论》曰:'形固可使如槁木,而心固可使如死灰。'杜《喜遇郑广文同饮》诗:'丹心一寸灰。'《集注》曰:'言心中无物,故成灰也。'"以上《略注》所言皆可以补充《笺注》之注。

三　结　语

晚唐诗人贯休在唐五代诗僧中创作别具一格，颇有可观，但在中国一直不受重视，盖囿于后人对晚唐诗歌评价过低，故贯休《禅月集》在中国古代无注。海门元旷《禅月大师山居诗略注》作为东亚古代唯一一部贯休诗歌的注本，具有不容忽视的价值与意义。

其一，它促进了贯休《山居诗》在东亚的经典化。《山居诗》开创了东亚"山居诗"的谱系，而且很早就东传到日本。五山时代的文学总集《翰林葫芦集》卷一《霖父住相国》载："某眼饱支竺，名喧夏夷，禅月有《山居诗》，嘲锦衣之游龙华寺；赵州无柏树话，指铁嘴以呼狮子儿。"① 五山诗人东沼周严（1391—1462）《流水集》二《春起龙住东福》载："某洛下名缁，山东望族，雄深文如读张无尽《僧堂记》；鼻笑诸方，高古句似咏陶贯休《山居诗》，足称独步。"② 中岩圆月《东海一沤集》卷四《藤荫琐细集》载："藏叟和尚《跋庆云谷录》尾云：'南堂说法，或诵贯休《山居诗》，或唱柳耆卿歌。谓非说法可耶？'"③ 虽然不能肯定十四世纪时《禅月集》就已经东传到日本，但至少那时，日本禅林已经通过释善珍的《藏叟摘稿》知道了《山居诗》。通过道元的《山居十五首》、绝海中津的《山居十五首次禅月韵》等作，贯休《山居诗》在日本五山禅林中流传颇广，直到江户时代仍有影响，海门的《略注》则进一步奠定了《山居诗》的经典地位。海门所撰的《禅月大师山居诗略注序》也是研究《山居诗》接受史的重要文献，序称"《山居吟》，最似清绝，而有换人俗骨之风调"，可谓东亚文学史上对《山居诗》最精要的评论。

---

① 『五山文學全集』第四卷，第3—4頁。
② 『五山文學新集』第三卷，第326頁。
③ 『五山文學新集』第四卷，第471頁。"藏叟和尚"即南宋诗僧释善珍（1194—1277），《跋庆云谷录》见《藏叟摘稿》卷下。

其二，在晚唐诗歌研究史上，《略注》亦有价值。因为贯休所处晚唐是衰世乱世，故历代对这段文学史一直评价不高，贯休也不免受到恶评，如《四库全书总目》"《白莲集》提要"称"贯休豪而粗"①，这可能是就贯休诗歌中某一部分而言的，并不是贯休的主导诗风；海门元旷称贯休"一生之著述，绝非浮词滥语、无补于实际之诗"，道出了日本禅林对贯休的认知与评价。就如《山居诗》而言，贺裳《载酒园诗话又编·贯休》批评第十二首末句"从他人说从他笑，地覆天翻也只宁"："岂不可丑。"②这是从士大夫的文学眼光来看的，但此诗前面仍用了"翠窦烟岩""桂香瀑沫""拨霞扫雪""掘石移松"等文人意象，并不"丑"。而且结合寒山和拾得的问答③，此两句有一定的哲理在其中。《略注》评此诗"全篇述自得之趣"，应该是有道理的。故笔者认为，《略注》为中国文学史上并非经典的晚唐诗人贯休诗歌作注，对我们思考晚唐诗歌亦不无意义。

其三，从日本汉学史来看，《略注》也有价值。今人研究日本汉学史，主要关注近现代的日本汉学研究，而对明治之前的汉学史研究较少。同时，研究汉学史，也主要研究日本学者对中国经史之学的研究，很少关注日本学者对中国古典文学的研究，更遑论僧侣的汉学研究了。海门《略注》体现了江户中期日本曹洞宗中兴之后，融合济洞、兼综竺儒的学术趋向，以及追求赅博的学风，同时也体现了江户时期禅僧的学问世界与知识结构。据笔者研究，在东亚汉学史上，一首（组）诗有独立

---

① 《四库全书总目》卷一百五十一，第1304页。
② 贺裳虽对贯休有批评，但此条诗话亦认为，贯休"犹在周存、卢延让上"。皆见《清诗话续编》，第393页。
③ 寒山问："世间有人谤我、辱我、轻我、笑我、欺我、贱我，当如何处治乎？"拾得答："你且忍他、让他、避他、耐他、由他、敬他、不要理他。再过几年，你且看他。"贯休"从他人说从他笑"颇得寒山拾得问答之精义。

注本的，只有黄庭坚的《演雅》、朱熹的《斋居感兴二十首》以及贯休的《山居诗》，黄、朱的作品都是大家名作，《山居诗》能够单独被注释且形成专书，足见其受重视程度。而且江户时代，能够享有专书注释的唐代诗僧只有寒山和贯休。从学术史来看，《略注》虽成书于三百多年前，但其注仍有可以补充今人所作的贯休诗注之处。

总之，《略注》是贯休研究、晚唐文学研究、中国古代诗僧研究，以及研究唐代文学在日本传播的重要文献，值得学界进一步关注。

第七章　域外汉籍与施顾《注东坡先生诗》之研究

南宋施元之、顾禧、施宿（下合称施顾）合力著成的《注东坡先生诗》四十二卷，堪称宋人注宋诗中的精品。施元之，字德初，吴兴（今浙江湖州）人，绍兴二十四年（1154）张孝祥榜进士。乾道二年（1166）二月除秘书省正字；乾道五年（1169）六月除秘书省著作佐郎，十月除起居舍人，十一月以起居舍人兼国史院编修官，同月除左司谏；乾道七年（1171），任衢州刺史，继知赣州。①顾禧，字景蕃，吴郡（今江苏苏州）人。终身未仕，闭户读诵，博极坟典。除注东坡诗之外，还著有《补注东坡长短句》（见旧题陈鹄《西塘集耆旧续闻》）。施宿（1164—1213），字武子，施元之之子，绍熙四年（1193）进士。庆元（1195—1200）初知余姚县，旋通判会稽，纂成《（嘉泰）会稽志》；嘉定（1208—1224）时以朝散大夫提举淮东常平仓，刊刻了施顾注坡诗。②施宿留心金石，广搜苏轼的墨迹碑帖，取之与当时流行的东坡文集对校，并多用东坡手迹碑帖作为《注东坡先生诗》的底本文字。施元之、顾禧《注东坡先生诗》初稿完成后，一直未付之剞劂，施宿对初稿进行了加工，"反覆先生出

---

① 施元之传，参见［清］陆心源辑撰《宋史翼》卷二十八，北京：中华书局，1991年，第302页。

② 施宿传，参见《宋史翼》卷二十九以及王有庆等修，陈世镕等纂《（道光）泰州志》卷二十"名宦"。施氏父子生平，又可参见陈乃乾《宋长兴施氏父子事迹考》，《事林》第六辑，1941年4月。

处，考其所与酬答赓倡之人，言论风旨足以相发，与夫得之耆旧长老之传，有所援据，足裨隐轶者，各附见篇目之左。而又采之国史以谱其年，及新法罢行之目，列于其上，而系以诗之先后"①。可见，施宿主要做了两项工作，一是编纂了《东坡先生年谱》附于卷首，二是撰写了"篇目之左"的"题左注"②。比起其他的宋人注苏诗，施顾注"援引必著书名，诠诂不乖本事。又于注题之下，务阐诗旨，引事征诗，因诗存人，使读者得以考见当日之情事，与少陵诗史同条共贯"③，具有极高的学术价值④。

施顾《注东坡先生诗》在宋代曾经两次刊刻，一次是嘉定六年（1213）施宿于淮东仓司任上的初刊本，由当时擅长欧体书法的傅穉手书上版，刻印精美。屈万里认为此书楮墨精湛，字画劲秀，为宋本中之上品。此本刻成后，版片仍存于淮东仓司。景定三年（1262），当时提举淮东常平仓的郑羽发现了嘉定年间的版片，于是"汰其字之漫者，大小七万一千五百七十七，计一百七十九板，命工重梓"（郑羽景定刊本施顾《注东坡先生诗》跋，载《增补足本施顾注苏诗》卷末）。这就是景定年间的重刊本，景定本是在嘉定本基础上的修补本，大部分版片仍是嘉定年间的原版。见过景定本的大藏书家傅增湘云："兹本则字画俊美，楮

---

① ［宋］施宿《注东坡先生诗》序，郑骞、严一萍编校《增补足本施顾注苏诗》，台北：艺文印书馆，1980年。

② 关于施顾注句注、题下注、题左注的分别，参见郑骞《苏刊施顾注苏东坡诗提要》第三节"施顾注性质分析及作者考证"，《增补足本施顾注苏诗》，第16页。

③ 张榕端序，［宋］施元之、［宋］顾禧注，［清］宋荦、［清］邵长蘅等删补《施注苏诗》，清康熙三十九年（1700）刊本，哈佛燕京图书馆藏本。

④ 参见王友胜《施元之等〈注东坡先生诗〉平议》（《中国韵文学刊》2002年第1期，又见王友胜《施元之等与〈注东坡先生诗〉研究》，《苏诗研究史稿》［修订版］，北京：中华书局，2010年）；何泽棠《施宿〈注东坡诗〉题注的诠释方法与历史地位》（《中国韵文学刊》2010年第2期）、《施宿与"以史证诗"》（《华南农业大学学报》［社会科学版］2010年第2期）。

墨明净,生平所觏宋代佳刻,殆难其匹。"[1]日本汉学巨擘吉川幸次郎见此书亦"叹为人间奇宝"[2],日本汉学家小川环树亦称此本"天水精椠,人间孤本,宇内之鸿宝"(翁万戈《影印宋刊施顾注苏东坡诗缘起》引小川环树语,见《增补足本施顾注苏诗》)。难得的是,目前宋刻嘉定本、景定本仍存于世,庋藏于海峡两岸的图书馆中。不过,四十二卷施顾《注东坡先生诗》仅有三十六卷传世(其中部分卷帙有残缺),仍有六卷完全亡佚。幸运的是,施顾注很早就东传到日本。施顾注卷首所附的施宿编《东坡先生年谱》虽在中国已经散佚,然在日本尚有两种古钞本存世[3];而且日本室町时代的苏诗古注《翰苑遗芳》中大量征引了施顾注,再结合中国的其他传世文献,庶几可以部分复原已经亡佚的六卷注文。

一 施顾《注东坡先生诗》在宋代的流传

施顾《注东坡先生诗》,实际上是由施元之、顾禧、施宿共同完成的,其中施宿出力最多,他不但修订增补了原稿,而且在南宋嘉定六年(1213),动用公款在淮东仓司刊刻了该书。但随后施宿去职还家,不久去世,这期间还遭到弹劾。去世一年后,又被抄家。直到嘉定十五年(1222),才由其女上书自陈,获得平反。宋刊施顾《注东坡先生诗》在宋代流传的资料极少,陈振孙《直斋书录解题》卷二十最早著录了此书:

---

[1] 傅增湘《藏园群书题记》卷十三,上海:上海古籍出版社,1989年,第690页。
[2] 吉川幸次郎「蘇詩佚注序」,小川環樹、倉田淳之助編『蘇詩佚注』,京都:京都大學人文科學研究所,1965年。
[3] 一种为小川环树在京都书肆所购之古钞本(收入『蘇詩佚注』中),一种为名古屋蓬左文库所藏钞本,王水照编《宋人所撰三苏年谱汇刊》(北京:中华书局,2015年)影印了蓬左本,又以『蘇詩佚注』本为底本,参校蓬左本,整理出了一个点校本。

> 《注东坡集》四十二卷、《年谱》、《目录》各一卷
>
> 司谏吴兴施元之德初与吴郡顾景蕃共为之。元之子宿从而推广，且为《年谱》，以传于世。陆放翁为作序，颇言注之难，盖其一时事实，既非亲见，又无故老传闻，有不能尽知者。噫，岂独坡诗也哉！注杜诗者非不多，往往穿凿傅会，皆臆决之过也。①

见到全本四十二卷施顾《注东坡先生诗》的人不多，陈振孙的著录很重要：一是证明了全本前有施宿所撰的《年谱》一卷；二是肯定了施宿的贡献，即他对施元之、顾禧的原稿进行了"从而推广"的工作；三是似乎也暗示了施顾注没有"穿凿傅会"的毛病。

原本前还有陆游所作的序，见于《渭南文集》卷十五，略云：

> 近世有蜀人任渊，尝注宋子京、黄鲁直、陈无己三家诗，颇称详赡。若东坡先生之诗，则援据闳博、指趣深远，渊独不敢为之说。某顷与范公至能会于蜀，因相与论东坡诗，慨然谓予："足下当作一书，发明东坡之意，以遗学者。"某谢不能。……后二十五六年，某告老居山阴泽中。吴兴施宿武子出其先人司谏公所注数十大编，属某作序。司谏公以绝识博学名天下，且用工深，历岁久，又助之以顾君景蕃之该洽，则于东坡之意，盖几可以无憾矣。某虽不能如至能所托，而得序斯文，岂非幸哉！嘉泰二年正月五日，山阴老民陆某序。②

嘉泰二年，即1202年，距施顾注刊刻完成尚有十一年，施宿当初给陆游看的"数十大编"注本可能是施元之、顾禧所作的稿本，后来施宿又对

---

① ［宋］陈振孙《直斋书录解题》，上海：上海古籍出版社，1987年，第591—592页。马端临《文献通考·经籍考》基本照录了陈氏记载，加上一条张舜民的评语，并节录了陆游的序，可能马氏并未见到原书。

② ［宋］陆游《〈施司谏注东坡诗〉序》，钱仲联、马亚中主编《陆游全集校注》第9册，杭州：浙江教育出版社，2011年，第376—377页。

第七章　域外汉籍与施顾《注东坡先生诗》之研究

稿本进行了加工。施宿向陆游求序当在施宿通判会稽时,另外陆游还为施宿所编的《(嘉泰)会稽志》作序,可见两人交谊较笃。

郑骞教授所辑的《宋刊施顾注苏东坡诗提要参考资料汇编》中所附的宋代资料有限,除了施宿本人的序外,就是上面的两条。又周密《癸辛杂识》别集卷上"施武子被劾"条记载了施宿因刊刻苏诗注本而被劾之事的经过:

> 施宿字武子,湖州长兴人。父元之,绍兴张榜,乾道间为左司谏。宿晚为淮东仓曹,时有故旧在言路,因书遗以番葡萄。归院相会,出以荐酒,有问,知所自,憾其不己致也。劾之无以蔽罪。宿尝以其父所注坡诗刻之,仓司有所识。傅穉字汉孺(湖州人),穷乏相投,善欧书,遂俾书之,锓板以赐其归。因摭此事,坐以赃私。其女适章农卿良朋云。①

这段史料不仅记载了施宿因为刊刻其父所注的东坡诗而获罪的来龙去脉,可见他遭受的完全是不白之冤,而且记载了施顾《注东坡先生诗》是由擅长欧体的傅穉手写上版的这一珍贵史料。

此前关于施顾《注东坡先生诗》的宋代史料仅见于此。②最近笔者在阅读域外汉籍和其他宋代文献时,又发现了一些与施顾注相关的新

---

① [宋]周密《癸辛杂识》,吴企明点校,北京:中华书局,1988年,第241页。又《宋会要辑稿·职官》卷七十五,嘉定七年(1214)正月"二十一日,直秘阁施宿罢职与祠禄,以中书舍人范之柔言其昨任淮东运判,刻剥亭户,规图出剩,以济其私"。这是施宿被劾的另一则史料,其实施宿在淮东仓司任上颇有政绩。《(道光)泰州志》卷二十"名宦"载:"施宿,常平使。海陵城垣久圮,宿申乞耗盐袋钱,置窑百座,并乞兵夫修筑,广厚视旧有加。复建惠民仓、惠民药局。嘉定十五年,郡人祠之于城隍庙西庑,祷多应。绍定元年,守陈垓增绘像于景贤堂。"可见,施宿为政得到当地百姓的认可。

② 另外,旧题陈鹄《西塘集耆旧续闻》卷二中还有顾禧《补注东坡长短句》的记载,补的应是傅幹的《注坡词》。

资料，现披露如下。

南宋诗僧物初大观（1201—1268）《物初剩语》卷二载《楼潮州以汝窑瓶炉泰州新刊坡诗注及澄心堂纸见遗以诗寄谢》一诗：

> 汝州瓶炉何处有，花影卦文随转瞩。细然柏子飏轻烟，满插莲葩吐新馥。松窗竹几顿精神，更把风骚看玉局。野禅危坐舌若瘖，得书稍稍闲披读。麻沙常厌字如蚁，乌焉成马大成六。海陵刊本何磊落，未阅先令人意足。二贤发明竟该洽，似向乌台露心腹。有问山翁安得此，迂斋故家书满屋。跨灶冲楼独擅场，古文源委有正续。已知胸中饱经济，暂向家园乐幽独。论文取士到山林，衲衣椎鲁惭虚辱。冥搜岂足报琼瑶，无奈溪藤阔裁玉。想见书窗清昼长，笔底春风珠百斛。①

释大观，字物初，号慈云，俗姓陆，鄞县（今属浙江宁波）横溪人，临济宗北磵居简（1164—1246）法嗣，宋代看话禅代表人物大慧宗杲（1089—1163）之再传弟子。大观有《物初大观禅师语录》一卷，又有诗文别集《物初剩语》二十五卷。《物初剩语》有宋刻本、日本宝永五年（1708）木活字本及日本抄配本等本存世，宋刻本为残帙，而木活字本为全本。金程宇教授所编的《和刻本中国古逸书丛刊》收录了宝永五年木活字本的影印本，许红霞教授辑著的《珍本宋集五种：日藏宋僧诗文集整理研究》则收录了《物初剩语》木活字本的点校本。《物初剩语》中的这首诗是笔者新发现的有关施顾《注东坡先生诗》在宋代流传证据的极好资料。

施宿在嘉定六年（1213）的原刻本，郑羽在景定三年（1262）的补刊本皆刻于淮东仓司，该司驻地在泰州，而海陵县为泰州的治所，故物初大观诗中所言的"海陵刊本"，即淮东仓司本。诗题中的"泰州新

---

① 许红霞辑著《珍本宋集五种：日藏宋僧诗文集整理研究》，北京：北京大学出版社，2013年，第553—554页。

刊",既可能指景定年间郑羽补刊本,又因嘉定本成书的时间距大观生活的时代也不远,故也可能指嘉定本。从"何磊落""未阅先令人意足"等语可见淮东仓司本刊刻质量之高。大观将淮东仓司刻本与宋代流行的福建麻沙刻本做了比较,麻沙本不但字小,而且错误极多,这从反面映衬了"海陵刊本"品质之高。此本一直流传至今,从实物来看,大观之语不虚。"二贤发明竟该洽,似向乌台露心腹","二贤"即施元之、顾禧,此两句道出了施顾注在学术上的价值,其注释的特色是"该洽"①,即博通之意,可与陆游《〈施司谏注东坡诗〉序》所言的施元之其人"以绝识博学名天下",其注"援据闳博"相印证。"乌台"是宋代的御史台,苏轼在元丰二年(1079)曾遭"乌台诗案",在御史台的牢狱中,苏轼被迫向御史台官员供述了他所写的一些犯忌诗文背后的讥刺之意,苏轼的这些口供,后来被编为《乌台诗案》一书。"露心腹"是说施顾注颇像《乌台诗案》中的苏轼供词一样,能探得东坡内心的款曲。"有问山翁安得此,迂斋故家书满屋",可见此书是楼潮州的先人楼昉传下来的。楼昉,字旸叔,号迂斋,庆元府鄞县人,绍熙四年(1193)进士;而施宿为湖州长兴人,又曾在会稽为官,而且施宿亦为绍熙四年进士,与楼昉是同年。极可能施宿与楼昉之间有交游,而楼昉所藏的施顾注本可能为施宿所赠。如果楼潮州所持之本确为楼昉所传,那么此本应是较早刊刻的嘉定本。从《物初剩语》中的这则史料可见,宋人就已经对此书精美的刊刻有揄扬之词,而且对施顾注的学术价值已有肯定。

晚宋王应麟(1223—1296)《困学纪闻》卷十八云:

> 东坡《与欧阳晦夫》诗三首,晦夫,名闢,桂州人。梅圣俞有诗送之云:"我家无梧桐,安可久留凤。"东坡南迁至合浦,晦夫时为

---

① 如《北齐书·颜之推传》称颜之推"博览群书,无不该洽,词情典丽"。陆游在《〈施司谏注东坡诗〉序》中也称"助之以顾君景蕃之该洽",可见"该洽"是宋人对施顾注公认的评价。

石康令,出其诗稿数十幅,事见《桂林志》。注坡诗者以为文忠之族,非也。①

王应麟所称的"注坡诗者"就是指施元之、顾禧。按施顾注卷三十八《梅圣俞之客欧阳晦夫,使工画茅庵,已居其中,一琴横床而已,曹子方作诗四韵,仆和之云》题下注云:"东坡以元符三年正月诏移廉州,四月移永州,五月始被移廉之命,六月离儋耳,七月四日至廉,三为欧阳晦夫赋诗……晦夫盖文忠公之族,当是为此州推官尔……"虽然王应麟这里是批评施顾注,但对这一细节的重视,可见他应该仔细读过施顾注。

福建人蔡正孙(1239—?)编著的《精刊补注东坡和陶诗话》(下简称《和陶诗话》)是现存唯一一部宋人所编有关苏轼《和陶诗》的专题评论集,而且载录了三部苏轼《和陶诗》的宋代注本。《和陶诗话》在中国本土已经失传,目前有三种残卷保存在韩国。《和陶诗话》不但保存了两部已经失传的非常珍贵的宋代苏轼《和陶诗》注本,即傅共《东坡和陶诗解》与蔡梦弼《东坡和陶诗集注》的佚文,而且还有蔡正孙本人对《和陶诗》的评释。②笔者发现,蔡正孙对《和陶诗》的注解,有不少地方与施顾注相同,以下仅以《和陶诗话》卷二苏轼和陶渊明《归园田居》注为例。其一:"东家著孔丘,西家著颜渊。"蔡注云:"《家语》:鲁人以孔子为东家丘。"施顾注卷四十一同样也引用了《孔子家语》中的这段话。其二"穷猿既投林",蔡注引《晋史》云:"穷猿投林,何暇择木。"施顾注所引与此相同。其四"莫言陈家紫",蔡注引《荔支谱》云:"兴化军有陈家紫,为第一品。"施顾注卷四十一亦引此语。其五"月固不胜烛",蔡注引了一段"东坡旧注",此段注文几乎一字未易地见于施

---

① [宋]王应麟《困学纪闻》(全校本),[清]翁元圻等注,栾保群、田松青、吕宗力校点,上海:上海古籍出版社,2008年,第1970—1971页。

② 参见卞东波《〈精刊补注东坡和陶诗话〉与苏轼和陶诗的宋代注本》,《复旦学报》(社会科学版)2015年第3期。

顾注中。类似的蔡注与施顾注相同的地方还有不少,这应该不是偶然,很有可能蔡正孙见过施顾《注东坡先生诗》并予援引,但他没有在注中提到该书。如果蔡注确实引用了施顾注,那么从中可见施顾注在宋元之际的流传。

从这些史料可见,施顾注并非我们想象的那样流传不广,实际上在宋代已经有不少学者阅读并利用过该书了,通过新发现的域外汉籍资料,我们可以追踪到更多施顾注在宋代流传的线索。

二 前人所作的施顾《注东坡先生诗》复原工作

宋刊施顾《注东坡先生诗》四十二卷①,分别在南宋嘉定、景定年间两次刊刻过,而元明再未重刊,故传世稀少。明末钱谦益的绛云楼曾藏有一部四十二卷的全本,钱氏云:"其考证人物,援据时事,视他注为可观。""坡诗尽于此矣,读者宜辨之。"②对其评价颇高。但后来绛云楼遭遇祝融之厄,钱氏藏本亦不幸化为乌有。目前存世的宋刊本施顾《注东坡先生诗》皆为残帙,今将其收藏情况略述如下(见表7-1):

表7-1 宋刊本施顾《注东坡先生诗》收藏情况表

版本	藏地	现存卷数	递藏过程	影印情况
嘉定本	中国国家图书馆	卷十一、十二、二十五、二十六四卷	原为缪荃孙所藏,后归刘承幹嘉业堂。	影印收入《中华再造善本·唐宋编》,北京图书馆出版社,2004年。

---

① 关于施顾注的宋刊本,参见刘尚荣《宋刊〈施顾注苏诗〉考》,《苏轼著作版本论丛》,成都:巴蜀书社,1988年。该文也谈到施顾注复原的问题,可以参看。

② [清]钱谦益《牧斋初学集》,[清]钱曾笺注,钱仲联标校,卷八十五《跋东坡先生诗集》,上海:上海古籍出版社,1985年,第1783页。

续　表

版本	藏地	现存卷数	递藏过程	影印情况
嘉定本	中国国家图书馆	卷四十一、四十二两卷	原为黄丕烈藏书，后归杨绍和海源阁、周叔弢。"第四十一卷""第四十二卷"之卷数，被书贾分别挖改为"卷上"和"卷下"。	影印收入《中华再造善本·唐宋编》，北京图书馆出版社，2004年。
嘉定本	台北图书馆	总目录卷下，诗注卷三至四、卷七、卷十至十三、卷十五至二十、卷二十九、卷三十二至三十四、卷三十七至三十八等十九卷，再加卷十四的三分之一，卷二十八的卷端页。	此书先后经明人安国、毛晋，清徐乾学、宋荦、揆叙、吴荣光、翁方纲、潘德畬、叶名澧、邓邦述、袁思亮，民国潘宗周、蒋祖诒、张珩等人收藏，抗战胜利后归国立中央图书馆，1949年转移至台湾。①	大块文化2012年影印出版，定名为《焦尾本〈注东坡先生诗〉》（加上藏书家韦力所藏的卷四十一）。
嘉定本	藏书家韦力"芷兰斋"	卷四十一	与台北图书馆藏本同源，后归藏书家陈澄中②，2004年陈氏后人在美国转让给韦力。	影印收入《焦尾本〈注东坡先生诗〉》。
嘉定本	中国国家图书馆	卷四十二	与台北图书馆藏本同源，后归藏书家陈澄中，2004年陈氏后人在美国转让给中国国家图书馆。	未影印。

---

① 关于翁方纲所藏嘉定本的情况，参见王长民《也谈翁方纲与宋荦〈施顾注东坡先生诗〉》（《中国典籍与文化》2013年第2期）、衣若芬《敬观真赏：翁方纲旧藏本〈施顾注东坡诗〉研究》（新竹：《"清华"中文学报》第11期，2014年6月）。

② 关于陈澄中所藏宋刊施顾注情况，参见赵前《谈谈陈澄中先生旧藏宋刻本〈注东坡先生诗〉》，《版本目录学研究》第一辑，北京：国家图书馆出版社，2009年。

第七章　域外汉籍与施顾《注东坡先生诗》之研究

续　表

版本	藏地	现存卷数	递藏过程	影印情况
景定本	上海图书馆	总目录一卷，诗注卷三至四、卷十一至十八、卷二十一至四十二，凡三十二卷。	原为清宗室允祥安乐堂旧藏，翁同龢于同治十年（1871）"以二十金购之"，后翁氏玄孙翁万戈转让给上海图书馆。	《宋刊施顾注苏东坡诗》，艺文印书馆，1969年。郑骞、严一萍编校《增补足本施顾注苏诗》，艺文印书馆，1980年。影印收入《中华再造善本·唐宋编》。

从表7-1可见，目前嘉定本存总目录卷下，诗注卷三至四、卷七、卷十至十三、卷十五至二十、卷二十五至二十六、卷二十九、卷三十二至三十四、卷三十七至三十八、卷四十一至四十二，凡二十三卷，以及卷十四、卷二十八残页。景定本存总目录一卷，诗注卷三至四、卷十一至十八、卷二十一至四十二，凡三十二卷。两者去其重复，仍缺卷一、二、五、六、八、九，共六卷。

复原施顾《注东坡先生诗》的工作从清代就开始了。康熙年间，宋荦得到宋刊施顾《注东坡先生诗》后，憾其不全，遂请邵长蘅、李必恒相继为之补注，又辑得施顾未收的东坡佚诗四百余首，属冯景注之，编成一部新的《施注苏诗》。但邵长蘅等人接手后，对施顾原注无端删减，"大都掇拾王氏旧说，失施氏面目"[①]；"又旧本霉黯，字迹多难辨识；邵长蘅等惮于寻绎，往往臆改其文，或竟删除以灭迹，并存者亦失其真"[②]。这种整理古籍的方式，遭到了学者痛斥，谓之"其书为人齿冷，不足置议"（景定本潘祖荫跋语，见《增补足本施顾注苏诗》卷

[①] ［清］查慎行补注《苏诗补注》，王友胜校点，卷首《补注东坡先生编年诗例略》，南京：凤凰出版社，2013年。

[②] 《四库全书总目》卷一百五十四"《补注东坡编年诗》提要"，第1327页。

末),"无知妄作,厚诬古人"①,"其编纂态度草率敷衍,对原书极不忠实"②,甚至说"其书可覆酱瓿"③。邵本遭到古今学者的一致批评,主要是其对施顾注原书大加删削,不但失去施顾注之原貌,而且学风极不严谨。据郑骞研究,除了无故删节外,邵本还"割裂颠倒,移动其次序位置,或窜入他人的注解",非但没有补足宋刊施顾《注东坡先生诗》散佚的部分,而且离原貌也差之千里,可谓古籍整理失败的典型。

　　日本汉学家仓田淳之助、小川环树发现日本苏诗古注本《翰苑遗芳》中引录了大量的施顾注佚文,遂命助手将之抄出,依翁同龢玄孙翁万戈所藏景定本施顾《注东坡先生诗》目录重新辑录,加上日本发现的施宿《东坡先生年谱》上下卷并陆游、施宿的序跋,编成《苏诗佚注》一书,由日本京都大学人文科学研究所在1965年出版。仓田、小川先生在日本汉籍中发现施顾注的佚文,其功甚伟,为复原施顾注指明了方向。《苏诗佚注》辑录了施顾注卷一、二、五、六、七、八、九、十、十九、二十的佚注,不过囿于当时条件,两位先生能接触到的宋刊施顾注原本有限,而施顾注真正亡佚的不过卷一、二、五、六、八、九等六卷,卷七、十、十九、二十仍有台湾所藏的嘉定本,虽有部分残缺,但并没有完全亡佚,同时《苏诗佚注》在辑佚时也不免有误。严一萍在《增补足本施顾注苏诗》的序中以卷七为例,指出了《苏诗佚注》的两个问题,即"施顾原注所无,为佚注误收者";"施顾原注有,而为佚注所失收者"。郑骞则指出,《苏诗佚注》"第一,所辑确是施注,但有时搀入他人注文;第二,辑出来的句注及题下注大约有原书三分之一至二分之一,题左注差

---

① [宋]叶德辉《郋园读书志》卷八,上海澹园排印本,1928年。
② 郑骞《苏刊施顾注苏东坡诗提要》第七节"论邵长蘅删补本",《增补足本施顾注苏诗》,第38页。
③ [清]黄丕烈《荛圃藏书题识》,屠友祥校注,卷八"注东坡先生诗"后引录周锡瓒跋,上海:上海远东出版社,1999年,第611页。

不多完全辑出"①。两位先生指出的《苏诗佚注》误辑、漏辑的状况在全书中比较多见。且以卷十为例，如《游庐山次韵章传道》《送赵寺丞寄陈海州》《答陈述古二首》等诗，《苏诗佚注》皆云"无注"，但实际上，嘉定本不但有注，而且注文还颇长。又如施顾注卷十《和梅户曹会猎铁沟》，我们比较一下嘉定本施顾注和《苏诗佚注》的辑录（见表7-2）：

表7-2　嘉定本施顾注和《苏诗佚注》辑录比较示例

嘉定本	《苏诗佚注》辑本
山西从古说三明，《后汉·段熲传》：与皇甫威明、张然颖并知名，显达京师，称为"凉州三明"。又传赞：山西多猛，三明俪踪。谁信儒冠也捍城。《汉·郦食其传》：客儒冠来者，沛公辄解其冠，溺其中。左氏以"干城"为"捍城"。杜子美《赠韦左丞》诗：纨绔不饿死，儒冠多误身。竿上鲸鲵犹未掩，东坡云：近枭数盗。《左传·宣公十二年》：古者明王伐不敬，取其鲸鲵而封之，以为大戮，于是乎有京观。草中狐兔不须惊。杜子美《冬狩行》：草中狐兔尽何益，天子不在咸阳宫。东州赵叟饮无敌，南国梅仙诗有声。《汉·梅福传》：隐吴市门，卒，至今人以为仙。韩退之《石鼎联句序》：侯喜新有能诗声。不向如皋闲射雉，归来何以得卿卿。东坡云：是日惟梅、赵不射。《左传·昭公二十八年》：贾大夫恶，娶妻而美，三年不言不笑。御以如皋，射雉获之，其妻始笑而言。《世说》：王安丰妇卿安丰，安丰曰："妇人卿婿，于礼不敬。"答曰："我亲卿爱卿，是以卿卿。我不卿卿，谁复卿卿。"	山西从古说三明，谁信儒冠也捍城。《汉·郦食其传》：客冠儒冠来者，沛公辄解其冠，溺其中。左氏以"干城"为"捍城"。竿上鲸鲵犹未掩，草中狐兔不须惊。东州赵叟饮无敌，南国梅仙诗有声。不向如皋闲射雉，归来何以得卿卿。《胜览》：泰州如皋县。

从表7-2可见，《苏诗佚注》遗漏了不少施顾注的原文，且最后引用的《方舆胜览》之语也非施顾注之文，而是《翰苑遗芳》编者大岳周崇的注。另外，《苏诗佚注》在利用《翰苑遗芳》时也有一些讹误，如《苏诗佚注》卷十《和蒋夔寄茶》"沃野便到桑麻川"注"沃野"云："《文选》张平子《西京赋》：广衍沃野，厥田上。"这里《苏诗佚注》有脱文，最后一句当作"厥田上上"。故《苏诗佚注》所辑的卷七、十、十九、二十不足为据，应

---

① 郑骞《苏刊施顾注苏东坡诗提要》第八节"论苏诗佚注"，《增补足本施顾注苏诗》，第47页。

该直接用台湾藏的嘉定本，残损的部分可以参考《翰苑遗芳》来补完。

郑骞、严一萍编校的《增补足本宋刊施顾注苏诗》是目前最完整、学术水准最高的施顾注辑本，其由四部分组成：一、排印了日本发现的施宿《东坡先生年谱》上下卷，以及陆游、施宿原序。二、影印了翁万戈藏郑羽补刊的景定本目录一卷、正文三十二卷。三、排印了台北图书馆所藏而翁藏本所缺的嘉定原刊本卷七、十、十九、二十等四卷。四、排印了《苏诗佚注》所收的卷一、二、五、六、八、九的辑录本，此六卷为翁藏本、台北图书馆藏本俱缺的部分。郑、严二位先生的增补工作取得了很大的成就，在一定程度上也恢复了宋刊施顾注的旧观。但从今天的学术观点来看，仍有缺憾。首先，虽然台湾所藏嘉定本十九卷曾经祝融之厄，但主体部分仍然完好，且有大陆所藏相同版本可以参证。故笔者认为如果复原宋刊施顾注，应该以嘉定原刊本为底本，参照景定本来复原。其次，排印的台湾藏嘉定原刊本四卷多有缺字。如卷十九《东坡八首》其三"雪芽何时动，春鸠行可脍"，施顾注引东坡语云："蜀人贵芹芽，脍杂鸠肉作□。"其实此语乃东坡自注，宋代的文献如《宋文鉴》卷十八都有引用，缺字作"之"，可补。又《冬至日赠安节》"诸孙行复尔，世事何时毕"，施顾注云："□□□诗：子孙日已长，世事还复然。"此处的缺文可补作"柳子厚"。① 又《乐全先生生日以铁拄杖为寿二首》其一"众中惊倒野狐禅"，施顾注引《传灯录》云："……老人言中大悟，告辞，曰：'今已免野狐身，□□□□□，□□亡僧例焚烧。'师令□□□□□□□□。果见一死野狐，积□□□。"这些缺字可以依《古宿尊录》卷一所载的百丈怀海语录补全："……老人言中大悟，曰：'今已免野狐身，只在山后住，乞依亡僧例焚烧。'师令维那白槌告众。

---

① 此诗为柳宗元《田家三首》其一，见《柳河东集》卷四十三。

岩中果见一死野狐，积薪化之。"

综上所述，复原宋刊施顾《注东坡先生诗》的工作，从清代就开始了，经过古今中外学者们的努力，取得了可观的成绩，但也留下了不少遗憾，今天应该在前人的基础上，将复原宋刊施顾《注东坡先生诗》的工作向前更推进一步[①]。

三 《翰苑遗芳》与施顾《注东坡先生诗》之复原

目前收录施顾《注东坡先生诗》佚文最多的是日本禅僧大岳周崇（1345—1423）[②]所撰的苏诗注本《翰苑遗芳》（下简称《遗芳》）。大岳周崇，俗姓一宫氏，法讳周崇，道号大岳，别号全愚道人，阿波国（今德岛县）人，日本南北朝、室町时代临济宗梦窗派僧人。早年入阿波的宝陀寺，师事默翁妙诚，后随默翁迁至京都临川寺。其为人明敏，通内外典，受到室町幕府第三代将军足利义满尊崇。应永九年（1402），任京都相国寺住持。十年（1403），任天龙寺住持。自应永十一年（1404）始，任南禅寺鹿苑僧录十一年。晚年再任天龙寺住持。[③]据仓田淳之助研究，大岳年轻时曾访金泽文库，读过其中的藏书。金泽文库是日本镰仓时代

---

① 今人也提出了复原施注本的方案，如子冉《复原〈施顾注坡诗〉之我见》，《天府新论》1987年第4期。他认为，复原施顾注"可以台湾艺文印书馆《增补足本施顾注苏诗》为底本，补入陆游序（据古本《渭南文集》卷十五）；补入施宿《东坡年谱》及序跋（据日本现藏的两个钞本）；补入对台藏嘉定原刊本四卷的校订、补入对日本辑录的六卷之补订"。笔者认为，《增补足本施顾注苏诗》本身就有问题，不能作为底本，还是应该从现存多种宋刊本中选定底本，补入日本所藏的施宿《东坡先生年谱》及序跋，同时利用日本汉籍《翰苑遗芳》辑佚已亡佚的施顾注六卷之注文。
② "大岳"有时也写作"太岳"，但现存大岳的手迹，自署写作"大岳"，见上村觀光編輯『五山詩僧傳』，東京：民友社，1912年，第167頁。
③ 大岳周崇生平参见『五山詩僧傳』，第164—167頁；玉村竹二『五山禪僧傳記集成』，東京：講談社，1983年，第402—403頁。

执权北条氏建立的私人文库，文库所藏之书全部是从中国输入的宋元版善籍，仅供当时北条家和称名寺的僧人使用。到大岳周崇的时代，金泽文库由称名寺的住持管理，但管理非常严格，一般外来之人很难入寺读书。大岳周崇所引用到的施顾《注东坡先生诗》，可能就是金泽文库所藏的宋刊本。①《遗芳》是以旧题王十朋编纂的《集注分类东坡先生诗》为底本，对其进行补注的注本，大岳补注依靠的文献主要是施顾注和赵次公注。《遗芳》共二十五卷，目前仅有古钞本存世②，同时笑云清三所编的《四河入海》抄录了绝大部分的《遗芳》。不过笔者发现，《四河入海》所抄的《遗芳》尚有遗漏，同时《四河入海》的录文（特别是通行的古活字本）也有一些错误③。故在《遗芳》有完整古钞本存世的情况下，应该以《遗芳》原书为依据来复原其中所引的施顾注，而非援引未经校正的古活字本《四河入海》，但同时可以参照京都建仁寺两足院所藏《四河入海》古钞本以及日本国立国会图书馆依古钞本"移点"的古活字本《四河入海》。

下文以《遗芳》中保存的施顾注佚文来讨论施顾注亡佚部分的辑佚。《遗芳》引用的施顾注以及施顾注本身有几个明显的特点：一、《遗芳》引用施顾注时，会直接称为"施曰""施氏本""顾本""施顾

---

① 参见仓田淳之助「注东坡先生诗と东坡先生年谱」中"施注と翰苑遗芳"一节，『苏诗佚注』附录。关于金泽文库之收藏，参见近藤守重『金澤文庫考』，神奈川：金澤文庫，1911年。

② 《遗芳》古钞本为京都相国寺僧喜承的写本，第二十五卷末有喜承的跋语："延德二年庚戌自九月二十一日始之，同三年辛亥七月十二日于万年山相国寺大智院怡云轩下，而防州南明山乘福寺长松院末派僧喜承书之毕。"可见，《遗芳》抄写于延德二年至三年间（1490—1491），这离《遗芳》成书并不久。

③ 例如，《遗芳》卷九《李公择求黄鹤楼诗因记旧所闻于冯当世者》注引章炳文《搜神秘览》"老卒再拜，且愿执事"（此注正是施顾注），《四河入海》所引的《遗芳》"愿"误作"顾"。日本国立国会图书馆依古钞本"移点"的古活字本在"顾"旁注"愿欤"，以示订正。

本""施宿本",这部分就可以直接辑出。二、施宿所作的"题左注"一般比较长,像一小段诗话,利用了宋代国史等资料,对诗题中的人物、掌故、朝政、时局及作诗本旨进行了详细的解释。三、如果相关诗歌有苏诗墨迹碑刻的话,施宿在题下注中也会说明,并采用墨迹碑刻作为底本,并与当时流行的"集本"比勘。四、在题下注中,施宿偶会提及自己。①五、施顾注句注的注释方式与李善注《文选》相同,基本是释事而不释意,直接引用文献来说明苏诗的语源,即"援引必著书名"。六、大岳周崇有时在引用施顾注后,会加上自己的注解或引用赵次公注,同时用"注"字加以区隔,"注"之前的就是施顾注。②如果《遗芳》的注文有符合上面六个特点的,就基本可以确认是施顾注。

先看直接引用施顾注佚文的例子,《遗芳》卷三《苏州姚氏三瑞堂》(施顾注卷九)题注云:

> 施曰:三瑞堂在阊阖门外,道间密迩枫桥水陆院。初,姚氏之先墓有甘露、灵芝、麦双穗之异,遂以"三瑞"名其堂。枫桥水陆长老通公者,东坡倅杭时,往来吴中,舟必经枫桥,识通。姚氏子名淳者,因通以求诗,而坡盖未始识淳也。坡守高密,答通二帖,淳亦并三瑞诗刻于堂中。第一帖乃十二月十二日所作,其词云:"轼到此旬日,郡僻事少,足养衰拙。然城中无山水,寺宇朴陋,僧皆粗野。复求苏杭湖山之游,无复仿佛矣。"后批云:"三瑞堂诗已作了,纳去。恶诗竟何用,是家求

---

① 施顾注卷十三《登望褀亭》题下注:"此诗墨迹乃钦宗东宫旧藏,今在曾文清家,宿尝刻石余姚县治。"又卷三十九《睡起闻米元章冒热到东园送麦门冬饮子》题下注:"此诗及卧阅四印帖,距梦奠才两旬尔,真迹宿尝刻之余姚县斋。"

② 《遗芳》卷十八《次韵王庭老退居见寄二首》其二注"右手持杯左捧颐"云:"《晋·毕卓传》:尝谓人曰,右手持酒杯,左手持蟹螯。拍浮酒船中,便足了一生矣。《庄子·渔父》:左手据膝,右手持颐。注:无因得见玉纤纤,盖戏廷老之侍姬也。""注"之前的文字完全与现存的施顾注相同,但"注"则是大岳之文,不应当作施顾注。

之如此其切，不敢不作。"是岁熙宁七年甲寅也。第二帖乃后一岁八月廿四日。词云："承开堂未几，学者日增，吾师久闲，独迫于众意，无乃少劳，然济物为心，应不计劳逸也。"后批云："姚君笃善好事，其意极可佳，然不须以物见遗也。惠香八十罐，却托还之，已领其厚意，与收留无异。实为他相识之惠，皆不留故也。切为多致此恳，千万勿许。"三瑞堂者，考于《吴郡图经》皆无所见。屡访郡人而不可得，最后属平江观察推官赵君玭夫穷究得之，且云："地已易主，诗刻亦不存。"而以东坡二帖刻本相示，虽石已湮泐，而刊刻甚工，秀润可爱。校以岁月，则此诗当在《除夜病中赠段屯田》诗之前。此卷皆已先刻，有不容易矣。备载二帖，得以尽见始末云。

本注是典型的施宿所作的"题左注"，对诗题中出现的人名、地名进行了详细的考证，并介绍作诗的前后背景，且备载施宿收集到的碑帖方面的文献。从注中也可以看到施宿本人的学术态度，为了弄清楚诗题中的"三瑞堂"，他先查阅了当地的方志《吴郡图经》，未果，又实地踏访，"屡访郡人"，最后从平江观察推官赵玭夫那里得到准确信息。虽然三瑞堂旧址已不存，且堂中刊刻的苏诗石刻亦已"湮泐"，但施宿意外得到了苏轼写给此诗的主人公姚淳的两份"帖"的刻本，并在注中附录了这两份珍贵的文献。施宿此注信息量非常大，不但详细考证了"三瑞堂"的来历、"姚氏"其人，而且还上下求索，从当地得到了很多第一手的资料。注中的赵玭夫，主要活动于嘉定年间，据《宝庆四明志》卷十八记载，他在嘉定十一年（1218）曾任定海县的宣教郎，十二年（1219）转任县令。故施宿与赵玭夫是同时代人。可见，施宿在增订施顾注的过程中，既参之以文献，又实地考察，还质之以当时学者。这种学术上的实证与严谨的精神，使得施顾注具有极高的学术价值。施宿又说："校以岁月，则此诗当在《除夜病中赠段屯田》诗之前。此卷皆已先刻，有不容易矣。"此语又透露出施顾注刊刻的重要信息,即施宿可能是在施元之、顾禧原稿基础上随修订随刊的。当他修订好《苏州姚氏三瑞堂》一诗的注释时,发现在编年上,此诗应在《除夜病中赠段屯田》之前,但《除夜病中赠段屯田》已经刊刻,故无法再调整位置,就在注中加以说明。

更多的时候,《遗芳》直接袭用施顾注,且不注明。可以根据上文对施顾注特点的概括来断定其是否为佚文。如《遗芳》卷九《次韵和刘京兆石林亭之作石本唐苑中物散流民间刘购得之》(施顾注卷一)题注云:

> 刘京兆,名敞,字原父,新喻人。庆历廷试第一。编排官王尧臣,其内兄也,以亲嫌自列,乃为第二。直集贤院,判考功、权度支判官。夏竦,谥文正。原父疏言非是,改谥文庄。吴充以典礼得罪,冯京救之,亦罢。原父因对极论。仁宗曰:"充振职,京亦言他,中书恶其太直,不能容尔。"原父曰:"自古惟人主不能容受直言,陛下宽仁好谏,而中书乃排逐言者。"帝深纳其忠,擢知制诰。宰相陈执中恶其斥己,沮之,帝不听。后以翰林侍读学士知永兴军。召还,以病求汝州。改集贤院学士,判南京御史台。卒年五十。原父学问渊博,自佛老、卜筮、天文、方药、山经、地志,皆究知大略。朝廷每有礼乐之事,必即其家以取决。为文尤赡敏。欧阳文忠公深服其博。子奉世,字仲冯,元祐间为签书枢密院事。东坡在齐安有诗云:"平生我亦轻余子,晚岁人谁念此翁。"盖记原父语也。事见十八卷《和王巩》诗注。

这段注文,《遗芳》并未像其他地方一样注明"施曰",但这段注文的风格明显与施宿的"题左注"风格相同,可以断定是施顾注的佚文。施宿的"题左注"可能利用了当时的国史,但又参考了其他的文献,加进了自己的考证。①

又如《遗芳》卷二十三《自昌化双溪馆下步寻溪源至治平寺二首》其一（施顾注卷六）"乱山滴翠衣裘重"，注云："集本作'衣裘重'，亭上有先生所书石刻本作'湿'。"《遗芳》卷十一《李颀秀才善画山以两轴见寄仍有诗次韵答之》（施顾注卷八）"囊中收得武林春"，注云："陆文学《钱塘记》：武林山，隋时有虎见于上，因名虎林，后避唐讳改为武林。集本'林'作'陵'，盖音响相似故。"这两处出现了与"集本"的对勘，符合施顾注的特色。故虽未标施顾注，也可以断定是施顾注的佚文。

除此之外，施顾注以旁征博引见长，其中引用了不少稀见的宋代文献，甚至仅见于施顾注的文献。如果《遗芳》利用了这些文献，也可以推断此注是施顾注的佚文，如《遗芳》卷十一《游鹤林招隐二首》（施顾注卷八）题注云："曾彦和《润州类集》：招隐，本征士。戴颙之馆斋，昙度道人则以为寺。"《润州类集》是北宋曾旼所编的宋代镇江地方总集，目前已经亡佚，其佚文基本见于施顾注中②，这里《遗芳》引用的《润州类集》，可以认定就来自于施顾注。

辑录施顾注，除了"做加法"外，可能还要"做减法"。由于《遗芳》是目前引用施顾注佚文最多的文献，故恢复完全佚失的六卷，必须依赖《遗芳》。《遗芳》主要是由施顾注、赵次公注，以及大岳周崇本人的注组成。《遗芳》在引用赵次公注时，大都会注明"次公注""次公曰""赵"等字样，比较难区分的是施顾注与大岳周崇的注。对比《苏诗

---

① 南宋李壁所作的《王荆文公诗注》卷十三《答扬州刘原甫》注中征引了《国史·刘敞传》，对比可见施宿的"题左注"与《国史·刘敞传》还是有一些差异的，如李壁注引的《国史》称刘敞为"袁州临江人"，而施顾注则称其"新喻人"。参见卞东波《宋人注宋诗中的宋代文学史料——以南宋李壁〈王荆文公诗注〉为例》，《宋代诗话与诗学文献研究》，第165—166页。

② 参见卞东波《宋代诗歌总集新考》中有关《润州类集》的考证。收入《宋代诗话与诗学文献研究》，第305—307页。

佚注》辑录的施顾注卷七、十、十九、二十与嘉定本原刊的四卷，笔者比较容易地发现了《苏诗佚注》辑佚的状况。《苏诗佚注》基本抄录了施顾注，但也有若干条脱漏和误辑。对于已经亡佚的六卷而言，脱漏的部分无从核校，关键要保证不能将大岳周崇的注误辑入。上文已经说到施顾注句中注的特点就是"援引必著书名"，否则就非施顾注。如《苏诗佚注》卷十《和蒋夔寄茶》"海螯江柱初脱泉"注"江柱"云："江瑶柱也。瑶与珧同，螯属甲，可饰物。俗呼江珧。"此注没有引书，当非施顾注，核以嘉定本，果然如此。施顾注的"句注"与"题注"分工比较明显，诗歌创作背景方面的内容只会出现在"题注"中，不会出现在"句注"中。如果"句注"没有引经据典，却交代写诗背景，则可能非施顾注，如《遗芳》卷十六《辛丑十一月十九日既与子由别于郑州西门之外马上赋诗一篇寄之》（见施顾注卷一）"夜雨何时听萧瑟"下，《苏诗佚注》与《增补足本施顾注苏诗》皆从《遗芳》注云："是岁应制，科入第三等，授大理评事，签书凤翔府判官。《诗序》有曰：嘉祐六年，予与子由同举制，策寓怀远驿，时年廿有三。"此注与施顾注"句注"体例不合，似非原注。

除此之外，大岳周崇之注的用语也不同于施顾注。如施顾注卷十《寄刘孝叔》"保甲连村团未遍"，《苏诗佚注》注"保甲"云："王介甫，宋熙宁中自参政拜相，变新法，有青苗、市易、保马、保甲、新经、字义、水利、雇役等名也。"这一条不但不见于嘉定本，且作为宋人的施元之等人，是不会直接称本朝为"宋朝"的，而是称"国朝"，但"国朝"在现存的施顾注中多见，也没有引书，可以断定这一条非施顾注，而是大岳周崇本人之注。再如上引《遗芳》卷九《次韵和刘京兆石林亭之作石本唐苑中物散流民间刘购得之》之诗的"题左注"末还有"刘敞，字原父，号公是先生，弟攽，字贡父，号公非先生。敞子奉世，字仲冯。是为三刘。刘贡父神宗朝充集贤院校理，著《汉书误》。刘涣字凝之，号西磵先生，子恕，字道原，恕子羲仲，亦为三刘"一段话，这段文字不但与上文有部分重复，且语气也与上文不通贯。实际上，如果检视现存的施顾注"题左注"的话就会发现，"题左注"最后一句往往是"事见某卷某诗注"。如卷三《送刘道原归觐南康》"题左注"末云："事见四十卷《是是堂》诗注。"卷四十一《岁暮作和张常侍》"题左注"末云："事见三十八卷《次韵子由赠吴子野先生》诗注。"一般注文就到此为止，下面不会再有其他文字。另外，《遗芳》等日本苏诗注本比较喜欢引用苏轼的年谱，如引傅藻的《东坡纪年录》等来注苏诗，但施顾注现存的卷帙中一次都没有引用过东坡的年谱，实际上施顾可能并没有接触过傅藻的《东坡纪年录》，故如果《苏诗佚注》辑本中引用到傅书，一定不是施顾注原文。《苏诗佚注》卷十《惜花》"而我食菜方清斋"，就引到《东坡纪年录》，此注当删。如果注文中引用的文献成书时间晚于施顾生活的年代，那么定非施顾注。如《苏诗佚注》辑施顾卷十《和梅户曹会猎铁沟》注引用到《方舆胜览》，应是误辑，因为《胜览》大概成书于理宗嘉熙三年（1239），晚于施顾的年代。

综上所述，《遗芳》保存了施顾注的大量佚文，是目前辑佚的最佳文献[①]。但在利用《遗芳》辑录施顾注时，既要"做加法"，也要"做减法"。凡是符合本文总结的施顾注特点的，都可以当作佚文辑入；同时也要仔细分辨《遗芳》的注文，凡是注文用语不似宋人者，或者引用到成书晚于施顾注文献的，这些注文都不可能是施顾注。

---

① 除了利用《遗芳》补遗施顾注外，日本宫内厅书陵部所藏宋刊建安黄善夫家塾本《王状元集百家注分类东坡先生诗》上抄录有大量的施顾注及赵次公注，此类抄录文字日语称之为"觉书"。宫内厅书陵部藏宋刊王注上的"觉书"多处引用到施顾注，或在诗题上标出该诗在施顾注本中的卷数，这些信息皆有利于辑佚已亡佚的六卷施顾注。这些"觉书"在辨别《遗芳》所引的施顾注、赵次公注上也有重要的价值。此点承王连旺先生指教，特此感谢。笔者也将另文讨论宫内厅书陵部藏宋刊王注上的"觉书"。

四 结 语

　　21世纪以来,随着《中华再造善本》影印的中国国家图书馆所藏的缪荃孙旧藏嘉定原本四卷、黄丕烈旧藏《和陶诗》二卷,以及台湾大块文化影印的中国台北图书馆所藏嘉定原本施顾注十九卷半(及韦力先生所藏《和陶诗》一卷)相继出版,加上上世纪台湾影印出版的翁同龢所藏的景定再刊本三十二卷(《中华再造善本·唐宋编》亦收入),为复原宋刊施顾注提供了极好的文献基础。如果机械地将各种影印本拼合在一起,固然可以看到宋刊施顾注的原貌,但嘉定原本受到火烧,多有残损,且仍有六卷完全散佚,加之施顾注原注也存在一些刊刻之误[①],故笔者认为,在现有的影印本之外,应该再作一部校证本,对宋刊施顾注进行全面的董理。校证本的底本可以用嘉定原刊本,版面残损或缺失的部分可以参考景定本以及各种传世文献。完全佚失的六卷,可以依日本苏诗古注本《翰苑遗芳》来复原,并参考京都建仁寺两足院所藏的《四河入海》古钞本、日本国立国会图书馆所藏的据古钞本"移点"的古活字本《四河入海》,以及日本宫内厅书陵部所藏的宋刊本王注上的"觉书"。在复原宋刊施顾《注东坡先生诗》原貌的基础上,再检核施顾注的原文,覆其出处,进行全面的校证考订,庶几可以做成一部体现当代学术水准的整理本。

---

　　① 如卷十五《百步洪》"欲遣佳人寄锦字",施顾注引李白《久离别歌》:"李有锦字书,开缄使人嗟。""李"当作"况"。卷三十七《宥老楮》"张王惟老穀",施顾注引《毛诗·小雅·鹤鸣》云:"爰有树檀,其干维穀。""干"当为"下"之误。卷三十八《欧阳晦夫惠琴枕》"卧枕纶巾酒新漉",施顾注引《晋书·谢万传》云:"著白轮巾。""轮"当作"纶"。

第八章　宋代文本的异域阐释
——黄庭坚《演雅》日本古注考论

一　日本中世近世对黄庭坚的阅读与注释

中国古典文学东传日本总有一个时间差，宋代文学在日本流行已是中世的室町时代，当时日本文学的主流是五山丛林中禅僧创作的汉诗、汉文，即所谓的"五山文学"。日本平安时代，当时贵族社会流行的是阅读中国的《文选》和《白氏文集》；而到了中世时期，日本汉学的传承转移到五山禅林之中，五山禅师平日阅读、学习的汉诗主要是杜甫、苏轼、黄庭坚等人的诗，当时甚至有"东坡山谷，味噌酱油"[①]之说，言二人之诗，一日不可或缺。从流传至今的五山禅师的日记中可见他们当时阅读宋人文集的情况。五山著名学僧瑞溪周凤的日记《卧云日件录拔尤》记载了他阅读苏黄集之事，关于黄庭坚的部分，如宝德元年（1449）七月十六日有阅读《山谷集》的记录，宝德二年（1450）七月十日提到黄庭坚的《栗鼠尾笔用貂尾字》一诗，文正元年（1466）九月廿四日提到山谷《简远》一诗，而康正元年（1455）十月六日提到山谷的诗句"潜鱼愿

[①] 见上村観光「応仁乱より観たる五山の学問」，『五山文學全集』別巻；芳賀幸四郎「五山文学の展開とその様相」，『国語と国文学』第34巻第10号，1957年。

深渺"（出自《山谷内集诗注》卷一《宿旧彭泽怀陶令》）。从《卧云日件录拔尤》可见，当时日本禅林中，山谷诗是日常的读物①。

五山文学的创作主体是五山禅僧，他们所写的汉诗、汉文中也有不少诗歌是对山谷的吟咏，五山文学提及山谷时总会写到他在北宋新旧党争中受到贬谪之事，如惟忠通恕（1349—1429）《云壑猿吟·赞山谷先生》云：

> 蜡梅春色入诗篇，桂子天香了祖禅。
> 可惜贤才常被忌，涪江秃鬓雪萧然。②

所谓"蜡梅春色入诗篇"，黄庭坚有诗《从张仲谋乞蜡梅》云："闻君寺后野梅发，香蜜染成宫样黄。不拟折来遮老眼，欲知春色到池塘。"③"桂子天香"原出于宋之问的诗"桂子月中落，天香云外飘"④，山谷诗中也出现过"天香"一词，如"迎笑天香满袖"⑤，这里的"天香"指的是别人所赠的江南帐中香（见《有惠江南帐中香者戏答六言二首》）。山谷是香学大师，也在历史上将香道与参禅结合在一起，他曾有诗云："险心游万仞，躁欲生五兵。隐几香一炷，灵台湛空明。"⑥"灵台"自然指人的心

---

① 关于黄庭坚诗在日本中世禅林的阅读，参见绿川英树《山谷诗在日本五山禅林的流传与阅读——以万里集九〈帐中香〉为例》，王水照、朱刚主编《新宋学》第六辑，上海：复旦大学出版社，2017年。
② 『五山文學全集』第三卷，第2457页。
③ 《山谷内集诗注》卷五，[宋]黄庭坚撰，[宋]任渊、[宋]史容、[宋]史季温注《黄庭坚诗集注》，刘尚荣校点，北京：中华书局，2003年，第203页。
④ 《山谷内集诗注》卷三《子瞻继和复答二首》其一，第121页。
⑤ 《宋之问集校注》卷三，[唐]沈佺期、[唐]宋之问撰，陶敏、易淑琼校注《沈佺期宋之问集校注》，北京：中华书局，2001年，第505页。
⑥ 《山谷内集诗注》卷五《贾天锡惠宝薰乞诗予以兵卫森画戟燕寝凝清香十字作诗报之》其一，第204页。

性,闻香能使人的心性达到"湛空明"的境地,几通于禅境。^①绍圣元年(1094)十二月,山谷以"修先帝《实录》,类多附会奸言,诋斥熙宁以来政事","诬毁先帝,为臣不忠"^②之罪名,被贬为涪州(今重庆涪陵)别驾,黔州(今重庆彭水)安置(后移居戎州,今四川宜宾),山谷晚年甚至自号"涪翁"。"可惜贤才常被忌"写出了山谷的悲剧性命运,而"涪江秃髻雪萧然"则道出山谷在贬谪中受尽磨难,依然"萧然"自放的形象。山谷词《采桑子》有"投荒万里无归路,雪点鬓繁"^③之句,可与上诗末句参证。

希世灵彦在《村庵稿》中所载的《山谷画像》诗中云:

> 梦中作梦老生涯,身是落南黔更宜。
> 岩桂吹香秋欲晚,谁舟榕下亦多时。^④

本诗又提到山谷贬居黔州之事。黔州三年并不是山谷创作数量上的高峰期,作于这一时期的诗词大概各有二十余首。虽然这些诗词都透露出山谷对贬谪的不满,但也显现了他能以强大的个人修养将生活中的苦难慢慢消化。据《豫章黄先生词》附录明嘉靖本《山谷全集》所载《豫章先生传》云,山谷"至黔,寓开元寺摩围阁,以登览文墨自娱,若无迁谪意"^⑤。上诗称"黔更宜",某种程度上也写出了黔州生活对山谷的淬

---

① 关于黄庭坚与宋代香文化,参见陈才智《尘里偷闲药方帖——黄庭坚与香文化之缘》,项楚主编《中国俗文化研究》第十三辑,成都:四川大学出版社,2017年。
② [宋]黄㽦《山谷年谱》卷二十六"绍圣二年乙亥条",《景印文渊阁四库全书》第1113册,第918页。
③ [宋]黄庭坚《山谷词》,马兴荣、祝振玉校注,上海:上海古籍出版社,2001年,第239页。
④ 『五山文學新集』第二卷,第322頁。
⑤ [宋]黄庭坚《黄庭坚全集》,刘琳、李勇先、王蓉贵校点,第4册,成都:四川大学出版社,2001年,第2361页。

炼。第三句中出现的"岩桂"也在山谷的诗中出现过,其《题徐氏书院》云:"紫髯将军不复见,空余岩桂绿婆娑。"据任渊注,"岩桂"出自淮南小山的《招隐士》中对桂树的描绘("桂树丛生兮山之幽")①。无论黄诗还是希世灵彦之诗,都透露出诗人对隐逸的向往。

日本汉诗中其他写到山谷的地方多是说他在诗学上的特色,如景徐周麟(1440—1518)《翰林葫芦集·赞山谷》云:"句法传家老拾遗,鬼门关外鬓成丝。"②这里是说,山谷的"句法"源自杜甫。"鬼门关"既是虚指,又是实指,关在巫峡,为赴黔州必经之地,山谷诗中也屡言此地,如《竹枝词》其一云:"撑崖拄谷蝮蛇愁,入箐攀天猿掉头。鬼门关外莫言远,五十三驿是皇州。"③江户时代汉诗人尧恕法亲王(1640—1695)《题山谷像》云:"江西诗祖名堪擅,崄语艳词天下遍。"④元代的方回称山谷为所谓"一祖三宗"之一,其实就影响而言,山谷不愧为"江西诗祖"。本诗对山谷诗词的欣赏,称之为"崄语艳词",也是比较贴切的。上引四首诗都是对"山谷像"题赞,可见日本流传着不少"山谷画像"之类的作品,这都呈现了当时五山禅林中的"山谷热"。

黄庭坚的诗集在日本中世时期也被翻刻,这就是著名的五山版《山谷诗集注》,其底本就是宋本。五山版保存了宋本的原貌,具有极高的文献价值。中华书局出版的刘尚荣点校本《黄庭坚诗集注》、上海古籍出版社出版的黄宝华点校本《山谷诗集注》的底本俱是清光绪间陈三立覆宋刊《山谷诗注》,陈三立云:"光绪十九年,方侍余父官司湖北提刑。其秋,携友游黄州诸山,遂过杨惺吾广文书楼,遍览所藏金石秘籍,中有日本所得宋椠《黄山谷内外集》,为任渊、史容注,据称不独中国

---

① 《山谷内集诗注》卷十六,第587页。
② 『五山文學全集』第四卷,第107—108页。
③ 《山谷内集诗注》卷十二,第420页。
④ 尧恕法亲王《逸堂集》卷上,元禄八年(1695)刻本,京都大学附属图书馆藏。

未经见,于日本亦孤行本也。"① 其实,杨氏所藏并非全为宋版,其中《山谷内集诗注》"为日本古时翻雕宋本(今日本亦罕见)"②。所谓"翻雕宋本"应就是五山版。可见,我们今天读到的黄庭坚诗集版本与日本有很大的关系。不过,山谷与日本汉文学的渊源并不止于此,本文以黄庭坚的名作《演雅》为例,来探究日本中世近世对山谷的阅读与接受。

《演雅》是山谷诗集中一篇比较独特的作品,全诗共四十句,以"以赋为诗"的方式铺陈了四十多种禽鸟昆虫及其习性,几乎每句都出现动物之名,全诗如下:

> 桑蚕作茧自缠裹,蛛蝥结网工遮逻。燕无居舍经始忙,蝶为风光勾引破。老鹳衔石宿水饮,稚蜂趋衙供蜜课。鹊传吉语安得闲,鸡催晨兴不敢卧。气陵千里蝇附骥,枉过一生蚁旋磨。虱闻汤沸尚血食,雀喜官成自相贺。晴天振羽乐蜉蝣,空穴祝儿成螟蠃。蛣蜣转丸贱苏合,飞蛾赴烛甘死祸。井边蠹李螬苦肥,枝头饮露蝉常饿。天蝼伏隙录人语,射工含沙须影过。训狐啄屋真行怪,蟏蛸报喜太多可。鸬鹚密伺鱼虾便,白鹭不禁尘土涴。络纬何尝省机织,布谷未应勤种播。五技鼫鼠笑鸠拙,百足马蚿怜鳖跛。老蚌胎中珠是贼,醯鸡瓮里天几大。螳螂当辙恃长臂,熠燿宵行矜照火。提壶犹能劝沽酒,黄口只知贪饭颗。伯劳饶舌世不问,鹦鹉才言便关锁。春蛙夏蜩更嘈杂,土蚓壁蟬何碎琐。江南野水碧于天,中有白鸥闲似我。

此诗是宋诗"以学问为诗"最典型的作品,也是山谷诗的代表作。虽然黄庭坚晚年时将《演雅》从其文集中删除,但在宋代,《演雅》已经成为文学经典,宋人有不少效仿《演雅》的作品,如杨万里、方岳、刘克庄、

---

① 陈三立《山谷诗注跋》,《黄庭坚全集》第4册,第2424页。
② 杨守敬《山谷诗跋》,《黄庭坚全集》第4册,第2424页。

张至龙等人皆有仿、拟《演雅》之作。

伴随着山谷诗在日本五山禅林中的流传,《演雅》诗也在日本诗坛中传播开来,并且产生了较大的影响,可以说《演雅》是黄庭坚在日本影响最大的作品,也是日本汉文学中接受最广泛的山谷诗。日本汉诗中的《演雅》仿作并不多见,梦岩禅师《旱霖集》中有一首题为《演雅》的诗:

> 一蚁垤中何间隙,檀罗槐国梦相征。
> 鸥边风月吾横占,鸥鸟不嗔人不争。①

这并不是一首典型的《演雅》诗的拟作,一是此诗是绝句,在体量上与山谷《演雅》七言长篇古体相差较远;二是诗中所写之动物较少,仅有蚁、鸥两种,而且也不是每句都出现动物。不过,此诗出现了"鸥鸟"这个意象,却是山谷诗中原有的。山谷以白鸥自比,此诗作者亦向往"鸥边风月"的萧散生活(详见本书第九章)。

日本对《演雅》之阅读与接受最为独特之处就在于,出现了多种《演雅》的古注,如室町时代一韩智翊的《山谷诗集注抄》、万里集九的《帐中香》、月舟寿桂(1460—1533)的《山谷幻云抄》、林宗二传抄的《黄氏口义》(上两种皆为京都建仁寺两足院藏孤本)、旧传彭叔守仙(1490—1555)的《山谷诗集注》(米泽市立米泽图书馆藏)、佚名的《黄鸟钵抄》(阳明文库藏)、元禄十七年(1704)所刊的《山谷演雅诗和抄》、正德二年(1712)所刊鹰尾季德的《山谷演雅诗图解》,以及享保十三年(1728)所刊白云子的《黄山谷演雅诗绘抄》。前面六种《演雅》的注释属于整个山谷诗之注的一部分,而后面三部则为《演雅》注的单行本。从时间上来看,日本对《演雅》的注释从中世的室町时代一直延续到近世的江户时代。室町时代主要以黄诗的集注为主,而江户时

---

① 『五山文學全集』第一卷,第812頁。

代则出现了《演雅》的单注本。日本汉文学界对《演雅》一首诗的关注长达数百年,这在中国古代文学东传史上也是罕见的。而且在整个东亚汉籍史上,《演雅》可能是单首诗歌注本最多的作品。在东亚汉文学史上,一位诗人的诗集,或一组诗有很多注本,都是常见的现象,而一首诗有这么多注本,则是非常引人注目的特例。

日本现存的多种《演雅》古注,大部分为假名注,只有《帐中香》《山谷幻云抄》以汉文为主,间杂假名;《演雅诗图解》以假名为主,间杂汉文。下面笔者对这三部注本略作考论。

二 万里集九《帐中香》对《演雅》的阐释

山谷诗在宋代就有任渊注,陈振孙《直斋书录解题》卷二十著录《注黄山谷诗》二十卷、《注后山诗》六卷,云:"新津任渊子渊注,鄱阳许尹为序。大抵不独注事而兼注意,用功为深。"① 任渊注是宋人注宋诗中的精品,以考订文本语句的典故出处为主,取得了很大的学术成就,但实际上其注释仍然是注"事",注"意"之处并不多,特别是《演雅》之注,鲜有对诗意的阐释。而日本的古注本《帐中香》和《山谷幻云抄》可谓真正做到了既释事又释意,对《演雅》的解释几乎字斟句酌,对诗意也做了发挥性的诠释。(参见图8-1)

《帐中香》是室町时代万里集九所作的黄庭坚诗歌的集注,"帐中香"②一词即源自山谷本人的诗。《山谷内集诗注》卷三《有惠江南帐中香者戏答六言二首》任渊注:"洪驹父《香谱》有江南李主帐中香法,以

---

① 《直斋书录解题》,第593页。
② 周裕锴认为,"'帐中香'本为南唐李后主时制造的一种名贵熏香"。参见周裕锴《"天下白"与"帐中香"》,《古典文学知识》2013年第5期。

鹅梨汁蒸沉香用之。”用作者本人之诗句作为诗注的书名，显得别有意蕴，而且“帐中香”一词本身就给人以美感。万里集九出生于近江国（今滋贺县）安昙郡，俗姓速水氏，名集九（周九），字万里，号梅花无尽藏，后还俗，又自称漆桶万里、漆桶叟，又号梅庵、椿岩。他是室町时代中期的临济宗一山派之僧，幼年时在京都相国寺出家，师从大圭宗价。应仁元年（1467），相国寺遭兵火，遂还俗，避地近江、美浓、尾张等地。从学于瑞溪周凤等人，又与横川景三（1429—1493）、桃源瑞仙（1433—1489）交游。万里集九对唐宋文学有深入的研究，除《帐中香》外，他还著有《三体诗》的注本《晓风集》、苏轼诗的集注本《天下白》。[1]据学者研究，《帐中香》是其在1485—1488年滞留江户间在讲解黄庭坚诗歌的基础上整理出的讲义录[2]，也是在宋人任渊注基础上对黄诗的详注和汇注，汇集了室町时代禅师会读山谷诗的见解，如《演雅》注的部分就引用了“樵云”（惟肖得岩（1360—1437）之说）、“旧抄”“或云”之说，但主体部分是万里集九本人的见解，往往以“某谓”的形式发表。

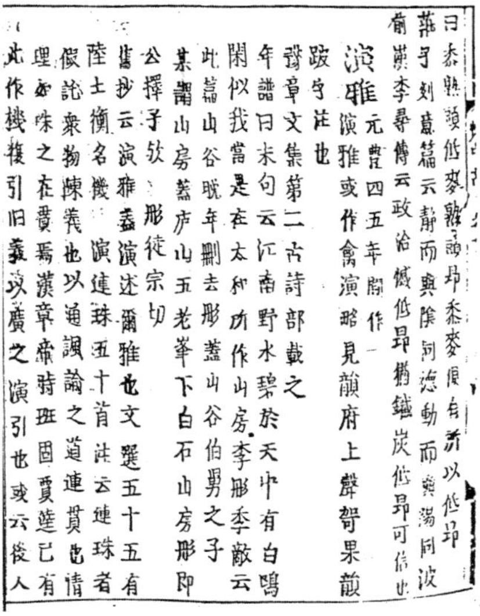
曰忝熟頭低麥穗而昂黍麥垂所以低昂
莊子刻意篇云靜而與陰同德動而與陽同波
前漢李尋傳云政治感低昂衡鐵炭低昂可信也
演雅　元豐四五年閑作
演雅或作衍演略見韻府上聲哿果韻
跋守注也
豫章文集第二古詩部載之
年譜曰末句云江南野水碧於天中有白鷗
閑似我當是在太和所作山房李彤季敵云
此篇山谷晚年刪去彤蓋山谷伯舅之子
某謂山房蓋廬山五老峯下白石山房彤即
公擇子欽　彤徒宗切
舊抄云演雅蓋演述爾雅也文選五十五有
陸士衡名機演連珠五十首注云連珠者
假託衆物陳義也以通諷諭之道連貫如情
理如珠之在貫焉漢章帝時班固賈逵已有
此作機復引舊義以廣之演引也或云後人

图 8-1　《帐中香》中的《演雅》诗注

① 万里集九生平，参见上村観光編輯『五山詩僧傳』，第287—290頁；玉村竹二『五山禪僧傳記集成』，第601—613頁；中川徳之助『万里集九』，東京：吉川弘文館，1997年；市木武雄『梅花無尽蔵注釈』（全6卷），東京：続群書類従完成会，1993—1995年；市木武雄、梅田薫『万里集九著「梅花無尽蔵」の世界』，各務原：鵜沼歴史研究会，2005年。

② 参见内山精也「万里集九と宋詩」，『アジア遊学』第93輯，2006年。后收入『宋詩惑問：宋詩は「近世」を表象するか?』，東京：研文出版，2018年。

《帐中香》有室町末期的写本以及庆长、元和年间（1596—1624年）的古活字本。

首先，《帐中香》对《演雅》进行了系年，认为此诗为"元丰四五年间作"。《山谷诗集注》目录所附的任渊《山谷年谱》根据诗末两句，推断此诗"当是在太和所作"。元丰四五年间，山谷正为吉州太和县知县，万里集九的判断应该是建立在《山谷年谱》之上的。《演雅》是山谷诗中比较别致的诗，但任渊注并没有对"演雅"的含义做出解释，而《帐中香》先说："'演雅'，或作'禽演'。"接着又引用"旧抄"（即比《帐中香》早的抄物）对"演雅"二字详细解释：

> 旧抄云：演雅，盖演述《尔雅》也。《文选》五十五有陆士衡（名机）《演连珠》五十首，注云：连珠者，假托众物陈义也，以通讽谕之道。连，贯也，情理如珠之在贯焉。汉章帝时，班固、贾逵已有此作，机复引旧义以广之。演，引也。或云：后人拟董仲舒《繁露》，程泰之有《演繁露》之作也。《韵会》"演"字注云：长流也。毛晃注云：水长流貌，又广也。又《韵会》衍字注云：通作"演"。又《易》"大衍"注，王云：演天地之数，与"衍"同。由是则"演"字训引亦得，训衍亦得也。训引者，《文选》之义也；训衍者，《易》之义也。虽训异，其义同。或云，《尔雅》只录注虫鱼耳，此篇演述虫鸟之所禀之本性也。

相较于任渊不注一字，《帐中香》详尽的解释，让我们觉得虽然诗题两个字很简单，但其实有比较深的意涵。《帐中香》不但指出"演"字有引申（"引"）和演绎（"衍"）两种解释，同时又结合《演连珠》《演繁露》的例子，指出"演"还是一种发挥古典的方式。而"演雅"的含义，"旧抄"认为是"演述《尔雅》"，而另一种抄物则认为可能不能做这种解释，因为"《尔雅》只录注虫鱼耳，此篇演述虫鸟之所禀之本性也"。可以说，"或云"的观察非常仔细，到底"演雅"的"雅"指什么，确实是一桩公案。近年来周裕锴教授著文认为"雅"指的是陆佃的《埤雅》[①]，可能更接近事实，"或云"虽然没有指出演绎的是《埤雅》，但其也敏锐观察到了《演雅》与《尔雅》之间的差异。以上注释，保留了日本中世时期汇读黄诗的痕迹，"旧抄""或云"都是当时不同的抄物，而《帐中香》将其汇集在一起，也可以看出万里集九本人的态度。另外，由于黄诗的阅读对象是日本人，所以详细解释也是为了便于阅读者。

与任渊注仅注语汇典故的出处不同，《帐中香》更注重发掘《演雅》的讽寓意，即文字背后的言外之意。《帐中香》说：

> 凡举四十六种鸟虫，其内骥与鱼虾，盖无毁誉，但因类话举之。又以白鸥而比公之闲，其所讽之者，只四十二类而已。颇比群小人，其所嗜之性各异。

这段话清晰指出，山谷写了四十六种鸟虫，其实是有"讽"意在其中的，即用这些鸟虫"比群小人"。如"鹊传吉语安得闲，鸡催晨兴不敢卧"两句，万里解释云：

> 上句譬小人甘其言，媚上位，不得其闲静。下句譬小人之其性躁，忽而敲邻户连户，不得安眠也。

《帐中香》对《演雅》的阐释基本上用的就是这种模式，又如"老鹄衔石宿水饮，稚蜂趋衙供蜜课"注云："鹄譬世俗之嗜养性，而剂和之外，无他伎艺。蜂譬被官爵缚，不得安息也。"这里的解释能结合禽鸟的习性来发挥。"稚蜂"每日忙忙碌碌，要为官衙供蜜，所以将蜂比作"被官爵缚，不得安息"之人也能说得通。再如"桑蚕作茧自缠裹，蛛蝥结网工遮逻"注云："蚕比人之以文章语言系其祸也，蛛比人之以智巧方便夺他人也。"这里将有的人写文章自构其祸，比作蚕作茧自缚；将蜘蛛

---

① 参见周裕锴《宋代〈演雅〉诗研究》，《文学遗产》2005年第3期。

吐丝结网比作"以智巧"纲罗他人罪状,陷害他人,也勉强说得过去。但有的诗句的解释,则有过度阐释之虞,如"蛣蜣转丸贱苏合,飞蛾赴烛甘死祸"注云:"上句谓祖杨墨而蔑孔孟,夸小伎而嗤大才,眩小乘而嫌大乘等也。下句谓堕欲情之火坑,取其死亡等也。""转丸"固然是恶物,"苏合"是美好之物,但它们在诗意上与"杨墨""孔孟"没有丝毫联系,完全是《帐中香》的演绎、发挥。

《帐中香》这种阐释方式一方面继承了中国诗学中长久以来的讽寓解释传统,如汉儒以美刺、以礼说《诗》,以"香草美人"说《楚辞》,五臣注《文选》的政治化解读等。此外,唐宋诗格中的"物象类型"解诗方式亦以"君子小人"说诗,如徐寅《雅道机要》"明物象"云:

  残月,比佞臣也。珍珠,比仁义也。鸳鸯,比君子也。荆榛,比小人也矣。以上物象不能一一遍举。①

晚宋的诗学阐释中,也多用这种方法,如谢枋得所著的《注解章泉涧泉二先生选唐诗》、曾原一所著的《选诗演义》,可以称之为"讽寓解读"（allegorical reading）②,即追求诗句背后的"言外之意"。另一方面,日本的诗学阐释中也有这种现象,笔者曾观察到,日本中世时期禅师所注的南宋诗僧总集《中兴禅林风月集》也用这种"讽寓解读"来说诗③,如注释道潜《临平道中》"风蒲猎猎弄轻柔,欲立蜻蜓不自由。五月临平山下路,藕花无数满汀洲"云:

---

① 《全唐五代诗格汇考》,第426页。
② 参见卞东波《南宋诗选与宋代诗学考论》第五章"谢枋得《注解章泉涧泉二先生选唐诗》与唐宋诗学"。又卞东波《曾原一〈选诗演义〉与宋代"文选学"》,《文学遗产》2013年第4期,增补版收入笔者所著《域外汉籍与宋代文学研究》。关于"讽寓",参见苏源熙《中国美学问题》。
③ 详见卞东波《南宋诗选与宋代诗学考论》第三章"日藏宋僧诗选《中兴禅林风月集》考论"。

风者，比君子号令也。蒲者，比小人下劣也。君号令不正，则随上人之义指，言王荆公也……莲花者，不为淤泥污，故以比贤人君子处野逃迹，安其身。①

《帐中香》用"譬"这个字，与上文中的"比"是同一意思。不过，《帐中香》没有将某个具体的禽鸟对应为某个固定的讽寓对象，而是结合其体性，将整句诗发挥为一种"讽寓性阐释"（allegoresis）。

《帐中香》在解释《演雅》时还指出了任渊注之误。如注"老鹳衔石宿水饮"云："公以鹳为鸽事而用之，任渊注辩焉，注云'司马相如《上林赋》'云云。某谓，《文选》第七司马相如《子虚赋》云'双鸧下，玄鹤加'云云，非《上林赋》，任渊误矣。公亦以鹳为鸽，误矣。"黄庭坚将鹳误为鸽，任渊注已指出其"未谕"，这里《帐中香》又指出任渊注文献引用之误。如果说任渊注是任渊与山谷的对话，那么《帐中香》则是万里集九与山谷、任渊的双重对话。

三 月舟寿桂《山谷幻云抄》与《演雅》之阐释

《帐中香》主要是万里集九本人对山谷诗的解读，而月舟寿桂所讲的《山谷幻云抄》则汇集了日本中世时期众多禅师对山谷诗的注释，有惟肖得岩、江西龙派、瑞岩龙惺、瑞溪周凤、希世灵彦、兰坡景茝（1419—1501）、天隐龙泽、正宗龙统（1429—1498）、万里集九、横川景三、桂林德昌（1428—？）、祖溪德浚，以及月舟寿桂本人共十三家注释。月舟寿桂，别号幻云、中孚道人，日本临济宗幻住派僧，近江人。曾任京都建仁寺第二百四十六世住职。月舟博学工诗文，曾随天隐龙泽学习汉诗文，文集有《幻云文集》《幻云疏稿》等，还有《月舟和尚语

---

① 大塚光信编『新抄物资料集成』第一卷，大阪：清文堂，2000年，第395页。

录》。①另外他对中国古典文本有很多阐释之作,如《幻云史记抄》《三体诗幻云抄》,还有对东坡诗的注解《东坡幻云抄》(已失传,但见引于米泽市立米泽图书馆所藏的东坡诗集注中);对山谷诗注解有汉文注本《山谷幻云抄》及假名注本《黄氏口义》。

《山谷幻云抄》可谓日本中世时期对山谷诗注释的集成之作,但在日本从未刊刻过,仅有写本藏于京都建仁寺两足院中。啸岳鼎虎(1528—1599)曾抄写《山谷幻云抄》部分内容,今存卷一一二、卷五一八、卷十一十二,藏于山口县洞春寺中。②《山谷幻云抄》的注释方式基本同于《帐中香》,既注事又释意,注释比《帐中香》还要详细繁复,比较完整地保存了中世时期日本禅师汇读山谷诗的样貌。

《山谷幻云抄》也对"演雅"的含义进行了解释,除了引用《帐中香》之语外,幻云又说:"此篇演述虫鸟之所禀之本性。""每句有意,可知'演雅','演'字,文之一体也,演《尔雅》也。"这里明确指出,"演雅"演的是《尔雅》。除了解释字句外,《山谷幻云抄》还有《帐中香》没有的内容,即对《演雅》的评论:

> 或云:韩文公《画记》、山谷《演雅》所谓"真甲乙帐者也"。前辈异论甚多,自褒者而见之,则文公记画目入大手笔,成一篇巨文,其妙可知。《演雅》注虫鱼,入鲁直笔,其语成韵,其奇抗韩公也。自贬者而见之,真甲乙帐,何足为妙哉!

这段话记载了对《演雅》的不同评价,有褒有贬,反映了前人对《演雅》的不同认知。"真甲乙帐"之语,见于苏轼《东坡志林》卷二:"仆尝谓退之《画记》近似甲乙帐耳,了无可观,世人识真者少,可叹亦可

---

① 关于月舟寿桂的生平,参见『五山詩僧傳』,第354—357頁;『五山禪僧傳記集成』,第160—161頁。

② 参见嘯岳鼎虎抄,日下元精監修,岩城秀夫、根ヶ山徹解說:長州毛利洞春寺藏『山谷詩抄』,山口:正宗山洞春寺,2006年。

憨也。"①

所谓"甲乙帐"即账簿之类,类似于流水账。韩愈的《画记》以五百多字有条不紊地叙述了畋猎画卷中五百多个人物、动物、器物等场景;《演雅》与之类似,用韵语的形式描摹了四十多种禽鸟昆虫。这两首诗皆取得很高的艺术成就,宋代以降就有很多人模仿,可见其成功,用"甲乙帐"来评论这两篇作品,其实并不准确。但《山谷幻云抄》的评论也暗示了《演雅》在写作艺术上与韩愈《画记》有异曲同工之妙。

任渊注《演雅》,仅考索山谷诗句的出处,而对每句所记的禽鸟昆虫则少考证,《帐中香》虽然对诗中的名物有所考订,但《山谷幻云抄》比《帐中香》还要繁密。这里以全诗首联"桑蚕作茧自缠裹,蛛蝥结网工遮逻"为例比较三个注本的异同(见表8-1):

表8-1 《演雅》首句注三个注本比较表

任渊注	《帐中香》	《山谷幻云抄》
乐天诗:烛蛾谁救护,蚕茧自缠萦。《吕氏春秋》:汤祝纲曰:"蛛蝥作网,令人学之。"《符子》曰:公子重耳游大泽之中,见蜘蛛布网,曳绳执豸而食之。顾舅犯曰"此虫也,德薄矣;而犹役其智"云云。	蚕比人之以文章语言系其祸也,蛛比人之以智巧方便夺他人也。某谓《云笈》云:黄帝元妃西陵氏始养蚕为丝,又茧字注云:蚕衣也。《尔雅翼》云:太昊(宓牺氏也)师蜘蛛而结网。	"桑蚕作茧自缠裹",一为利自失者,自失身者。"蛛蝥结网工遮逻",二责人失他者,为利损失他人者。木云:世俗为名利被诱,自失其身矣。木云:世俗枉事而责人也。下句效此。《涅槃经》云:烦恼所缠裹,犹如蚕处茧。世云:蜘蝶布网,如胃其丝右绕,令魔旋蔓生,皆循右而转,亦自然之理也。遮逻,言遮罗飞虫也。"桑蚕作茧自缠裹",蚕女家在什邡、绵竹、德阳三县界,每岁祈蚕者云集。蜀之风俗者,塑女像,披马皮,谓之"马头娘",以祈蚕焉。初,高辛时有女子,父为人所掠所乘马,其母誓于众曰:有得父还者,以女嫁之。马闻其言,振迅而去。数日,父乘马归。自此马嘶鸣不已,父怒,射杀之。曝其皮于庭,蹶然而起,卷女飞去。旬日,皮挂桑上,女化为蚕,食叶吐丝成茧。一日,蚕女乘马驾马,谓父母曰:太上以我心不忘义,授以九宫仙嫔矣。蚕,阳物也,食而不饮,蝉饮而不食。蚕为龙精,红蚕缘于枯桑,蚕之足于叶,三俯三起。二十七日,而蚕已老则红。"桑蚕作茧自缠裹",《香》云:蚕比人之以文章语言系其祸也,蛛比人之以智巧方便夺他人也。萧云:缠裹,蚕食桑作绵……初食桑,为口腹失身也。羽未生时,已被者也……七言诗八,第五字,字眼。"自""工"二字,字眼也……遮逻,《毛韵》,逻,巡也。

---

① [宋]苏轼《东坡志林》,明万历商浚《稗海》本。此条未见于中华书局点校本《东坡志林》。

表8-1比较清楚显示了三个注本的面貌，也可以看出《山谷幻云抄》注释的方法：第一，对诗中的名物进行详细考证，如此句的"蚕"，既释蚕之意，又追溯了蚕的历史。第二，考证山谷诗意的来源，《山谷幻云抄》找到了《涅槃经》之语。第三，分析诗句的艺术特色，如指出"自""工"二字是此诗"字眼"。第四，对诗中名物的隐含义进行发掘，《山谷幻云抄》在一开始就引用"萧（正宗龙统）云""此篇句句讥世间人"，为此篇的解释定调，引用了《帐中香》对蚕、蛛蜇的"讽寓解读"，又进一步发挥，具体指出蚕是"为利自失者，自失身者"，蛛蜇是"责人失他者，为利损失他人者"。《山谷幻云抄》对《演雅》全篇的解释基本同此，如言蝇是"附势进者，借人势为势"；虱"不知己命者，虽临截头之场，犹为肉食"；飞蛾"投身甘死者"。幻云的解释紧扣每种禽虫的特性，以及"句句讥世间人"的定性来发挥。

《山谷幻云抄》还观察到《演雅》诗末句的特色，诗的最后两联"春蛙夏蜩更嘈杂，土蚓壁蝉何碎琐。江南野水碧于天，中有白鸥闲似我"，《山谷幻云抄》云：

> 以上三十六句，一句举虫鸟之一，至此一句举二虫，结句二句举一鸟，次第可见，所以鼓笔端波澜也。

关于最后一联，《帐中香》认为是"此篇眼目也"，《山谷幻云抄》引瑞溪周凤之语云：

> 此诗全篇虽叙虫鱼事业，然其意以比托时人之情状。然上不曾显其意，到此句始云"闲似我"，则上诸虫鱼似时人也，推而可知，此诗人笔端之妙旨也。

《演雅》全篇基本上对所写的禽虫都有讥讽，唯有最后一句写到白鸥时，诗风逆转，与上面所写诸物有明显区隔：既是临终奏雅，显出"诗人笔端之妙旨",又是山谷精心为之的诗学实验,确实造成了"鼓笔端波澜"的效果。所谓"笔端波澜",就是诗文创作中忌平铺直叙,须有曲折,方见作家匠心。黄庭坚本人也经常讲到写诗作文,要有"波澜",如《与王庠周彦书》云:"所寄诗文,反复读之,如对谈笑也。意所主张,甚近古人,但其波澜枝叶不若古人尔。"①《与明叔少府书十七》其二又云:"其文章波澜翻头作尾,自系之大笔矣。"②

四 《演雅》的日本单注本

《帐中香》和《山谷幻云抄》是日本室町时代五山禅僧对山谷诗的集注本,江户时代则产生了数部《演雅》的单注本,目前笔者所见有《山谷演雅诗和抄》《山谷演雅诗图解》及《黄山谷演雅诗绘抄》三部,都是专门注释《演雅》的著作。《山谷演雅诗和抄》三卷,元禄十七年(1704)京都永田调兵工刊本。所谓"抄"即注释之意,全书对《演雅》每一句用和文进行详细的解说,并配插图。《黄山谷演雅诗绘抄》前有白云子所撰之序,享保十三年(1728)京都书肆西村市郎右卫门刊本。这三部书的特色都是用"图解"的方式来解释《演雅》中的名物。因为《演雅》中写了四十多种禽鸟昆虫,颇似类书或字典,如果用图像的方式来解释及表现诗中的名物和诗意,则可以达到一目了然的效果。"解"的部分是用假名来解释《演雅》之诗句的。

值得注意的是这些注本的序言对《演雅》的评论,《山谷演雅诗和抄》《黄山谷演雅诗绘抄》之序为假名书写,此处暂且不论,而《山谷演雅诗图解》(下简称《图解》)之序是用汉语写的,颇具有代表

---

① 《宋黄文节公全集》正集卷十八,《黄庭坚全集》第2册,第467页。
② 《宋黄文节公全集》别集卷十六,《黄庭坚全集》第3册,第1815页。

性，其序云：

> 《演雅》诗者，宋黄庭坚元丰年中在太和县之所作也。演，引也，舒也。雅，谓《尔雅》焉。其诗也，据董仲舒《繁露》辞而引舒之，又假《尔雅》所叙羽毛虫豸而剖析世之奸谀贪噪之人，窃寓劝善惩恶之诫矣。其辞也，虽似戏谑，实不为虐者也。按庭坚之作，总用事深密，摘取乎儒释老庄百家之丽藻，而句法、字法浑厚精妙，难容易晓焉。只三江任君子渊为注解，盛行于世。余尝把玩讽咏之余，画句句之体样，贴诸壁间。一日，家君谓余曰：使幼童弄观此画，则励于唔咿之一助乎！余唯唯，再誊傍附诗句，并任注补解，而授愚子弟。适剞劂氏乞绣于梓，因忘寡陋，充一时之笑具云。宝永己丑孟春下浣，丹阳仓山亨斋鹰尾季德甫题。

《图解》的序者鹰尾季德也是本书的著者。鹰尾季德，生平不详，从上文只知其号亨斋，丹阳仓山人。此序作于宝永六年（1709）孟春，则此书应该也刊刻于该年。序文交代了《图解》创制的经过，以及著者对《演雅》的看法。亨斋认为《演雅》创作于元丰年间，黄庭坚在太和县知县的任上，这其实是任渊的看法，任氏根据末句中有"江南野水碧于天，中有白鸥闲似我"，推断此诗"当是在太和所作"，而黄庭坚是在元丰三年（1080）任太和县令的。《演雅》作于元丰年间是传统的说法，但近年来也遭到学者的质疑[①]。接着他又解释了《演雅》诗题的含义，即演绎《尔雅》之意，这也是传统的看法，《帐中香》和《山谷幻云抄》都持这种看法。亨斋又做了进一步的阐发，认为《演雅》"其诗也，据董仲舒《繁露》辞而引舒之，又假《尔雅》所叙羽毛虫豸而剖析世之奸谀贪噪之人，窃寓劝善惩恶之诫矣"。这一段是亨斋对《演雅》诗意的总体解

---

① 周裕锴认为，《演雅》作于元祐年间，最有可能是元祐四五年间。参见周裕锴《宋代〈演雅〉诗研究》，《文学遗产》2005年第3期。

释,他认为《演雅》是根据董仲舒的《春秋繁露》的义理来发挥的,这种解释在《演雅》研究史上也是第一次出现。他对《演雅》的总体判断是"假《尔雅》所叙羽毛虫豸而剖析世之奸谀贪噪之人",即《演雅》是有讽寓之意的,是为了"剖析世之奸谀贪噪之人"。他对诗意的阐释也印证了这一说法,如"飞蛾赴烛甘死祸"注云:

> 言は貪欲多くして我が身の死するをもかまはざる者は飞蛾の燭に赴くが如くなるに比ふなり。【此言用于比喻贪欲之多,恰似飞蛾扑火,不顾自家性命。】

又解《演雅》最后两句"江南野水碧于天,中有白鸥闲似我"云:

> 江南は蜀の江を云ふ。庭堅の吉州の太和県に知たることを得るの时、江南に在りての作なり。野水湛々として澄み潔きこと、晴天の碧よりも勝れたり。其の中に白鴎あり。心身寂寞と閑なる躰は我に似たりと云ふを以て観ずれば、前四十類の羽毛虫豸は皆元豊の間の讒諛姦佞の人に比ふ也。此の結句、尤も優美にして一篇の詩の本意を顕はす也。実に山谷の平素無爲自然の楽しみを見るに足れり。【句中"江南"指蜀江。黄庭坚得任吉州太和知县时在江南所作。野水湛湛澄清,胜过晴空之碧蓝,又可见白鸥于其间,那种身心寂寞悠然闲适之感恰似吾身。由此观之,此前四十种类的鸟羽虫豸皆比喻元丰年间的谄谀奸佞之人。此结句尤为优美,亦点出全诗本意,足见山谷平素无为自然之乐趣。】①

亨斋的解释基本实践了其在序文中所言之语。我们从上文已经看到《帐中香》与《山谷幻云抄》以来对《演雅》的解释一直是讽寓性的,可见这种看法是日本长久以来的习惯看法,也是日本《演雅》阐释的特色。亨

---

① 原文为古日语,承杨昆鹏兄帮助,转录为现代日语,并翻译为中文,特此感谢。

斋又对《演雅》的语言特色做了评论:"其辞也,虽似戏谑,实不为虐者也。"这里暗用了《诗经·卫风·淇奥》中"善戏谑兮,不为虐兮"之语,指出《演雅》的语言"谑而不虐"的特点。

序文又指出《图解》的注释方式,即"画句句之体样",同时"再誊傍附诗句,并任注补解"。从图8-2可见,《图解》完全是依照序文中所言的模式来著书的,先列《演雅》句,下引任渊的注,然后是亨斋的"补

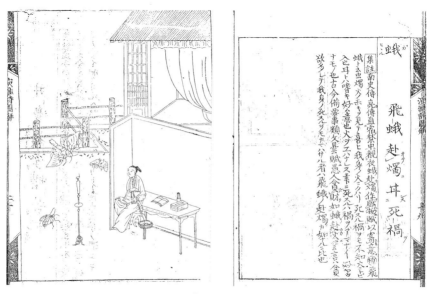

图8-2 《演雅诗图解》书影

注",注释下一页就是其所画之图。画面完全是对《演雅》诗句的忠实演绎,不过图画亦有失真之处,即全书所画之虫类与禽类明显较大,与画面并不成比例,这也主要是为了取得直观的效果。序文也讲到亨斋编纂此书的目的,是为了"授愚子弟",即为了日常教授子弟学习的需要。用这种方式学习,可以迅速理解诗意,同时也可以达到"多识于草木鸟兽之名"的效果。

《图解》后还有一篇亨斋同乡卧云子所写的跋:

黄山谷之所著《演雅》之诗，依托昆虫比况谗佞。读之能使人感激，而敦节义、励操履也。苏子瞻尝谓庭坚："瑰伟之文，妙绝当世；孝友之行，追配古人。"盛哉！言也，最尽之矣！任子渊虽为之注解，学者犹告难知焉。近日吾乡鹰氏亨斋手画《演雅》之物类，傍附诗句并任注、自解而梓之。于是乎，黄家咏物之巧，初如指掌也。呜呼！使鲁直作于九原，輾然颔之而已。宝永六年夏五月之波州少林峰下卧云子书。

此跋与序文作于同一年，卧云子依然认为《演雅》是讽寓诗，"依托昆虫比况谗佞"，这种看法与亨斋完全相同。卧云子进而认为《演雅》有教化的作用，"读之能使人感激，而敦节义、励操履也"。这种看法则是日本所独有的。

五　结　语

《演雅》在日本有这么多古注本，笔者推测可能与朱子学在日本的流行有关。朱子学是由入宋僧带回日本的，一直伴随着禅宗而发展。日本中世时期，五山僧人也开始用朱子学来解释儒家经典，当时被称为"新释"。江户时代，朱子学成为德川幕府的官方思想，得到大规模的传播。朱子学的一个重要内容就是"格物致知"学说，这也是宋代理学家共同的思想。北宋理学家程颐、程颢曾说"一草一木皆有理，须是察"[1]，"'多识于鸟兽草木之名'，所以明理也"[2]。对"格物致知"的强调，发展到朱子，达到了高峰，朱熹曾说："上而无极、太极，下而至于一草、一木、一昆虫之微，亦各有理。一书不读，则阙了一书道理；一事不穷，则阙了一事道理；一物不格，则阙了一物道理。须着逐一件与他理

---

[1]　《二程集》，第193页。
[2]　同上书，第323页。

会过。"①《演雅》一诗描写了四十多种禽鸟昆虫，体现了宋代"以才学为诗"的知识主义特色，也符合理学家对"格物致知"的讲求。朱子学传到日本后，在中世的五山禅林和江户的德川幕府中都产生了较大的影响，日本出现这么多《演雅》注本，很可能是受到朱子学"格物致知"思想的影响。

从阐释学上来看，中日两国古代对《演雅》的阐释也有所不同，任渊注《演雅》以释事为主，基本不作发挥，宋代吴沆的《环溪诗话》也只是指出《演雅》用了"以物为人"即拟人的手法②，并没有认为这些物后有比兴寄托的意义，没有对《演雅》作讽寓式的解读；而日本的《演雅》阐释以释意为主，努力发掘《演雅》背后的讽寓意，在某些诗句上可以说是"过度阐释"，甚至是"误读"。不过，"误读"并不是没有意义的，现代西方学者甚至认为，不存在所谓正确的"阅读"，所有的"阅读"都是"误读"。如哈罗德·布鲁姆（Harold Bloom）认为："阅读……是一种延迟的、几乎不可能的行为，如果更强调一下的话，那么，阅读总是一种误读。"③艾略特（T. S. Eliot）也说："一首诗对不同的读者或许是有非常不同的意蕴，而且所有这些意蕴大概与作者原意不符。读者的阐释也许不同于作者，但同样正确有效——甚至会更好。一首诗所包含的意义比作者意识到的丰富。"④虽然不能说，日本古注本对《演雅》的诠释"更好"，但其展现了《演雅》在日本人心目中的形象，同时也显现了《演雅》解释的开放性，提示我们其意涵的解读具有多重的可能性。

---

① 《朱子语类》卷十五，第295页。
② 《环溪诗话》卷中云："《演雅》一篇，大抵以物为人，而不失为佳句。"〔宋〕吴沆《环溪诗话》，陈新点校，北京：中华书局，1988年，第133—134页。
③ 〔美〕哈罗德·布鲁姆《误读图示》，朱立元、陈克明译，"导论：对误读的沉思"，天津：天津人民出版社，2008年，第1页。
④ 转引自〔美〕雷内·韦勒克《现代文学批评史（1750—1950）》第五卷《1900—1950年的英国文学批评》，章安祺、杨恒达译，北京：中国人民大学出版社，1991年，第262页。

第三辑

东亚汉文学研究

第九章　东亚汉文化圈的文本旅行
——东亚汉文学对黄庭坚《演雅》的拟效与创新

人类文明的进步很大程度上表现为物质文明的发达,物品的流动也带来了文化的交流。丝绸之路将中原文明与中亚文明,甚至欧洲文明连接起来,中亚的物产源源不断地进入中国腹地,来自异域的文明吸引着诗人们,激发出他们的创作灵感。近年来,学者开始关注东亚汉文化圈的所谓"书籍之路"[①]。前近代的东亚社会持续了几百年的书籍交流史,或通过赐书,或通过民间贸易,或通过外交使臣的购买,或通过商人僧侣的携回,东亚汉文化圈上演了一幕幕精彩程度不亚于丝绸之路的文化交流的华章。但除了物产、书籍等有形实物的流动之外,笔者认为还有一种文化史上更有意义的流动,即文本的流动。一个文学文本创作出来后,原作者就失去了对它的控制权,它的意义不再仅仅由作者来赋予,而更多是由读者或接受者来决定。文学文本或湮没于众多的文本之中,或持续地流动,最终成为文学经典(canon)。文本的流动并不只是时间上的流动,如唐诗在宋元明清诸代发生影响;还反映在空间上,如中国古典文学作品在同属汉文化圈的日本、朝鲜、越南、琉球的"旅

[①] 关于"书籍之路",参见王勇等《中日"书籍之路"研究》,北京:北京图书馆出版社,2003年;王勇主编《书籍之路与文化交流》,上海:上海辞书出版社,2009年;王勇主编《东亚坐标中的书籍之路研究》,北京:中国书籍出版社,2013年。

行"。时间上的流动，显示了一个文本持续的影响力；而文本在不同空间的旅行，则显示了这个文本是具有国际影响的"世界文学"。前者构成的是中国文学的经典，而后者反响最大，昭示出其是超越单一国界的世界文学的经典。

这里，笔者借鉴美国文学理论家赛义德（Edward W. Said）提出的"理论旅行"（traveling theory）的概念，将文本的流动称作"文本旅行"。赛义德认为，任何理论或观念的"旅行"都有四个阶段："首先，有一个起点，或类似起点的一个发轫环境，使观念得以生发或进入话语。第二，有一段得以穿行的距离，一个穿越各种文本压力的通道，使观念从前面的时空点移向后面的时空点，重新凸显出来。第三，有些条件，不妨称之为接纳条件或作为接纳不可避免之一部分的抵抗条件，正是这些条件才使被移植的理论或观念无论显得多么异样，也能得到引进或容忍。第四，完全（或部分）地被容纳（或吸收）的观念因其新时空中的新位置和新用法而受到一定程度的改造。"[①]如果借鉴赛义德的理论研究"文本旅行"的话，那么东亚汉文化圈就是旅行的起点和出发点，汉字与汉文化给东亚诸国提供了一个极好的文化平台和巨大的场域空间，能够让汉文学以一种"零翻译"的形式旅行到其他国家。当然，这种文本旅行不是文化的简单移植，在旅行的过程中文化必然产生"异样"。作为经典性的存在，中国古典文学在汉文化圈的"旅行"必然给东亚汉文学带来一定的"影响的焦虑"，东亚诸国对中国文学在"容纳（或吸收）"的同时，定然会进行"一定程度的改造"，也肯定会产生文学上的变异，这也是文本旅行的意义所在。

学者已经对宋人的著述在域外的流传做过研究，让我们知道具体

---

① 〔美〕爱德华·W.赛义德《理论旅行》，《赛义德自选集》，谢少波、韩刚等译，北京：中国社会科学出版社，1999年，第138—139页。

有哪些典籍流传到域外。①但笔者更关心的是，宋代文学文本在域外旅行过程中是如何被接受或被改造的。笔者发现，作为宋诗经典的黄庭坚《演雅》在日本、朝鲜半岛都产生了较大的影响，在日本出现了数部注释、图解《演雅》的专书，同时日本、朝鲜半岛汉文学中亦有很多模仿《演雅》的作品，形成不同的文学景观。本文以《演雅》在东亚特别是朝鲜半岛汉文学的流传为例，来展现宋代文学文本在东亚旅行过程中产生的文学接受与文化反响，以此来显现中国古典文学文本的经典性以及其在东亚汉文化圈流传的多元面貌。

一 拟效：东亚汉文学中的《演雅》仿作

在黄庭坚存世的一千多首诗歌中，《演雅》可谓一篇别具一格的作品，用宋人的话说就是"体致新巧，自作格辙次"②。黄诗以"奇"著称，如宋人徐积说山谷诗"极奇古可畏"③，而《演雅》则是奇中之奇。《演雅》全诗四十多句，每句写一种禽鸟或昆虫，铺陈这些动物的习性，演绎成诗。《演雅》是呈现宋诗"以学问为诗""以赋为诗"之特色的典型。黄庭坚晚年将《雅演》从其文集中删除，但在宋代其已成为文学经典，在诗坛上也引起较大的反响，宋人就有很多模仿、拟效之作④，如杨万里有《演雅六言》、方岳有《效演雅》、张至龙有《演雅十章》、汪韶有《演雅》、陈著有《次韵演雅》等，但这些仿诗除方岳的《效演雅》

---

① 参见巩本栋《宋人撰述流传高丽、朝鲜两朝考略》，《宋集传播考论》，北京：中华书局，2009年。
② [宋]魏庆之编《诗人玉屑》卷八"陵阳论山谷"条引范季随《室中语》，上海：上海古籍出版社，1978年，第181页。
③ [宋]徐积撰，[宋]江端礼编《节孝语录》，明万历四十四年（1616）刻本。
④ 参见周裕锴《宋代〈演雅〉诗研究》，《文学遗产》2005年第3期。

可与黄诗比肩外，其余篇幅皆较短，在体量和形制上无法与黄诗相比，艺术成就自然也达不到黄诗的水平。

宋代以降，《演雅》在中国的影响力依旧，元明清皆有效仿《演雅》之作，如元方景山有《小演雅十首》（《皇元风雅》卷二十九）、白珽有《续演雅十诗》（《元诗选》二集卷二）。宋元人的仿作在体制上都比山谷原作要短，这可能与这些诗人的学力不如山谷有关。但到了清代，又出现了长度和容量几乎同于山谷原作的仿诗，如汪如洋的《夏虫篇戏仿山谷演雅体》（《湖海诗传》卷三十六）、毕沅《演雅》（《灵岩山人诗集》卷八）、方浚颐《演雅》（《二知轩诗钞》卷十一）、蒋心余《续演雅戏效山谷用筠轩韵》（《忠雅堂文集》卷十七）等等。这些续仿之作皆发展了山谷原诗，这与清代朴学兴起之后，清人学问大涨，特别是小学功夫超越宋人有关，故而出现了这么多需要丰厚学殖支撑的《演雅》续诗仿诗。甚至还有人对《演雅》体裁加以发挥和引申，对《庄子》也大加演绎，形成所谓"演庄"之作，如清程晋芳《勉行堂诗集》卷一有《演庄》十首，序云："山谷有《演雅》诗，余读《南华》，偶有所会，仿其意，作《演庄》。"其一云："藐姑射之山，神人实处此。乘云吸风露，绰约若处子。淡泊靡所营，谷丰物不疵。我来叩玄机，粲然启玉齿。金丹与宝箓，世俗妄言耳。如彼鲲鹏游，水击三千里。如彼大瓠樽，飘浮江湖里。无为栖一枝，么么工笑訾。"①所谓"演庄"就是对《庄子》的演绎，上诗就是对《庄子·逍遥游》的演绎，此诗几乎每一句所用的词汇皆来自于《逍遥游》，与《演雅》相似。《演庄》可谓清人对《演雅》的突破与创新。

将眼光扩大到东亚汉文化圈，我们可以发现，《演雅》在日本、朝鲜半岛汉籍史上也有很大的影响，如在日本就有《山谷演雅诗和抄》《山

---

① ［清］程晋芳《勉行堂诗集》，《清代诗文集汇编》编纂委员会编《清代诗文集汇编》第343册，上海：上海古籍出版社，2010年，第251页。

谷演雅诗图解》《黄山谷演雅诗绘抄》等注本对《演雅》进行注释,日本的《演雅》诠释以"讽寓性阐释"为特色,如《山谷演雅诗图解》跋称:"黄山谷之所著《演雅》之诗,依托昆虫比况谗佞。读之能使人感激,而敦节义、励操履也。"可见,日本的《演雅》注本注重对《演雅》诗句背后隐含义的发挥。日本汉诗中亦有一些《演雅》仿作,笔者在五山文学中已发现《演雅》影响之痕迹。梦岩禅师《旱霖集·演雅》:"一蚁垤中何间隙,檀罗槐国梦相征。鸥边风月吾横占,鸥鸟不嗔人不争。"①这首七言绝句在体制与体量上无法与黄庭坚原作相比,不过诗中出现的"鸥鸟"意象却也响应了山谷原诗。

到了江户时代,虽然黄庭坚已不再是诗坛追捧的对象,不过笔者发现《演雅》在江户汉文学中亦有一定的影响。江户学者对《演雅》的解释依然保持着"讽寓性阐释"的传统,认为《演雅》诗中有寓意,比较有代表性的是荻生徂徕的看法。他认为:"所截黄太史语者,《演雅》邪?太史之为《演雅》,乃以不得志于时,而托此以遣怀者也。"②不同于《山谷演雅诗图解》将《演雅》解释为"依托昆虫比况谗佞",徂徕则将《演雅》诠释为山谷"不得志于时",托以"遣怀"。其实两者的思维方式是一致的,关键词都是一个"托"字,都认为《演雅》并非一首单纯写动物的诗,而是充满言外之意或微言大义,不过一者的讽寓是社会性的,一者是个人化的。

江户诗人效仿《演雅》的作品不多,赖杏坪(1756—1834)的《演雅

---

① 『五山文學全集』第一卷,第812頁。关于日本室町时代和歌与《演雅》之关系,参见小山順子「室町時代の句題和歌——黄山谷『演雅』と『竹内僧正家句題歌』」,『国語国文』第76卷第1号,京都:中央図書出版社,2007年,第1—20頁;蔦清行「中世文化人たちの蘇東坡と黄山谷」,『日本語・日本文化』第44号,2017年3月,第107—136頁。

② 《徂徕集》卷二十八《复安澹泊》其二,宽政三年(1791)大阪文金堂、心斋桥盘唐物町南刊本,叶4b。

效山谷体》是其中较有代表性的作品：

> 鼠巢太仓肥孳息，雀穿茅屋饥啾唧。齐女饮露如矜高，黍民吮血似待拍。蚤免齿牙在见几，蝇投酒浆缘贪得。廉蚓食壤恣屈伸，饕虿处裈终搜索。脾膊脾膊戒晨兴，架犁架犁劝春穑。竹鸡呼泥频报雨，芦虎剖苇勇求食。啄木千啄获亡几，淘河一淘欲巨测。设机害物憎蜘蛛，含沙射人畏虺蜮。怪鸺乘夜察秋毫，痴蟆升天致月蚀。鹪鹩志甘一枝栖，鹰鹯气展千里翼。鸿鹄宁为稻粱留，鸱鸢辄逢腐鼠吓。钩辀难行常怀南，杜宇催归每叫北。放鹤只应伴鸥鹭，仪凤焉能食蛰蟹。郎君子宜辞糟蟹，慈老人奈虐玉鲫。雄雉被藉文彩，雌蝉无捕以瘖默。天牛名大不驮金，河豚味美翻为贼。可笑鳖剑与螳斧，肯数蚬量且螺识。独怜丹萤片心明，不问乌鲗满腹墨。①

虽然此诗并非《演雅》的次韵诗，但是一首典型的"演雅体"诗，几乎每句诗都出现了动物之名，不少动物也不见于《演雅》。与《演雅》相比，此诗所写的动物大都比较丑陋，如鼠、蚤、蝇、虿、蜘蛛、虺蜮、鸺、蟆、鸱鸢等，用以形容这些动物的也是"矜高""吮血""饕""怪""痴"这样的词汇，从中也可以看出作者有意"以丑为诗"，从而营造出一种怪异的效果。如果说《演雅》原诗中的讽寓还是比较委婉的话，赖杏坪此诗则比较明显，有的诗句明显反映出作者对某些动物的不喜，如"设机害物憎蜘蛛，含沙射人畏虺蜮"。诗句用了倒装句法，将这些昆虫的特性前置而加以突出。赖诗整体上对这些动物的描写比较负面，但诗的最后则露出些许亮色，这种写法也与山谷原诗类似。不过，山谷表彰的是"白鸥"，而赖氏则"独怜丹萤"。"独怜"二字看出作者对"丹萤"在一片污浊世界保持"片心明"的好感。在写法上，此诗亦有一定的特色。

---

① 賴杏坪『春草堂詩鈔』卷六，富士川英郎、松下忠、佐野正巳編『詩集日本漢詩』第十卷，東京：汲古書院，1986年，第263—264頁。

如"膊腽膊腽戒晨兴,架犁架犁劝春耕",借用了陆游《禽声》"布谷布谷天未明,架犁架犁人起耕"的句法。"膊腽"原指鸡连续拍翅的声音,"架犁"则指鸟声。赖杏坪巧妙地用了两个拟声词来借代两种常见的动物。总之,赖诗既保持了山谷原诗的特色,又继承了日本《演雅》阐释的讽寓传统,同时也有所创新。

中国、日本、朝鲜半岛效仿、模拟《演雅》最多的是朝鲜半岛,其数量远超中日两国,目前笔者收集到几十首题为《演雅》的朝鲜半岛汉诗。周裕锴在《宋代〈演雅〉诗研究》中将宋代的《演雅》诗分为拟人戏谑型、博物类书型、格物观理型、寓言讽谕型、咏物题画型、主题综合型六种类型,朝鲜半岛的《演雅》诗也都可以找到这六种类型,而且朝鲜半岛诗人还将效仿《演雅》的诗明确界定为"演雅体"。张混(1759—1828)《骚坛广乐凡例》中就专门列出"演雅体"一类[①],朝鲜半岛诗人的文集中也有众多题为"演雅体"的诗。朝鲜半岛评论家还认为,《演雅》与佛教的"诸趣"说有关:

> 佛经以蚊、螨小虫之属名曰"诸趣"。傅大士《诸趣》诗云:"若欲见佛看三郡,田宅园林处处停。或飞虚空中扰扰,或掷山水口轰轰。或身腰上有灯火,或羽翼上有篆箏。或钻水孔为乡贯,或编草木作窠罗,或罹罗网为村巷,或卧土石作阶庭。诸佛菩萨悉如是,只个名为舍卫城。"余秋日有诗曰:"蔓槎楼橹蜻蜓客,砖砾间阎蟋蟀民。"盖用傅大士诗意。不知者以余诗为无前怪品,余笑而任之耳。白香山《禽虫》诗:"蚕老茧成不庇身,蜂饥蜜熟属他人。须知年老忧家者,恐是二虫虚苦辛。""蟭螟杀敌蚊巢上,蛮触交争蜗角中。应是诸天观下界,一微尘内斗英雄。""蟏蛸网上罥蜉蝣,反覆相持死始休。何异浮生临老

[①] 参见张混《而已广集》卷十四,《韩国文集丛刊》第270册,首尔:景仁文化社,2001年,第586页。

日,一弹指顷报恩仇。""蚁王化饭为臣妾,螺母偷虫作子孙。彼此假名非本物,其间何怨复何恩?""一鼠得仙生羽翼,众鼠相看有羡色。岂知飞上未半空,已作乌鸢口中食。"此亦诸趣诗,而宋人"演雅体"亦此流也。①

所谓"诸趣"就是蚊、螨之类的小虫。但从傅大士所作的《诸趣》来看,诸趣诗似乎与《演雅》在体性上并不一致,虽然它也写到动植物,但并没有每句都出现动物之名,亦未将其特性有机地融入诗中。不过,白居易所写的《禽虫》七绝前两句可视为《演雅》的先声,但整首诗并不属于典型的"演雅体"诗。

朝鲜半岛诗人中最早写"演雅体"的可能是高丽诗人李毂(1298—1351),其诗比较简单,仅是七言绝句:"螗欲捕蝉宁顾后,鹰如逐雀要当前。一声师子百兽废,社鼠城狐尤可怜。"②此诗四句写了七种动物,但并不是咏物诗,诗歌试图揭示一些道理,如"螳螂捕蝉,黄雀在后",但诗中的微言大义并不是很多。

高丽诗人中有不少人写了多首仿《演雅》的诗,如高丽著名诗人李穑(1328—1396)就撰有五组《演雅》诗,总计八首,基本上都是五七言绝句或律诗,其中一首云:

> 驴背吟诗望鹄峰,欲追飞猱入云松。
> 忽闻胡塞霜前雁,更想祇园月下蛮。
> 雀噪岂容知鹄志,象行难更觅狐踪。

---

① 李德懋《清脾录》,蔡美花、赵季主编《韩国诗话全编校注》,北京:人民文学出版社,2012年,第3997页。此条文献承安生博士惠示,特此致谢。据安生博士告知,《清脾录》这段文字大部分本于杨慎《升庵集》卷七十三"诸趣"条,但"宋人'演雅体'亦此流也"乃李德懋之意见。

② 李毂《稼亭集》卷十九《演雅》,《韩国文集丛刊》第3册,首尔:景仁文化社,1996年,第218页。

第九章 东亚汉文化圈的文本旅行

> 鲤庭久已忘书礼,且向莺庐听鼓钟。①

李穑是高丽时代末期的理学家,也是理学在朝鲜半岛流传的重要人物,其弟子权近称其"尤邃于性理之书","孳孳不倦,博览群书,尤深于理学",其掌管高丽最高学府成均馆之后,"东方性理之学大兴……儒风学术焕然一新"。②所以这首诗也渗透了一定的理学意味。诗的前四句其实是写人的心性,其人一会儿望峰,一会儿入云松,一会儿听霜前雁,一会儿又去想月下蛩,其思不能止息,心性更得不到提升。诗人在第三联中提出,人要立鸿鹄之志,要走象行正途。如何实现这一点呢?必须修习儒家的"书礼","鼓钟"正是儒家礼仪的象征。权近又言:"自吾东方文学以来,未有盛于先生者也。"③此语道出了李穑在文学史上的地位,虽不无夸张,不过就此诗而言,此诗用了大量动物意象阐发理学的道理,文字也不滞涩,比李毂之诗在艺术上更见功力。

黄庭坚《演雅》长达四十句,写到四十余种动物,写作这种诗体必须有极高的文学才华和学问修养才行,宋代诗歌中很少有形式与内容上完全与《演雅》一致的作品,基本上都是短章,而在朝鲜汉诗中却有多首《演雅》的次韵之作。如金止男(1559—1631)《禁中得酒因次山谷演雅》:

> 不堪章服饥虱裹,饫闻禁城熊虎逻。生涯鸠拙计易违,世故猬起愁难破。鸡人催漏报晓筹,鹤发盈梳供日课。春阳迥发金雀高,午向乌几甘欹卧。不学转凤烧丹鼎,岂要鹰爪碾玉磨。惟怜春瓮虾蟆陵,满酌鸬鹚还自贺。人间万事蜗两角,眼前二豪螟与蠃。灵均独醒鱼腹葬,

---

① 李穑《牧隐诗稿》卷九《演雅》,《韩国文集丛刊》第4册,首尔:景仁文化社,1996年,第75页。
② 权近《阳村先生文集》卷十四《牧隐先生李文靖公行状》,《韩国文集丛刊》第7册,首尔:景仁文化社,1996年,第346、349、347页。
③ 权近《阳村先生文集》卷二十《恩门牧隐先生文集序》,《韩国文集丛刊》第7册,第200—201页。

> 袁盎醉免鲸鲵祸。三杯浮蛆作气力，一斗鹅黄洗寒饿。鸡窗断杯真恶客，马圈乞郡风流过。鹤长凫短天所赋，虫臂鼠肝无不可。蓼虫事业且休道，刍狗文章还自浣。燕巢幕上岂知危，梦鹿隍中恐传播。亡羊虽异乃一道，失马之翁惟喜跛。井蛙自多江海小，夔足有余秋毫大。蚁穴功名梁一炊，驹隙光阴石上火。龙章蜂目俱朽骨，但见麒麟卧篷颗。况今佳节属莺花，身作笼禽掩青琐。醒如痴蝇醉如泥，蜩甲枯枝吾丧我。①

本诗诗句长度与韵脚用字与《演雅》完全相同，四十句出现动物之名的次数，甚至比《演雅》还要密集。不同的是，《演雅》中写到的动物是实指，而此诗很多诗句中的动物并非实指，而是借用。如"世故猬起愁难破"中的"猬起"，并非是为了写刺猬，而是用"猬起"（纷然而起）来形容愁绪之多。同样，"鹤发盈梳供日课"也不是写鹤，而是用鹤的颜色来形容白发。本诗诗题中有"禁中得酒"之语，故诗中多处写到饮酒之事，如"三杯浮蛆作气力，一斗鹅黄洗寒饿"，这也是与《演雅》不同之处，即本诗在铺陈动物之外，还有与酒有关的主题。"浮蛆"又称"浮蚁"，指的是新酿之酒上的泡沫，宋人之诗中经常出现，如苏轼诗云："冰盘荐文鲔，玉斝倾浮蛆。"（《答任师中家汉公》）黄庭坚诗云："兵厨欲罄浮蛆瓮，馈妇初供醒酒冰。"（《饮韩三家醉后始知夜雨》）"鹅黄"也是酒之意，同样也多见于宋人之诗中，苏轼诗云："小舟浮鸭绿，大杓泻鹅黄。"（《乘舟过贾收水阁》其二）张元幹《临江仙·赵端礼重阳后一日置酒坐上赋》云："判却为花今夜醉，大家且泛鹅黄。"从两词的使用可以看出，金止男对中国文学的典故颇为熟悉，甚至在诗句中还直接化用了唐诗的句子，如"鸡人催漏报晓筹"，化用了王维"绛帻鸡人

---

① 金止男《龙溪遗稿》卷二，《韩国文集丛刊》续编第11册，首尔：韩国古典翻译院，2006年，第56页。

报晓筹"(《和贾至舍人早朝大明宫之作》)、李商隐"无复鸡人报晓筹"(《马嵬二首》其二)之句。此诗虽是《演雅》的次韵诗,却没有用"以物为人"的手法,而是别有寄托。从诗中可以看出,诗人对人生的体悟,对功名的淡漠,体现出浓厚的庄学思想,"人间万事蜗两角,眼前二豪螟与蠃",明显是用《庄子·则阳》中的典故:"有国于蜗之左角者曰触氏,有国于蜗之右角者曰蛮氏,时相与争地而战,伏尸数万,逐北旬有五日而后反。"①蛮、触所争不过蜗之两角,就像眼前的小虫"螟与蠃",实在不值一提,如果为此"伏尸数万",更是可笑之极。同时作者也认识到"蚁穴功名梁一炊,驹隙光阴石上火",人的生命就像白驹过隙,又如石上之火,极其短暂,而功名富贵不过是黄粱一梦,这也是一番彻悟之言。"龙章蜂目俱朽骨"亦体现了《庄子》齐物论的影响,"龙章"指的是圣主之姿,如《汉书·高祖本纪》记载汉高祖"隆准而龙颜";而"蜂目"则指恶主之相,如《史记》记载秦始皇是"蜂准,长目"(《汉书·高祖本纪》颜师古注引《史记·秦始皇本纪》作"蜂目,长准")。此句的意思是,如汉高祖这样的圣主、秦始皇这样的暴君,虽然历史有不同的评价,但两人的最终命运都是成为"朽骨"一堆,本质上没有什么不同。这其实也是在消解心中的功名之念。最后一句"蜩甲枯枝吾丧我"②中的"吾丧我"亦出于《庄子·齐物论》,用蜩甲依附在枯枝之上来形容精神脱离肉体的束缚,达到与道同体的境界。总之,此诗虽然在诗句中也出现了禽鸟昆虫,但并没有讽寓意,而是借以抒怀。

再如金万基(1633—1687)的《次韵效黄山谷演雅体》:

壁蜗入壳漫自裹,野雉贪媒仍被逻。衔木精卫望海枯,啼红蜀魄

---

① [清]郭庆藩《庄子集释》,王孝鱼点校,卷八,北京:中华书局,1961年,第891—892页。

② "蜩甲枯枝"用的是山谷诗之典,黄庭坚《弈棋二首呈任渐》其二云:"身如蜩甲化枯枝。"

怜国破。鸣鹳只能占阴雨,寒虫强解催岁课。窃脂宁分黄雀粟,毛群偏欺老驼卧。侧目层空鹰系绦,踏迹终朝驴曳磨。雁奴传书沙塞寒,螗子骨衣女伴贺。忧兄远行叫钩辀,诲儿类我劳螺蠃。尺蠖惟自志求伸,翠鹄何曾能避祸。鹎鸣夜长未渠央,啄木嘴穿恒苦饿。孔雀饮泉逢觚触,科斗有尾成罪过。郭索横行旋束缚,反舌多言谁许可。风高轻鹞讵能进,水浊浴凫宁禁涴。盘天莫夸鸥嬉游,熏穴还看鼠逋播。翻飞斥鷃笑鹤病,跂行蜥蜴嘲骥跛。雄鸠为媒竟不耦,土鲂求婿翻自大。蠔室何知夏屋渠,鹩枝且免吴宫火。鹅颈剩欲学笔势,鹦歌似矜联珠颗。痴绝山鸡水底影,愁思白鹇笼里锁。野鸭家鹜孰贵贱,白鸟玄驹纷细琐。濠梁独有鯈鱼乐,此乐应知同物我。①

本诗在形式上与《演雅》完全相同,韵脚也相同,全诗四十句,有三十九句每一句都写到一种禽鸟昆虫,有的地方表面上没有写到动物,如"忧兄远行叫钩辀",但"钩辀"是鹧鸪的叫声,其实也是通过其叫声来暗示禽类本身。此诗继承了《演雅》"以物为人"的特色。其中有些诗句,如"野雉贪媒仍被逻""翠鹄何曾能避祸",都有一定的批判意味。与《演雅》相似的是,此诗最后两句同样做一逆折,曲终奏雅,写出诗人自我的心志。山谷心中的自我体认是自由自在在水边嬉戏的"白鸥",而金万基的则是游于濠梁间、自得其乐的"鯈鱼",同样都是出自道家的典故。此诗也可以称为《演雅》的续作,诗中写的三十多种禽鸟昆虫都是《演雅》未写到的,这也是对《演雅》的发展。

同样写《演雅》未写之物的诗,还有赵纬韩(1567—1649)的《演雅体长律二十韵寄梁郑二友》(并引):

---

① 金万基《瑞石集》卷二,《韩国文集丛刊》第144册,首尔:景仁文化社,1997年,第369页。

演雅者,演出《尔雅》也。《尔雅》记虫鱼禽兽之名,而犹有阙失,故古人作诗,以遗落虫鸟之名,缀以为辞,命之曰演雅体。而古今诗人多以牛马龟龙字,苟充成篇,此则屋上架屋也,安在演出之义乎。余考《山海经》及他书,提出不载《尔雅》之名目若不似虫鸟者,遂成一篇,以继山谷焉。

半生奔走厌尘嚻(嚻,似猴),小筑溪边(溪边,兽名)管寂寥。地僻断无亲客(亲客,小蜘蛛)到,山深宁有十朋(十朋,龟)招。心灰王爵(王爵,桃虫)宜休野,政昧蒲芦(蒲芦,蠮螉)耻入朝。斫木(斫木,鴷)为农学炎帝,淘河(淘河,鸟名)作器避唐尧。材如樗栎(栎,鸟名)难为用,节似夷由(夷由,鼯)讵见调。酒特(特,牛)忘忧非取醉,琴犹(犹,似犬)解愠不关韶。晨风(晨风,鹯)乍起金梧陨,宵烛(宵烛,萤)微明翠幕摇。墙菊继英(继英,鸟名)当晚节,邻姬促织(促织,沙鸡)坐通宵。连钱(连钱,脊令)满壁苍苔厚,玉虺(玉虺,唇)穿阶锦簩骄。灯为窃脂(窃脂,布谷)资夜读,腹将搏黍(搏黍,莺)免朝枵。雄图落落谁能(能,兽名)会,羁恨绵绵久未(未,羔)销。宦味饱更酸与(酸与,似蛇)苦,危机蹈尽竦斯(竦斯,雉属)翘。诗篇渐似夔(夔,一足兽)州后,世路难于蜀(蜀,虫名)道峣。喜子(喜子,青蛛)襟期多韵格,穷奇(穷奇,似牛)山水共招邀。狂(狂,猩属)歌寡和人谁爱,蛮(蛮,比翼)俗难谐路转遥。左海文章推巨擘(巨擘,蚓),临邛宵梦感招潮(招潮,蟹)。孤村晚雨森长脚(长脚,蛛),别浦垂杨舞细腰(细腰,蜂属)。剖苇(剖苇,䴔鹈)庶从河上㸸,守瓜(守瓜,蠸)将学故侯饶。时闻朱厌(朱厌,猿)临风啸,每爱离留(离留,莺)向晓娇。金紫虽(虽,虫名)荣吾不愿,端居非为(为,兽名)事渔樵。①

赵纬韩此篇不是《演雅》的次韵之作,但诗人明确标明此诗是"演雅

---

① 赵纬韩《玄谷集》卷十,《韩国文集丛刊》第73册,首尔:景仁文化社,1997年,第268页。

体",而且表明是"继"山谷之作,实际是对山谷原诗的发挥。此篇比《演雅》更进一步,四十句诗不但每句都出现动物之名,而且这些动物之名都比较生僻,据作者说出自《山海经》及其他的书。将这么多生僻的动物之名串成一诗,可以看出作者的学问功底。郑斗卿《玄谷集序》称:"玄谷赵公以倜傥奇伟之资,贯穿百家语,发为文章。"[1]恐非虚语。此诗诗句中的讽寓意义并不是很强,但作者还是通过物象的堆积营造了一个特殊的诗意空间。此诗一开始说:"半生奔走厌尘嚣,小筑溪边管寂寥。"似乎是说,诗人在厌倦了尘嚣之后,选择了溪边隐居。诗人可能遭遇了官场上的挫折(从下面"宦味饱更酸与苦"一句可以看出),所以"心灰王爵宜休野",看淡了功名,选择躬耕陇亩,"斫木为农学炎帝"。"材如樗栎难为用,节似夷由讵见调",这是诗人对自我心性的描述,前一句表面上乃自谦之语,其实也有其不为官家所用的不满;"夷由"即伯夷、许由,都是上古的隐士,诗人似乎想表明其隐居完全是自己的节操使然。诗人似乎又不甘心老于陇亩,所以又说:"雄图落落谁能会,羁恨绵绵久未销。"似有隐恨在其中。但诗人认为,这次仕途挫折并不是人生的负资产,就像杜甫遭遇安史之乱,到夔州之后,诗艺达到炉火纯青的境界。诗的末尾,诗人说:"金紫虽荣吾不愿,端居非为事渔樵。"一方面表现出对富贵("金紫")的不屑,另一方面又说闲居("端居")并非是无所事事地"事渔樵",还有更高的追求。诗中流露出的感情可能与赵纬韩个人遭遇有关。郑斗卿《玄谷集序》云:"及登第,时际昏虐,伦纪灭绝,奸佞满朝,公横罹罪网,屏处于湖南之带方郡十有余年。"[2]这指的是光海君五年(1612),赵纬韩因"癸丑狱事"被牵连入狱,后被流放。光海君十年(1617),他在流放期间创作了著名的《次归

---

[1] 赵纬韩《玄谷集》卷首,《韩国文集丛刊》第73册,第183页。
[2] 同上。

去来辞》。辞中说:"归去来兮,世不我知可以归。自古不遇者非一,吾何为乎伤悲。"又云:"归去来兮,聊卒岁而优游。卧一壑之烟霞,竟何慕而何求。当粱肉于晚食,替荣华于无忧。"①文中反映的思想有与《演雅体长律二十韵寄梁郑二友》相印证的地方。此诗在艺术上最大的特色就是使用了双关,即如此诗首联"半生奔走厌尘嚣(嚣,似猴),小筑溪边(溪边,兽名)管寂寥"而言,"尘嚣""溪边"既是一个固定的搭配,同时也是动物之名,全诗基本都用了这种手法,诗人比较巧妙地将两者融合在一起。

赵显命(1691—1752)《次山谷集演雅体韵与锡汝联句凡物名毋犯原韵令也》是对《演雅》的进一步创新,将"演雅体"与联句诗合而为一:

乌贼喷墨能自裹,锡汝。雁奴不眠勤相逻。鼯眉定栖足生活,时晦。蜗角开国纷攻破。北平宅里猫相乳,锡汝。董生帷下狐讲课。麒麟仁不生草踏,时晦。骊龙睡贪深水卧。黄能驮仙三足疾,锡汝。猰貐噬人双牙磨。揭唇狒笑缘何喜,时晦。攒手鳌抃有底贺。扶桑国人身是虾,锡汝。荆溪女子名为蠃。文鼹有通还招灾,时晦。雄雉断尾解避祸。鹿性喜跪知礼节,锡汝。狼食均分同饱饿。我死我死尔何冤,时晦。姑恶姑恶妇乃过。鲤鱼出冰应有感,锡汝。鹖雀为祥恐不可。舐踏山熊以充饥,时晦。曳尾泥龟未免涴。夔乐成时凤来仪,锡汝。舜坟起处象耕播。流血鬼车九头凶,时晦。垂翅商羊一脚跛。海唇幻无能为有,锡汝。桃虫变小还成大。林鹤为子门报客,时晦。魏猿作婢灶爨火。类为雌雄元一身,锡汝。狙赋朝暮均七颗。精卫海深独可填,时晦。楚魂秦鼲犹未锁。鹏抟羊角无夭阏,锡汝。鸱吓鹓雏何鄙琐。老夫不过物之一,时晦。何妨世人牛马

---

① 赵纬韩《玄谷集》卷一,《韩国文集丛刊》第73册,第185页。

我。锡汝。【妇乃过,一作妇实过。夫不,鸟名也。】①

本诗是赵显命(字锡汝)与其弟赵龟命(字时晦)的联句诗,亦见于赵龟命的《东溪集》卷十二,题作《次山谷集演雅体韵与稚晦联句》。赵显命在诗题中说"凡物名毋犯原韵令也",意思是说,《演雅》诗中出现的动物,他们的次韵诗就不再出现,确实该诗没有出现《演雅》中已出现的禽鸟昆虫名。此诗中的讽寓成分比较淡,但个别句子可以看出作者有一些反讽的意味,如"曳尾泥龟未免浣""鸥吓鹓雏何鄙琐"。该诗展现的更多的是文字游戏的一面,有的地方让人感觉是为了凑韵而写上的,如"我死我死尔何冤,姑恶姑恶妇乃过",并没有多少实质的意义。此诗用"以赋为诗"的方式铺陈诗句,其实是借"演雅体"来展现兄弟两人的学问,并以此来"斗诗"。有一些诗句也体现了联句者的思想,如"蟊眉定栖足生活,蜗角开国纷攻破",前者是老子"知止"的思想,而后者则是借《庄子》中的典故来笑话为蝇头小利而争斗不已之事。最后两句"老夫不过物之一,何妨世人牛马我"别有意蕴,也是临终显志,表达了作者写作全诗的中心思想。两位作者似乎都认同,人也只是"物之一",并没有比上述禽鸟昆虫高贵多少,所以即使"世人牛马我",即以我为牛马,或像对牛马一样对待我,我也不会因此觉得受到贬抑,这亦是庄子"齐物论"思想的体现。

朝鲜半岛是东亚汉文化圈中《演雅》拟作最多的地方,而且出现了大量与黄诗形制与体量相同的诗作,这些仿作所写的动物多是《演雅》中未写到的,体现了朝鲜半岛"演雅体"的特色。写作"演雅体"诗,除了需要高超的文学技巧之外,具备深厚的学养也非常重要,没有大量

---

① 赵显命《归鹿集》卷一,《韩国文集丛刊》第212册,首尔:景仁文化社,1997年,第7页。又见赵龟命《东溪集》卷十二,《韩国文集丛刊》第215册,首尔:景仁文化社,2000年,第247页,题作《次山谷集演雅体韵与稚晦联句》。"时晦",《东溪集》作"稚晦"。"通",《东溪集》作"角"。

的知识储备,根本无法完成诗歌的创作。朝鲜半岛之所以有这么多"演雅体"的诗,笔者同样认为可能与朱子学有关。朱子学讲究格物致知、穷理究物,朱子尝言:"上而无极、太极,下而至于一草、一木、一昆虫之微,亦各有理。一书不读,则阙了一书道理;一事不穷,则阙了一事道理;一物不格,则阙了一物道理。须着逐一件与他理会过。"①朱子特别讲到"昆虫之微",这与《演雅》主题是写禽鸟昆虫重合。朝鲜时代,朱子学在朝鲜占有统治地位,朱子的格物思想也影响到当时的士人,上面写作"演雅体"的诗人很多就是朱子学者。

二 新变:文本旅行中的诗体创新

朝鲜文人拟效《演雅》时很注意创新,除了书写了黄诗中未写的动物外,更多的创新表现为将《演雅》形制与其他诗类、诗体结合,形成"演雅体"的各种变体,体现了赛义德所说的理论旅行中的"地方性"。有的朝鲜诗人将"演雅体"与回文诗、六言诗相结合,如徐居正(1420—1488)的《演雅回文六言赠李次公》:

> 貂蝉家世赫赫,鹓鹭声名隆隆。
> 霄腾逸骥犁电,浪簸抟鹏快风。
> 毫挥鸑凤翔鸾,词吐腾蛟起龙。
> 豪情酒杯吞鲸,壮气笑谈蟠虹。
> 皋夔载赓都吁,班马齐驱深雄。
> 高议君多荐鹗,薄才我愧雕虫。②

---

① 《朱子语类》卷十五,第295页。
② 徐居正《四佳集》卷十四,《韩国文集丛刊》第10册,首尔:景仁文化社,1996年,第417页。

徐居正是朝鲜初期的文坛领袖,编有著名的朝鲜半岛汉文学总集《东文选》,撰写了朝鲜历史上第一部诗话《东人诗话》,还曾领衔笺注南宋遗民于济、蔡正孙所编的诗歌总集《唐宋千家联珠诗格》。从《东人诗话》的撰作与《唐宋千家联珠诗格》的笺注都可以看出他对宋代诗学有较深的研究。他可能是朝鲜汉文学史上写作"演雅体"最多的诗人,其文集中有十二首"演雅体"诗,上面一首是比较有特色的,即用回文和六言诗来写《演雅》。在宋代诗史上,杨万里、方岳、汪韶都写过六言的《演雅》,但没有人将其与回文诗结合起来,徐居正之作可谓创举,如果将此诗倒过来读,也是一首妙绝的诗:

> 虫雕愧我才薄,鹗荐多君议高。
> 雄深驱齐马班,吁都赓载夔皋。
> 虹蟠谈笑气壮,鲸吞杯酒情豪。
> 龙起蛟腾吐词,鸾翔凤翥挥毫。
> 风快鹏抟簸浪,电掣骥逸腾霄。
> 隆隆名声鹭鹓,赫赫世家蝉貂。

徐居正给本诗诗题中的李次公写过好几首《演雅》,除此诗外,尚有《李次公用演雅贺拜宪长依韵奉寄》《演雅又用前韵》两首。《演雅回文六言赠李次公》有明显的文章游戏的意味,与杨万里、方岳、汪韶等人所写的六言《演雅》相似,不同的是,宋人的六言《演雅》"把动物比拟成经典中赞美或讽刺的人物形象;每句句法结构是,二字动物名加上四字成语"①。徐居正的诗并没有用比拟手法,动物名也不在句首。《演雅回文六言赠李次公》也用了借字,如"班马"中的"马"并不是动物,而是人名,是借其意而用之。我们从上面的朝鲜诗人《演雅》诗拟效中多可

---

① 周裕锴《宋代〈演雅〉诗研究》,《文学遗产》2005年第3期。

看到这一点。

有的是用咏怀诗写"演雅体",如李湜(1458—1488)有《自咏作演雅别体》:

> 十载乌巾老欲颠,膏车秣马赋归田。
> 钓名役役蚕成茧,为口匆匆蚁慕膻。
> 门外蛙喧多绿草,炉中麝炷袅青烟。
> 有怀挥翰蛟蛇走,醉墨翻鸦气浩然。①

所谓"自咏"诗,也是一种咏怀诗,此诗将"咏怀诗"与"演雅体"结合在一起,用"演雅"的方式来咏怀。此诗的意脉非常清晰,主要写了诗人在官场沉浮十年后,毅然归田栖隐,对从前求名("钓名役役")与谋食("为口匆匆")的生活多有痛省。归隐后的生活,虽然门可罗雀,无人问津,但也赢得半生清闲。隐居之中,摆脱名利的束缚,故书法的境界与人格的境界都得到了提升。此诗八句,句句都出现了动物之名,有的也见于《演雅》之中。最后一联其实是借动物之名来比喻书法的线条艺术,也非常形象。末句中的"气浩然"既指书法,亦指人的精神。

朝鲜诗人不但用"演雅体"来自咏,而且用"演雅体"来批判社会,最有代表性的是郭说(1548—1630)的两篇作品,其《效演雅体》云:

> 世间名利鱼争饵,身后文章虎有皮。
> 黄口贪哺不知足,蜗牛上壁竟忘瘦。
> 蜉蝣楚楚衣裳薄,燕雀呴呴子母嬉。

---

① 李湜《四雨亭集》卷上,《韩国文集丛刊》第16册,首尔:景仁文化社,1998年,第524页。

>亭上空悲闻唳鹤,泥中谁识有蟠龟。①

此诗是对世间风气与世人的批判。世间之人就如水中之鱼,看到名利就像看到鱼饵一样,竞相奔趋,不知不觉上了名利之"钩",最后不能自拔。与之相似的是黄口之雀的"贪饵不知足",最后的命运也只会是悲剧性的。"蜉蝣楚楚衣裳薄"用的是《诗经·曹风·蜉蝣》"蜉蝣之羽,衣裳楚楚"之典,也是讽刺蜉蝣这样的昆虫,虽然衣裳鲜明漂亮,不过是徒有其表。诗歌末联用了两个典故。《世说新语·尤悔》篇载:"陆平原河桥败,为卢志所谮,被诛。临刑叹曰:'欲闻华亭鹤唳,可复得乎!'"②所谓"空悲闻唳鹤",暗指其人已被诛,故仅闻鹤唳。末句用《庄子·秋水》中龟"曳尾于涂中"的典故,意指世人已经忘记蟠龟曳尾于泥中的自由,都去追崇"王巾笥而藏之庙堂之上"但毫无自由的神龟。此诗借"演雅"来批判诗中所写的动物及其背后的世人。

还有将"演雅体"与邵雍的"首尾吟体"相结合的,如郑经世(1563—1633)《演雅效康节首尾吟体》:

>吟诗非欲效尧夫,万物冥观各智愚。
>野雉近林常畏尾,山鸡照水竟亡躯。
>天寒大泽龙蛇蛰,日暖平洲凫雁呼。
>欹枕偶然成一莞,吟诗非欲效尧夫。③

所谓"首尾吟体",就是诗歌的首句与尾句完全相同,形成一个闭合的

---

① 郭说《西浦集》卷五,《韩国文集丛刊》续编第6册,首尔:韩国古典翻译院,2005年,第127页。

② [南朝宋]刘义庆著,[南朝梁]刘孝标注,余嘉锡笺疏《世说新语笺疏》(修订本),周祖谟、余淑宜、周士琦整理,卷下,上海:上海古籍出版社,1993年,第897页。

③ 郑经世《愚伏集》卷二,《韩国文集丛刊》第68册,首尔:景仁文化社,1996年,第37页。

结构。如邵雍文集中有一组《首尾吟》的七言律诗,首句和尾句都是"尧夫非是爱吟诗",本诗略有改变,易为"吟诗非欲效尧夫"。本诗的主旨之句是第二句"万物冥观各智愚",下面四句用"演雅体"连写四种动物来印证这一点。邵雍的诗被称为"邵康节体",其诗从积极的方面说就是以理趣见胜,从消极的方面而言就是以理言诗,堕入理障。郑经世本诗因为导入了"演雅体",铺排动物,故而并没有显得太理胜其辞。第七句也是点睛之笔,透露出作者的心态,"欹枕偶然成一莞"让人想到杜甫《缚鸡行》末二句"鸡虫得失无了时,注目寒江倚山阁",都是大彻大悟之言。

朴泰汉(1664—1697)的《戏作演雅体记地名》则是"演雅体"与"地名诗"之类杂体诗的结合:

邦畿形胜古骊州,一片流牛拥上流。
塔庙云霞明凤尾,园陵日月霁龙头。
危岩马去江声静,古岛羊来草色浮。
家在京师鹭梁北,十年重上燕滩舟。①

此诗也是朝鲜诗人的创新之作,《演雅》本是句句出现动物,而用"演雅体"记地名后,不但要出现动物之名,还要出现地名,如上诗中既出现了骊、牛、凤、龙、马、羊、鹭、燕等动物,又出现了"骊州""京师""梁""燕"等地名,所以这首诗融合了"演雅体"与"地名诗"两种诗体的元素。"地名诗"早在中国梁代就已经出现,如《艺文类聚》卷五十六就收录了范云的《奉和齐竟陵王郡县名诗》。"演雅体"与"地名诗"的结合也加强了这首诗的游戏性。

从上文可见,《演雅》在朝鲜半岛的流传非常深广。朝鲜半岛诗人

---

① 朴泰汉《朴正字遗稿》卷十,《韩国文集丛刊》续编第55册,首尔:韩国古典翻译院,2008年,第368页。

创作了大量的"演雅体"诗,有的是对山谷《演雅》的次韵,更多的拟诗是对原诗的突破与超越。有的诗写了山谷原作未写到的动物之名,有的用联句诗、回文诗、杂体诗的方式写《演雅》,或以《演雅》来自咏抒怀,或以之来批判社会,或以之为文章游戏,或以之为自逞才学。总之,朝鲜半岛诗人拟效的《演雅》诗体现了朝鲜半岛汉诗对中国文学的新变。

三 结 语

英国批评家克里斯·罗杰克(Chris Rojek)和约翰·厄里(John Urry)尝言:"人类、文化与文化产品都在流动……显而易见,人在不同文化中旅行,与此同时,文化和文化产品自己也在旅行。"[1]文本的流动比货品的流传更具有文化史的意味,它切实反映了文学文本的生命力与影响力。特别是文本在不同地域的流传,更能显示出文本的世界性特征。美国比较文学家戴维·达姆罗什认为,所谓"世界文学",就是"一切以译本或原著形式流传到其本土文化以外的文学作品……唯有当一部作品频繁出现在其本土文化之外的文学体系里,这部作品才真正拥有了作为世界文学的有效生命"[2]。《演雅》在东亚汉文化圈的文本旅行,被不同国度的文人欣赏、阐释和效仿,不但"频繁出现在其本土文化之外的文学体系里",而且在文本旅行过程中还产生了别样的风景和意义,使之呈现出明显的"世界文学"的特征。《演雅》的文本旅行不是以译本的形式流传的,而是直接以"零翻译"的原著形式为日本、朝鲜

---

[1] 《理论与旅行的转换》,转引自胡安江《寒山诗:文本旅行与经典建构》第一章"绪论",北京:清华大学出版社,2011年,第30页。

[2] David Damrosch, *What is World Literature?* Princeton: Princeton University Press, 2003, p.4.

半岛的文人所欣赏,这就避免了因为翻译而造成的意义与信息流失;而日本、朝鲜半岛文人对其的欣赏和接受不但不同于中国文人,而且它们的接受亦呈现各自不同的地域色彩。

货品通过流动之后,才能增加附加值,从而成为商品;作家的文本经过流动之后,才能成为文学经典。文本的旅行或流动也是一种意义生产和增殖的过程,文本也只有在旅行过程中才能产生别样的意义。人的旅行,是人在观察世界,人在旅行的过程中欣赏沿途不同的风景;而文本的旅行,则是文本被当作风景,被不同的人观看。由于观看的角度不同以及欣赏的态度不同,必然会产生新的视域,以之投射到原文本上,最终可能又会凝结为不同的文本。《演雅》作为黄庭坚的文学实验,是一首用"以赋为诗""以物为人"的方式写成的诗,在东亚汉文化圈经过文本旅行之后,在日本被附加了许多讽寓之意,而在朝鲜半岛则催生出新的文本,产生了众多"演雅体"作品,这都显示了《演雅》作为"世界文学"的开放性与超越性。

文本旅行是文本"经典化"(canonization)的基本要素之一,文学经典的形成离不开文本的流动。《演雅》正是在其东亚的旅行中,奠定了其作为东亚汉文学经典的地位。

第十章　汉诗、雅集与汉文化圈的余韵
——1922年东亚三次赤壁会考论

东坡生前生后都受到当世和后世,甚至域外人士的喜爱,这种喜爱有一种特殊的表现形式,就是东亚地区举办的寿苏会和赤壁会。所谓"寿苏会",就是在东坡生日这一天,举行祭拜活动以纪念东坡。所谓"赤壁会",则是模拟东坡元丰壬戌七月既望的赤壁之游,举行游赏活动。当然寿苏会、赤壁会不仅仅是单纯的仪式性活动,其实质是一种集诗歌创作、书画欣赏及文物鉴赏为一体的高品位文人雅集。中国寿苏会在清代中期就已经流行,清代学者宋荦、毕沅、翁方纲等人都举办过寿苏活动。①

同属东亚汉文化圈的日本在江户时代和近代都举办过多次寿苏会和赤壁会。江户时代,被称为"宽政三博士"之一的柴野栗山(1736—1807)"常钦慕苏公,壬戌夕会诸名士"②,从宽政十二年(1800)开始,

---

① 有关清代寿苏活动的研究,参见魏泉《翁方纲发起的"为东坡寿"与清中叶以后的宗宋诗风》,曹虹、蒋寅、张宏生主编《清代文学研究集刊》第一辑,北京:人民文学出版社,2008年,第140—180页(又见魏泉《士林交游与风气变迁——19世纪宣南的文人群体研究》,北京:北京大学出版社,2008年);张莉《清代寿苏活动的开端》,曹虹、蒋寅、张宏生主编《清代文学研究集刊》第六辑,北京:人民文学出版社,2013年,第60—72页。

② 角田简《续近世丛语》卷二《文学上》,弘化二年(1845)东京冈田屋嘉七刊本,叶23b。

一共举办了三次赤壁会。日本近代最有名的寿苏会是长尾雨山(1864—1942)在大正、昭和年间举办的五次寿苏会(1916、1917、1918、1920、1937)。这几次寿苏会都留下了文字资料,即《乙卯寿苏录》《丙辰寿苏录》《丁巳寿苏录》《己未寿苏录》《寿苏集》,这些文献都已经收入到池泽滋子《日本的赤壁会和寿苏会》一书中了。[①]大正十一年(1922)是东坡壬戌赤壁之游后的第十四个甲子,纪念意义重大,日本文人学者对此颇为重视,在各地举办了多个赤壁会,尤以长尾雨山等人在当年9月7日(阴历七月十六)组织的京都宇治赤壁会最为轰动,影响也最大,但大正十一年的京都赤壁会没有留下成集的文字资料[②]。最近笔者在哈佛燕京图书馆读到奥邨竹亭刻印的《赤壁赋印谱》一书,正是本次赤壁会留下的文字资料,弥足珍贵。1922年的同一天,侨居中国大连的日本汉诗人田冈正树(1861—1936)组织大连浩然、嘤鸣两大诗社的中国、日本三十余位诗人聚会吟诗,以继赤壁雅游之会。会后,田冈正树还征稿于中国、日本诸多未与会的汉诗人,最后得诗百首,编为《清风明月集》一书。《清风明月集》因为是在大连编印的,在日本收藏比较少,海内外只有大连图书馆、哈佛燕京图书馆等少数图书馆有收藏,笔者有幸在哈佛燕京图书馆读到《清风明月集》。同一天,东京芝山红叶馆也举办了一次赤壁会,事后编成一部汉诗集《壬戌雅会集》。《赤壁赋印谱》《清风明月集》《壬戌雅会集》是笔者发现的三部关于1922年中日两国赤壁会

---

① 〔日〕池泽滋子《日本的赤壁会和寿苏会》,上海:上海人民出版社,2006年。池泽滋子言:"从现存的资料中可以知道,江户时代以后,明治大正时代,除了长尾雨山以外还有一些人举办赤壁游。相反,在长尾雨山以前,为了祝贺苏轼生日在阴历十二月十九日举办寿苏会的资料很少见。"(第13页)

② 关于此次赤壁会最重要的文献是长尾雨山长子长尾正和所写的《寿苏会与赤壁会》上、下,《墨美》第252、253号,1974年8、9月。原文为日文,中译摘抄本见《日本的赤壁会和寿苏会》,第222—236页。

的新资料,通过阅读这三部日本汉籍,结合其他相关史料,庶几可以让我们部分还原出近百年前,在相同的时间、不同的空间,日本的京都、东京,中国的大连同时举办的这三次文人雅集的盛况。

一 赤壁之游乐未央:1922年京都赤壁会及其发起者

大正十一年(1922)9月7日(阴历七月十六日),是苏轼赤壁之游后的第十四个"壬戌既望",长尾雨山等人在日本京都府南宇治桥西万碧楼举办赤壁会,以仿苏轼元丰五年(1082)壬戌岁七月既望的赤壁之游,这次赤壁会既是前几次寿苏会的延续,也是江户时代以来,日本文人"赤壁之游"的延续。在这次赤壁会前一年即大正十年(1921)的8月,长尾雨山就提前向诸友发出了邀请:

> 宋东坡先生苏轼,元丰五年壬戌岁七月既望、十月望两次游赤壁,赋前后《赤壁赋》以来,泛舟看月的千秋美事由其灵笔在艺苑里流传下来,在文坛里朗诵二赋,余韵不尽,高风堪挹。我辈久佩其雅藻,钦其超怀。今年正值东坡赤壁游后第十四次壬戌,因此招募志同道合的人,希望在九月七日即阴历既望在洛南宇治清溪泛舟,与文雅诸贤追拟当年的仙游。期望各位光临,尽兴地欣赏江上清风,畅享举匏樽、挟飞仙以遨游的情趣。①

本次赤壁会与此前所办的寿苏会有一些不同,不但本次雅会提前一年启动,而且还充分利用了媒体的力量加以宣传,使之成为一次广受关注的文化事件。本次赤壁会的发起人中就有很多人从事媒体工作,如本山彦一当时正是《大阪每日新闻》的社长。除了在《大阪每日新闻》上预先

---

① 长尾正和《寿苏会与赤壁会》,《日本的赤壁会和寿苏会》,第229页。原为日文,此处对所引译文略有修改。

刊载通知外，1922年9月6日还刊载了长尾雨山和内藤湖南题为《赤壁雅游》的长篇谈话录，为第二天即将举办的赤壁会造势。内藤湖南又在9月6日的《大阪每日新闻》上发表文章，写道："因此借用东坡的想法来看，即是东坡的'赤壁'在黄州，我们的'赤壁'在宇治也无所谓。"①黄州在长江之畔，而宇治则在诞生《源氏物语》的宇治川之畔。长尾雨山的邀约得到当时各方文人学者的响应，最后出席的人数竟然在三百人左右，大大超过了前几次寿苏会的规模。虽然期间因为突然遇雨，出了一些混乱，同时也受到一些非议，但总体而言，这次雅集还是圆满结束。②关于这次赤壁会的目的，长尾雨山在8月28日的《京都日日新闻》发表讲话说："《赤壁赋》不仅是记事的文章，而且包括东坡的人生观，是富有诗意的感叹，因此使后代文人向往……赤壁会雅集的主旨只不过是向往文艺的我们，怀念古人写名篇的来由，给只追求名利的社会以一服清凉剂。"③这也是针对大正时期社会风气的有感而发。

此次京都赤壁会可以说是大正时期日本汉学界、书画界、鉴赏界、文物界、收藏界的一次大集结，一次盛大的文化雅集。赤壁会的参与人员，突破了前几次寿苏会仅限于关西地区的局限，扩展到关东的东京等地。本次赤壁会的发起者有：

东京：犬养毅（木堂）、国分高胤（青崖）、西村时彦（硕园）、牧野谦次郎（静斋）、菊池长四郎（惺堂）、山本悌二郎（二峰）、黑木安雄（钦堂）、榊原浩逸（铁砚）、田边为三郎（碧堂）。

大阪：矶野惟秋（秋渚）、本山彦一（松阴）、小川为次郎（简斋）。

---

① 长尾正和《寿苏会与赤壁会》，《日本的赤壁会和寿苏会》，第232页。
② 参见上书，第230、235页。
③ 同上书，第231页。

奈良：林平造（蔚堂）。

冈山：坂田快太郎（九峰）、荒木苍太郎（看云）、柚木梶雄（玉村）。

广岛：桥本吉兵卫（海鹤）。

香川：大西行礼（见山）。

京都：富冈百炼（铁斋）、山本由定（竟山）、内藤虎次郎（湖南）、狩野直喜（君山）、铃木虎雄（豹轩）、大谷莹诚（秃庵）、三浦丰二（梅痴）、奥村直康（竹亭）、长尾甲（雨山）。[①]

可见发起者皆为当时汉学界、文化艺术界的一时之选。

日本近代几次寿苏会、赤壁会的核心人物是长尾雨山，他曾自称有"东坡癖"。长尾甲，字子生，号雨山，又号石隐、无闷道人、睡道人，通称槙太郎。香川县人。日本汉学家、书画家和篆刻家。明治二十一年（1888），东京大学文科大学古典讲习科毕业后，与冈仓觉三共同为设立东京美术学校而努力，并创办了美术杂志《国华》。明治三十二年（1899），任东京高等师范学校教授、东京大学文科大学讲师。明治三十五年（1902）移居上海，任商务印书馆顾问，从事中等教科书的编纂工作。并成为西泠印社早期的会员。[②]大正三年（1914）回国，定居京都。他与清朝驻日公使黎庶昌、书记官郑孝胥，以及吴昌硕、罗振玉、内藤湖南、狩野直喜、犬养毅、副岛种臣等当时的一流学者皆有交往，曾任平安书道会副会长、日本美术协会评议员。著有《中国书画话》《雨山先生遗作集》等。他是日本近代几次寿苏会、赤壁会的主要发起人，

[①] 长尾正和《寿苏会与赤壁会》，《日本的赤壁会和寿苏会》，第229页。其中"奥村竹亭"写法有误，当为奥邨竹亭。下引此书中此人名写法皆误，不一一说明。

[②] 参见杉村邦彦《西泠印社早期日籍社员长尾雨山研究》，西泠印社编《孤山印证——西泠印社国际印学峰会论文集》，杭州：西泠印社出版社，2005年，第407—453页。

编有《丙辰寿苏录》(1918)、《寿苏集》(1937)等。

另一位核心人物富冈百炼(1837—1924),字无倦,号铁斋,别号铁人、铁史、铁崖,通称猷辅,后又称道昂、道节,京都人。文人画家、儒学家。早年从大国隆正(1793—1871)学习和学,从岩垣月洲(1808—1873)学习汉学、阳明学、诗文。文久元年(1861),至长崎游学,接受长崎南画派的祖门铁翁(1789—1871)、木下逸云(1800—1866)、小曾根乾堂(1828—1885)等人的指导。幕末与勤王者交往,为国事奔走。曾任私塾立命馆教员、京都市美术学校教员。所画之画以中国古典题材为主,其作品主要收藏于兵库县宝塚市清荒神清澄寺的"铁斋美术馆"和西宫市的"辰马考古资料馆",其亦为帝室技艺员、帝国美术院会员。代表作品有《山庄风雨图》《阿倍仲麿明州望月图》《苏子会友图》《蓬莱仙境图》等,编有画集《铁斋画剩》(1913)、《百东坡图》(1922),画帖《米寿墨戏》(1923)、《铁斋翁遗墨集》(考槃社编,文华堂书店,1925)。富冈铁斋画有多种与《赤壁赋》有关的绘画,如《前赤壁图》《后赤壁图》(见图10-1)。

寿苏会的参加者基本都是关西京都、大阪地区的诗人、学者,而赤壁会的发起人已经扩大到了关东的东京,中部的广岛、冈山等地。地域的扩大,不但标志着有新的参与者的加入,也象征着关西地区的寿苏活动已经引起了日本全国的瞩目,这次赤壁会也成为全国性的文化事件。除京都之外,来自东京的学者最多,而连接东京学者与京都学者的桥梁便是长尾雨山,他早年曾在东京任教,晚年则定居在京都,在东京和京都积累了大量人脉。寿苏会的参与者基本是汉学家、汉诗人、书法家、篆刻家,而赤壁会的发起人的身份,更增加了政治人物、实业家、银行家、医师、僧侣、媒体人士等,显示了赤壁会参与阶层的广泛,也表现出大正年间日本社会各界对汉学、汉文化的兴趣还没有完全消退。

此次京都赤壁会表面上是模仿东坡壬戌既望的赤壁之游,实际上

图 10-1　富冈铁斋《前赤壁图》《后赤壁图》(选自正宗得三郎『富岡鐵齋』，大阪：錦城出版社，1942 年)

是大正时期汉学家的一次雅集和文化界爱好中国文艺者的一次大集结。从表面上看赤壁会起到将当时的第一流人物集结在一起的作用，但其实这些人物之间原本就有很多交集，不仅仅是行动上的交游，更多的是文化上的互动。

他们参与共同的学术组织，其中不少人是斯文会、东亚学术研究会的成员。斯文会成立于明治十三年（1880）六月六日，旨在复兴儒教孔学，《斯文学会报告书》第七号（1882）刊载三田称平《汉学改正论大意》云：

> 余尝欲矫汉学之弊习，乃曰天地间何教不崇人伦之道，圣人人伦之至也。孔子之学是而已。然今世称汉学者，但为知文字之具，而不复顾实用。其为世害，亦非浅鲜也。……不用汉学、支那学之名，直称孔圣学。

斯文会成立之日，京都赤壁会参与者坂田快太郎的叔父阪谷朗庐就参加了开幕仪式。斯文会会员分为荣誉会员、特别会员、赞助会员，京都赤壁会的发起者狩野直喜、黑木安雄、西村时彦、牧野谦次郎、内藤湖南都是特别会员。东亚学术研究会（1910—1918）是当时另一个汉学研究组织，该会的宗旨为研究中国之学术，研究东亚诸国之文物，期资国民智德之发达。内藤湖南、黑木安雄都是该组织的评议员。东亚学术研究会发行机关刊物《汉学》（东亚学术研究会编，育英舍1910年起出版），在《汉学》第一卷第一号上刊有黑木安雄所作的汉诗《祭诗龛招饮同玉田蓄堂赋》，第二号（1910）上登载了长尾雨山的汉诗《石隐歌》，第三号上刊载了《来自北京大学学长罗振玉有关殷代新发掘的通信》（「北京大學學長羅振玉氏より殷代遺物新發掘に就ての通信」），第六号上发表了黑木安雄《从艺术方面看石碑》（「藝術上より見たる石碑」），第八号上刊载了《口绘苏东坡像及书》；第二卷第三号上发表了西村时彦的《文明版大学之原本》(「文明版大學の原本」),第六号上发表了黑木安雄的《墨话》(「墨の話」)以及西村时彦的汉诗。斯文会与东亚学术研究会都是以研究汉学为中心的组织,京都赤壁会的发起人共同参与这些机构,应该是基于相同的学术理念。

他们还为文友的诗集、画册、书法集作序、题签。矶野惟秋的《玉水题襟集》有长尾雨山、内藤湖南之序,书名亦由长尾雨山题签。柚木梶雄的《双璧斋琐谈》有内藤湖南的序。田边碧堂的《碧堂先生画观》有国分青崖的题诗,以及长尾雨山的序。碧堂的汉诗集《改削碧堂绝句》也有国分青崖的序。汉诗人镰田玄溪(1818—1892)《玄溪遗稿诗文钞》(1935),由田边碧堂编选,柚木梶雄出版。他们之间还互相赠诗,内藤湖南有诗《送田边碧堂柚木玉村同舟游禹域》。①

总之,赤壁会的参与者表面上是松散的群体,实际上他们有共同的学术理念、相同的艺术品位以及相似的文艺修养,这也是赤壁会能够举办的很重要的因素。

二 浑在雕虫篆刻中:奥邨竹亭《赤壁赋印谱》与京都赤壁会

1922年的京都赤壁会不仅是一次"雅游",而且是一次高品位的艺术鉴赏活动。本次赤壁会收集了大量与《赤壁赋》及东坡有关的书画文物,供参加者欣赏,长尾正和《寿苏会与赤壁会》对此有详细的记载:

> 本部的菊屋(万碧楼)二楼,在台上摆着明代河南窑东坡像,以祭奠苏东坡。旁边挂着明陈老莲《苏长公像轴》、明曾波臣《东坡采

---

① 参见〔日〕内藤湖南《内藤湖南汉诗文集》,印晓峰点校,桂林:广西师范大学出版社,2009年,第26页。

芝图轴》、清改七芗仿唐六如《东坡像轴》。房间里陈列着明唐伯虎前后《赤壁图赋》合璧卷、明戴文进《赤壁图轴》、元钱舜举《赤壁图轴》、明钱叔宝《赤壁图轴》、明祝枝山《前后赤壁草书卷》、清王椒畦《赤壁图扇面》、端溪赤壁砚、东坡像砚、明文衡山《前后赤壁赋卷》（见图10-2——引者按）、东坡雪浪盘铭、东坡双钩本、明董玄宰草书《赤壁怀古》词卷、唐伯虎《赤壁图轴》、明张瑞图《后赤壁图赋卷》、张瑞图《后赤壁赋卷》、祝枝山草书《赤壁赋卷》、东坡书断碑砚、明归元恭草书前《赤壁赋卷》等。

图10-2　明文衡山行草《前后赤壁赋卷》（赤壁会展示品）

第二席是茗筵。在壁龛里装饰着富冈铁斋《东坡春梦婆图》。陈列奥村竹亭《赤壁赋》印六十九颗[①]并印谱。

[①]　"六十九颗"有误，当作"九十六颗"。

图10-3 富冈铁斋《赤壁四面图》（赤壁会展示品）

第三席是酒饭席（宴席）。房间内挂着富冈铁斋画的山水东坡之一、铁斋《赤壁前游图》、铁斋《赤壁四面图》（见图10-3——引者按）、吴缶庐《前后赤壁图》轴。

第四席是茗筵。设在万碧楼后边江畔的画舫。在壁龛里装饰着山本梅逸画、赖山阳题《观月》七绝的山水画，在橱架上摆着用天然木头做的东坡像。在门口挂着用古竹织的东坡笠和古木杖。挂着田能村竹田、帆足杏雨、村濑秋水在癸巳既望舟中合作的扇面。

第五席是茗筵，在平等院旁边花宅邸登仗亭举办。在壁龛里装饰着石川丈山的石壁画赞。

第六席是茗筵。在花宅邸翠云居。在前席的壁龛里装饰着山阳书《咏鹤》诗轴，屏风是贯名菘翁画的《赤壁赋》一曲一双。①

本次赤壁会没有留下"寿苏录"之类的文字，而奥邨竹亭的《赤壁赋印谱》则是这次雅集留下来的为数不多的出版物②。奥邨竹亭参加了这次赤壁会

---

① 长尾正和《寿苏会与赤壁会》，《日本的赤壁会和寿苏会》，第233—235页。
② 『書論』第二十号"特集"「昭和壬戌赤壁記念蘇東坡に関する書画資料展」有原印的照片，1982年。

的准备工作，特地为此精心雕篆了九十六枚印，当时会上展示的就是这九十六枚印。

《赤壁赋印谱》一函二册（见图10-4），日本昭和三年（1928）古梅园京都支店印刷发行。函套上有书签，除书名外，有小字云："大正壬戌之秋七月，竹亭主人刻。"《赤壁赋印谱》于奥邨去世后一年出版。印文并非印刷上版，而是书印好后盖在书上的。《赤壁赋印谱》是东亚篆刻史上的杰作和奇作，全谱将苏轼

图10-4　《赤壁赋印谱》函套图

《赤壁赋》全文每一句拆开，奥邨为每一句刻一方印。所有的印文合在一起，便是整篇《赤壁赋》全文。该书打开之后，便是书名镂空字"赤壁赋"，旁署"东坡居士书"。扉页书"苏子与其客泛舟游于赤壁之下"，后有一图，图上书："赤壁前游。依明人图。大正壬戌之秋九襄，铁斋书画。"图上钤有一印为"东坡富生"。"铁斋"，即富冈百炼，也是大正年间寿苏会、赤壁会的灵魂人物。这幅《赤壁前游图》也展示在本次赤壁会上。（见图10-5）贯名海屋（1778—1863）的《菘翁先生行书前后赤壁赋》屏风在当时比较常见，而且1912年鸠居堂就已经出版，这次赤壁会也做了展示。

《赤壁赋印谱》所收之印基本上都是正方形或长方形朱文印或白文印，印文古雅，与赋作契合。印文因全部是《赤壁赋》原文，故字数长短不一，但奥邨在篆刻时颇能考虑到印面的布局，并不显得杂乱，少的

图 10-5　《赤壁赋印谱》前所载富冈铁斋《赤壁前游图》

仅有两字,如"歌曰""客曰",多的多达九个字、十一个字,如"少焉月出于东山之上""此非孟德之困于周郎者乎"(见图10-6、图10-7):

图10-6　"少焉月出于东山之上"印　　图10-7　"此非孟德之困于周郎者乎"印

图10-6、10-7这两方印,一为朱文,一为白文,可以窥见奥邨的篆刻艺术。即使同一字,在不同的印面上,也有不同的刻法,如上面两方印都出现了"于(於)"字,但我们可以看到两个"于"字的刀法是不同的。田边碧堂《赠奥邨竹亭》云:"铁笔纵横模汉铜,书生胆大弄英雄。寿亭侯

与军司马,浑在雕虫篆刻中。"①从"模汉铜"可见,奥邨学习的是汉代的书法,笔法古朴而有力。扬雄曾言,童子雕虫篆刻,壮夫不为也(《法言·吾子》)。本指写作辞赋而言,后人亦用此来形容篆刻为雕虫小技。印章虽小,但别有天地,寿亭侯和军司马都能容纳其中。此诗无疑是赞扬奥邨的篆刻艺术有容乃大。我们从他雕刻的《赤壁赋印谱》亦可看出其治印的功力所在。

奥邨竹亭的《赤壁赋印谱》也是东亚艺术史上最早以《赤壁赋》为雕篆对象的印谱。②在东亚文化史上,《赤壁赋》从中国流传到日本、朝鲜半岛,深受人们的喜爱,后人对其有多种接受形式,或以绘画,或以书法,或以之刻石。《赤壁赋》之流传有所谓"跨体""跨国"传播之说。③奥邨的《赤壁赋印谱》既"跨体"又"跨国",糅合了多种文化元素,在东亚文化史颇为独特。

除了《赤壁赋印谱》,目前可见的有关1922年京都赤壁会的文献有限,田边碧堂的《赤壁》诗可能也写于本次赤壁会:

苏公逸兴在孤舟,无尽江山半夜秋。

---

① 田邊華『碧堂絶句』,富士川英郎、松下忠、佐野正巳編『詩集日本漢詩』第二十卷,東京:汲古書院,1990年,第324頁。

② 晚近以来亦有人以《赤壁赋》刻印,但应以奥邨竹亭的印谱为最早。1922年日本也出版了梨冈素岳、石井双石编的《赤壁印兴》,以及中泽广胜编的《苏赋印谱》,也以《赤壁赋》每一句为篆刻对象,但皆由篆刻者每人刻一句而成,非成于一人之手。为纪念苏东坡撰《赤壁赋》九百年以及中日两国邦交正常化十周年,日本刻字协会也按句分刻前后《赤壁赋》,于1982发行了《赤壁赋印谱》。

③ 欧明俊《论苏轼〈前赤壁赋〉的"跨体"传播与"跨国"传播》谈到《赤壁赋》从文学变为书法、绘画的"跨体"传播现象,从中国传到日本、朝鲜半岛的"跨国"传播现象(《苏东坡研究》2014年第4期)。但欧先生没有谈到《赤壁赋》的另一种传播方式,即以印谱的方式流传,本文所论似可作为补充。又参见王兆鹏《宋代〈赤壁赋〉的"多媒体"传播》,《文学遗产》2017年第6期。

> 后八百年东海客，月明醒酒过黄州。

此诗的前两句演绎东坡游赤壁之事，而后两句则写日本赤壁会之事，所谓"八百年"也是举其成数而已。诗中很多语汇与《赤壁赋》形成互文，如"无尽""江山""秋""月明"都曾出现在《赤壁赋》中。诗中的"黄州"当然不是东坡的黄州，而是京都之南的宇治。本次赤壁会从上午十点到下午五点，可能并没有持续到夜里，所谓"月明醒酒"也许是美好的文学想象，但也不妨看作当天赤壁雅游的风流遗韵。

日本大正、昭和时期的寿苏会与赤壁会的固定形式就是要在会上展示有关东坡的书、画、文具、古董。之所以有如此多的文物可供展示，一个很重要的原因就是中国辛亥革命后，一些原来的清朝官员失去了经济支柱，开始变卖书画文物以度日。还有一些晚清收藏家，如大收藏家端方，因为突然被杀，其藏品散出。大量的中国书画文物被运到日本出售，当时的中国卖家委托汉学家犬养毅、内藤湖南帮忙寻找买家，他们都推荐了大阪的博文堂，博文堂遂成当时日本最有名的经营中国古美术的书店兼出版社。当时的博文堂主人原田悟朗（1893—1980，号大观，通称庄左卫门）大量收藏中国古代书画，为了提高鉴定水平，他也不断向犬养毅、内藤湖南、长尾雨山，以及当时流寓到京都的罗振玉学习。1916、1917、1918年的寿苏会，原田大观都展示了他收集到的中国有关东坡的文物。1922年日本赤壁会的参与者长尾雨山、内藤湖南、菊池惺堂、富冈百炼等人都是博文堂的固定买家[1]。本次赤壁会展示的文

---

[1] 参见朱省斋《海外所见中国名画录》，香港：香港新地出版社，1958年。鹤田武良撰，蔡涛译《原田悟郎先生访谈——大正、昭和初期中国画藏品的建立》，范景中、曹意强、刘赦主编《美术史与观念史》第13、14辑合刊，南京：南京师范大学出版社，2013年，第530—560页。本文主要参考了万君超的《博文堂往事纪略》，《收藏·拍卖》2014年9月刊。原田悟朗的访谈有不少错误，衣若芬教授多有校正，参见《历劫神物：〈黄州寒食帖〉的历代流转与往还日本的文图学意涵》，衣若芬《书艺东坡》，上海：上海古籍出版社，2019年。

徵明行草书《赤壁赋》，也是由博文堂收购的，并在本年11月11日影印出版，从时间上看应该是赤壁会展览后立即出版的。所以大正时期赤壁会的举办，与当时中国的古董文物涌入日本很有关系。

本次赤壁会之后，这些学者与东坡的因缘并没有停止。1922年，菊池惺堂买到与东晋王羲之《兰亭集序》、唐代颜真卿《祭侄文稿》并称为"天下三大行书"的东坡手迹《寒食帖》。1923年，东京大地震，惺堂的收藏受到很大的损失，但在大火中，他冒死抢救出《寒食帖》，才没有让这件无价之宝化为乌有。

三 今宵同抱景苏情：《清风明月集》《壬戌雅会集》与1922年大连、东京的赤壁会

1922年京都举办的赤壁会，因为参与人数众多，参加者又多为当时的一流汉学家，并且还有不少回忆资料，已经为学术界所周知。但就在同一天，中国大连也举办了一场赤壁会，也是由日本汉诗人主导的，却不被学界所知。笔者偶然读到大连赤壁会会后所编的汉诗文集《清风明月集》（见图10-8），才得以知晓这段尘封的往事。

1922年9月7日，也是为了纪念东坡赤壁之游第十四个甲子，寓居中国大连的日本汉诗人田冈正树邀集中日诗友三十余人，在大连登瀛阁举办雅集。这

图 10-8　哈佛燕京图书馆藏《清风明月集》扉页书影

次雅集除饮酒赏月之外，最重要的活动就是与会诗人各作诗词若干首以纪念此次盛事，事后由赤壁会的发起者田冈正树编纂成《清风明月集》一书，是集所收不但有当日与会三十多位诗人的作品，而且还有会后田冈邀集未与会者的投稿，大概共一百位诗人的作品。

关于大连赤壁会的文献基本见于《清风明月集》中，书前的金子雪斋、傅立鱼（1882—1945）所作之序，书末的尹介表所撰之跋，都交代了是次雅集的缘起。更有价值的是，《清风明月集》书末还附有《本集作家名字及乡贯》，对我们了解本次聚会参与者的身份提供了很大的便利；又汇编了当时报纸上所刊载的这次赤壁会的中文和日文的报道，具有重要的史料价值。此会的缘起比较清楚，与京都赤壁会的目的相同，雪斋迂人《清风明月集序》云：

> 今兹壬戌，正值苏子游赤壁之八百四十周年。淮海（田冈正树）为东道主人，张筵于登瀛阁，与吟社同人偕宴，以舒想风之情焉。至期藻客满堂，一唱一和，钩古挹今，吐气万丈，尽欢而散。

傅立鱼《清风明月集序》交代了是集编辑的经纬：

> 本年阳历九月七日，壬戌之秋七月既望，即苏东坡游赤壁后第十四回纪念日也。先生是日招请中日名流于大连电气花园之登瀛阁，饮酒赋诗，汇集所得凡九十余首，以付枣梨，永留记念，名曰《清风明月集》，盖取《赤壁赋》中之字句以命名，意颇深远。

《清风明月集》前有田冈正树所撰的"小引"，对本次雅集有比较清楚的介绍：

> 今兹九月七日，即阴历壬戌七月既望，亦即苏东坡赤壁泛舟后第十四壬戌之良辰，距今已八百四十年矣。余适客于大连，乃移樽于此地日华两国之吟友名流，招请诸登瀛阁，以追古贤之雅怀，并资两国文

界之亲交。届时群客联袂来集，约及三十许人之多，乃临清风，赏明月，酌酒赋诗，觥筹交错，笔飞墨舞，兴会淋漓，诚极一时之盛。是日各吟坛所得诗，及同人未与此会，而所寄怀咏长短凡一百首。余编为一卷，永志雅兴，以传韵事云尔。

9月7日的赤壁会余韵未了，据《清风明月集》所附的《东北文化月报》1922年10月号载："八月二日，嘤鸣社员又招宴田冈及浩然吟社诸诗友于大东酒家，席间多有所作。此外或三或五，晨夕过从，酒垆铭盌之前，山巅水涯之地，卒意吟眺，各有篇什，以记其事。"故大连赤壁会应该包括农历七月、八月的诗会。

本次赤壁会的发起人和组织者是日本汉诗人田冈正树。田冈正树，字子长，号淮海，土佐县人。清末曾任袁世凯北洋讲武学堂翻译官。日本同文学社成员，上海同文书院第一代教授。他长期寓居大连，最后也去世于大连。田冈足迹遍及中国[①]，并以诗歌形式呈现出来，出版了《游杭小草》《楚南游草》《汴洛游草》《燕齐游草》《入蜀诗纪》《南游吟草》《长安纪行》《台湾游稿》《乘槎稿》《沪上游集》《保定杂诗》《燕北小稿》《槿域游草》《归东诗纪》等诗集，又有诗集《淮海诗钞》（1931）。金念曾在《辽东诗坛》第五十五号专刊《登瀛阁雅集诗稿》跋中称："淮海先生为日本汉学家之泰斗，尤工吟咏，诗境甚高。前读《淮海诗钞》，窃叹不类今人作，其吊古篇章骨格苍老，气韵沉雄，尤为罕见。"他在大连组织了浩然社、嘤鸣社等诗社。除编有《清风明月集》

---

① 参见兰娜、漆殊玥、杨琳《二十世纪早期来华日人"文化纪行"考——以汉诗人田冈淮海为例》，《北方文学》（下旬）2017年第7期。

外,他还编辑了日本近代在华的汉诗杂志《辽东诗坛》[①]。本次赤壁会能够举办成功,与田冈正树的组织密不可分,虽然田冈的身份仅是浩然吟社的领袖,但他在中国人脉甚广,人缘较好,又深谙汉学,金子雪斋《清风明月集序》中称:"吾友田冈淮海,素濡儒书,私淑前哲,造诣匪浅,又好赋诗,把杯吟咏,畅怀自如,而至其秉性忠厚,操持廉直,尤足为士人表率也。"傅立鱼序中则称:"老友田冈淮海先生,日本汉学界之铮铮者也……其人品之高洁,更足以模范中外。"故他的邀请得到了中日诗友的积极响应。

大连赤壁会是以当地的两个诗社浩然社、嘤鸣社为中心举办起来的,据《清风明月集》末所附的报道称:

> 本埠浩然吟社领袖田冈淮海氏以本年为第十四回壬戌七月之既望日,特于日昨下午六时(夏历七月十六)假电气花园登瀛阁,邀约浩然社及嘤鸣社诸诗友宴会,藉以观月。是日到会者,浩然社方面,有金子雪斋、立川卓堂、相生铁牛、荒木天空、上中剡溪、今公村、滨田零亭、森井野鹤、杉原游鹤、片冈孤筇、大内地山、山本朴堂、吉川铁华、松崎柔甫、野村柳洲、大谷弥十郎诸氏。嘤鸣社方面,有傅立鱼、尹介甫、黄伟伯、黄越川、林心栽、杨橐吾、毕大拙、毛漱泉、万云鸿诸氏等。

与会的日本方面的学人虽然成就和名气比不上京都赤壁会的诸公,但也有不少是当时著名的日本汉学家和汉诗人,有的还对中国颇有好感。

[①] 关于辽东诗坛,参见孙海鹏《〈辽东诗坛〉研究》,载大连图书馆网站http://www.dl-library.net.cn/publication/pub_content.php?id=422(2017年8月10日检索有效)。又参见焦宝《〈辽东诗坛〉中的中日古典诗歌交流考》,《社会科学辑刊》2014年第1期。该文注8云:"浩然社虽是由侨居大连的日本诗人组成,但其影响力并不局限于东北地区,在京津地区也得到中国诗人如郑孝胥、孙雄、郭则沄等人的唱和。浩然社以田冈正树为核心,以《辽东诗坛》为阵地,吸引了一大批日本汉诗诗人向《辽东诗坛》投稿。"

第十章　汉诗、雅集与汉文化圈的余韵

如金子雪斋（1864—1925）就与中国革命党人黄兴、宋教仁关系很好。他在大连创办《泰东日报》，聘请傅立鱼为编辑长，放手让傅立鱼站在中国立场上发表言论，而不惜得罪驻大连的日本殖民当局。其他的日本人当时在大连的身份大多是企业家、从政者。如立川卓堂曾在大连开设律师事务所，是民权活动家，曾任大连市议会议员及议长。相生铁牛（1867—1936），曾任大连埠头事务所长、大连商业会议所会头、大连市会官选议员等。上述日本诗人中有不少与中国文人多有交往，如张锡銮（1843—1922）有诗赠森井野鹤①，刘鹗（1857—1909）、宋恕（1862—1910）与森井野鹤亦有交往②。松崎鹤雄（1868—1934），号柔甫，为叶德辉弟子，师事叶氏长达九年③。

中国方面的参加者也多是诗人、学者。如黄伟伯（1872—1955），著有《负暄山馆诗词》《负暄山馆联话》《十五省记游诗草》《知稼稿斋纪游吟草》等。黄越川著有《小梅苑唱和集》。还有革命者，最著名的是傅立鱼，字新德，号西河，安徽英山（今湖北英山）人。他早年留日，并加入中国同盟会。毕业回国，任安徽省视学官。武昌起义后，曾参加安徽、江苏等省的军事活动。南京临时政府成立，任外交部参事。1913年，因为发表激烈反袁言论，遭缉捕，被迫出走大连，被聘为《泰东日报》编辑长。1916年，参加中华革命党在东北发动的武装反袁斗争。1925年，"五卅"惨案发生后，被推为大连沪变救援会会长。1928年7月，被大连日本当局驱逐出境。"九一八"前后，应邀赴天津《大公报》协助胡政之从事

---

① 《寄森井国雄野鹤》，参见陈衍《石遗室诗话》，郑朝宗、石文英校点，卷二十，北京：人民文学出版社，2004年，第305页。

② 参见〔日〕樽本照雄《刘铁云和日本人》，〔日〕樽本照雄《清末小说研究集稿》，陈薇监译，济南：齐鲁书社，2006年；胡晓明、李瑞明编著《近代上海诗学系年初编》，上海：上海教育出版社，2003年。

③ 参见刘岳兵《叶德辉的两个日本弟子》，《读书》2007年第5期。

经营管理工作，曾多次募款支援东北义勇军。抗日战争开始后，隐居在天津。可以看出，傅立鱼是一个纯粹的革命者，虽然在日本留学过，但绝不能容忍日本的侵略行径。

1922年，由田冈正树主导的赤壁会与京都长尾雨山等人发起的赤壁会遥相呼应。在京都赤壁会之前，长尾雨山组织过四次寿苏会；而田冈正树等人在大连举办此次赤壁会之后，又于1925年、1926年、1928年、1929年、1930年举办了五次寿苏会①，可视为1922年赤壁会的遗韵。京都赤壁会的发起者与大连赤壁会的参与者之间亦有交集，如山本悌二郎就有诗《大连客舍次立川卓堂见寄韵》赠立川卓堂（见山本悌二郎《游燕诗草》），折射出这两个赤壁会之间的微妙联系。京都赤壁会没有留下当时雅集诗作的结集，而大连赤壁会则留下了一部汉诗集《清风明月集》，这与主事者田冈正树的用心很有关系。田冈正树刊成《清风明月集》后，寄赠给当时日本的汉诗人，故《清风明月集》在当时也产生了一定的影响，如1923年6月22日，桥川时雄（1894—1982）收到田冈正树赠送的《清风明月集》后，于《顺天时报》（第六千九百三十二号）第五版《艺林》发表了《喜淮海诗人见惠清风明月集有序》一文。

《清风明月集》所收的汉诗在艺术上并不算特别出色，主题基本是咏古怀今，盛赞1922年的壬戌雅集，如编者田冈正树的诗：

> 东坡夜游赤壁记念会，赋此敬呈惠临诸大吟长，并希哂正
> 良辰历尽几星霜，月白风清想望长。
> 绝代文章关气运，一筵樽酒见心肠。
> 高怀谁继东坡笔，豪兴偕称北海觞。
> 多谢诸公应檄至，联交两国壮词场。

---

① 参见焦宝《论晚清民国报刊诗词中的东坡生日雅集》，《社会科学研究》2016年第4期。

又得二绝句

一棹清秋江上烟,奇游赤壁感雄篇。
高风千古推坡老,回忆襟怀八百年。
清风明月扫心慵,樽酒还浇磊块胸。
如此良宵如此会,苍茫频忆古贤踪。

席上书感二首

排奸忤众为君忧,应识精忠绝匹俦。
二赋风怀旷今古,长公此事亦千秋。
虎掷龙拏冒险艰,英雄陈迹夕阳殷。
文章长与毅魂在,千岁煌煌天地间。

田冈第一首有点类似于开场诗,历叙"月白风清"之"良辰"正是雅集的好时光。第二联盛赞东坡人品和性情,这也是壬戌之夜何以要纪念东坡的原因。第三联对得比较工整,尤其是"东坡笔"对"北海觞"较妙,既是方位对方位,又是人名对人名。北海,即孔融。孔融曾任北海相,《后汉书》卷七十《孔融传》载:"岁余,复拜太中大夫。性宽容少忌,好士,喜诱益后进。及退闲职,宾客日盈其门。常叹曰:'坐上客恒满,尊中酒不空,吾无忧矣。'"① 北海觞,又称北海樽,用来形容"豪兴"非常恰当。此联用东坡笔、北海觞来形容此次雅集的诗情与酒兴。最后一联束尾,回到社交的主题,末一句与田冈提倡的"以文学亲善国交"② 的观点相呼应。第二首的两篇赞扬《赤壁赋》及赤壁奇游,又赞扬东坡的"高风千古",最后落到现实,点出举办赤壁会就是为了回味古人的

---

① 《后汉书》,北京:中华书局,1965年,第2277页。
② 田冈正树在《辽东诗坛》发刊词中云:"由是言之,嘤鸣、浩然两社,鼓吹文化缘也。嘤鸣浩然,与非嘤鸣非浩然,以文学亲善国交,亦缘也。"《辽东诗坛》第一号《本社启示》第五条就说"本杂志发刊宗旨在抉扬风雅,兼资国交"。

襟怀。第三首的两篇继续礼赞东坡的人与文,东坡为人忠贞耿直,"排奸忤众""虎掷龙拏"都是形容东坡为政时奋不顾身之貌,其所作前后《赤壁赋》亦是"风怀旷今古",真正达到了"文章"与"毅魂"的高度合一。

  与京都赤壁会类似,当时的人可能也会产生疑问:东坡之游在赤壁,千里之外的大连何以能称为"赤壁"?《清风明月集》中的诗有时也似乎在回应这一疑问,如黄越川《壬戌之秋七月既望,田冈淮海先生开东坡夜游赤壁记念会,招饮登瀛阁,席上卒赋志怀,即希郢正》云:"八百年来同此月,吾侪仿佛在黄州。"毛漱芳《东坡游赤壁后第十四回壬戌之秋七月既望,蒙淮海先生招饮,卒成一绝以作记念,工拙不计也》:"今宵明月来何处,曾照东坡赤壁游。"黄越川《壬戌七月既望,淮海词宗开东坡夜游赤壁纪念会,谨赋一律以谢,并恳斧政》:"须知古月同今月,更喜新秋胜暮秋。"杉原游鹤《今兹大正壬戌七月既望,正遇坡仙赤壁后十四回之甲子,于是诗坛领袖田冈淮海,飞檄于瀛华两国士大夫,开雅筵于登瀛阁,以追坡仙当日之游,洵诗坛罕觏之快事也。余亦与此会焉。乃赋短古一篇,以赠主人,并希郢正》:"只有明月无古今,佳话相传犹藉藉。"这些诗句反复表达的意思是,虽然大连赤壁会的地点不在赤壁,但今宵的明月与东坡赤壁之游的明月乃是同一轮明月,故其兴是相同的,其意趣也是相同的。

  还有不少诗称赞此次壬戌之会的风流不亚于东坡赤壁之游,如林酸叟《席上赋呈淮海先生二首》:"阁上登瀛似小舟,豪情赤壁忆前游。清风明月文人管,总起坡翁也点头。"(其一)"壬戌已经十四回,游踪赤壁酒盈杯。坡仙终古无生死,对此掀髯一笑开。"(其二)万云鸿《步森井野鹤先生赤壁记念会诗原韵》:"雅集何殊赤壁游,今来古往共悠悠。飞觞不减坡仙兴,为问当年同此不。"立川卓堂《登瀛阁赤壁记念会席上即事》其二:"八百年前赤壁游,回头往事梦悠悠。樽前试问天边月,昔日风流似此不。"

日俄战争之后,日本对大连的殖民统治长达四十年之久。当时有大量日本侨民居住在大连,其中就包括不少日本汉学家和汉诗人,他们对中国的态度各异。本次赤壁会的主导者田冈正树,他对中国文化怀有热爱之情,也结交了大量的中国友人,他在《嘤鸣社诗钞序》中说:

> 或曰情思之所钟,意气之所感,是人间之至交也。惟余窃以为不然,缘此虽动物亦或能之。独以艺术相交,以文会友者,始可以谈人类特有之尊严神秘矣。盖因文化之至境,不能外此耳。日本之诗,中国之诗也;日本之文,即中国之文也。日本之词客文人,对中国之文豪词雄,固心焉慕之,无奈蓬壶三岛,重洋间隔,有碍于把臂之会也。英国文豪喀雷儿与美国哲人耶马逊,以文相识,愈交愈厚。喀氏每有文问世,耶氏乃必为序以荐,作书以评之。其后耶马逊竟绝大西洋,访喀雷儿于伦敦瑟璃西庐,淹留忘返。文坛传为千古之佳话。此类之事,英法德奥间不乏其例,而我两国间不无稍欠融洽之嫌焉。不知我文运之隆不如彼乎,抑亦词林之时会未至乎?余曾有感于此。前年适值壬戌七月既望,邀请嘤鸣、浩然两社同人,特开赤壁记念诗会,开怀畅饮,尽欢而散。是实为我嘤鸣、浩然两社联盟之初也。

田冈在此序中先谈到了文化的超越性,以及"艺术相交,以文会友"的重要性。他以英国文豪喀雷儿(Thomas Carlyle, 1795—1881,今译为托马斯·卡莱尔)和美国哲人耶马逊(Ralph Waldo Emerson, 1803—1882,今译为拉尔夫·沃尔多·爱默生)相交的例子来说明,相同的文化背景可以消弭地域的区隔。英美两国都使用英语,一如中日两国都使用汉字,故"日本之诗,中国之诗也;日本之文,即中国之文也",但中日两国之间自近代以来"不无稍欠融洽之嫌焉",故田冈希望中日两国的分歧可以通过文化来弥合,这是他与同仁创办嘤鸣社的初衷,也是他举办1922年赤壁会的缘起。傅立鱼在《清风明月集》序中说:"尝谓凡欲谋两国之亲善,必先图两国思想之融合;而欲图两国思想之融合,尤必先谋两国文人学士之接近。"这其实也是配合田冈正树编纂《清风明月集》而言的。田冈看到了中日"同文"的历史,但他妄图模糊中日"稍欠融洽"的现实及其原因。

就在京都、大连举办赤壁会的同一天,在东京芝山红叶馆也举办了一次赤壁会。笔者偶然读到本次赤壁会会后编纂的汉诗集《壬戌雅会集》,才终于弄清这次雅集的来龙去脉。雅集的目的与京都、大连赤壁会一样,都是纪念苏轼壬戌之游第十四个甲子,所以这次雅集后的诗集直接就以"壬戌"命名。参加这次雅集的东京汉诗人有三十四人,没有参加但也寄来汉诗者有四十四人,此外还有日后寄来诗歌的。规模虽比不上京都的赤壁会,但也不亚于大连之会。雅集亦于9月7日举办,两个多月后的12月1日,本次盛会的汉诗集《壬戌雅会集》就正式出版发行了(见图10-9),编者为当时著名汉诗人国府犀东(种德,1871—1950)。该书卷首有编者国府种德所作之引、喜多张辅的《红叶馆雅集记》等文,集首为赤壁会当日的参加者所作的《壬戌之秋古历七月既望红叶馆雅集柏梁体联句》,末有跋。

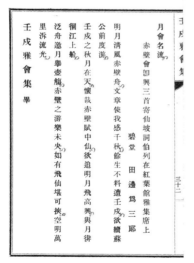

图10-9 《壬戌雅会集》书影

《壬戌雅会集》既以追摹赤壁之游为目标,故席上诸公都纷纷感发"景苏情":"座客陶然撤城府,今宵同抱景苏情。"(河原田稼吉《红叶馆雅集予亦陪席末奉次香堂内相原倡韵清政》)"无私风月任人用,卧游同得景苏情。"(石丸重美《香堂内相卜景苏之良夜招宴席上有诗坊间亦传诵乃次原韵谢其夕负宠招之至懒》)最后又由"景苏"发展为"超苏",即苏轼赤壁之游也不及此次的盛会,"舣船一棹弄珠兴,不让坡仙前度游"(胜岛仙之助《壬戌之秋古历七月既望红叶馆雅集攀香堂内相瑶础》),"月明千里两京秋,压倒苏髯赤壁游"(结城琢《莵道赤壁会诗筵电致七绝一首仰东都红叶馆雅集席上诸星粲正》),"游迹岂徒追赤壁,流风未必输兰亭"(细井薰《阴历七月既望于莵道万碧楼赤壁会席上卒赋》)。上引末两首诗,也透露出很重要的信息,即当时东京与京都赤壁会的参与者之间是有互动的,上诗中的"两京",即东京和京都;而"莵道"就在京都的宇治,也就是长尾雨山赤壁会召开之处。《壬戌雅会集》也收入了京都赤壁会参与者田边碧堂、山本悌二郎的诗,二人之作应该是事后邮寄的。

　　《壬戌雅会集》是一部典型的社交型总集,这类文献从文学上来说,主题都比较单调,基本以"颂"为主,或颂世道太平,或颂主人恩德,《壬戌雅会集》也不例外。"即今四海颂文明,诗酒只应酬太平。"(日下宽《雅集席上次香堂内相瑶韵二首》其二)这样的诗句在《壬戌雅会集》中也多次出现。集中反复出现的"太平",只能是日本要想的"太平",绝不是当日东亚诸国所能共享的"清风明月"。

　　从文学上来看,《壬戌雅会集》成就并不高,其意义更多的是文化史上的。尽管明治维新已过半个世纪,但日本文人学者仍然喜欢以东坡《赤壁赋》为代表、为表征的中国文化,汉诗仍然是他们与中国文化沟通最主要的媒介,这也是汉文化在日本最后的遗响。"清风明月取无尽,倚遍芝山第一楼"(胜岛仙之助《席上更和香堂内相原作》),在"诵诗酬酒赏晴秋"(荒川义太郎《红叶馆席上次香堂先生均(韵)》)的背后,东亚汉文化传统的余韵正在消散。

四　结　语

　　1922年第十四个壬戌既望，京都、东京与大连同时举行的赤壁会雅集是有其文化史意义的。这三次赤壁会都是由日本籍学者和汉学家主导的。在明治维新之后，日本脱亚入欧，原本在日本家喻户晓的汉学一下子被视为弃履。我们通过京都赤壁会看到，即使到了二十世纪初的大正时期，汉文化、汉文学仍有生命力。

　　1922年中日两国诗人通过汉字、汉诗结成了一个文字上的社群，他们共同分享对苏轼的热爱，这是汉文化圈的一抹余晖，也是最后一丝余韵。随着东亚政治局势的进一步恶化，1937年在长尾雨山举办了最后一次寿苏会后，日本再没有举办过以文艺鉴赏和汉诗创作为主轴的寿苏会和赤壁会。汉学渐衰，耆旧凋零，雅集难继，1922年第十四个壬戌年的赤壁会雅集在东亚亦成遥远的回响。

第十一章 "以文为戏"与"文学扮演"
——东亚汉文学中的"拟代文"

在中国传统社会,书信在社会交往、信息流通、情感交流中起了很大的作用,所谓"尺牍书疏,千里面目",读信如人晤面谈心。①《文心雕龙·书记》对书信的文体及其功用进行了详细的阐述:"详总书体,本在尽言,言以散郁陶,托风采,故宜条畅以任气,优柔以怿怀。文明从容,亦心声之献酬也。"②唯书信之"尽言",可以"散郁陶",亦可以表达"心声"。《文选》卷四十一至四十三收录了汉魏六朝时期众多优秀的书信,其中卷四十三就有梁代丘迟(464—508)所作的《与陈伯之书》。

陈伯之,原仕于南齐,后在齐梁易代之际投奔北魏。天监四年(505),梁武帝命临川王萧宏领兵北伐,陈伯之屯兵寿阳(今安徽寿县)与梁军对抗。梁武帝萧衍"使吕僧珍寓书于陈伯之,丘迟之辞也"③。丘迟所写的信,就是著名的《与陈伯之书》,即是在梁武帝授意

---

① 关于中国中古时期的书信研究,参见Antje Richter(李安琪), *Letters and Epistolary Culture in Early Medieval China*, Seattle: University of Washington Press, 2013。又 *A History of Chinese Letters and Epistolary Culture*, Leiden: Brill, 2015。

② [南朝梁]刘勰著,詹锳义证《文心雕龙义证》,上海:上海古籍出版社,1989年,第933页。

③ [南朝梁]萧统编《文选》,[唐]李善等注,卷四十三丘迟《与陈伯之书》李善注引刘璠《梁典》,上海:上海古籍出版社,1986年,第1943页。

下写的。陈伯之收到信后,深受触动,不久就率八千部下投归梁朝,成为文学史上的一段佳话,《与陈伯之书》也因此成为千古名文。明张溥(1602—1641)《汉魏六朝百三家集题辞·丘中郎集》云:

> 其最有声者,与陈将军伯之一书耳。隗嚣反背,安丰责让;杨广附逆,伏波晓劝,咸出腹心之言,示泣血之意,不能发其顺心,使之回首。独希范片纸,强将投戈,松柏坟墓,池台爱妾,彼虽有情,不可谓文章无与其英灵也。①

丘迟此信之所以能感染陈伯之,就在于其不但"尽言",而且"尽情",对陈伯之晓之以理,动之以情,分析形势,设身处地为其着想,故孙德谦(1869—1935)《六朝丽指》称:"至其《与陈伯之书》,通篇情文并茂,可谓风清骨峻。"②

一篇伟大的文学作品,不但有当世的价值,即在作品发表之时拥有感人的力量,而且在后世也能产生绵延的影响,可以成为与后世文学对话的对象,或被模拟,或被唱和,或被檃括,或被翻案,这样才能成为文学史上真正的经典。丘迟的《与陈伯之书》在梁代就被收入《文选》,成为历代诵读的经典,其影响力至清代仍不衰,竟然出现了多篇清人模拟陈伯之的口吻给丘迟回信的奇文。一切伟大的文学都应该是开放的文本、召唤的文本,呼唤后人与之对话。史书仅记载了陈伯之接到丘迟书信后的行动,但没有提到陈伯之给丘迟回信之事,清人模拟陈伯之给丘迟的回信,正填补了文学史上的这段未完成的"空白"。

---

① [明]张溥著,殷孟伦注《汉魏六朝百三家集题辞注》,北京:中华书局,2007年,第290页。

② 《六朝丽指》第80则"丘迟文",王水照编《历代文话》第9册,上海:复旦大学出版社,2007年,第8484页。

第十一章 "以文为戏"与"文学扮演"

一 以文为戏:三篇清人拟代的陈伯之与丘迟书

清代是中国古典文学的集成期,一方面,传统的文学体裁在前代发展的基础上,踵事增华,取得超越前代的发展;另一方面,文学观念也发生了很大的变化,前代不受重视或受到压抑的文学体裁,在清代取得了空前的进步。被视为"骈四俪六,锦心绣口"(柳宗元《乞巧文》)的骈文在清代获得空前的发展,不但出现大量的骈文总集、别集,以及骈文作家,而且清人也有意识地扩大骈文的表现空间、表达范围,甚至游戏文字也可以用骈文来表达。

丘迟致函陈伯之后,陈伯之并没有回信,《梁书·陈伯之传》仅云,陈伯之接信后,"乃于寿阳拥众八千归"[①]。笔者在唐至明代的文集中努力搜索,并没有发现此时之人拟代陈伯之给丘迟回信的文章,却意外在清人文集中发现至少三篇以陈伯之口吻写给丘迟的回信。丘迟原信是用骈文写的,清人的拟代文自然也是用骈文回应。丘迟的原信仅有六百多字,而清人的拟代文基本都在千字以上,容量较大,文采也不输于南朝人。

先看曾纪泽(1839—1890)所写的《拟陈伯之答丘迟书》:

> 希范足下:省书开示利害,勖以改图。援古证今,箴劝交尽。拳拳之惠,沦浃襟怀。足下责仆前壮而后劣者,诚有是也。夫立功立事,使荣观表于当时,休问存于没世,此仆之甚愿也。危疑去国,竭蹶无依。鸿鹄奋而高飞,麋鹿铤而走险。斯则救死他邦,苟全首领而已。人之情喜荣而恶辱,安土而重迁。苟非煎迫途穷,势不得止,安有包羞含垢,冒不韪,履至危,远投朔漠之君,匍匐毡裘之域,弃九族之亲戚,违

[①] 《梁书》卷二十,北京:中华书局,1973年,第315页。

先茔之松楸，望望然而不顾者哉？仆之衷曲，未易一二为流俗悠悠之人觏缕而深辨之也。以足下惠而教我，聊复尽之。往者西师飙发，方内土崩；南康龙飞，霸图初建。岩疆重镇，定之以空函；金城汤池，摧之于俄顷。于斯时也，朝廷寂寂，不闻补衮之臣；豪俊喁喁，咸作攀龙之士。仆则以被遇先朝，感恩明帝，督前驱而援郢，誓九死而奚辞。固知大厦之颓，非一木所搘；千钧之重，非一绳所引。而夙夜孜孜，不敢有懈，食禄致身，其义然也。既而威声所耆，猛士投戈，贱息虎牙，奔归狼狈。幢主苏隆之宣今上之新命，许之以方岳，锡之以麾旄。小人爱死，变易初心，遂复肉袒牵羊，崩角稽颡，壶浆箪食，迎犒于军门；坚甲利兵，回指于建业。今上神威，古今罕匹，桓文之绩，不数于当年；伊霍之功，复成于今日。天命有在，人谋与能。九锡八佾，始入重华之国；黄屋玉玺，旋离文祖之廷。伯之遭逢景运，翊赞皇猷。虽不得比于代来之勋，庶几获免于咎戾矣。昔管夷吾有射钩之仇，而齐侯尊仲父；雍齿有丰沛之隙，而汉祖封诸什方。勃鞮以斩祛示忠，严颜以断头自矢；晋文委以心腹，昭烈任之干城。遇合之际，何其盛哉！仆始以未忘旧君，迟迟归义，见几不早，横被猜嫌。莅州以来，参军书佐之除，佥蒙遥制；别驾长流之辟，不得自由。推寻始终，靡有他衅，正由范云之徒媚嫉而媒糵之，故致尔耳。鄙性粗疏，难堪裁抑，而失志之徒，竞相耸劝，至于兴晋阳之甲，奋鬻拳之兵。庄生所谓克核太至，将以不肖之心应之者矣。郑伯伦、程元冲之徒溃败于前，徐文安、张显明之俦丧亡于后。匹夫不可夺志，勇士不忘丧元。冤愤之师，宁易遏邪。犬马使臣，亦将视如国人；众人待我，安能报以国士。此伍员所由奔吴而困楚，中行说所以背汉而辅匈奴也。足下观仆之所处，殆犹骑虎之背，不可中下彀矢于弦，势将必发耳，岂有能已而不已者哉。罪莫大于亡命，悲莫甚于无家。瞻望旧邦，涕流如泻。自以此生永无生还之望，长为异域之魂。

山水清晖，莫由可览；莺花胜景，无从赏心，而叨贲德音，远逾涯涘。警以姚泓、慕容之败，勉以朱鲔、张绣之荣。并承今上皇帝予其自新，中军临川不责既往。人非木石，谁不移情。方将献寿阳之城，携旧部之卒，归罪司败，泥首阙门。死生听之于君，宠辱安之若命。晤言伊迩，不尽所怀。①

曾纪泽，湖南湘乡人，晚清名臣曾国藩（1811—1872）之子，也是晚清著名的外交家。他多才多艺，擅撰文章，有《曾惠敏公文集》十七卷。上引《拟陈伯之答丘迟书》就见于《曾惠敏公文集》卷一，卷一除此文之外，尚有曾氏所作的《拟太常博士答刘歆书》，亦是一篇拟代文。可见曾氏对于创作此类文字颇有兴趣。《拟陈伯之答丘迟书》全篇站在陈伯之的立场上发声，先说接到丘书后深受感动，以至于"沦浃襟怀"，这也是陈伯之后来幡然归顺的心理基础。接着陈氏表示自己仍有"立功立事"之心，希望继续建功立业。下面又说到自己叛逃北魏实属无奈，乃不得已之举。虽然有漂白自己之嫌，但也算是对梁朝的交心，故下文着重对丘迟痛陈心中"哀曲"，即内心的苦衷，其叛逃北魏实乃外界形势所迫，以及帐下小人的怂恿，并非自己的真实想法。这是本文的主体部分，作者运用了大量骈句和典故来铺陈，如"昔管夷吾有射钩之仇，而齐侯尊仲父；雍齿有丰沛之隙，而汉祖封诸什方。勃鞮以斩祛示忠，严颜以断头自矢；晋文委以心腹，昭烈任之干城"一段，用了两种不同的对仗方式，前四句用的是隔句对，而后四句则用了流水对。此段所用典故非常密集，用了管仲箭射公子小白（齐桓公）带钩，后来却被齐桓公重用；雍齿为刘邦部下，但向来轻视刘邦，甚至投靠项羽，不过汉代建立后，刘邦

---

① ［清］曾纪泽《曾惠敏公文集》卷一，《清代诗文集汇编》第739册，第462—463页。末有曾国藩批语云："六陈偶儷文中，有能运单行之气，挟骞岸之情者，便与汉京不甚相远。此文之气，颇能自振。惜伯之粗鄙反复，不足以发人笔端倔强之态耳。"

却封雍齿为什邡侯,以此来收买和稳定人心;勃鞮两次奉命追杀晋公子重耳(晋文公),后来重耳归国即位后,却没有杀勃鞮;严颜原为益州刺史刘璋的部下,任巴郡太守,刘备派张飞攻打巴郡,张飞攻下城池后,严颜拒不投降,后来张飞也没有杀他,且引为宾客。作者使用的这四个典故,都与历史上国君不计前嫌,赦免曾经得罪自己的大臣有关。用这些典故,无非希望梁武帝也能如此大度,宽恕自己,可以说典故用得还是比较恰切的。呼应丘迟书信中的名句"暮春三月,江南草长,杂花生树,群莺乱飞",陈书回应说:"山水清晖,莫由可览;莺花胜景,无从赏心。"又说"人非木石,谁不移情",最终表达了归附的决心。这篇骈文虽然没有丘迟的原作动人,而且对陈伯之亦有美化之处,但其对陈伯之心理的揣摩,以及对陈伯之所处政治形势的分析则非常准确。

第二篇拟代文是桐城派作家吴汝纶(1840—1903)所写的《代陈伯之答丘迟书》:

> 伯之不肖,亏损名字,孤负国恩,越境待罪,忽复四载,南望丘陇,神魂飞越。信至勤宣令德,敦诱备至,然犹有未达鄙心者,请略陈固陋。伯之昔仕故齐,遭逢末祚,刀敕用事,梅茹骄横,每惧见图群小,卒与祸会。主上伟略应运,仗义荆雍,远勤使问,托以心膂。私念逢时遇主,自古为难;弃昏就明,达人所尚。不敢抱咫尺之义,徇拘挛之见,遂乃委身归命,倒屣迎师。于斯时也,大藩千里,弃之若遗,爱子在都,不敢有恋。士为知己者用,虽绝吭断胆,披肝隳胆,且将不惜,尚何台榭之足顾,妻妾之足云乎!义旗东指,进逼秣陵,猥蒙圣恩,授畀军任,壁篱门,薄西明,提偏军,对勍敌。委质伊始,奋欲图功,每遇降人,呼问台事,卒使危城荐璧,朝士膝袒。伯之不才,不敢贪天为功,若以自结于明主,亦云几矣。大梁革命,还镇本州。方思招附豪俊,为

国捍城,孰寤娥眉遇嫉,明珠遭嗔。樊沔旧人以新降进谗,台省文吏以功伐见妒。谓怀反侧,颇涉猜防,遗尺寸之劳,录丘山之过。别驾邓缮绩效卓著,长流参军朱龙符骁勇冠时,并皆久赞宾僚,深资忠益,迭被台敕,勒使罢遣。男儿立功立事,开藩析土,亦愿俯庇群下,快意自娱。今乃摇手举足,辄蒙检制,与吏民语,何以为颜!此则有死而已,谁能屈身污行,以事左右勋戚之臣,回面腆腼,以对刀笔舞文之吏乎?屡披情素,未蒙矜许。会郑伯伦、程元冲等默探上旨,曲求亲媚,幸功邀利,乘险迫人,或起兵见拒,或突入相攻,仓卒惊扰,罔知所措。而征南之军已达柴桑,议者不察,见谓谋反有端。伯之虽甚不肖,亦颇识可否之势矣。当夫襄汉始起,郢鲁未降,弱息方整援师,本镇尚多见力,搤咽喉之形,成犄角之势,韩白复起,不能为谋。逮乎台城被攻,精甲尚有七万,列朱雀之阵,麾白虎之幡,两敌重轻,视吾左右,不以此时希图至计,天下已定,乃欲举一州之众,抗天子之威,此乃淮阴所为衔冤于儿女、绛侯所以被屈于狱吏也。呜呼!希范子谓伯之顾出此哉?夫人不能早自托于君宷,及乎罪至,即束身听刑,仰药明志,亦复何难。顾念主恩莫酬,壮志未就,雉经沟渎之中,膏血铁锁之上,天下后世且曰:"陈伯之反覆小人,背叛婴诛。"则辱在百世,死不瞑目。且使兴朝有杀戮功臣之名,烈士有人人自危之意,甚非所以重朝廷而忠陛下也。夫射钩斩袪,明主尚不以为疑,岂以大梁受命,驾驭群雄,不推赤心置人腹中,自翦羽翼,顾谓得计?慈母受谮,投杼自惊;孝子被挞,大杖则走。用是渡江北窜,暂逭天威,冀他日或垂矜宥,更赐收录耳。虽潜身异国,岂尝须臾忘本朝哉!昔乐毅逃燕,不失见几之智;信陵居赵,宁为改节之行。以古方今,窃慕芳躅,而执事者云云,遂谓伯之屈节虏廷,绝义故主。丈夫一身,岂能再辱?子尚疑此,夫复何言!方今北敌尚强,西蜀不靖,岂宜久弃壮士以资敌国!若使圣朝追叙前劳,更俾逋臣获申幽愤,怜其择木之智,察其被谗之由,雪其逆节之诬,鉴其逃诛之隐。行当持绕朝之策,为冶父之囚,归罪阙廷,伏受处分。至于总戎北征,吊民洛汭,则旧部未散,坚甲犹存。伯之虽老矣,尚能负弩前行,扬鞭深入。万一尸裹马革,元归狄人,揆之凤心,实已无憾。重辱嘉惠,敢布腹心。伯之顿首。①

吴汝纶这篇拟代文层次亦比较清晰,首先开门见山表明陈伯之打算归降的心志,一方面在北魏四年期间"神魂飞越",一直思念故国;另一方面梁朝也是"勤宣令德,敦诱备至",使其深受感化。接着陈伯之又陈述了自己当初叛逃的原因,自己本希望投靠梁朝,但"娥眉遇嫉,明珠遭嗔",自己受到小人的谗忌,无由报国;同时,自己在形势危急的状况下,受到手下蛊惑,才出此下策。下文说自己"主恩莫酬,壮志未就",希望自己还能够为梁朝所用。吴文也用到了管仲射钩、勃鞮斩袪的典故,不过是将这两个典融在一句话中("射钩斩袪")。又新用两个典故来对自己的行为进行辩护,同时表达对梁朝的忠贞:"乐毅逃燕,不失见几之智;信陵居赵,宁为改节之行。"乐毅原来深受燕昭王重用,被任命为亚卿。燕国军队在乐毅率领下,几乎攻占了整个齐国,但新即位的燕惠王听信齐国的反间计,派骑劫取代了乐毅。乐毅担心回燕国被杀,逃到了赵国。魏公子信陵君窃符救赵,杀死了魏国大将晋鄙,得罪了魏王,所以一直住在赵国。后来魏国受到秦国威胁,信陵君又重回魏国救难。吴汝纶用的这两个典也很恰切,既说明陈伯之逃北魏是形势所迫之举,又表明自己对故国仍有感情。吴汝纶是桐城派古文大师,与曾文纯用骈俪不同,吴文以散体行全篇,间杂俪句,形成一种兼综骈散的风格。

第三篇拟代文是晚清骈文作家屠寄(1856—1921)所作的《代陈伯

---

① [清]吴汝纶《吴汝纶全集》,施培毅、徐寿凯校点,第1册文集卷一,合肥:黄山书社,2002年,第7—9页。

第十一章 "以文为戏"与"文学扮演"

之答丘迟书》：

希范足下：承王师北讨，损书招怀。文采巨丽，公私切至。仆虽下愚，岂能无感？仆楚子也，少谢行能，靡乡曲之誉，徒以筋力驱使。前朝主上龙兴，不加别异，许其款衬，同赴中流。建康之平，倒戈自溃，乃以刘璋稽首，藉威马超；凿谷驰关，推功英布。锡封大县，进号征南。虎牙兄弟，承恩宿卫，无代邸之旧，同京城之赏。其为非分，盖已多矣。但自以义旗始建，闇于代德，前驱衔命，旅距寻阳，获罪者一。既蒙抚纳，不即自归，退保南湖，乃始委挚，获罪者二。顿军西明，未能力战，啜嚅耳语，达于圣聪，获罪者三。负此三罪，怀不自安，重以朱龙符、邓缮等奸险煽诱；褚緭、戴永忠等轻薄游说，迷谬过听，自绝于天，遂乃偷生虏庭，沦点伪授。东关之役，为寇将兵败，我偏师重增衅戾。此则已往之失，不可复追者也。昔卢绾侵夺于蛮夷，孟达郁悒于羁旅，常思背匈奴而归汉，据新城以还蜀。仆诚何心，借命穹帐，淮上经乱，村井邱虚。岁惟莫春，桑麦前刈，乳燕靡托，晨鸡不号。对荒戍之萧条，伤旦暮之乞贷，缠书雁足，引领牛头。韩王信云："仆之思归，如痿人不忘起，盲者不忘视也。"岂不然乎？然且裴回边表，昧于自拔者，诚恐一旦致诚，不偿夙负。怨管仲之射钩，杀知莒而衅鼓。虽欲悔罪，自效其道，未由此少卿所以惮于再辱，安都所以惧而改计也。伏闻圣朝汤纲阔略，蠲弃小忿，完其先茔，宥其侧室，亲戚第宅，至今安居。虽汉文之怀赵尉，先主之待黄权，宽仁肆眚，未足引譬。仆爱妾之细谅，不关怀故主之恩，能毋感激，固已倾瞩东日，系心南云。况伪孽庸閣，政纲紊驰，部党离贰，饥馑荐臻，荡灭之期，有如来指。仆纵不能先几内发，回戈北挥，廓清中原，禽翦遗蘖，立尺寸之绩，赎反侧之愆，又安忍冯恃，四脚据守一隅，奋其螳臂，为他人尽力哉？今吊伐之师，风驱电发，志澨伊洛，誓扫崤函。足下闵仆，逋亡之余，同彼玉石，宣布德意，开示福先。述廉吴之囊蹩,陈朱张之已事。反复诲姜,发其愚蒙,伏自惟付,皇威不可以再抗,大罪不可以曲矜。临陈退败,则虏马躏其后;束骸待罪,则法司所不宽。总斯二途,生理并绝。与其横身区脱,为左衽之鬼;毋宁归骨司败,待汤镬之诛。傥缘足下之灵,回奉本朝,得枕邱首。虽死之日,犹生之年。闻临川殿下,翰旗飙展,将次淮甸,谨纂辑所部,伏候援拯。庶同朱序之愤,齐鲁爽之契,逼逼丹忱,仰希鉴纳。仆本寡文,未亲翰迹,但曹淇近日,颇奋文辞;沈公莫年,乃更学问。力自裁答,多愧琼瑶。慎毋谓为倩人,笑其耳学也。迟会匪远,率报不宣。①

屠寄,江苏常州武进人。常州在清代是著名的骈文之乡,秦缃业(1813—1883)在为徐寿基《酌雅堂骈体文集》所作的"题辞"中说:"乾嘉以来,骈四俪六之文,吾郡称极盛。"②秦氏是常州府无锡县人,故有此称。陈作霖(1837—1920)在为屠寄等编《国朝常州骈体文录》所作的跋中亦云:"若常州,则以骈文著称。"③屠寄不但自己写得一手漂亮的骈文,而且也是一位骈文编纂家,《国朝常州骈体文录》是清代著名的骈文总集,也是呈现清代常州骈文创作成就的重要文献。吴文基本是自述结构,代陈伯之自剖心志;屠文承继曾文使用了对话结构,与曾文相同,一开始皆有"希范足下"之提示语,亦称赞了丘书"文采巨丽,公私切至"。屠文先交代了陈伯之叛逃的原因,又说叛逃并非己志,以及没有立即归降梁朝的原因,接着阐明了自己打算归降的内外之因,最后重申了归降梁朝的决心。本文再次使用了管仲射钩的典故,可见这类骈文

---

① [清]屠寄《结一宧骈体文》卷一,《清代诗文集汇编》第782册,第523页。
② [清]徐寿基《酌雅堂骈体文集》,光绪十一年(1885)刊本,哈佛燕京图书馆藏本。
③ [清]屠寄等编《国朝常州骈体文录》卷三十一《叙录》,《续修四库全书》集部第1693册,第711页。

在创作上有一定的程式。屠文是标准的骈文,不但用了大量的俪句,而且还连续用了三个"获罪者"的排比段。文中呼应丘书中"暮春三月"的一段,写景虽不如丘书真切,但情感的拿捏程度却非常好:"岁惟莫春,桑麦前刈;乳燕靡托,晨鸡不号。对荒戍之萧条,伤旦暮之乞贷,缄书雁足,引领牛头。"写出了自己寄人篱下之悲伤,以及引颈盼归之心。史载,陈伯之不文,为了打消读者的疑虑,最后还特地说自己"颇奋文辞""乃更学问","力自裁答,多愧琼瑶",并非请人代作。

这三篇拟代文皆作于晚清,或骈,或骈散结合,均模拟陈伯之的口吻发声。若从陈伯之的身份来说,这三篇文章皆不太"本色",作为一介武夫的陈伯之不可能使用这么华丽的辞藻,也不懂文中这么多的典故。但这三篇文章着重于揣摩陈伯之的心理,从其叛逃的原因,到归降的心理,都有细致的刻画与分析。虽然陈伯之叛逃与归降更多的是出于个人利益,但清代作家皆能从陈氏立场出发代为解释。清人通过文学想象,完成了一次跨越时间的对话,是清人与一千多年前南朝人的对话,也是清代作家对南朝作家的一次"拟代"或代言。

这三篇文字皆用骈文写成(吴汝纶之文以散体为主,间杂骈句),骈文一向以格式整齐、辞藻华丽、表达程式化著称,这也在一定程度上限制了骈文表达的空间。但这三篇骈文透露出清代骈文创作的一个重要信息,即骈文也可以用来写作游戏文章。虽然这三篇文字并没有多少戏谑成分,但其本身却是游戏之作。中国古代文学理论一向讲究"文以载道",仿佛文章只有表达"道"才是有意义的,这也无形中给作为文学的文章背负了不可承受之重;但纵观中国文学史,我们也发现"以文为戏"的现象屡见不鲜,可谓中国古代文章学的潜流,而且用古文、骈文、八股文写的游戏文章也不少。刘宋时期袁淑的《驴山公九锡文》(《艺文类聚》卷九十四"兽部·驴"引宋袁淑《俳谐集》)就是对这一时期所谓"册九锡文"的戏仿。中唐时期韩愈所作的《毛颖传》,以《史记》的笔法给毛笔立传,纯是一篇"以文为戏"①之作,尽管当时人对韩愈在文学上的这种创新并不能理解,批评《毛颖传》"不以文立制"②,"讥戏不近人情",乃"文章之甚纰缪者"③。但此文让我们看到,在中国古典散文中,除了"正言以垂教"一脉外,其实还有诙谐游戏的一面,明人茅坤评此文"设虚景摹写,工极古今"④,甚为有见。更为重要的是,韩愈还公开为其"以文为戏"辩护:"吾子又讥吾与人为无实驳杂之说,此吾所以为戏耳。比之酒色,不有间乎?"⑤又说:"驳杂之讥,前书尽之,吾子其复之。昔者夫子犹有所戏,《诗》不云乎:'善戏谑兮,不为虐兮。'《记》曰:'张而不弛,文武不能也。'恶害于道哉!"⑥韩愈这一段话不一定针对的是《毛颖传》⑦,但明显可以看出,韩愈对别人批评他"以文为戏"不以为然,而且他认为写作这类文章于道并无"害"。可惜韩愈文学思想中的这一面在后世影响太小,反而是李汉为其文集所作序中的"文者,贯道之器"之说大行天下。据金程宇研究,宋代时还出现了诙谐文章的总集,如郑持正所编的《文章善戏》。此书所收文章皆为宋代的游戏文章,如《毛颖封管城子诰词》《毛颖辞免管城子恩命第一

---

① 裴度在给李翱的信中批评韩愈此书"以文为戏",见〔唐〕裴度《寄李翱书》,〔清〕董诰等编《全唐文》卷五百三十八,北京:中华书局,1983年,第5462页。关于韩愈"以文为戏"问题的讨论,参见〔日〕川合康三《游戏的文学——以韩愈的"戏"为中心》,载〔日〕川合康三著,刘维治、张剑、蒋寅译《终南山的变容:中唐文学论集》,上海:上海古籍出版社,2013年。又参见周明《论"以文为戏"》,《首都师范大学学报》(社会科学版)1997年第5期。
② 〔唐〕裴度《寄李翱书》,《全唐文》卷五百三十八,第5462页。
③ 《旧唐书·韩愈传》,北京:中华书局,1975年,第4204页。
④ 〔明〕茅坤编《唐宋八大家文钞》卷八,上海:上海古籍出版社,1993年,第106页。
⑤ 〔唐〕韩愈《答张籍书》,〔唐〕韩愈著,刘真伦、岳珍校注《韩愈文集汇校笺注》卷四,北京:中华书局,2010年,第554页。
⑥ 〔唐〕韩愈《重答张籍书》,同上书,第562页。
⑦ 参见《韩愈文集汇校笺注》卷四引樊汝霖注,第562页。

表》《拟封花王册》《拟竹封谓川侯制》等等,皆是对朝廷官样文章的戏仿①。上引三篇清人的拟代文不是模仿毛颖、管城子之类虚构人物的口吻,而是模拟一千多年前古人的口吻给其同时代的人写信,其本质近似于游戏文章,但文学性似高于《文章善戏》中的文章。

西格蒙德·弗洛伊德(Sigmund Freud)曾引用欧洲哲学家西奥多·维舍(Theodor Vischer)关于诙谐的定义:"以一种令人惊异的迅速把一些在事实上、在内容上和不同类的概念连结成一体的能力。"②上面三篇骈文谈不上"诙谐",但模仿古人口吻给古人写信可以说是一种谐谑,也是"把事实上不同类的概念连结成一体",给人一种"以文为戏"的感觉。西方文学中也有类似的创作方式,即"戏仿"(parody),虽然这三篇作品都可以说是游戏文章,但似乎与西方的"戏仿"有所不同。西方的戏仿具有"荒谬"或"滑稽"的特征,"大多数戏仿以某种刻意的滑稽形式利用了被戏仿文本与戏仿之间的不调和,这种不调和产生出滑稽效果,提醒读者或观众滑稽戏仿的存在;即使戏仿的滑稽层面没有被接受者注意或理解,也可以说戏仿仍然是'滑稽的'"③。这三篇拟代文不但没有给人以荒谬或滑稽的感觉,反而让我们感到其浓厚的文学性与典雅性;而且被拟代的文本与拟代文之间并不是"不调和"的关系,而是一种对话、呼应或补完的关系。

---

① 参见金程宇《静嘉堂文库所藏〈文章善戏〉及其价值》,《稀见唐宋文献丛考》,北京:中华书局,2009年。
② 〔奥〕西格蒙德·弗洛伊德《诙谐及其与无意识的关系》,常宏、徐伟译,北京:国际文化出版公司,2001年,第3页。
③ 〔英〕玛格丽特·A.罗斯《戏仿:古代、现代与后现代》,王海萌译,南京:南京大学出版社,2013年,第31页。

二 文学扮演：陈伯之有能力给丘迟回信吗？

历代学者的研究基本上都聚焦在丘迟及其作品之上，而对书信的接受者陈伯之关注不够，有的话，也只是作为丘文的背景来介绍。不过，到了清人的"拟代文"中，陈伯之成为主角，不但给丘迟"回信"，而且主动发声，向读者吐露心曲，完成了一千多年来未尽的对话。事实上，陈伯之在历史上不但是一个反复无常的小人，而且几乎没有什么文学修养，更谈不上操觚染翰了。《梁书·陈伯之传》载："伯之不识书，及还江州，得文牒辞讼，惟作大诺而已。有事，典签传口语，与夺决于主者。"[①]这样一个连公文都读不懂的武夫，自然作不出上面三篇骈文中的任何一篇，清人洪若皋（1670年前后在世）《梁昭明文选越裁》卷八云：

> 昔人称其（丘迟）文，如琪树玲珑，金芝布濩，可谓珍重至矣。观其簪笔从军，振英落藻，开示祸福，悉中窾窍，所谓尺纸足胜百万之众者。但伯之偷儿者流，听人牵鼻，虽与之书不能读。其在齐则叛齐，在梁则叛梁，在魏则又叛魏。大抵好乱乐祸，易于反覆，非徒文章之力也。[②]

洪氏一方面肯定了丘迟《与陈伯之书》在文学上的价值，另一方面也认为陈伯之之归降不仅仅是丘氏文章之功（"非徒文章之力也"），而且他还特别指出，陈伯之收到信后"虽与之书不能读"。也就是说，陈伯之根本没有能力读懂丘迟的信。钱锺书亦有同样的看法：

> 然《梁书·陈伯之传》称："伯之不识书……得文牒辞讼，惟作大

---

① 《梁书》卷二十，第312页。
② 《四库全书存目丛书》集部第288册，第119页。

诺而已。有事，典签传口语。"则迟文藻徒佳，虽宝非用，不啻明珠投暗、明眸卖瞽，伯之初不能解。想使者致《书》将命，另传口语，方得诱动伯之，"拥众归"梁；专恃迟《书》，必难奏效。迟于斯意，属稿前亦已夙知。①

钱先生亦否定了陈伯之的归降与丘迟文章的关系，并想象当时使者"致《书》将命"之际，还"另传口语"，也就是说用口语将丘迟的书信解释一遍，这相当于用白话将骈文书信翻译一遍。至此，我们可以得出结论，陈伯之自己根本没有能力读懂丘迟的信，也没有能力给丘迟回信，更写不出清人所拟代的骈文。所以，这三篇骈文的作者都是在为陈伯之代言，用康达维（David R.Knechtges）教授的话说，这是一种"文学扮演"（literary impersonation）②。上文所录屠寄的《代陈伯之答丘迟书》似乎也意识到这一点，特别在文末以陈伯之的口吻说："慎毋谓为倩人，笑其耳学也。"

上面三篇骈文属于所谓的"拟代文"，而拟代文学在中国古典文学中有悠久的历史，特别是在汉魏六朝文学中，有大量以"代"或"拟"为题的"文学扮演"式的作品。《文选》卷三十至三十一单列"杂拟"一类，收录了汉魏六朝约六十首诗，既有张载模仿张衡《四愁诗》的《拟四愁诗》、袁淑模拟曹植《白马篇》的《效白马篇》这样的"拟"作，也有鲍照的《代君子有所思》这样的"代"作，还有谢灵运《拟魏太子邺中集诗八首》以及江淹《杂体诗三十首》这样既拟又代的诗。谢诗模拟魏文帝曹丕所编的《邺中集》，然后又模仿王粲、陈琳、徐幹、刘桢、应玚、阮

---

① 钱锺书《管锥编》第四册，北京：中华书局，1979年，第1452—1453页。
② 〔美〕康达维《〈西京杂记〉中的赋篇》，〔美〕康达维《汉代宫廷文学与文化之探微：康达维自选集》，苏瑞隆译，上海：上海译文出版社，2014年，第55页。亦可参见英文版 *Court Culture and Literature in Early China*, Aldershot: Ashgate, 2002。

瑀、曹植的口吻来发声。江淹的《杂体诗三十首》则模拟了魏晋时期三十位诗人的名作，江淹堪称六朝时期的模拟大师，对所模仿对象的诗风似乎早已烂熟于心，故拟作甚至可以以假乱真，如所拟的陶渊明《归园田居》，甚至被当作陶渊明本人的作品，收入陶集。①

据蒋寅研究，最早标明为"代"的作品是三国曹丕、曹植兄弟的《代刘勋妻王氏杂诗》，模仿王氏的口吻抒写被刘氏抛弃的忧伤。②蒋寅也区分了"拟"和"代"的不同，即"拟"一般是模拟古代既有的题目，而"代"的假托对象"本无诗"，完全是为其代言。③蒋寅研究了中国古代的所谓"角色诗"，而上面的三篇骈文可以称作"角色文"，但它们既是"拟"又是"代"，拟的是丘迟的名作，代的是陈伯之的口吻，所以笔者将其称为"拟代文"。梅家玲教授在研究汉晋诗赋中的拟作、代言现象时，将这些作品分为"纯拟作""纯代言""兼具拟作代言双重性质"三种类型，而这三篇骈文可以归入"兼具拟作代言双重性质"的类型。④

日本汉学家吉川幸次郎认为：（中国）"诗歌净是抒情诗，以诗人自身的个人性质的经验（特别是日常生活里的经验，或许也包括围绕在人们日常生活四周的自然界中的经验）为素材的抒情诗为其主流。以特

---

① 关于江淹拟诗的特色，参见程章灿《三十个角色与一个演员——从〈杂体诗三十首〉看江淹的艺术"本色"》，《中山大学学报》（社会科学版）2010年第1期。又参见Nicholas Morrow Williams（魏宁），*Imitations of the Self: Jiang Yan and Chinese Poetics*, Leiden: Brill, 2014。

② 参见蒋寅《角色诗——角色诗中的性别意识》，《古典诗学的现代诠释》，北京：中华书局，2003年，第162页。

③ 同上书，第163页。

④ 参见梅家玲《汉晋诗赋中的拟作、代言现象及其相关问题——从谢灵运〈拟魏太子邺中集诗八首并序〉的美学特质谈起》，《汉魏六朝文学新论——拟代与赠答篇》，北京：北京大学出版社，2004年。

异人物的特异生活为素材、从而必须从事虚构的叙事诗的传统在这个国家里是缺乏的。散文也是以叙述实在事件的历史散文或将身边的日常事情作为素材的随笔式的散文为中心而发展下来的。"①也就是说，中国古典文学，包括诗歌和散文，都是现实经验的反映。美国汉学家宇文所安（Stephen Owen）教授将之概括为中国古典文学的"非虚构"传统。他认为，中国诗歌是诗人真实经验的记录，"在中国文学传统中，诗歌通常被假定为非虚构；它的表述被当作绝对真实。意义不是通过文本词语指向另一种事物的隐喻活动来揭示。相反，经验世界呈现意义给诗人，诗使这一过程显明"②。笔者认为，所谓"非虚构"可能并不符合中国古典文学的实际。相反，中国古典文学中不但有很多"情寓虚构"的作品，还有很多"架空"的作品，③ 上述三篇清人的拟代文就是以"特异人物的特异生活为素材"的作品。"陈伯之有没有能力给丘迟回

---

① 〔日〕吉川幸次郎《中国文学史的一种理解》，〔日〕吉川幸次郎《中国诗史》，章培恒等译，上海：复旦大学出版社，2001年，第1页。

② Stephen Owen, *Traditional Chinese Poetry and Poetics: Omen of the World*, Madison, Wis: University of Wisconsin Press, 1985, p.34.（中译本见〔美〕宇文所安《中国传统诗歌与诗学：世界的征象》，陈小亮译，北京：中国社会科学出版社，2013年，第16页）陈小亮博士详细研究了海外汉学中关于中国古典文学"非虚构"传统的脉络，见其《论海外中国非虚构诗学传统命题研究的源与流》，《暨南学报》（哲学社会科学版）2016年第2期。又参见沈一帆《宇宙与诗学：宇文所安"非虚构传统"的形上解读》，《暨南学报》（哲学社会科学版）2012年第9期。

③ "情寓虚构"和"架空"这两个词，笔者借用了日本汉学家一海知义的说法。一海先生在研究陶渊明时，发现陶渊明"对使用虚构（fiction）手法特别感兴趣"，"对架空的故事、虚构的世界持有极大的兴趣"。他认为陶渊明的《挽歌诗》《桃花源记》《五柳先生传》都是"虚构""架空"的作品。见其《陶渊明——情寓虚构的诗人》，载〔日〕一海知义《陶渊明·陆放翁·河上肇》，彭佳红译，北京：中华书局，2008年，第3、5页。关于中国文学中是否存在"非虚构"的传统，海外汉学界也有不同的看法，如苏源熙教授就不同意中国古典诗歌是"历史经验的真实再现"，认为中国诗学中还有言此意彼的"讽寓"的一面。参见Haun Saussy, *The Problem of a Chinese Aesthetic*, Stanford, CA: Stanford University Press, 1993, pp.24-26（中译本见〔美〕苏源熙《中国美学问题》，卞东波译，第一章"中国讽寓的问题"，第28—30页）。

信"这样的问题,从中国文学传统来看,其实根本不是问题。不仅文学本身就是一个"想象的共同体",而且中国自古以来就有久远的拟代文学传统,清人所写的这三篇拟代文不过是这一传统的延续。

梅家玲教授在研究汉晋诗赋中的代言现象时指出:"'代言',则是'代人立言',所代言的内容和形式俱无具体规范可循,于是只能根据自己对所欲代言之对象的了解,以'设身处地''感同身受'的方式,来替他说话。"[①]所以,我们看到这三篇拟代文并没有对陈伯之采取批判态度,而是尽量从其立场、思想出发,设身处地地为其叛逃北魏,以及最后归降梁朝寻找理由。从文学上说,这三位作者都是非常好的"文学扮演者"或代言者,他们代言的陈伯之声音非常成功。虽然这三篇骈文的感染力不及丘迟原作,但从《文心雕龙》所说的"尽言"与"心声之献酬"的角度来说,已经甚为难得了。

三 朝鲜汉文学中的"拟代文"

如果将眼光扩大,就会发现,拟代文并不是中国古典文学所独有的,在汉文化圈的东亚汉文学中也有大量类似的作品存在,特别是在朝鲜汉文学中就有不少的拟代文,如奇大升(1527—1572)《拟李太白与杜子美书》:

> 白顿首子美足下:长啸宇宙,往事万古;抚剑慷慨,胸膺生土。又安得不扬眉吐气,开心畅怀,快讨而极论之哉?白谩学书剑,薄游城市。顾世一恸,矫首青山,独自驰骋今古,拓落经传。会二帝三王之心,作十载万里之行。将以揽湖山之清爽,挹圣贤之轨迹。涤纷嚣之

---

① 梅家玲《汉晋诗赋中的拟作、代言现象及其相关问题——从谢灵运〈拟魏太子邺中集诗八首并序〉的美学特质谈起》,《汉魏六朝文学新论——拟代与赠答篇》,第11页。

第十一章 "以文为戏"与"文学扮演"

尘累,养浩然之正气耳。何尝登山以抚其嵯峨,泛水以弄其潺湲而已哉。于是东穷沧海,上会稽窥禹穴,翱翔岱宗之下;北历幽冀,西届秦蜀;南出乎江汉之间,濯足洞庭,振衣登岳阳楼。槛虹霓以为竿,搭日月以为钩。掣六鳌以为脍炙,挽五湖以为酒。哦诗一篇,弹琴一曲。思逸云际,志妙天外。颓然而醉,悠然而醒。不知天地果何如,万物果何如,吾身果何如。又安知人间世为公为侯,有荣有辱哉!言归故山,麋鹿与群。激清涧以为池,抚盘松以为屋。窃自怀念,神农虞夏,忽焉已没,士之蒙玙被璞,彎龙虎之文者,枯死空山几许人哉!悲夫!淳风一死,世伪滋生,去就之义,亦何所依。抗颜世务,营名殉利,往不知返,竟何为哉?百年易满,羲御超忽,霜扑玄鬓,尘生清颜。独立乾坤,顾影徘徊,蓬莱何处?弱水万里,只有清风明月与之日夕周旋耳。悲歌掩涕,泪落奔川。谋托金丹,吾将与老。语曰:农不如工,工不如商,刺绣文不如倚市门。昧精红尘,甘心黄齑。孰与释纷解累,谢世从仙,以极吾盘桓之乐哉!子果能从我游乎?绁马层城,遨游玄圃,玉芝为羞,白水为浆。裁青云以为衣,戴北斗以为冠,为三十六帝之臣,不亦乐乎?白狂疏自在,不事畦径,四海知己,惟吾子美。安得握手,以罄此抱,浮沉无计,聚散有期。两地相望,落落如晨星,临风畅息,又可奈何?而况修短随化,竟归一途。学仙轻举,必不可能。庶几各抛世忧,死生一访。对酒万事,形迹两忘。不必慕仙,不必厌世。纵浪大化,以(下阙)。吾真是望,惟足下裁之,酒仙李白顿书。①

此文可谓一篇奇文。奇大升,字明彦,号高峰、存斋,幸州人。他是朝鲜

---

① 奇大升《高峰先生续集》卷二,《韩国文集丛刊》第40册,首尔:景仁文化社,1989年,第261页。

时代著名的性理学家,当时"一世推重,以为儒宗"①。他曾围绕"四端七情"同退溪李滉(1501—1570)展开辩论,开启了朝鲜朱子学史上历时三百年的"四七论争"。不过,奇大升也是一位汉文学家,作有不少汉诗汉文,见于其所著的《高峰集》中。李杜情谊可谓唐代文学史上的一段佳话,据郁贤皓研究,李杜二人一生中曾有两次一起漫游的经历,一次是天宝三载(744)梁宋间的相会,一次是次年的兖州、齐州相会。②李杜之间,杜甫写李白的诗很多,如杜甫有《赠李白》《与李十二同寻范十隐居》《冬日有怀李白》《春日忆李白》《梦李白二首》《天末怀李白》《寄李十二白二十韵》。李白写给杜甫的诗则有《鲁郡东石门送杜二甫》《沙丘城下寄杜甫》等。天宝四载(745)秋,李杜两人分别后,再没机会相见,杜甫对李白颇为忆念,甚至还梦见李白,但李白写给杜甫的诗很少。

奇大升的这篇《拟李太白与杜子美书》似乎有鉴于文学史上李白写给杜甫的文字太少,感到于义不周,故代拟了这封书信。这封书信,实际上是李白在自述平生,总结了李白个人的性情、经历与抱负,以及遭遇的种种不平。这篇以李白口吻写成的书信,虽然是在李白生活时代之后几百年写成的,且出自一位异域作家之手,但笔者认为,奇大升对李白的性格,甚至文风的揣摩都很到位。如文中的李白自称"槛虹霓以为竿,搭日月以为钩。掣六鳌以为脍炙,挽五湖以为酒",气势豪宕如虹,颇合李白脾性。文中梳理了李白的心路历程,早年"谩学书剑","驰骋今古,拓落经传",又到处漫游,希望为朝廷所用。但当时的政治生态是"淳风一死,世伪滋生";"农不如工,工不如商,刺绣文不如

---

① 奇大升《高峰先生文集》附录卷一郑弘溟所撰《行状》,《韩国文集丛刊》第40册,第283页。

② 参见郁贤皓《李杜交游新考》,《李白与唐代文史考论》第一卷《李白丛考》,南京:南京师范大学出版社,2008年。

倚市门"，自己也只能"蒙玼被璞"，"枯死空山"。最后只能寄托于释老，自求其乐。这也总体上与李白的经历相合。文末，"李白"说出"不必慕仙，不必厌世。纵浪大化"，似乎达到了陶渊明的境界了，陶渊明曾经说过"纵浪大化中，不喜亦不惧"（《形影神·神释》），李白一生似乎始终没有达到这样的境界。作者在文中还以李白之口向杜甫温情喊话："白，狂疏自在，不事畦径，四海知己，惟吾子美。"在中国文学史上，从没有看到李白视杜甫为知己的文字记载。实际上，李白对杜甫还颇有调笑，《旧唐书》卷一百九十下《杜甫传》载："天宝末诗人，甫与李白齐名，而白自负文格放达，讥甫龌龊，而有饭颗山之嘲诮。"[①]孟棨《本事诗·高逸》载李白戏杜甫之诗："饭颗山头逢杜甫，头戴笠子日卓午。借问何来太瘦生，总为从前作诗苦。"[②]尽管饭颗山头之讥是否为事实，还有待考证，但李白对杜甫的感情似欠于杜甫对李白的感情则无疑义。这里奇大升代李白称杜甫为其知己，完全是代言和想象，但也代表了中外很多人的想法，如果这两位唐代文学史上的双子星座真的是人生知己的话，那岂不是太完美了。最有意思的是，书信最后，李白自称为"酒仙"，这也是本文作者的"神入"[③]，实际反映的是朝鲜人眼中的李白形象。

笔者发现，朝鲜文集中比较多的拟代文是朝鲜人模拟东晋初年顾荣送张翰回江南的序，如崔忠成（1458—1491）《山堂集》卷二有《拟

---

① 《旧唐书》卷一百九十下，第5055页。

② 《历代诗话续编》，第14页。

③ 梅家玲教授认为，"对拟作者而言，先透过作品及相关资料去观察、思考、体验、并认同原作者的情意感受，再回到拟作者的立场，设身处地、感同身受地以他的口吻发言，用类于原作的文字语言撰结成篇，就成为其所必经的两个阶段"，前一阶段可以称为"神入"，后一阶段可以称为"赋形"。参见梅家玲《汉晋诗赋中的拟作、代言现象及其相关问题——从谢灵运〈拟魏太子邺中集诗八首并序〉的美学特质谈起》，《汉魏六朝文学新论——拟代与赠答篇》，第31页。

送张舍人归江东序》，尹善道（1587—1671）《孤山遗稿》卷五下有《送张翰归江东序》，黄㦲（1604—1656）《漫浪集》卷八有《送张翰归江东序》，洪柱国（1623—1680）《泛翁集》卷六有《代顾荣送张翰归江东序》，苏斗山（1627—1693）《月洲集》卷三有《代顾荣送张翰归江东序》，赵根（1631—1680）《损庵集》卷四有《拟顾荣送张翰归江东序》，尹推（1632—1707）《农隐先生遗稿》卷四有《代顾荣送张翰归江东序》，金锡胄（1634—1684）《息庵先生遗稿》卷八有《代顾荣送张翰归江东序》。这些拟代文很多都标明是"月课""课作"，可能是当时书院里的试题，用于训练写作。而且上面的数篇作品写作时段均集中于十七世纪，可能是当时的一时风气。这些拟代文有的题"拟"，有的题"代"，但历史上并没有传下来顾荣送张翰之序，故题"拟"可能并不确。

引发朝鲜文人想象的是始于《晋书·张翰传》中的这段记载：

> 齐王冏辟为大司马东曹掾。冏时执权，翰谓同郡顾荣曰："天下纷纷，祸难未已。夫有四海之名者，求退良难。吾本山林间人，无望于时。子善以明防前，以智虑后。"荣执其手，怆然曰："吾亦与子采南山蕨，饮三江水耳。"翰因见秋风起，乃思吴中菰菜、莼羹、鲈鱼脍，曰："人生贵得适志，何能羁宦数千里以要名爵乎！"遂命驾而归……俄而冏败，人皆谓之见机。[①]

《晋书》仅记载了张翰与顾荣之间的一段对话，并没有顾荣送张翰归江南之事，故朝鲜文人的拟代完全是出于想象和虚构。从《晋书》的记载可见，张翰已经预见西晋王朝的危机，故以思乡为借口，返回江南故乡。后来历史的发展验证了张翰的判断，故当时人称他为"见机"，"机"即机微，即事物发展的一种萌芽状态。这一点，在尹推的《代顾荣送张翰

---

① 《晋书》卷九十二，北京：中华书局，1974年，第2384页。

归江东序》中有所发挥:

> 士有厌轩冕而志山林,能高举远引,不俟终日,抽身于网罗缯缴之中,而自适于宽闲旷漠之界者,此古所谓介石之君子。而求之于今世,则吾友张季鹰其人也。季鹰自吴来京师,名推于缙绅之间,见辟齐府,官至太尉掾,可谓显且荣矣。然季鹰不以此易其志,一朝谢病而归,视去禄位,若脱弊屣而弃之,飘然长往,绰然有裕。呜呼!若季鹰者,可谓贤且智矣!知人之所未知,见人之所未见,人皆欲进而季鹰独退,不贤而能若是乎!明哲以保身,知几以远害,不可谓不智也。噫!人孰不好生而恶死,辞劳而就安。顾其平日,远无识微之明,近有名利之昏。冥行擿埴,不能知止,忽遇迫头之祸,空贻噬脐之悔。若此类者,可以有愧于季鹰矣。昔北海逢萌仕于汉,黑绶知汉室之将乱,挂冠于上东门而逃归。其后数十余年,人始服其见几。今季鹰之去,其志岂异于逢萌哉?余与季鹰居同郡,而又同志,且同来羁宦,数岁周旋,今其归也,乃独不能与之同。君则无愧于古人,而我则有负于君矣。北门雨雪,未遂携手之愿;南国秋风,不堪企予之叹。遥想江东旧游之乐,湖山今日之景,身虽留此,心已在彼,亦安能潦倒风尘,郁郁而久居乎。从当采山饮水,从子于三江;菰菜鲈鱼,适意于余年。既无天下之名,有何求退之难。临别所赠之言,铭佩在心,不敢忘不敢忘。但以明不足以防前,智不足以虑后,颠沛失身,负故人忠告之意是惧。呜呼!季鹰行矣哉![1]

所谓"序",有集序、赠序之别,此篇属于赠序。吴讷《文章辨体序说》"序"云:"东莱云:'凡序文籍,当序作者之意;如赠送燕集等作,又当随事以序其实也。'大抵序事之文,以次第其语、善叙事理为上。近世应

---

[1] 尹推《农隐先生遗稿》卷四,《韩国文集丛刊》第143册,首尔:景仁文化社,1995年,第281页。

用,惟赠送为盛。"①其实,不惟明代时赠序大盛,唐代时已然。此文前半部分是顾荣对张翰的称赞,先称其为"介石之君子",又表扬他"贤且智",其贤智表现在:"知人之所未知,见人之所未见,人皆欲进而季鹰独退,不贤而能若是乎!明哲以保身,知几以远害,不可谓不智也。"文中的"知几"即《晋书》中的"见机"。尹推又用了汉代逢萌典故来与张翰相比,据说逢萌在长安学习时,听说王莽杀其子王宇,逢萌对友人说:"三纲绝矣,不去,祸将及人。"于是悬冠于长安东郭城门,回归故里,携家渡海到辽东居住,从而避免了两汉之际的战乱。"几"在下文"人始服其见几"中再次出现。赵根的《拟顾荣送张翰归江东序》也用了逢萌的典故,同样用"君子见几"这样的话来形容张翰。尹推之文的后半部则以顾荣的口吻表达自己未能随张翰归隐的遗憾,所用之词与《晋书》多有"互文性"。此文前半段全用散体,而后半段则用了不少骈句,感情的浓度也比前半部分厚重。本篇以顾荣直抒胸臆为主,但情理兼容,而尹善道的《送张翰归江东序》一开始便说"士君子生斯世,出与处而已矣",奠定本文的基调,下文基本上围绕着"出处"来发议论,几乎是一篇议论文字。

张翰见秋风起而归隐故乡,从而避免了八王之乱,没有像陆机等人那样死于非命,史书称其"见机",但也引发了一个问题,即张翰是否有违儒家"匡时济世"之道。因为《论语·季氏》说过:"危而不持,颠而不扶,则将焉用彼相矣。"崔忠成的《拟送张舍人归江东序》借用了赋的问答体,代张翰回答了这个问题:

> 酒半,有惜先生之归而欲留者曰:"张君张君,食君之禄,而不正

---

① [明]吴讷(讷)《文章辨体序说》,于北山校点,北京:人民文学出版社,1962年,第42页。另外,参见曹虹《论序》,南京大学中文系教学委员会编《南京大学中文系本科学生论文选集(1979—1998)》,南京:南京大学出版社,1999年。

第十一章 "以文为戏"与"文学扮演"

其国可乎?方今戎狄乱华,奸臣篡窃,此忠臣义士协力共谋匡救之时也,何其自爱其身,而勇于敢退若是乎?"先生曰:"否。丈夫之生斯世也,事业不一,而志之不同,固万万矣。孔子曰:殷有三仁焉。夫微子、箕子、比干皆贤人也,或去或死或佯狂之不同,而孔子同谓之仁者,岂不以三仁之志同出于天理,而无私心之故欤?是故左右明主,进退百官,号令于庙堂之上,沛泽于荒服之外。使天下之民,无一夫不被其泽者,圣贤之所乐也。不然则卷而怀之,遁于荒野,养性于饱暖之余,乐道于山林之间,不求闻达而独善其身者,是亦圣贤之所安也。吾于是,固无一能焉。虽然,《易》曰:'用则行之,舍则藏之。'天下有道,朝廷清明,束带结发而凫趋于鹓列,高冠振笏而凤鸣于朝阳。致吾君于尧舜,熙鸿号于无穷者,是余之志也。若夫挂冠而归者,岂余之志乎?当今之时,必不合吾志,则尸位素餐,立于人之本朝而道不行者,岂非大丈夫之耻乎?其所以退之者,不可幸而致也……此其大丈夫之处世也。事业不一,志趣各异,而要其致则一也。子以执一而论之,不谬矣乎?"①

崔忠成的这篇文章首先抛出一个问题,张翰在"方今戎狄乱华,奸臣篡窃"之时,选择归隐到底是不是太自私?文章借张翰之口批驳了这一观点。文章首先以微子、箕子、比干在商周易代之际"或去或死或佯狂",而孔子仍称其为"仁"为自己的行为辩护。接着又用《周易》中"用舍行藏"的话来说明自己并非逃避,而是古代的一种"智慧"。下文张翰又展开其议论,他认为他志在致君尧舜,但现今社会并非"天下有道,朝廷清明"之时,他的志向无法实现,与其"尸位素餐",立于朝而"道不行",不如退隐。本文突出"志"的重要性,与文章开头部分说伯夷、伊

---

① 崔忠成《山堂集》卷二,《韩国文集丛刊》第16册,首尔:景仁文化社,1988年,第592—593页。

尹、柳下惠三人"行之不同，各出于志之所安"相呼应。本文议论严谨，又借了赋中的问答体，别具一格。

　　崔忠成的《拟送张舍人归江东序》还想象了张翰归隐后的场景，写得很动人，也非常抒情："秋风飒飒，寒气凛凛，青天万里，白云扫尽。碧水清波，共长天一色；唤白鹇于笼中，伴沙鸥于江上。网得松江之鲈，羁取园畦之菰。把白酒而吟风，临清流而赋诗。涤世上之尘虑，卧湖间之皓月。""碧水清波，共长天一色"似乎用了王勃《滕王阁序》"秋水共长天一色"的句法；"把白酒而吟风"则似化用范仲淹《岳阳楼记》中"把酒临风"之句；"临清流而赋诗"则完全是陶渊明《归去来兮辞》中的原句。以上三位作家皆是张翰之后的人，张翰绝不可能看见他们的作品，这些明显的"时代错误"（anachronism），似乎也暗示了这篇文字的虚构性与游戏性。

四　结　语

　　通过上文的分析可见，拟代文不但在中国有悠久的传承，而且也是东亚汉文学中一道美丽的景致。东亚汉文学中的拟代文体现了汉文学中"以文为戏"的一面，这实际是对汉文学表达空间的拓展。同时，这种"以文为戏"是一种高雅的文字游戏，用古人的话说是"善戏谑兮，不为虐兮"，其实也是一种文学对话。清人拟代的陈伯之与丘迟书，是清人与南朝人跨时空的对话；而朝鲜人拟代的顾荣送张翰序，则更是中韩士人跨国境的对话。东亚汉文学中的拟代文也是一种文学扮演，不管这种扮演是"本色"的还是"非本色"的，都代入了作者的感情与思想。每一次的文学扮演，作者不但要"赋形"，而且还要"神入"，体会作品发生的原始语境，站在被拟者的位置上去思考。故梅家玲教授认为，"每一度'近似的再演',实皆为对原物的再认识,并意味对前一阶段所形构出之事物的扬弃"①。这些作者亦是特定的读者,他们的拟代文其实也是对这些经典名作的一次特殊的接受过程。何以在东亚会出现这些拟代文,王瑶指出两个原因,即这是"文人学习属文的主要方法",也是作者想"在同一类题材上,尝试着与前人一较短长"。②概而言之,拟代文有一种"文学练习""文学竞赛"的意味在里面。特别是在科举时代,通过对文学经典的精心模拟,可以迅速掌握文学创作的技巧,特别是某些制式的文体,如骈文、八股文,都有固定的表达方法和行文技巧,需要多加练习才能熟练地掌握。所以东亚汉文学中的这些拟代文,与科学考试有密切的关系。八股文写作必须要"代圣人立言",而拟代文也是代他人立言,两者在创作机制上完全相同,所以练习写作拟代文也有利于八股文写作技巧的纯熟。朝鲜的情况也类似,上文所引的朝鲜拟代文,文集中大部分注明这是"月课",也就是在书院里学习时的习作。除此之外,笔者认为"以文为戏"也是不可忽视的一个因素。

---

① 梅家玲《汉晋诗赋中的拟作、代言现象及其相关问题——从谢灵运〈拟魏太子邺中集诗八首并序〉的美学特质谈起》,《汉魏六朝文学新论——拟代与赠答篇》,第41页。

② 参见王瑶《拟古与作伪》,《中古文学史论》,北京:北京大学出版社,1986年,第200、203页。这一点与西方文学中的戏仿很是相似,阿尔弗雷·利德(Alfred Liede)在《德国文学史辞典》(*Reallexikon der deutschen Literaturgeschichte*)第2版关于戏仿的文章中曾写道,戏仿只是一种有意识模仿的特殊形式,"最重要的",这是学习或完善一种技巧或风格的练习。转引自《戏仿:古代、现代与后现代》,第31页。

第十二章　日本江户时代文话对中国文章学的受容

　　二十一世纪的中国古典文学研究需要从一个更广阔的视角出发。笔者认为,以前近代的东亚汉文化圈为基础,将中国古典文学纳入到整个东亚共同体的汉文学传统中加以审视,会得出多重而别样的意义,同时还可以为中国古典文学研究注入新鲜的血液,亦可以显示中国古典文学的世界性。即如文话研究而言,如果放在东亚汉籍的视域下加以考察的话,就可看出中国传统文章学的批评形式——文话,不但超越了国界,而且在东亚邻国也产生了很大的影响,这也是中国古典文学与文学批评的一种新的存在方式。从这一点来说,王水照编的《历代文话》非常具有世界眼光,不但收集了在中国本土亡佚而保存在域外的中国文话资料,如《文章欧冶》《文章一贯》《文章九命》等,还收录了《拙堂文话》《渔村文话》(原为日文)两部日本文话。本章拟从日本汉籍的视域出发,探讨江户时代的日本文话对中国古代文章学的接受等问题。

一　和刻本中国文话:《文则》与《文章欧冶》

　　日本在江户时代翻刻了大量中国典籍,其中就有一部分中国的文话,包括一些在中国本土已经亡佚而仅存于日本的文话,如明代高琦所著的《文章一贯》，目前仅有朝鲜本及和刻本存世。和刻本文话具有一定的文献与文学批评价值，二十世纪七十年代，日本书志学家长泽规矩也所编的《和刻本汉籍随笔集》①收录了不少和刻本文话，如宽永二十一年（1644）京都风月宗智刊《文章一贯》，元禄元年（1688）京都永原屋孙兵卫、唐本屋又兵卫刻《文章欧冶》，享保三年（1718）京都柳枝轩日新堂刊《文式》，享保十三年（1728）京都濑尾源兵卫刊《古今文评》以及元文二年（1737）跋大阪丹波屋理兵卫等刊《文章九命》。另外还有一些文话《和刻本汉籍随笔集》没有收入，如享保本陈骙《文则》（见图12-1）。

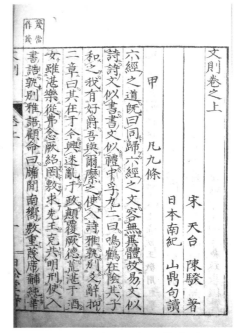

图12-1　享保本《文则》书影

（一）关于享保本《文则》

《文则》是中国文学批评史上的第一部文章学著作，《中国古籍善本书目》著录有影元钞本及明刻本多部②，《历代文话》点校本所用底本为嘉庆二十二年（1817）《台州丛书》本。《文则》在江户时代初期就流传甚广，当时的大儒藤原惺窝所编的文话《文章达德纲领》就大量引

---

① 長澤規矩也編『和刻本漢籍随筆集』，東京：汲古書院，1972—1978年。
② 《中国古籍善本书目》（集部）（下），上海：上海古籍出版社，1998年，第1877—1878页。

用到《文则》。藤原惺窝阅读到的《文则》可能是中国传来的明本,而日本翻刻《文则》要在江户中期。和刻本《文则》二卷一册,每半叶十行,行二十字,四周单边,白口,单鱼尾。书口刻"文则卷上/下","白松堂梓"。卷首题"宋天台陈骙著　日本南纪山鼎句读"。扉页刻"陈骙文则　徂徕先生阅　山鼎句读　泉龙堂、白松堂",末尾牌记刻"享保十三年戊申初夏日　江府书肆日本桥南二丁目　若菜屋小兵卫"。据京都大学人文科学研究所开发的"日本所藏中文古籍资料库"检索,享保本除上述刊本外,还有江户万屋清兵卫、泉屋半三郎刻,江户吉文字屋次郎兵卫重印本。①和刻本前有陈骙本人之序,末附有物茂卿(即荻生徂徕)《与山君彝》书。

和刻本扉页上所列的两位人物都是日本鼎鼎有名的人物,荻生徂徕是日本江户时代著名的儒学家,也是江户时代儒学及汉文学方面极有影响的古文辞学派(又称蘐园学派)的创始人。他在给弟子山井鼎(即山君彝)的信中,从他一贯持有的"古文辞"观点出发,讨论了翻刻《文则》的问题,并表达了为翻刻本作序的意愿,此信如下:

> 足下荷疾归南海邪？何其劳也,闻校陈骙《文则》,欲上梓,是惠学者不浅。盖欧、苏文名噪海内,古则荡然,宋之蔽也。陈骙生其间,心识其非,乃作为此书。根柢经子,可谓何、李之嚆矢矣。只其书,一取法于字句,而未及篇章。是其所以不及《史》《汉》故也。不佞欲为作序言此意。②

可见,徂徕重视此书的原因,不是因为此书的理论价值,而是因为其"根

---

① 另外,据检索,明历二年(1656)京都上村次郎右卫门所刊的明赵㧑谦《学范》二卷也附有《文则》,可能为《文则》最早的和刻本。
② 又载于荻生徂徕《徂徕集》卷二十二,宽政三年(1791)大阪文金堂、心斋桥盘唐物町南刊本,叶18b—19a。

柢经子,可谓何、李之嚆矢矣",正与他的理论主张有不谋而合之处。当然他也指出了他眼中《文则》的不足:"一取法于字句,而未及篇章。"也就是说,《文则》专注于讨论字法,未能上升到文章章法的层面。和刻本的翻刻者山井鼎,字君彝,号昆仑,纪州(今和歌山县)人,师从江户中期儒学"古义学派"代表人物伊藤东涯(1670—1736),后入江户师从荻生徂徕。山井鼎所著的《七经孟子考文》后传入中国,并被收入《四库全书》中。

经笔者比勘,享保本《文则》之底本与《台州丛书》本并非同一本。如陈骙序中,《台州丛书》本"济济盈廷",享保本"廷"作"庭"。甲二条末,《台州丛书》本"郑康成云……",享保本作"郑康成《笺》云……"。戊三条末云"詹,至也,楚人以詹为至",享保本作"詹,至也,楚人以至为詹"。戊九条《台州丛书》本"既言'之道',复缀'厥猷'",享保本作"既言'道',而复缀'厥猷'"。再如甲四条,《台州丛书》本云"语意烦简殊迥",而享保本无"殊迥"二字。王利器校点的《文则》,在此处有校语云:"元本、明弘治本、屠本,无'殊迥'二字。"①可见享保本翻刻的底本可能是明本或明代以前的本子。这些有异文之处,皆有助于校勘。

和刻本《文则》除了有山井鼎的句读之外,最大的价值在于,此书天头有数十条山井鼎的校语,这些校语对厘清《文则》的文本有很大的学术价值。如甲八条:"《荀子》曰:按角鹿埵陇种东笼而退耳。"山井校云:"'埓'当作'埵',丁果反。"核之《荀子·议兵》篇,正作"埵",可见《文则》引用有误。丙二条引《秦誓》:"古人有言曰:抚我则后,虐我则仇。"山井校云:"'秦'当作'泰'。"核之《尚书》,此语确实出于《泰誓》,此处《文则》形近而误。丙三条引《左传》曰:"作《武》员卒章

---

① [宋]陈骙、[宋]李塗《文则 文章精义》),刘明晖(即王利器)校点,北京:人民文学出版社,1960年,第7页。

曰：耆定尔功。"①山井校云："'员'当作'其'。"核《左传·宣公十二年》，正作"其"。类似的例子，还有庚一条"可以法"引《月令》曰："可以登高明。"山井校云："'登'当作'居'。"核之《月令》原文，《文则》此处引文亦误。又丙一条"二曰隐喻"引《礼记》注："象捕鱼然。"山井校云："予所阅古本《礼记》注作：'犹捕鱼然。'"这里的校勘，山井用了与《七经孟子考文》同样的方法，充分利用足利学校所藏的古钞本与宋本。通过山井氏的校语，我们发现《文则》在引用古书时有不少讹误，而山井则能溯本清源，故其校语对于《文则》文本的校订有很大的参考价值。

（二）关于元禄本《文章欧冶》

元代文学批评家陈绎曾长期不受学术界重视，原因之一就是其所著的文话《文筌》（《文章欧冶》原名《文筌》，明代朱权改名为《文章欧冶》）在国内比较罕见，流传不广。不过，《文筌》在域外却流传颇广，不但有朝鲜及日本翻刻本，而且对日本的文话也产生了很大的影响②。下文要讨论的元禄本《文章欧冶》乃根据明嘉靖二十九年（1550）朝鲜尹春年的光州刊本翻刻而成，不过两本亦有些微差异③。《历代文话》

---

① 这里王利器点校本及《历代文话》本皆点作："作《武员》卒章曰：耆定尔功。"按《武》乃《诗经》篇名，似应点断。

② 参见李長波「江戸時代における中国の文章作法書の受容——『文筌』と『文章一貫』を中心に——」，日本文部科学省科学研究費補助金特定領域研究「古典学の再構築」ニューズレター『古典学の再構築』第十二号，2002年9月，第31—46頁。

③ 李长波最早对《文筌》的版本以及各版本之间的关系做了研究，见《〈文筌〉的朝鲜本、和刻本的版本及其在中国文学批评史上的地位和影响》，载张伯伟编《风起云扬：首届南京大学域外汉籍研究国际学术研讨会论文集》，北京：中华书局，2009年。笔者在李先生此文的基础上做了进一步探究。另外，笔者所使用的元刻本《文筌》复印件，亦由李先生慷慨提供，在此谨致谢忱。

所收《文章欧冶》就以元禄本为底本，参以华东师范大学图书馆所藏清钞本点校而成。然而，明刻本、朝鲜本及元禄本都是经过朱权改编过的版本，已非《文筌》原始面貌。《历代文话》本点校时没有利用到现存最早、最接近于陈绎曾《文筌》原貌的版本，即现藏于台北图书馆的元刻本《新刊增入文筌诸儒奥论策学统宗》中所收的《文筌》。元刻本《新刊增入文筌诸儒奥论策学统宗》乃整合《文筌》与《诸儒奥论策学统宗》两书而成。台北藏本的书志记载：《文筌诸儒奥论策学统宗》前集五卷，后集三卷，另有《古文小谱》一卷及《诗小谱》二卷，然置于《策学统宗》前、后八卷之前。首卷首行顶格题"新刊诸儒奥论策学统宗增入文筌诗谱"，次行首字刊以〇，下题"古文小谱一"，下越二格题"汶阳左客陈绎曾撰"。以下正文始。卷末无尾题。卷首有"新刊诸儒奥论统宗文筌序"，末署"至顺三年岁在壬申七月汶阳左客陈绎曾书"。

《新刊增入文筌诸儒奥论策学统宗》收入了《文筌》中的《古文谱》及《诗谱》两部分，未收入《古文矜式》部分。笔者曾将元禄本与元刻本《文筌》进行了详细的校勘，发现元禄本与元刻本文本面貌差异比较大，元禄本经过了朱权的改编，已失元刻本原貌，而且元禄本（包括其翻刻的底本朝鲜本）文本之讹误触目皆是。略述如下：

1. 从元刻本看元禄本被改编之处。

朱权对《文筌》有明显的改动，改动最大的一处见于《诗谱·十五体》（见表12-1）[①]：

[①] 李长波最早发现了这一处改动，见上引《〈文筌〉的朝鲜本、和刻本的版本及其在中国文学批评史上的地位和影响》一文。笔者在李先生文的基础上，做进一步分析。

表12-1 元刻本、元禄本《文筌·诗谱·十五体》异文对照表

元刻本	元禄本（《历代诗话》第2册，第1321页）
杜甫　体制格式，备极诸变，上祖《雅》《颂》，下友楚汉，俯拾齐梁。故历代尊之，永以为训。诗家之圣者也。 李白　祖风骚，宗汉魏，下至徐庾杨王，亦时用之。善掉弄造出奇怪，惊动心目，忽然撇出，妙入无声。其诗家之仙者乎？格高于杜，变化不及。	李太白　风度气魄，高出尘表，善播弄造化，与鬼神竞奔，变化极妙，乃诗中之仙，诗家之圣者也。其雄才大略，亘古尊之，无出右者。 杜子美　体制格式，自成一家。祖《雅》《颂》之作，故诗人尚之，以为诗家之贤者也。

这一处的改动非常大，而且牵涉陈绎曾与朱权两人的诗学观，朱权在《文章欧冶序》中亦明确交代了他改动的动机："但绎曾所评诸贤，皆出于一己之见，故不足以公天下。若评太白之才，变化不及子美之类是也，予以为不然，乃重判二贤之体而正之。"①其结果，朱权不但从顺序上将李白置于杜甫之前，而且完全改动了陈绎曾对李杜两人的评论。陈绎曾的评论虽然更推崇杜甫，但也无贬低李白之意。其称杜为"诗家之圣者"，称李为"诗家之仙者"，符合历来对李杜的公论。即使称李诗"变化不及"杜诗，也说其"格高于杜"。李白诗歌创作以古体、乐府为多，在近体上的创造确实不如杜甫，这也是客观之论。在朱权的期待视野中，李白的诗歌优于杜甫，所以他不惜改动古人文字来满足他个人审美上的偏见。将杜甫从"诗家之圣者"改为"诗家之贤者"，一字之差，意义却相差很大，这才是真正的"出于一己之见"，同时也破坏了古典文献的原貌，存在着误导后人的危险。试想，如果没有见到元刻本，仅以元禄本的记载为依据来论述陈绎曾的诗学思想，岂不是谬以千里？

2. 从元刻本看元禄本的脱文。

较之元刻本，元禄本有不少脱文，可能也是朱权删除的结果。如

---

① 《历代文话》第2册，第1223页。

《古文谱一·清识》"物理",元刻本在"眼前物理,须一一就眼前穷究,不可专倚书籍"下,还有一段文字为元禄本所无:"牧马之理,当问牧;园菜之理,当问老圃之类。"这是用具体的事实对上文的道理加以佐证。《古文谱五·家法》"经"的部分,元禄本仅列"《易》《书》《诗》《春秋》《礼记》《论语》《孟子》",而元刻本在此之外,尚列有"《周礼》《仪礼》《大学》《中庸》"四书。《古文谱六·正格》"中下"部分,元禄本仅列响、亮、紧、谨、平、实、俊、温八格,元刻本在其下尚有"洁:略无瑕颣""致:工夫紧密"两格;"下上"部分,元禄本有富、密两格,而元刻本尚有"细:理致研密""切:大意切题"两格。《古文谱七·目》"通用"类,元禄列青词、朱表、致语、上梁文、宝瓶文五目,而元刻本在"青词"下尚有一目"功德疏"。再如《楚赋谱·楚赋体》,元禄本云:"宋玉以下,体制已不复浑全,不宜遽杂乱耳。"最后一句,元刻本作"不宜遽读,徒为杂乱",语意也较元禄本完整。《诗谱·制》"八用",元刻本作"九用",还增加了"撇"一类。《诗谱·要》结尾,元禄本作"若新字,须是不经人道",而元刻本作"若下新字,须寻不经人道语,又须只在眼前,切忌在僻",文意也较元禄本完整明白。《诗谱·会》最末一段,元禄本作"自然出于微妙",元刻本作"自然出于精细,精细则乃能自然也"。这些都是比较长的脱文,另外元禄本中脱落的单字也不计其数。

3. 从元刻本看元禄本的误字。

经过朱权改编后的明本一系,除了有脱文外,在文本上还有不少误字,难称善本。略举数例如下:陈绎曾《文筌序》末尾的签署,元禄本作"至顺三年七月汶阳老客陈绎曾书",而元刻本则作"至顺三年七月岁在壬申汶阳左客陈绎曾书"。陈绎曾号"汶阳左客",元禄本显误。《古文谱四·改润十字法》"补",元禄本作"安补无踪","安补"不辞,元刻作"安插",似优。《古文谱六·格》"中中"条,元禄本有格名"道",误；元刻本作"遒",是。《古文谱七·式》"诏"类,元禄本作"今代四六诏书、敕文,多作二段：一破题,二入事,三戒敕,或奖谕,或奖劝",根据下文,"二段"显误,元刻本正作"三段"。再如"檄"类"出师喻众之文,一冒头"后,元禄本作"二颂圣,三颂功",而元刻本作"二声罪,三颂圣",元刻本于决为优。《楚赋谱·楚赋式》"六字短句式",元禄本云"此本题歌句法","题歌"于义不明；"题歌"元刻本作"楚歌",是。《楚赋谱·楚赋格》上"清玄"："骚短神清思精,意真语起。""骚短",元刻本作"离骚经","起"元刻本作"超"。《汉赋谱·汉赋制》"引类",元禄本作"务欲包括无遗,而群不冗",于意不通；"群"元刻本作"辞",文意方通。《唐赋谱·唐赋制》"五结尾"："歌辞。""辞"元刻本作"乱",是。《诗谱·式》"十八名"："怨,情淡辞郁,音声凄断。""淡"元刻本作"沉"。《诗谱·体》"邠风"："深真民情而真体之。""真"元刻本作"知"。同上"绝名体"："古乐府浑然有六篇气象。""六"元刻本作"大",于意为优。我们发现,《历代文话》点校本据清钞本校正元禄本之处,清钞本基本同于元刻本,多有胜于元禄本之处。从上可见,元禄本在翻刻的过程中留下了很多错误,这些讹误可以通过比勘元刻本得到更正。

元禄本在版本上并不能称为善本,所以如果《历代文话》要修订的话,可以考虑更换以元刻本为底本,再参校明刻本和清钞本,重新加以点校。

二 汇编与注释：日本文话对中国文话的接受

除了翻刻中国传来的文话之外,日本汉学界对中国文话的接受还有两种形式,即依据一定的理论框架汇编中国文话,以及对中国文话进行注释。纵观日本的文话发展史,日本学者先是借助中国的文话来表达自己的观点,而后才开始亲自撰作文话。日本最早采用汇编体的形式来结撰文话,自然是受到日本汉文学发展水平的制约。这一特色早就体现在日本诗话之祖空海大师(774—835)的《文镜秘府论》中了,可以称为日本文章学之嚆矢的《作文大体》(有天庆二年[939]序)也基本脱胎于中国唐代的诗文评著作。《作文大体·杂笔大体》是日本最早的赋体文学创作指南,它指出了赋体中十三种句式的创作方法,即发句、壮句、紧句、长句、傍句、隔句(包括轻隔句、重隔句、疏隔句、密隔句、平隔句、杂隔句),这种论述也基本来自唐代的赋格书《赋谱》[①]。

到了江户时代,日本文话沾溉于中国文话的现象并没有断绝。江户时代文话之祖藤原惺窝的《文章达德纲领》就是一部规模庞大的典型的汇编体文话。(见图12-2)《文章达德纲领》(下简称《纲领》)六卷,由惺窝弟子吉田素庵纂辑而成。笔者见到两个版本:一为宽永十六年(1639)序刊本,四周双边,黑口,上单花鱼尾,半叶九行,行十八字,版心刻"达德",前有朝鲜儒学家姜沆万历己亥年(1599)以及吉田素庵宽永十六年序;另一本为宽文十三年(1673)刊本,左右双边,白口,上单花鱼尾,半叶十行,行二十字,版心刻"文章达德",前有姜沆叙,无吉田素庵序。

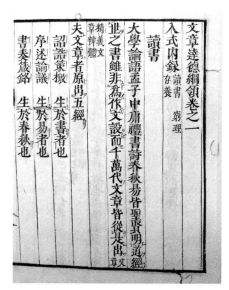

图 12-2 《文章达德纲领》书影

---

① 参见张伯伟《全唐五代诗格汇考》附录三《赋谱》校考,第555—564页。

《纲领》是江户时代最早,也是规模较大的一部文话著作,基本上汇编中国文话著作而成。藤原惺窝在《惺窝先生文集》卷十写给弟子林罗山的信《与林道春(寄林三郎)》(1604)中称,《纲领》"唯类聚古人之成说而已,曾不著一私言乎其间,是恐其僭逾也"[1]。吉田素庵序也云:

> 旁采历代之诗文,参互考订,而因其体制,标其品题,分门析类,为百有余卷,以便讨阅。又为令知古文近诗之警策,前人后辈之手段,集《纲领》六卷以冠于其首。犹有沧海遗珠之叹,而遍掇明朝之众作,加入诸家之注解,增广贤哲之议论草稿。[2]

素庵在这里强调的"遍掇明朝之众作",据松下忠统计,包括《性理大全》《文章辨体》《皇明文则》《明文衡》《古文矜式》《翰墨全书》《百川学海》《文章一贯》《读书录》《明文选》《明文苑》等书[3],引用到的著述涉及明代文人宋濂、刘基、高启、方孝孺、胡广、吴讷、吴与弼、薛瑄、罗伦、聂大年、丘濬、李东阳、杨慎、罗洪先、唐顺之、王维桢、茅坤、李攀龙、王世贞等[4]。除了汇编明人著述之外,《纲领》还收录了大量宋元时代的文话、诗话、笔记、类书,如《文则》《文章精义》《古文关键》《崇古文诀》

---

[1] 藤原惺窝撰,国民精神文化研究所编『藤原惺窝集』,京都:思文阁,1978年,第143页。

[2] 日本国立国会图书馆藏本,第一册卷首,下同。

[3] 《江户时代的诗风诗论:兼论明清三大诗论及其影响》,第173页。按:这里松下忠统计有误,《古文矜式》乃元人陈绎曾《文筌》中的一部分,《百川学海》乃是宋人左圭所编的丛书,皆不是明人著作。另外,《纲领》所引的明初赵㧑谦所编的《学范》、明人左培所撰的《文式》,松下忠也没有统计到。

[4] 同上书,第174页。

《文章正宗》《续文章正宗》《文章轨范》《续文章轨范》《文筌》[①]《标音古文句解精粹大全》《后山诗话》《韵语阳秋》《西清诗话》《吕氏童蒙训》《珊瑚钩诗话》《宋子京笔记》《皇朝类苑》《容斋随笔》《墨客挥犀》《宾退录》《朝野佥载》《逊斋闲览》《鹤林玉露》《闲居编》《事文类聚》《排韵增广事类氏族大全》《古今源流至论》《近思录》《通书》等等。惺窝比较集中引用的典籍是《性理大全》《文章辨体》、薛瑄《读书录》、《文则》《文章一贯》等书,而讨论到文体时,几乎将《文章辨体》一书全部收入。

这些文话资料被整合到藤原惺窝构建的理论框架之下,根据松下忠的看法,藤原惺窝的文学观是一种"道德的(载道的、贯道的)诗文观"[②],强调"文"是"道"的附属,没有独立的价值。朝鲜儒学家姜沆在《文章达德纲领叙》中对此书旨趣有很好的概括:

> 其所谓达者,孔子之所谓"辞达而已矣"者也。所谓德者,孔子之所谓"有德者必有言"者也。此一编之纲领,而作文之根柢也。

所谓"辞达",仅强调文学最低限度的表达功能,实际上是对文学功能与性质的压抑。在这种理念之下,惺窝将《纲领》全书分为六卷。卷一"入式内录",惺窝强调的是"读书""穷理""存养"三个方面,可以说是创作者的修养论。卷二"入式外录",讨论的是写作中的谋篇布局问题,可以说是技巧论。卷三"入式杂录",则对写作中各种表达方式和技巧,如叙事、议论、用事、形容等等详细讨论,可以说是创作论。卷四"辨体内录"、卷五"辨体外录"则对各种文类、文体进行了仔细辨析,可以说是文体论。卷六"辨体杂录",则是对历代作家作品进行了评论,

---

① 关于《纲领》与《文筌》之间的关系,参见大島晃「『文章達德綱領』の構成とその引用書——『文章欧冶』等を中心に」,『漢文学解釈与研究』第2号,1999年11月。又见大島晃『日本漢学研究試論——林羅山の儒学』,東京:汲古書院,2017年。

② 《江户时代的诗风诗论:兼论明清三大诗论及其影响》,第162页。

可谓作家论。从上可见,《纲领》的框架设计还是比较有体系的,触及文学的各个层面,但没有讨论到文学的"本体论",更没有讨论到文学的缘情性、文采性或游戏性。通过汇编大量理学家的诗文观点,惺窝试图在江户时代开启之时确立一种新的文学观,一种不同于此前五山禅僧主导的新的文学伦理,也就是说他要回到宋代理学家强调的"文为小道""文以贯道"的充满意识形态意味的文学观。这种观念其实是为了适应新建立的江户幕府的需要而产生的。

藤原惺窝的关注点并非在文学上面,所以他在汇编的过程中,经常重复编入某条资料,如卷四"辨体内录"大类"议论"部分中立"题跋"一项,但最后又单独设"题跋"一个大类,所编入的文献则完全一样。另外,还有一些文献存在张冠李戴的情况,如卷一引用"庐陵曾昕"之语:"经似山林中花,史似园圃中花(左氏以下),古文高者似栏槛中花(退之之类),次者似盆盎中花(欧阳之类),下者似瓶中花无根。"这段文字完全是李耆卿《文章精义》中的话,所谓"庐陵曾昕"也无考。可见,《纲领》在资料的整合上还有粗糙之处。

江户时代中后期的文话,基本开始从汇编转向自撰,不过即使是自撰的文话,也多有抄录中国文话之处。如江户中期伊藤东涯所著的《作文真诀》①,其中的"体格之别""体段之制",东涯就标注出自《文章欧冶》,而和刻本《文章欧冶》正是伊藤东涯本人主持翻刻的,可见《文章欧冶》对他的深刻影响。江户晚期海保元备(1797—1866)所著的《渔村文话》也多是汇编中国文话而成,其受《文章欧冶》影响最大,

---

① 伊藤东涯《作文真诀》,早稻田大学图书馆藏钞本。《历代文话》第10册所附的《知见日本文话目录提要》未著录此书,仅在《文林良材》条下说附录于该书,其实《作文真诀》有单行本行世。书前有伊藤东涯元禄戊寅年(1698)之序,该书主要讨论"遣词有失体之误""结构有失所之弊""句法有不整之失""置字有颠倒之失""造语有无据之陋""用字有错义之失""助字有失粘之过"等七诀,并提出解决的办法。末附《译文法式》《读书题目》,进一步指导写作。

如其中的"改润法"完全袭自《文章欧冶》。不过，随着日本汉文学的发展，日本学者也意识到产生于中国本土的文话，并不完全适合于日本的学术语境，如释良范就说："《欧冶》《轨范》之类为科业而设。"①像《纲领》那样完全汇编中国文话的著作已经没有了，释良范所著的《艺圃鸡肋》除了大量引用《文章轨范》《文章欧冶》《文章一贯》的内容外，还加入了本国学者荻生徂徕对文章的评论。日本文话对中国文话也由一味地袭用而开始有所批评，如东海长济美《艺圃鸡肋序》云："刘勰、陈癸（骙）之诸公所论非不备焉，而大羹、玄酒，岂幼学之所甘哉？"也就是说像《文心雕龙》《文则》这样体大虑周、规模较大的著作，并不适合于日本的初学者，所以《艺圃鸡肋》不但用假名写成，而且也侧重于技巧性的内容。熊阪邦（1739—1803）《文章绪论》云："卢允武《助语辞》唯粗论助语，而未及字法；陈叔通《文则》唯粗论字法、句法，而未及章法、篇法。此二书，非谓全无益于初学之士，抑亦末也。"更云："《文章辨体》《文体明辨》虽卷帙浩繁哉，唯辨其体制耳，岂足以见顿挫波澜抑扬起伏之妙哉？则读之可，不读亦可。"②这里甚至说不读某些中国文话亦可，可见到江户晚期，中国文话已经不是日本汉文

---

① 释良范《艺圃鸡肋》，大阪田原屋平兵卫、敦贺屋九兵卫刻本，叶1b。《知见日本文话目录提要》未著录此书。按：良范，名浚，尾州（今名古屋）人。《艺圃鸡肋》参考中国文话，用假名著成，探讨了古文创作中的文体、篇法、章法、句法及字法等技巧，末单列"含蓄"一门，可见注重文章的蕴藉。前有华府东海长济美之序，末有良范本人之跋，提到其在宽延戊辰年（1748）归尾州天龙山常乐寺。《艺圃鸡肋》后附良范本人的诗文集《诗文鸣海录稿拔萃》。文集末有冈子兰（天英）宝历乙亥年（1755）之序，称良范"浚公者，天然异禀，卓荦殊绝，如妙高王于浮提也，可谓缁林之冠冕也矣"。东海长济美序称《艺圃鸡肋》"语简意尽，可谓集距割隽折俎之焉。初学苟熟于是书，则为艺圃之铨艾，位文场之绵蕞，尽在阿堵之中云尔"。笔者所见为京都大学附属图书馆藏本。

② 熊阪邦《文章绪论》，享和元年（1801）尾州名古屋风月孙助刊本，叶2b、3b。按：熊阪邦，字子彦，号台洲、曳尾堂、白云馆，陆奥（今青森县）人。著有《白云馆文罸》《文章绪论》两部文话。

学主要参照的对象了。

日本文话的创作基本集中于江户时代,随着"脱亚入欧"的明治时期的到来,汉学受到了冲击,但这一时期的汉诗与汉文却逆势兴起,可谓当时文坛的"奇现象"。大町桂月(1869—1925)《明治文坛之奇现象》云:"及明治之世,西洋文学思想突入而来,是未足为奇;小说面目一新而勃兴,是未足为奇;新诗兴衰,亦未足为奇;惟其势当减之汉诗,反而兴盛,且见其佳,不得不视为不可思议之事。"①此处讨论的虽是汉诗,但汉文情况亦是如此。当时社会上对学习汉文写作技巧的书仍有强烈的需求,文话《文章一贯集解》②(下简称《集解》)正产生于这一时代氛围之中。《集解》是目前唯一的文话注释著作,也可谓日本文话的殿军之作。平冈宗敬《文章一贯集解跋》云:

> 维新以来,文学日进。青衿子弟竞学文章,然往往苦其体裁各异,无由下手,犹航沧海,茫茫然有望洋之叹耳。此编载文章诸体之梗概,使初学有所下手。故能熟于此,则临题无复曳白之患。

明人高琦所撰的《文章一贯》是一部汇编体的文话,虽然不著一字,但引用的所有资料均按照编者的理论框架结构而成,所以具有较高的理论价值③。此书出版后,在中国本土似乎很早就失传,并没有产生影响,而在日本却影响颇大,上文提到的《纲领》中就多处引用到《文章一贯》,宽永二十一年(1644)日本还刊刻出版了和刻本的《文章一贯》。《集解》之产生,某种程度上亦是《文章一贯》长期在日本流行

---

① 转引自猪口笃志『日本漢文学史』,東京:角川書店,1984年,第507頁。
② 龟卦川政隆《文章一贯集解》,明治十七年(1884)东京浅仓久兵卫、横尾卯之介刊本,南京大学文学院图书馆藏。
③ 参见侯体健《资料汇编式文话的文献价值与理论意义——以〈文章一贯〉与〈文通〉为中心》,王水照、朱刚主编《中国古代文章学的成立与展开——中国古代文章学论集》,上海:复旦大学出版社,2011年。

的结果。

《集解》上下卷，明治十七年（1884）东京浅仓久兵卫、横尾卯之介刊本。集解文字和、汉夹杂，以和文为多。前有春园散人和文之序，次有编者龟卦川政隆所作汉文"附言"，再次为明人程默之序，末有程然之后序，以及虚舟平冈宗敬之《文章一贯集解跋》。此书题作"明山东武城丙戌进士高琦编集同窗时庵吴守素同集日本东京溪堂龟卦川政隆集解同痴翁宝田通文训点"。

《集解》是最早也是唯一的《文章一贯》的注释著作，龟卦川政隆所作的"附言"交代了此书的撰述背景及体例，其第一条云：

> 此书简帙短而九法一贯，文律密而宫商和畅，实贯道之良器也。若熟于此律，则虽千言万语之大文辞，亦可以发金石声。况小品尺牍乎？然而此书乏书肆，苦购求者不鲜，予乃为初学集解，以公于世。是刊行之所以为主也。

可见，《文章一贯》自宽永年间刊刻之后，就一直没有再刊行，所以"此书乏书肆"，则《集解》刊行目的之一就是满足学文者对此书的需求。《文章一贯》本身有一些自注，《集解》则在此基础上又进一步加以汇集各家注释。虽然龟卦川政隆编著《集解》的目的在便于初学，但也是基于"此书简帙短而九法一贯，文律密而宫商和畅，实贯道之良器"的性质。

所谓"集解"，并非是对《文章一贯》文本的逐字解释，而是汇集日本江户时代的儒学家的相关论述与《文章一贯》的本文相互印证。《集解》引用到的日本儒学家及学者有贝原损轩（1630—1714，后改为益轩）、伊藤东涯、荻生徂徕、太宰纯（号春台，荻生徂徕弟子）、林义端（？—1711，字九成，文话《文林良材》的整理者）、室鸠巢（1658—1734）、冈白驹（1692—1767，号龙洲）、大典显常，以及编者龟卦川政隆本人及训点者宝田通文（1817—1896）。《集解》除了编者本人发表意见较多外，引用较多的主要是林义端以及伊藤东涯的观点。编者所引的学者基本上都是江户中期的学者，而且这些学者的文学观并不相同，可以说属于不同的学派。如贝原益轩、室鸠巢就是朱子学派的学者，伊藤东涯与荻生徂徕则属于反朱子学派，荻生徂徕与伊藤东涯之间理念也不尽相同，但《集解》在引述时基本上没有牵涉他们之间的论争，而是撷取编者本人认同的话加以汇录。

龟卦川政隆的生平与思想还不是太清楚，除了著有《集解》之外，他还著有《说教格言》（1874），可见他是一个受朱子学影响比较深的学者。从上引"附言"中的"贯道之良器"之说可以看出，龟卦川政隆是遵奉理学家主张的"文以贯道"或"文以载道"之说的。龟卦川政隆在《集解》中也引用到贝原益轩的话"文字者，载道之器也"[①]。《文章一贯》卷上引用到谢枋得文章"有关世教"，叶适"为文不关世教，虽工何益"的观点，龟卦川政隆也表示认同，也认为文章与世教有"大关系"[②]。可见他对文学基本持一种道德化的观念。

从江户初《纲领》一书全部汇集中国学者论述，到明治年间《集解》集合的都是日本学者的观点；从借他人文字发声，到自己发声，日本文话基本上经历了一个本土化的历程。中国的声音似乎越来越弱，但我们依旧能够体会到日本文话受到中国文学思想的深广影响。

三　华风与和习

江户中后期之后，日本文话开始讨论日本学人在写作汉文时遇到的

[①] 《文章一贯集解》卷上，"字法第六"题下注，叶23a。

[②] 同上书，叶2a。

实际问题。我们今天已经习用的"华文""华语"诸词,在这时的日本文话中亦已出现。对于中国人来说,运用典雅的文言文创作漂亮的文章也是一件难事;而对于日本学人来说,用汉文写作本身就是挑战。《集解》卷下《叙事》引释大典(显常)语云:"日用寻常叙事,在华人固为常语,在倭人却苦下笔。"①毕竟汉文是外语,对中国人稀松平常的表达,日本文人在写作时就牵涉两种语言的转换,不可避免地带入了母语的表达方式,如宾语放在谓语之前。伊藤东涯《作文真诀》"四曰置字有颠倒之失"云:

> 四方之民,嗜欲不同,言语各异。唯中原为得其正,国人语言本是多倒,如曰饮酒,先呼酒而后称饮;如曰吃茶,先叫茶,而后云吃,不如中国之称饮酒、吃茶,故其临文命字之间,动牵俗言,不免错置,则难得华人通晓。②

最让日本学人困惑的是助词的使用,荻生徂徕《文戒》云:

> 大抵和语比华语多用转声,故和语习气未悉脱者,必多用而、则、者、也等字,而谓不如此,不明白也。殊不知文章各有体格,故有多用助字者,少用者,全不用者,皆视其声势语气如何耳。其必一一配诸和语而谓而て也、则れそ也,可笑之甚。③

徂徕弟子服部元乔(1683—1759,号南郭)《文筌小言》亦云:

> 此方学者间或国字所拘,一诵诗书,方言颠倒,未始问句读脉络如何。所谓焉、哉、乎、也,助以为章者,顽然为长物,则虽颇通其义,

---

① 《文章一贯集解》卷下,叶2b。
② 伊藤东涯《作文真诀》,早稻田大学图书馆藏钞本。《作文真诀》所附《译文法式》之序亦云:"今人虽稍知弄笔,而泥于国习,字多错置,语或妄填。"
③ 荻生徂徕《文戒》,江户出云寺和泉,京都植村文华堂、泽田丽泽堂刻本,叶13a-b。

亦既隔靴。①

日语与汉语在语法习惯、表达方式、语序句式、用字用词，甚至语气上皆有不同，所以在用汉文写作的过程中，作为外国人的日本人出现了一些受日语影响而产生的问题，甚至很多著名的学者也不例外，这些问题被称之为"和习"（亦被称为"和臭"）。所以江户时期的文话作者所要考虑的问题就是如何杜绝文章中的"和习"，从而写出标准而典雅的汉文。江户时期影响最大的儒学家之一荻生徂徕专门写了一本文话《文戒》来谈戒除日人文章中受到日语影响的问题，他开出了三剂药方：

> 第一戒和字。和字者，谓以和训误字义者也，如いるは，为中华文所不须；切迫倩抔，为稍读书者所不惑，而鱼名之鯛、鰹、鰯，人姓之辻、槗，又为务实录者所不必避，则今之所戒在此不在彼也。若平等、一面、工夫、自然者，虽非和训，久为和语，而讲师经生，别有家言者均之，皆讹用中华语，实非其义，最堪惑人，则并摄此假如。

> 第二戒和句。和句者，谓语理错纵，失位置上下之则者也，亦缘此方颠倒回环之读而误假如。

> 第三戒和习。和习者，谓既无和字，又非和句，而其语气声势不纯乎中华者也。此亦受病于其从幼习熟和训颠倒之读，而精微之间，不自觉其非已。②

批评别人的文章写得好坏，徂徕经常用"乃与华人酷肖""毕竟和气未脱处"③等话语。如果一个外国人能将文言文写得跟古代的中国人一样好，其造诣一定是非凡的。徂徕认为，造成这些毛病的原因在于日本人

---

① 服部元乔《文筌小言》，安永九年（1780）京都须原屋平助、须原屋平左卫门刻本，叶3b。
② 《文戒》，叶1b、8a、13a。
③ 同上书，叶13b、14b。

学习汉语的方式,即训读。他在《答崎阳田边生》中云:

> 夫以和训读书,所读虽中华书,必颠倒其上下以从和语,究是和语。夫和与华,同在意而异在语,故以和训读书,唯得其意,不得其语。①

徂徕指出,训读的方式是日本人学习汉文的权宜之计,《文戒·徂徕先生口语》:

> 夫学华而不纯乎华者,则言曰:文章非它也,中华人语言也。中华语言与此方不同也,先修有作为和训颠倒之读以通之者,是盖当时一切苟且之制。②

但这种权宜之计后来成为主流的学习汉文的方式③,从而也影响到日本人的汉文书写,所以徂徕认为,要写出纯正的汉文,必须抛弃训读,直接从汉文出发,通过汉文直接学习汉文,而不是通过训读的方式来学,其《蘐园随笔》卷四云:

> 文字皆华人言语,此方乃有和训颠倒之读,是配和语于华言者。而中华此方语言本自不同,不可得而配焉。故此方学者不知字义,皆由此作累。④

又其《与江子彻书》云:

---

① 《徂徕集》卷二十五,叶6a-b。
② 《文戒》,叶1a。
③ 〔日〕尾崎雄二郎《中国文字在日本》云:"日本人的读和写中文,直到明治中兴以前,除了极少数的较为显著的例子不算外,其他无非是读和写日文的一种很特殊的形态罢了。意思就是说,他们读和写的东西虽然表面上是中文,其实依据他们所谓的汉文形式来读和写的内涵也许不过是翻译过来的日文本身。"载蔡毅编译《中国传统文化在日本》,北京:中华书局,2002年,第98页。这种"很特殊的形态"就是训读。
④ 『續日本儒林叢書』第一冊,第25頁。

> 其根本分歧处,在以和语推汉语,与以汉语会汉语也。或人所派,是近世精细学问,其于读书法,亦搜抉无遗,但其所未达一间者,亦在由和训而入焉,是以究未离和语境界也。盖其作文字,一字一句,皆将古人文字来,为例为俗,依样画葫芦也……吾党则异是,其法亦只以汉语会汉语,未尝将和语来推汉语。①

凡有对外汉语教学经验的读者读罢此段话,不觉心有戚戚焉。很多外国学习者已经掌握了比较多的汉语词汇量了,但写起汉语文章来,仍觉得不地道,关键是受到母语的习得影响太大。也就是说,在写作中不能用汉语思维,仍然是母语思维,也就是徂徕所讲的"以和语推汉语",这样写出的永远不是纯正的汉语。正确的方式,徂徕说得言简意赅,就是"以汉语会汉语"。所以笔者觉得,两百多年前创作的日本文话,在我们今天的对外汉语写作教学中仍有一定的启示意义。

其实语言背后牵涉的是意识形态与民族感情的问题。在荻生徂徕时代,中华文化具有很大的吸引力,也是这些受到儒家文化影响者的文化宗国,甚至影响到其身份认同,西岛兰溪《敝帚诗话》卷下载:

> 先时物徂徕勉欲为高华语而挠和习,崇尊唐山之甚(此下有爱其人及屋乌),作《孔像赞》,至称"日本国夷人物茂卿",终不免识者之讥。②

---

① 熊阪邦《白云馆文罫》自序引,天明七年(1787)江户藻雅堂序刊本。《白云馆文罫》,《知见日本文话目录提要》未著录。荻生徂徕著有《文罫》,后毁于火灾,不存于世,故熊阪氏借其名,而自著一书,前有熊阪氏本人自序,引录了大量荻生徂徕论文之语。正文部分将《论语・先进》("子路、曾晳、冉有、公西华侍坐")、《史记・伯夷传》、扬雄《解嘲》、韩愈《送穷文》《广乐志论》《三子纪事序》诸文作成"罫"状,分析其句法结构,作为写作的模板。其自序云:"若夫学文章法,则详乎物子与竹春庵及答屈景山书。"故文末附有熊阪氏对这两篇书信的分析和回应。

② 池田四郎次郎编『日本詩話叢書』第四卷,東京:文會堂書店,1920年,第568頁。

反映到写作上，徂徕也有强烈的尊华意识，在遣词造句上也不例外，其《文戒》引山崎闇斋《世儒剃发辨》"则世儒剃发，是其党之俗，而非天下之俗也"之后评云：

> 此"天下"指我国，而唯中国得称"天下"，亦缘平生常言所称而误。①

这种语言上的选择，无疑反映了徂徕心理上的认同，所以文字上纯正华风的追求实际是心理上尊唐的外化形式。在徂徕时代，中华文化尚未衰落；到了近代，中国国势一蹶不振，连带日本学人对其的感受也发生了根本性的变化，同时日本的民族自尊心也越来越强烈，自然也立即反映到文章上，斋藤正谦（1797—1865）《拙堂文话》卷七云：

> 我邦神圣继统，别成一天下。其曰"中国"，谓我邦中土也；其曰"蕃夷"，谓边鄙及外国也。故天子自称曰"八大洲"，称之于外国曰"日本"；臣子称之曰"皇"，称之于外国曰"大日本"。
>
> 著书涉外国事，则年号及姓名上，宜揭国号曰"大日本"，不涉外国事则否。②

从荻生徂徕到斋藤正谦一百多年的时间，日本文话对中华文化的态度也发生了逆转，这可以从上文讨论的用字上看出，其背后则是日本人民族自信心的膨胀：

> 西土文章日衰，宋不及唐，明不及宋，清不及明。本邦文章日隆，元禄胜元和，享保胜元禄，天明、宽政胜享保。此后更进，东海出韩昌黎、欧阳庐陵，未可知也。③

---

① 《文戒》，叶7b。
② 《历代文话》第10册，第9931—9932页。
③ 同上书，第9842页。

日本文话中动辄称引中华的现象消退了,曾为文化宗国的中国已经退位为地理意义上的"西土"。而且在日本学人眼中,中国的文章呈现出一种衰退的趋势,相反日本的文章却一代有一代之胜。文章优劣的消长,其实更是一种民族心理的变化。我们注意到,斋藤说这段话时还是在明治维新之前,可见在明治之前,中国文章在日本学人眼中已然衰落,已经不能成为效法的对象。这些话的背后,当然是日本汉文学经过一百多年的发展,已经取得了较大的进步,再不用像荻生徂徕那样谆谆教诲学者要戒除"和习"。中国文章已经不再是要仰视的存在,而是可以加以平视的对象,日本文人也更有信心观看中国的历代文章了。张伯伟先生曾经指出,18世纪后期的东亚汉文学圈发生了很大的变化,日本从仰视中国和朝鲜的汉文学,开始流露出贬抑之情;日本文人也从自身文学的不断进步中,获得自信和优越感,对朝鲜乃至中国文学日益轻视。[①]张伯伟先生考察的是诗歌方面的情况,而本文考察的文章方面的情况也可以印证张伯伟先生的观点。

四　日本文话与古文辞之争

日本享保年间(1716—1736),荻生徂徕倡导的古文辞学派大行于世,加之徂徕众多弟子的推波助澜,古文辞学派声势更加浩大,其理论主张也渗透到文学理论的各个层面。随着时间的推移,古文辞学派的理论弊端也逐渐显现,在日本汉文学界也形成了反古文辞学派的潮流。由于古文辞学派直接与古文的学习联系在一起,所以关于古文辞学派的争论自然也成为日本文话讨论的议题之一。

荻生徂徕在《蘐园随笔・与薮震庵》中交代了其发起"古文辞"

[①] 参见张伯伟《汉文学史上的1764年》,《作为方法的汉文化圈》,第95—148页。

的原因：

> 不佞始习程朱之学，而修欧苏之辞。方其时，意亦谓先王孔子之道在是矣。是无它，习乎宋文故也。后有感于明人之言，而后知辞有古今焉。知辞有古今，而后取程朱书读之，稍稍知其与先王孔子不合矣。夫然后取秦汉以上书，而求所谓古言者，以推诸六经焉，则六经之旨，了然如指诸掌矣。是亦无它，习乎古文故也。①

徂徕认为，要领会"先王孔子之道"，不能依据宋儒的"近言"，而要通过秦汉以上的"古言"。明人提出"文必秦汉"的复古主张，所以可以通过学习明人来达到秦汉以上的"古文辞"。徂徕认为："文章之道达意、修辞二派，发自圣言。其实二者相须，非修辞则意不得达。"秦汉以前的文学"达意、修辞相为表里"，"李（攀龙）、王（世贞）崛起，以修辞振之，亦一以古昔为则，是岂可不谓豪杰乎？……大抵韩柳以后，古今之间，成一大鸿沟，及王、李出而后浑然为一，岂非一大快事耶？"②由于徂徕及其弟子的推动，徂徕的"古文辞"主张很快流行起来，学习明人，特别是学习李、王等人的文学成为时尚。东海长济美《艺圃鸡肋序》云："方今本邦文明之盛也，自郑里、紫阳之徒，迄于萧宇、黄面之流，家拉李、何，户毕王、李。"当时出版了很多明七子的诗集、文集及尺牍集，旧题李攀龙所编的《唐诗选》也成为最畅销的诗学指南书。

但荻生徂徕关于"古文辞"的理论设计有很大的缺陷，他设想通过学习明人的复古文辞，来达到秦汉以上的"古言"，最终掌握孔子之道。换句话说，李、王只是他达道的方法，而非最终目的；但过度强调学习李、王等明人，方法最终成为目的，以至于古文辞学派末流只知学明人，而不知要学习秦汉古文。从实践上来看，其末流学习李、王也未

---

① 《徂徕集》卷二十三，叶2a-b。
② 『續日本儒林叢書』第一冊，第47頁。

能领会李、王的精神实质，徒学得其模拟之术，后来竟衍为剽窃之习。这一点连徂徕的学生太宰春台也看到了：

> 今我党学者，才知弄笔，即言古文辞。观其为文，乃抄古文成语而联缀之而已。文理不属，意义不通……予观今之为古文辞者，务剽窃古人之成语云云。夫鸟有反舌，善作百鸟之声，而不能自名，故亦名为百舌。今之为古文辞者，何以异于是。①

所以徂徕的"古文辞"主张从理论到实践都有很大的弊病，致使其在日本文话中遭到了猛烈批判：

> 余观近世诗文亡论模拟剽窃，陈腐满目，即其稍可读者，亦浮言成章，游辞成篇。②

> 向者天下尽奉李、王古文辞，大坂中井履轩作文斥之曰……近世为复古之学者，妄以古文为号，剽窃蹈袭以为古文。朵颐冷炙，流涎残沥，模经之烧痕，放史之阙文，寸断咫割，凑合成篇，锦绣百结，间以卉服，险怪腐烂，丑态万状，乃大言以钓誉，其为奸工也不亦大乎？③

> 及于物徂徕出，颛主张古学，又反陷于李、王之窟。其徒春台、南郭、东野、周南之徒，纵横驰突，百怪为群。至明和、安永之际，四分五裂，互相雠视，至不可收拾，盖亦文运一厄也。④

---

① 太宰春台《文论》第二篇，宽延元年（1748）武阳书肆前川权兵卫、前川庄兵卫刊本，第11a-b页。又友野霞舟《锦天山房诗话》下册云："自蘐老唱李、王以来，海内靡然，以模拟为巧，及末流萎荼殊甚，所谓黄茅白苇，弥望皆是也。有识者往往病焉。"『日本詩話叢書』第九卷，1921年，第517—519頁。
② 《文章绪论》，叶18b。
③ 《拙堂文话》卷一，《历代文话》第10册，第9840页。
④ 石川鸿斋（1883—1918）《文法详论》卷上"论言"第五，东京：博文馆，明治廿六年（1893）再版，叶9a。

其实，荻生徂徕的"古文辞"理论之所以后来走到死角，最根本的原因在于，他在经典的选择上走了弯路。斋藤正谦批评徂徕云："余常谓物徂徕有才而堕于邪径。"①"邪径"就是指他选择学习的对象不正确。所谓经典，最早就有规则和法则的意思，所以经典的选择必须有示范性，能够成为文学创作效法的对象。荷兰文学理论家杜威·W.佛克马（Douwe W. Fokkema）认为，"经典是指一个文化所拥有的我们可以从中进行选择的全部精神宝藏"，"文学经典是精选出来的一些著名作品，很有价值，用于教育，而且起到了为文学批评提供参照系的作用"。②中国文学批评家认为"学其上，仅得其中；学其中，斯为下矣"③，所以选择学习的对象必须是经过时间考验的经典。就古文而言，时间已经证明上古的《左传》《史记》，以及唐代的韩柳文、宋代的欧苏文都是值得效法的经典，而明代的李、王等人的作品，在中国始终就没有成为效法的对象，更遑论经典。所以徂徕选择它们作为研习的对象，实在是取法乎下。日本学人对这一点看得很清楚，针对这一点，他们纷纷提出重新确立学习经典的问题：

> 故余诲初学之士，必先学韩文，既得文理，而后左、马、扬、班，唯其才。物子推尊李、王者，则以其由古文辞之学，以得明圣人之道也。然韩、柳者，班、马以后，始自成一家者。李、王，则韩、柳以后，始修辞以求胜之者，其杼轴由己，与步趋逐人，固不无小优劣矣……故初学之士，自于麟入，则或有终身学之，而不得文理者，亦所谓画虎不成反类狗者也。余诲初学之士，必先学韩文者，为是故也。

---

① 《拙堂文话》卷一，《历代文话》第10册，第9838页。
② 〔荷兰〕佛克马、〔荷兰〕蚁布思《文学研究与文化参与》，俞国强译，北京：北京大学出版社，1996年，第50页。
③ ［宋］严羽《沧浪诗话·诗辨》，［宋］严羽著，郭绍虞校释《沧浪诗话校释》，北京：人民文学出版社，1961年，第1页。

> 又曰：六经子史，皆可以取法修辞焉。若乃论具体者，则昭明之《选》，及韩、柳而已矣。故虽李、王亦不得不法韩、柳也，亦唯修辞以求胜之耳。物子于李、王每多溢美之言，学者最不可不知也。①
>
> 学文章者，当自昌黎始，不当自沧溟入，盖昌黎之文所以杰出乎千古者，以其能置身于三代两汉之间，而与古为徒也。其务去陈言者，耻与古人雷同也，而其文自己肺腑中流出。其气浑然，绝无弥缝之痕。沧溟则反之矣，好剽窃古言，行之以己法，而其文为辞之所使，其气索然，斧凿之迹不可掩焉。故初学之士，欲自沧溟入则有终身学之而不能成文理者，可不慎欤？且耻雷同与好剽窃，其气象相去不啻天冠地屦，则其优劣亦不言而可知也已。②
>
> 故学者作文，宜效宋人由唐而溯秦汉，慎勿如明人弃唐宋，直趋秦汉则可。③

可以看到，尽管这些文话的作者与荻生徂徕的思维方式不无相似之处，即通过学习唐宋文（上文特别提到学习韩、柳文）最终到达古典，但这比徂徕提出通过学李、王而达到秦汉，显然在境界上要高。

日本文话中关于"古文辞"的争论实质是经典选择的问题，也是日本汉文学发展道路选择的问题，是继续走模拟李、王等明人，还是选择学习真正经典的道路，包括古文辞学派内部的反思以及外部的批判，古文辞学派的古文主张逐渐失势，为日本汉文学的进一步发展廓清了道路。

---

① 以上两段分别见《白云馆文罿》，叶21b、23a。
② 《文章绪论》，叶8a-b。
③ 《拙堂文话》卷三，《历代文话》第10册，第9864页。

第十二章　日本江户时代文话对中国文章学的受容

五　结　语

从日本汉籍的视野出发，对和刻本中国文话《文则》与《文章欧冶》做了考察。笔者认为，一方面应充分重视和刻本中国文话的价值，毕竟和刻本中国文话中有一些是在中国本土亡佚的文献，同时和刻本对中国文话的校勘也有重要的参考价值，而和刻本所载的域外人士所撰的序跋则对了解此书在域外的流传与影响也不可或缺；另一方面，我们在利用和刻本时，如果此书的中国刊本仍存于世，或中国刊本的刊刻时间早于和刻本，那么就有必要将两本加以比勘，择善而从。日本文话对中国文话的接受在形制上主要有两种形式，一为汇编中国文话，一为注释中国文话。日本文话的撰作基本上集中于江户时代，是在中国文章学著作滋养下发展起来的。江户早期的文话以汇编中国文话为主，江户中后期的文话仍大量称引中国的文话，但也开始自出机杼，援引本国学人关于文章的论述。明治时期，汉学未衰之时，产生了东亚唯一一部文话的注释之作——龟卦川政隆的《文章一贯集解》。此书汇集江户时代众多学人的文章学论述，对《文章一贯》进行了再阐释，是日本文话的殿军之作。总体而言，日本文话理论性不强，以讨论技巧为主，讨论最多的话题之一就是如何去除文章中的"和习"，以能够写出纯正典雅的汉文为最高追求目标。随着日本汉文学的进步，日本文人的自信心增强，日本文话出现了对中国文章贬抑的态度。这与十八世纪以后东亚汉文化圈中、日、朝鲜半岛汉文学的发展及对彼此态度的消长是同步的。江户中期，以学习明代李攀龙、王世贞等明人文学为号召的古文辞学派在日本文坛形成声势浩大的影响，日本文话也围绕着古文辞学派的文论观点，进行了激烈的交锋，而古文辞学派的理论弊端也渐渐显现出来。"古文辞"之争表面上是是否学习明人的问题，实际上是文学经典的选择问题,也是日本汉文学发展道路的选择问题。日本汉文学发展的每一个阶段都有中国古典文学的参与,中国古典文学是理解日本汉文学的巨大参照,也已经化为日本汉文学的内在因子。同时,观照中国古典文学时也要突破国境的限制,将视域扩大到整个东亚汉文化圈,才能得出更多的意义,也才能进一步体会中国古典文学的世界性。东亚汉文学像一个巨大的召唤文本,期待着我们以整体的视野、世界文学与比较文学的视角加以全新观照。

附录一　东亚古典学的再出发
——2012年南京大学域外汉籍研究所"东亚汉籍的研究方法"学术沙龙综述

域外汉籍研究兴起二三十年来，基本上集中在对具体文献与典籍的研究上，鲜有方法论上的总结。所以在二十一世纪第二个十年开始之后，如何在理论与方法上探索域外汉籍研究的新路径，进一步提升域外汉籍研究的整体水平，显得极为迫切与必要。有鉴于此，国内唯一以域外汉籍为研究对象的研究机构——南京大学域外汉籍研究所于2012年5月6日假南京大学人文社会科学高级研究院召开了题为"东亚汉籍的研究方法"的学术沙龙，邀集中、日、韩三国学者围绕这一主题进行讨论。这次学术沙龙共有来自日本大阪大学、北京大学、南开大学、复旦大学、上海师范大学、中国海洋大学、南京航空航天大学、南京晓庄学院以及南京大学等十八位学者与会并作发言，南京大学人文社会科学高级研究院院长周宪教授到会致辞，南京大学域外汉籍研究所所长张伯伟教授主持了沙龙并做了引言。

作为方法的汉文化圈

2010年，南京大学域外汉籍研究所成立十周年，次年中华书局出版了张伯伟教授主编的"域外汉籍研究丛书"第二辑，其中就有他撰写的

《作为方法的汉文化圈》一书。在当日的学术沙龙中，张伯伟教授以此作为引言，说明了本次学术沙龙题旨的由来。首先，从工具论的角度言，"工欲善其事，必先利其器"。学术研究应当有方法论的自觉。研究方法是特定研究对象的对应物，研究价值的大小高低，不仅取决于问题的提出是否有客观依据，而且也取决于解决的途径是否符合问题本身的自然脉络。进入新世纪以来，域外汉籍研究在中国已有长足的发展，现在到了需要总结其研究方法的时候了。其次，如果域外汉籍研究能够成为一个新的学科领域，应当满足三方面的条件，即丰富的资料、特有的理论和方法以及一批研究人员和研究成果。为了逐步实现这个目标，也需要适时回顾和总结研究方法。再次，是立足于对现代中国学术的反省。百年来的中国学术，其学术方法、理论框架以及提问方式，占据主流的都是"西方式"的或者说是"外来的"。这可以用《诗经》中的"云谁之思，西方美人"来形容。而面对西方的挑战，东亚的知识人也将重点放在与西洋文明的对话上，忽略了东亚文明之间的对话。为了改变这种局面，有必要以汉文化圈中的汉文献为整体，将中国、朝鲜半岛、日本、越南等国家和地区的汉籍文献放在同等的地位上，寻求其间的内在关系，揭示其同中之异和异中之同，以创造出一种新的思考模式和新的研究方法。由于域外汉籍研究牵涉文学、史学、哲学、经学、文献学、中外文化交流、艺术史等学科，所以处理的方法必须是综合的，调集一切手段对研究对象进行综合研究应是二十一世纪域外汉籍研究以及东亚古典学研究的有效途径。

域外汉籍作为方法在东亚文史研究中的运用

出席沙龙的不少学者皆从自身的研究出发来谈域外汉籍在东亚古典学中的作用，以此来显示域外汉籍作为方法的重要性。南开大学历史学院孙卫国教授在"东亚汉籍与中国史研究"的发言中,说明了域外汉籍在明清史研究与史学史研究中发挥的巨大作用。他指出,明朝万历年间的壬辰抗倭战争,中文研究界尚未出现一部让人眼前一亮的著作,中国学术界对这场战争的认识至今依然模糊不清,究其根本原因就是中国所存的关于这次战争的史料比较匮乏,甚至还有不少歪曲龃龉之处。如壬辰战争中的明朝经略杨镐,在明朝史料中是一个贪功冒饷的庸才,但在《朝鲜王朝实录》中却是一位"再造藩邦"的名将。通过朝鲜汉籍的记述,可以还原历史真相,廓清历史疑云。

复旦大学文史研究院孙英刚副教授则以"五色大鸟"与"朔旦冬至"为例,展现了域外谶纬文献对中古史研究的意义。谶纬之说在中古社会构建政治合法性的过程中发挥着不可替代的作用,但随着时间的流逝,这些貌似不经的文献在中国本土散佚严重,但非常难得的是,在日本还保存着《天地瑞祥志》《五行大义》《天文要录》等非常重要的唐代纬学著作,对于还原中古时期的政治史、思想史原态提供了第一手的资料。

南京大学思想家研究中心吴正岚副教授在"域外汉籍与中国古代文化研究的突破"的发言中,结合她本人多年从事的六朝江东士族文化研究以及明代中后期文学思想研究,指出域外汉籍有助于中国古代文化研究的突破。她举例说明,日藏汉籍《文选集注》中就保存了多种在中国失传的六朝江东士人的著述,这些著述以经史之学为主,反映了江东士族以儒为本的学风。再如朝鲜本中国汉籍明人贺钦所著的《医闾先生集》中就包含了有关唐顺之学术经历的重要信息,对于认识明代古文学家唐顺之的文学与思想有很大的帮助作用。

南京航空航天大学艺术学院蔡雁彬副教授则以朱子《小学》为例,说明中国典籍东传及其在东亚蒙学教育中的地位和影响,比较了中国典籍在东亚不同国家发挥的不同作用。

深入域外汉籍研究的不同路径

　　本次学术沙龙的主题是"域外汉籍的研究方法"。所谓"方法",并无新旧之分,只有利钝之别,如何使用不同的方法深入域外汉籍研究是本次沙龙的焦点之一。南京大学域外汉籍研究所金程宇副教授在"关于东亚汉籍研究中的外文史料——以日文史料为例"的发言中,特别指出应该努力开发与利用以朝鲜谚文、越南喃字、日本假名撰写的文献,这类史料大体可以分为原始资料与研究资料两大类。以日文史料为例,原始资料中的日本古文书、日文的训点资料,研究资料中的室町时代的日文"抄物"、江户时代的日文"头书"与"首书"以及明治、大正时代的日文译注书,都对中国古典学研究有不可估量的作用。唯因其用不同时代的日语书写,故目前中日学界除研究语言学者外,重视者不多。对此他指出,外文史料的运用,不仅是一个语言问题,同时也是一个学术方法的问题。

　　南京大学历史系陈波博士特别关注了日本《华夷变态》《崎港商说》中保存的"唐船风说书",即日本江户时代长崎唐通事对到日商船进行问询后,采录有关来船情况及中国内地、东南一带消息并上呈江户幕府的报告。他以风说书中李自成的形象为例,说明信息是如何在从中国传到日本的过程中发生变异的,因而风说书中渗入了唐通事的意志、情感、好恶乃至想象。最后,他认为要进一步研究风说书,必须与中文史料对读,并与朝鲜使者的《燕行录》进行对比研究。

　　南京大学外国语学院何慈毅教授则介绍了琉球国汉文史料集《历代宝案》的成书与价值。《历代宝案》是琉球王国的一部外交文献集,收录了自明永乐二十二年(1424)到清同治六年(1867),琉球王府与中国明清朝廷及周边国家之间来往的各种文件书信。《历代宝案》对于明清时期的东亚朝贡体制,以及东亚国际关系研究都有重要的价值。

南京大学域外汉籍研究所卞东波副教授在"关于撰写'域外汉籍善本书志'的设想"的发言中，提出随着域外汉籍研究的推进，从总体上观照域外汉籍文献，编纂世界范围内的"域外汉籍总目"也渐渐提上了学术日程。但这项工程过于浩大，可以先从撰写"域外汉籍善本书志"做起，将域外所存的珍稀的、与中国研究有关的域外汉籍以书志的形式呈现出来，供东亚研究者参考。所谓书志，不是目录学，不是图书馆卡片的放大，不能仅有名书、作者、出版年代等信息；也不是版本学，不能仅介绍版本方面的信息。书志，应该包括目录学和版本学的内容，最重要的内涵在于"辨章学术，考镜源流"。

上海师范大学古籍研究所朱旭强博士在"越南文献的认识论和方法论举隅"的发言中特别指出了越南历史及其文献的独特个性，越南作为一个政治实体在前近代时期一直在中国域内与域外之间摇摆，其文献的书写品质与刊刻、流传状况不能与日、韩汉籍相比。但是作为中国南方文化延展的越南以及非经典意义上的越南文献，对于我们重新审视中国文化的南北分层，以及传统的文献学研究，都有诸多启发意义。

南京大学外国语学院徐黎明博士在"关于汉文化圈、东亚以及方法论的一些思考和困惑"的报告中提出，方法应像点石成金的"指头"，能够为域外汉籍研究指出向上一路。他从自身研究出发，认为目前的域外汉籍多关注于古代的汉籍，而对近代的汉籍关注不够，如康有为的著作在朝鲜有多种翻刻本、节录本及翻译本，对朝鲜近代史产生了一定的影响，对于这部分汉籍也应该加强研究。

以域外汉籍为载体的综合研究

"综合性"也体现了本次沙龙的特点，即在东亚汉文化圈的框架下，以域外汉籍为载体，打破学科的壁垒，对东亚学术史上诸多问题进行多学科的观照。韩国学者中国海洋大学的郑墡谟副教授在"北宋使行与'小中华'意识的成立"的发言中对朝鲜历史上的"小中华"意识进行了溯源,将其追溯到北宋,而北宋时的"小中华"意识不同于明清之际具有夷夏之别意识形态色彩的"小中华"意识,更多的是带有一种文化的荣耀。此种意识的产生就与1071年高丽与北宋邦交的恢复有关,特别与高丽使臣朴寅亮在汉文化上的博学通识有很大的关系。

日本大阪大学文学部合山林太郎教授在"日本的江户汉诗研究史——以日本文学、比较文学的研究成果为论述中心"的发言中回顾了日本战后对江户时代汉诗研究的情况,特别着力介绍了近年来的最新研究成果。他最后提到,研究日本汉诗,不能忽视中国这个"他者"的存在,必须放在"东亚文艺共和国"的框架下,结合清朝和日本以及朝鲜和日本之间文学、文化交流史来丰富现有的日本江户汉诗史研究。他还提出,有必要在中国及东亚汉文学研究中对现有日本文学的研究成果重新进行定义,同时应对汉诗文在日本的特有现象如"训读"的评价,可以从东亚的角度进行思考。

韩国学者北京大学外国语学院琴知雅副教授也谈了她在域外汉籍研究中努力的方向,包括中朝典籍交流史,清代的"神韵说"在朝鲜时代的流传的样态,以及她协助韩国延世大学全寅初教授编纂《韩国所藏中国汉籍总目》的情况。据她透露,她今年夏天将出版一部朝鲜典籍流传于中国的目录学著作,无疑对朝鲜典籍西渐研究起到直接的推动作用。

上海师范大学哲学学院石立善教授在题为"从日本到敦煌——日本古钞本儒家经典研究方法之反思"的发言中指出,现在一些经学研究者在点校经学著作中,不懂古代钞本的通例,在解读日本所存的中国经学古钞本时,产生了很多错误的理解。他认为要进一步推动日本古钞本研究,要寄希望于全面影印工作的展开,综合性提要的撰写,以及综合性的各经校录研究,所以需要经学研究者与小学研究者的共同介入,并结合敦煌出土写卷做比较与互证的研究。

南京大学文学院俞士玲教授以朝鲜时代女性作家金锦园所写的《湖东西洛记》为例,探讨了东亚汉文学史上的山水与汉文学以及女性文学的问题。金锦园三十三岁写成的《湖东西洛记》是对她十四岁时游历的追忆,也是东亚汉文学史上最长的一篇山水游记。这次金锦园少女时期的远足,不但是山水之旅,更是文学之旅与心灵之旅。她独特的书写方式,使《湖东西洛记》这篇文本很有中国《红楼梦》的韵味。

南京晓庄学院文学院陈彝秋副教授的发言则对明初朝鲜半岛使节奉使南京的路线进行了考述。她先考证了明初朝鲜使者出使南京时的三条路线,即纯水路的路线、海陆结合的路线以及放弃海路的奉使路线。朝鲜使者路线的变换有着深刻的历史背景,和明代的时局有很大的关系。最后,她又论述了朝贡路线的变化与文学创作之间的微妙关系。

南京大学域外汉籍研究所童岭博士在"百济在南北朝隋唐汉籍史上之地位——从公元372年东晋'内臣化'册封说起"的发言中勾勒了朝鲜半岛上的百济在中古时代汉籍流传史上的重要地位。百济早在南北朝时就从南朝梁、陈等国输入了汉籍,对本国的制度与文化建设起了很大的推动作用;同时,百济又是大陆汉籍传播到日本的推手,对日本文明演进起了很大的作用。

本次沙龙持续了四个小时,各位学者仍有意犹未尽之感。大家的热烈讨论,无不昭示着域外汉籍研究在二十一世纪的学术研究中将大有作为,也必将成为二十一世纪的学术热点与学术增长点;作为方法的汉文化圈以及作为方法的域外汉籍研究将成为东亚古典学研究的重要助推剂,也是东亚古典学研究再出发的起点。沙龙结束之际,张伯伟教授又饶有兴味地讲起美国著名导演卡梅隆在接受中国记者采访时讲的一段话:"当我在机房剪辑电影的时候,在电脑屏幕旁边总是放一把剃刀,如果这部电影搞砸了,就用剃刀自行了断。"张教授对这段话加以引申说,我们从事学术研究,也应像卡梅隆一样具有冒险意识,不能贪图安逸。只有不畏艰险地大胆开拓,才能取得巨大的学术收获,并将学术事业推向前进。域外汉籍研究正是这样一项充满了挑战和风险的事业。

附录二　探寻东亚汉籍研究的意义

——南京大学域外汉籍研究所2016年国际工作坊综述

　　进入二十一世纪以来，学术的全球化进程日益明显，也日益加速，东亚古典学研究也需要超越传统的国境限制，从东亚汉文化圈整体视野出发来加以观照。有鉴于此，南京大学于2000年成立了世界范围内最早的东亚汉籍研究机构南京大学域外汉籍研究所，广泛收集并整理东亚汉籍研究资料，举办学术会议，出版学术期刊和研究丛书，培养学术新生力量。在此基础上，南京大学域外汉籍研究所提出了"作为方法的汉文化圈"的学术理念，即在进行东亚古典学研究时，将研究的问题置于东亚汉文化圈的整体中加以把握，研究中国与东亚诸国之间的文化互动、文明交涉与知识环流，从而提炼出东亚知识生产与人文传播的新理论与新方法。经过近二十年的发展，南京大学域外汉籍研究所取得了世界瞩目的学术成果，但我们也意识到二十一世纪的东亚汉籍研究不应限于东亚的范围之内，而应更加推广，努力与欧美学术界对话交流。为此，南京大学域外汉籍研究所及南京大学"中国文学与东亚文明协同创新中心"于2016年7月2日举办了东亚汉籍研究国际工作坊，以"东亚汉籍研究的学术意义"为主题，邀请欧美及日韩在东亚汉籍研究领域内具有代表性的学人，切磋交流，总结治学经验，特别是对东亚汉籍研究的理论与方法进行深入探讨。同时对计划出版的《东亚汉籍与文化》(*Journal of Sinographic Texts and Cultures*)英文版的编辑提出设想和建议。

本次国际工作坊共有来自美国莱斯大学、波士顿大学、布兰迪斯大学，韩国首尔大学、成均馆大学、汉阳大学，日本鹤见大学，南开大学、南京大学的十七名学者与会，就东亚汉籍研究的学术意义、东亚汉籍文本研究、2017年春将在美国莱斯大学召开的东亚汉籍研究学术研讨会的准备工作、新编英文期刊《东亚汉籍与文化》编辑方针展开了热烈讨论。

从新材料、新问题到新方法：东亚汉籍研究的演进

东亚汉籍研究从二十世纪八十年代兴起，已经走过了三十多年的历史，从不为学界所知，到成为二十一世纪的东亚古典学新的学术增长点，取得了很大的成绩。到了二十一世纪的第二个十年，有必要对近年来的东亚汉籍研究加以总结，并为未来的研究进程提供新的思路。

南京大学域外汉籍研究所所长张伯伟教授不但一手创建了全球范围内最早的域外汉籍研究机构，创办了《域外汉籍研究集刊》，而且他一直秉怀着强烈的问题意识和方法自觉，试图为将来的东亚汉籍研究擘画新的方向。本次工作坊，张伯伟教授作为引言人，对东亚汉籍研究的学术意义进行了深入阐发与深刻反思。他认为，综观三十余年来的东亚汉籍研究，经历了从新材料、新问题到新方法的三个阶段。

张伯伟教授首先回顾了二十世纪初以来，新材料在中国学术转型过程中发挥的巨大作用，王国维指出的殷墟甲骨、流沙坠简、敦煌文书、内阁档案、四裔遗文等新材料，直接推进了中国学术的进步。张伯伟教授进一步指出，东亚汉籍是二十一世纪东亚古典学的新材料，其价值和意义完全可以和二十世纪的新学问——敦煌学相媲美，甚至有以过之。南京大学域外汉籍研究所自成立以来，一直致力于东亚汉籍新材料的整理与研究，已经出版了一系列相关著作，如《朝鲜时代书目丛

刊》(张伯伟编,中华书局,2004年)、《唐宋千家联珠诗格校证》(卞东波校证,凤凰出版社,2007年)、《朝鲜时代女性诗文集全编》(张伯伟主编,俞士玲、左江参编,凤凰出版社,2011年)、《注石门文字禅》([宋]释惠洪著,〔日〕释廓门贯彻注,张伯伟、郭醒、童岭、卞东波点校,中华书局,2012年)、《和刻本中国古逸书丛刊》(金程宇编,凤凰出版社,2012年)、《日本汉籍图录》(沈津、卞东波编,广西师范大学出版社,2014年)。目前正在进行中的新材料整理有《高丽朝鲜时代中国行纪资料汇编》《日本世说新语注释丛刊》《韩国历代赋汇》《域外所藏稀见唐宋文献汇编》《中朝笔谈文献汇编》等。

张伯伟教授又指出,研究东亚汉籍,其基本观念就是把所有的汉籍文献当作一个整体,也因此要把所有的研究文献当作自身工作的前提。既然是新材料,就必然涉及对文献的收集和考辨。他说,在东亚汉籍文献的收集整理中,我们往往会以域外文献中载录的中国人不见于其本集的作品当作其佚文佚诗,同样,也往往容易将中国文献中载录的域外人不见于其本集的作品当作其佚文佚诗,这其实是需要慎重对待的。他以韩国精神文化研究院(今韩国学中央研究院)藏抄本《韩中故人男女诗词文》中的杂体诗《八峰山诗》为例,具体示范了如何对东亚汉籍进行辨伪。他通过派往日本的朝鲜通信使的遗墨,发现此诗实为朝鲜通信使郑大峰所作,而非朝鲜女诗人云楚之作。另外,张伯伟教授还发现,一些相传已久的所谓域外人士的作品,其实也是中国的文献。所以,从事东亚文献的辑佚、考订工作,应具备汉文化圈的整体视野,全面把握汉文献的各类史料。

东亚汉籍中所保存的新文献、新材料,固然能给我们带来很多惊喜,但毕竟这些新材料是有限的,而如何利用这些新材料提炼出新的问题,才是东亚汉籍研究的关键所在。近年来,张伯伟教授提炼出了书籍的"环流"、东亚的女性写作、文人的交往、文化意象的形神之变(地域上包括中国、朝鲜半岛和日本,媒介上包括文学和图像)、文学典范的转移和重铸、各种文体的变异和再生等等东亚汉籍研究中的新问题。特别是东亚书籍史上的"环流"现象,是张教授近年来的研究重点。他说,在东亚的书籍传播历史上,同样一本书,发生了多向的流动,而在流动的过程中,也不断被增添或减损。无论是亲眼所见的直接阅读,还是口耳相传的间接阅读,都可能形成某种公众舆论,并导致群起关注的结果。这种现象可以称为"书籍环流",它包含了书籍本身在传播中的多向循环,读者对书籍内容的阅读、接受并反应的互动,以及由此引发的观念和文化立场的变迁。比如,中国宋代的《唐宋分门名贤诗话》《诗人玉屑》,朝鲜时代的《清脾录》,日本江户时代的《全唐诗逸》等书,都是较为典型的例子。注重书籍环流的研究,能够切入东亚书籍史的实际,也可以丰富整个书籍史的研究。

张伯伟教授在引言的最后指出,东亚汉籍研究的最终目的应该是通过我们的研究,总结出具有示范意义的方法论,为未来的东亚古典学研究提供借鉴意义。经过多年的研究,张伯伟教授提出了"作为方法的汉文化圈"这一核心概念,其要点包括以下几个层面:其一,把汉字文献当作一个整体。即便需要做分类,也不以国家、民族、地域划分,而以性质划分。无论研究哪一类文献,都强调从整体上着眼。其二,在汉文化圈的内部,无论是文化转移,还是观念旅行,主要依赖书籍的"环流"。人们是通过对于书籍的直接或间接的阅读或误读,促成东亚内部的文化形成了统一性中的多样性。其三,以人的内心体验和精神世界为探寻目标,打通中心与边缘,将各地区的汉籍文献放在同等的地位上,寻求其间的内在联系。其四,注重文化意义的阐释,注重不同语境下相同文献的不同意义,注重不同地域、不同阶层、不同性别、不同时段上人们思想方式在变化中的一致。

张伯伟教授还指出,在进行自身理论和方法的建设及探索时,应该坚持以文本阅读为基础,通过个案研究探索具体可行的方法,走出模仿或对抗的误区,形成与西洋学术的对话。在今天的人文学理论和方法的探求中,套用西方固不可为,无视西方更不可为。我们的观念和方法应该自立于而不自外于、独立于而不孤立于西方的学术研究。

南京大学思想家研究中心吴正岚教授《"作为方法的汉文化圈"如何成为可能——以张伯伟教授的东亚汉籍研究为中心》一文具体探讨了张伯伟教授提出的"作为方法的汉文化圈"及其在学术上的创获。她认为,二十一世纪以来,张伯伟教授在东亚汉籍研究方法论上的探索,从重视新材料和比较研究开始,经由以文献学为基础的综合研究法的阶段,于2009年实现了以"作为方法的汉文化圈"为核心的理论突破。通过一系列的个案研究和方法论探索,以汉文化圈为方法的宗旨逐步明确,即追求自立于而不自外于、独立于而不孤立于西方的东方知识生产方式。其核心是强调环流的视角,兼重时间和空间、统一性和多样性。其实质是通过对实证主义和新文化史研究方法论的双重吸收和超越,来实现方法论的新创。陈寅恪提出的"不古不今之学"的方法论,可说是"作为方法的汉文化圈"和东方知识生产方式理论的先导。

波士顿大学东亚系魏朴和(Wiebke Denecke)教授在题为"未来学术的全球性遗产:新编英文学术期刊《东亚汉籍与文化》的目标与期许"(A Global Legacy for the Future: Some Goals and Hopes for the New *Journal of Sinographic Texts and Cultures*)的报告中,从比较文化的角度阐述了东亚汉籍比较研究的意义。魏朴和教授认为,东亚汉籍比较研究在未来的学术界会是有前途和"力量"(power)的。首先,可以挑战以国家为中心的"东亚学"(East Asian Studies)的基本方针,摒弃最近百年以国家(nation state)、国学(national studies)和国文学(national literature)为主的研究方向。其次,东亚汉字文化圈的比较研究能够鼓励欧洲研究重新审视拉丁语起源，以及后古典时代拉丁语的重要性。最后，可以帮助我们理解在世界历史舞台上东亚文化圈的特质和特色。魏朴和教授多次强调东亚汉籍比较研究的重要性，应该从世界历史角度来看东亚文化圈的特质，发掘东亚共同的文化遗产，在经济、政治、文化民族主义和竞争环境的各范畴中，重新演绎汉字文化圈的定义和定位。这对东亚各国人民重新寻找共同愿景和文化根源尤其重要。这个过程会矫正过往民族主义视域下所理解的历史，重新定位长期被扭曲的中、韩、日、越文化历史。学者亦可以研究成果协助政府和东亚各国的民众提供正面交流，形成和解的平台，从而共同守护这块重要的文化遗产。

她认为，汉文化圈是世界上最后的古代"象形文字圈"（logographic script sphere），在现在全球化的历史时刻，我们应极力守护人类文明史上这最后一块"象形文字圈"。我们这个世代有极大责任和荣幸，忠诚地重新建构文化史，保存东亚的文字、文献、文化遗产，也要在世界历史的洪流中，为东亚历史建立一片可永续的土壤。魏朴和教授虽然是德国人，但从她的报告中，我们可以看出她对东亚汉文化圈的感情。

意义之追寻：东亚汉籍与东亚文学文化的交流

各位学者围绕着张伯伟教授的引言，分别从各个角度来阐发和充实东亚汉籍研究的学术意义。

韩国首尔大学国文学系李锺默教授报告了《康熙年间中韩书籍与诗文交流的意义》一文。他认为，明朝末期，中国的文士们来到朝鲜，收集朝鲜的汉诗，并将其带回中国，又以此为基础，在整理中国历代汉诗之时，将朝鲜的汉诗也一并收录在内。这种整理包含了中国将朝鲜的汉诗视作"国风"之一，用以装饰中华文明之博大和兴盛的"帝国主义"意图。这一点也同样体现在清朝和朝鲜的正式交流之中。尤其是康熙帝，为了使朝鲜认识到清朝作为文明中心的地位，他下令编纂了与汉诗有关的庞大类书，并将其作为礼物送给了朝鲜。此外，为了在收集中国的历代诗歌之时将朝鲜的汉诗也一并收录进去，同时也为了探查朝鲜的文化力量，中国一直有意持续地采集朝鲜的汉诗。对此，十七世纪的朝鲜文人们基于朝鲜处于文明中心地位的"小中华"意识，为了展现朝鲜文明的优越性，曾积极遴选朝鲜的汉诗送往中国。有人甚至认为，清朝作为文明的接受者，反而会陷入文治主义而走向没落，并由此提出了朝鲜要对此早作准备的策略。可见清朝和朝鲜各自将自己放在文明的中心位置上的对决意识。

近年来，以《燕行录》为代表的朝鲜使臣所撰写的中国行纪受到东亚学术界的广泛关注，韩国和中国的出版社还大规模地影印出版了目前所能见到的绝大部分《燕行录》。南京大学域外汉籍所也承担了韩国学中央研究院的大型科研项目，选择一百部左右的《燕行录》进行点校和解题，目前这一工作已经基本完成。在整理《燕行录》的过程中，学者们发现了很多非常有意义的研究课题。南京大学文学院俞士玲教授所报告的《以几部〈燕行录〉为例谈东亚汉籍研究的学术意义》一文就是她在整理《燕行录》时的心得。俞教授主要以康熙五十年（1711）减贡谢恩副使闵镇远所写的《燕行录》，康熙五十一年（1712）年贡、冬至、正朝、圣节、谢恩四起使正使打角金昌集所写的《老稼斋燕行日记》，康熙五十一年同一使团副使军官崔德中所写的《燕行录》，乾隆二十九年（1764）因朝鲜义州人在中国边境杀害清朝边兵而出使沈阳参与会查的沈阳按核使金锺正所写的《沈阳日录》，乾隆四十八年（1783）圣节兼问安使正使伴倘、正使军官李田秀、李晚秀所写的《入沈记》，道光九年（1829）为道光皇帝谒陵而出使沈阳接驾使团书状官朴来谦所写的《沈槎日记》为例来加以说明。

俞教授认为,《燕行录》与一般的旅行文字有很多不同,如为使团中人所撰写,旅行目的明确,有行程和旅行路线受限等消极因素,但也有一般旅行者不易获得之优势,比如,燕行者见到的中国人的分层最丰富,上到皇帝、权臣,下到拾粪的乡间幼童;接触到的中国社会的层面也非常丰富,举凡政治、经济、法律、思想、伦理、教育、文学、艺术、历史、地理、博物、技术、农业、医学、环境、风俗等都有丰富的材料,《燕行录》提供了可确定的时间、地点、场景、情境,具有田野调查报告的意味,可对之进行知识考古式的研究。朝鲜人的关注点、观察视角与中国人颇有不同,即使对中国史料曾涉及的问题也有颇为有趣的视角;《燕行录》因写作者的不同,对同一问题亦有不同的观察;朝鲜人对某些问题的诱导性提问,影响被提问者的回答,也在一定意义上决定了朝鲜人对被提问者暧昧回答的解读方向;而多种《燕行录》的历时性考察则具有了解中国、朝鲜社会变迁的参照系意义。

日本鹤见大学金文京教授书面报告了《十八、十九世纪朝鲜燕行使在清朝的交流活动——介绍藤塚邻博士遗品》一文,介绍了日本著名学者藤塚邻(1879—1948)教授家属所珍藏的朝鲜燕行使资料。藤塚邻以研究清朝与朝鲜文人交流史著称,著有《清朝文化东传研究》一书。藤塚邻任职京城帝大教授时收集了大量的第一手资料及文物。他的藏书不幸于二战末期遭火灾,烧失过半,残存者则于二十世纪五十年代归哈佛燕京图书馆收藏。金文京教授在2014年时偶然购得藤塚邻遗族秘藏的资料,其中不乏珍品,如布衣诗人刘栻赠金命喜的清初画家诸日如的《墨竹图》等画幅,清朝文人赠柳得恭的扇面,《金德云墓碑》《诰命碑》的拓本等,对于研究清朝与朝鲜文人间的交流提供了第一手的资料。除此之外,还有一些反映当时清朝和朝鲜外交关系的有趣资料。

讲起前近代的东亚外交关系,发生于1592—1598年持续七年的万历朝鲜之役,是影响近世东亚世界决定性的重大事件,也是中、日、韩三国学术界相当关注的论题。但是有关这场战争,无论是当时留下来的原始史料,还是后来的学术论著,都有千差万别的观点。三国各自建构了本国的学术话语,包括这场战争的名称、历史人物和历史事件的评价,各不相同。南开大学历史学院孙卫国教授报告了《东亚汉籍与万历朝鲜之役研究》一文,从史学研究的角度阐发了东亚汉籍的意义。他认为,在全球化的当下,应当摒弃狭隘的民族主义观点,重新建构更为客观的评价体系。

所谓东亚视野,孙教授认为,就是要尽可能做到超越狭隘民族国家的立场,站在东亚全局的观念上来看待历史、研究问题,其重要表现与意义体现在以下几方面:第一,从资料上来说,要尽可能地收集中、日、韩三国资料,互相比证甄别,决不能只执一端,不及其余,否则难以获得历史真相。第二,朝鲜战场上的事情,与明朝国内政局息息相关,也与日本政局的变化关系紧密,因而要全面深入地把握战场上事情的真相,必须联系各国国内政坛的变化。第三,要重视周边各国材料的关联性及史料作者的动机。对于万历朝鲜之役的研究来说,当然可以从域外汉籍中获得很多"新材料",而"新问题"层面可能更为重要,因为从东亚汉籍中,可以重新认识这场战争中的明朝将士,甚至可以重新评价这场战争的影响,因而东亚汉籍的地位相当重要。孙教授还认为,当我们"从周边看中国"的同时,也有一个"从中国看周边"的视角,哪一种都并非绝对,哪一种都有局限,关键是要具体情况具体分析,以便能够用多重史料、从多重视角,尽可能地接近历史的真实,还原历史真相。

以上三位学者从古代东亚国家关系及交流的角度说明了东亚汉籍的价值与意义,其实研究中国古代的文史之学,域外汉籍也可以发挥巨大的作用。南京大学域外汉籍研究所童岭教授发表了《中国中古文史与域外汉籍研究——以旧钞本为中心的初步讨论》一文,分别以《讲周易疏论家义记》、隶古定"伪《古文尚书》"、南监本《南齐书》荻生徂徕之批校、《秘府略》《琱玉集》《翰苑》《文选集注》、上野本《文选》等经史子集四部域外汉籍旧钞本为例，具体阐述了域外所藏旧钞本对中国中古时代的经学、史学、思想史、文学史研究的巨大意义。

譬如，在中古经学史上，由于文献的缺失，很多问题无法探究，也无法深入，清代中后期，日本遗存的皇侃《论语义疏》、太宰春台校刊的《古文孝经孔传》等汉文典籍，及山井鼎《七经孟子考文》等日本汉籍陆续回传到中国学界，给清儒带来不小的冲击。二十世纪三十年代，章太炎在苏州"章氏国学讲习会"上提到日本藏足利本隶古定《尚书》时说道："虽非孔壁之旧，而多存古字，亦足宝矣。"其弟子黄季刚亦谓："近日敦煌所出书与日本所印为吾国失传之书，皆可补遗。"这些遗存在日本的宝贵的汉籍钞本涉及面极广，为现代学者再现六朝隋唐的文学、社会状况提供了宝贵的资料，原本无法涉及的学术领域，也可由此渐窥门径。童岭教授认为，域外汉籍研究，需要打破学术的"国境线"。从美国学者科文（Paul A. Cohen）的"在中国发现历史"到"在东亚发现历史"，域外汉籍为此提供了可能。

童岭教授从域外汉籍古钞本的角度讨论了域外汉籍的价值，而南京大学域外汉籍研究所卞东波教授则从域外汉籍古注本的角度讨论了唐宋诗日本古注本对唐宋文学研究的意义。在《发现与发明之间：唐宋诗日本古注本的学术价值与研究意义》一文中，他认为，近代学者研究日本汉学，主要聚焦在十九世纪以降的日本现代汉学，这种观察比较有局限性。其实在明治时代之前，日本即有悠久的中国古典研究史，这其中就有对中国古典诗歌的研究。前近代时期，日本对中国古典诗歌研究的主要研究形式就是注释。现存日本对中国古典诗歌的注释主要有汉文和假名两种，特别是唐宋诗的日本汉文古注本，很值得研究唐宋文学的学者关注。

唐宋诗的日本古注本有很大的学术价值，这表现在：一、一些在中国失传的唐宋诗中国古注就保存在这些汉籍之中。如宋代赵次公所作的东坡诗注，日本苏诗古注本《四河入海》中保存了旧题王十朋所编的《集注分类东坡先生诗》中未见的大量赵次公注。再如，宋人施元之、顾禧、施宿所著的《注东坡先生诗》四十二卷，被视为苏诗宋注中的精品，但目前仅存三十六卷，仍有六卷散佚不存，但日本苏诗古注本《翰苑遗芳》中保存着一些施顾注失传六卷的佚文。二、很多中国没有注本的唐宋诗集，在日本却有详细的古注本，如唐代的寒山诗，中国古代没有注本传世，但在日本却有《首书寒山诗》《寒山子诗集管解》《寒山诗阐提记闻》及《寒山诗索賾》四部汉文古注本。三、即使中国古代有注的唐宋诗集，日本古注本亦可以加以补充。杜甫的诗集在中国有所谓"千家注杜"之说，近年来亦出版了新注本，如萧涤非主编的《杜甫全集校注》，但日本江户时代尚有不少杜律的古注本可以补充。四、唐宋诗日本古注本中还有不少部帙较大的唐宋诗集注本，如日本苏诗集注本《四河入海》，汇集日本十三家注释的黄山谷诗集注本《山谷幻云抄》。这些集注本，汇集了日本中世时期苏黄诗的注释，对于理解坡、谷之诗具有很大的帮助作用。总之，研究这批唐宋诗日本古注本，对于深化我们对唐宋诗的认识，了解唐宋诗在日本的被阅读与被接受都具有极大的价值与意义。

南京大学外国语学院郑墡谟教授《高丽文坛的"东坡风"考》一文，以具体的个案，讨论了中国古典文学对高丽汉文学的影响。他指出，从高丽中期开始，高丽诗坛出现了专习苏东坡的风气，高丽文坛上出现了"崇尚东坡"的现象。那么，苏东坡是由于怎样的契机而为高丽文坛所知的呢？他的哪些文集在何时经由何种途径传入高丽并开始流传的呢？其诗文集真正流行于高丽文坛又是始于何时？其流行的原因又何在？"东坡风"的盛行又给高丽文坛带来了怎样的影响呢？郑教授围绕着以上内容展开了发言。他认为,苏东坡在高丽的传播与北宋和高丽外交的恢复很有关系。熙宁四年(1071), 北宋与高丽重新开启邦交关系之后,双方使臣开始定期往来。随着两国使节团往来的日益频繁,北宋中期兴起的诗文革新运动以及北宋文人的诗文集等最新资讯,也随之传入高丽,并在高丽汉文学的各个层面陆续产生了影响。据现存文献记载,苏东坡在高丽文坛上的出现,始于熙宁六年(1073)以金良鉴为首的使节团在途经杭州之时,与时任杭州通判的苏东坡曾有过会面。三年后,以崔思谅为首的使节团也途经杭州地区,并在当地市场上购入了苏东坡的诗文集。

十二世纪中期以后的各种高丽诗文集,对苏东坡诗语的引用、评论、次韵等现象随处可见。特别是毅宗二十四年(1170)的武臣之乱前后,苏东坡的诗文广受高丽文人的追捧,成为高丽文坛上诗文学习的对象。在此背景之下,十二世纪末高丽文人评论苏东坡诗文的言论也频频出现。在高丽中期的文坛,苏东坡的诗文集不仅仅在士大夫中十分流行,甚至遍及僧侣和女童。事实上,苏东坡对于高丽文人的影响远不止于诗文创作方面,还涉及诗文评论、书法、绘画等多种文艺批评。郑教授认为,苏东坡作为东亚汉文化圈共同的文学典范,其在高丽文坛的接受在东亚汉文学史上具有独特性,特别引人瞩目。

东亚汉籍与东亚古典文本

本次工作坊的与会代表还对具体的东亚汉籍文本进行了研讨,主要集中在诗话、笔谈、汉籍稿本等古典文本上。

诗话是具有中国民族特色的文学批评形式,受到中国诗话影响,日本、韩国古代也产生了本国的诗话,作为本国汉诗的主要批评形式。美国布兰迪斯大学马修凡(Matthew Fraleigh)教授认为,十九世纪的日本诗话可以告诉我们很多关于这个时代的作家们如何将汉诗创作概念化的内容,例如:他们是如何在日本国语文学传统中理解他们的书写和表达的;他们是如何在中国的文学形式与历代创作中定位日本汉诗的;在多大程度上,他们将自己代入到一个更广阔的地域框架之中;以及他们到底认为什么是日本汉诗的特异之处;他们的著作对日本汉诗经典的形成有何贡献。在本次工作坊上,他发表了《"诗无唐宋明清":日本十九世纪的诗话——以〈淡窗诗话〉为中心》一文,聚焦于江户时代汉诗人广濑淡窗(1782—1856)所著的《淡窗诗话》。《淡窗诗话》并非用汉文写成,而讨论的对象则是江户时代的汉诗。这部诗话是在广濑淡窗去世后才出版的,精选了这位儒学教育者的众多诗学论述。在《淡窗诗话》中,淡窗讨论中国诗歌与日本诗歌之别时说:"我邦的诗歌并不具备唐代诗歌与当时国事之间的紧密关系。在我邦,诗歌只是学生聊以慰藉之物。"对于中国诗歌经典,淡窗认为没有必要对其亦步亦趋:"陶王孟韦柳五家,我喜爱他们的诗歌并且经常吟咏,但这并不意味着我将他们看作老师和楷模进行模仿。"

韩国诗话也是本次工作坊的研讨对象。二十世纪,赵锺业教授整理出版了《韩国诗话丛编》,为韩国诗话的研究提供了很好的文献基础。成均馆大学汉文学系安大会教授多年来致力于韩国诗话的翻译与研究,本次工作坊上,他报告了《韩国诗话史研究的新尝试》一文,从诗话史的体系化、主要诗话的翻译及研究、资料收集和定本化研究三个方面介绍了他目前工作的进展。他说,韩国诗话较少理论色彩、偏重于诗歌品评和逸话叙述的特点,使得研究者难以阐明韩国诗话间的差异,韩国诗话历史谱系的整理也因之成为一项棘手的问题。目前有关韩国诗话史的研究比较稀少的原因也在于此。

安大会教授于二十多年前翻译的洪万宗《小华诗评》的修订版(包含定本工作)将于2016年夏天在成均馆大学出版社出版,现在正在着手的洪万宗《诗评补遗》的韩译本也预计将于2017年完成并出版。此外，《破闲集》（安大会译）、《补闲集》（郑墡谟译）、《东人诗话》《闲中漫录》《西京诗话》（张俞承译）、《清脾录》（金荣镇译）等诗话的译本也有望在近年内出版。以上的诗话译本将涵盖相关诗话的重要研究成果，编订为"韩国诗话丛书"进行出版。安大会教授认为，《韩国诗话丛编》以及以此为蓝本的《韩国诗话全编校注》存在很多的问题。安教授计划以之前个人收集的资料为基础，出版新的韩国诗话丛书，此丛书将补充《韩国诗话丛编》中未收录的诸多诗话，期望这部丛书的出版能为韩国诗话研究提供新的动力。

在韩国诗话的翻译与整理过程中，安大会教授又发掘了不少诗话资料，改变了对单篇诗话评价的视角，从而使韩国诗话史的建构也发生了变化。尤其在梳理了高丽郑叙《杂书》以来的韩国诗话的历史变迁过程之后，安教授深刻体会到了韩国诗话史著述工作的迫切性。安教授的博士论文题为《朝鲜后期诗话史研究》（1994），后补充整理为《朝鲜后期诗话史》（1995，2000）一书出版，在此基础之上，安教授下一步打算撰写整个韩国诗话史，于2018年完成并出版。与会学者对安大会教授新编的"韩国诗话丛书"和韩国诗话史非常期待，希望其能早日出版。

南京大学域外汉籍研究所金程宇教授，在出版了七十册的《和刻本中国古逸书丛刊》之后，目前又致力于日本所藏的稿钞本汉籍研究，他在工作坊上发表了《从稿本看东亚古典诗学文本的生成——以田边华〈碧堂绝句〉、〈衣云集〉为中心》一文，具体阐述了如何探究东亚汉籍中稿本的问题。他认为，在东亚古典诗学研究中，文本形态的研究始终是一个无法回避的课题。其中，稿本由于较能反映原生态的文本面貌，学术价值尤高。本次工作坊上，金教授以他个人所藏的日本近代汉诗人田边华的两种汉诗集《碧堂绝句》《衣云集》稿本为例，探讨古典诗学文本生成的复杂性和多样性。《碧堂绝句》有1914年排印本、1920年改削本、1921年版本。金教授藏有《碧堂绝句》稿本"诗草"一册,末叶书"以上百七十二,删十五,计百八十七"。与已刊文本对照,可见其删削之痕迹。《衣云集》有田边绫夫1932年排印本,系绫夫据其父田边华誊清本排印。金教授所藏即其底本。封面署"昭和五年四月初一缮写了庚午",末署"辛未二月三日阅了加蓝笔"。虽是誊清稿本,但从贴签、圈改等方面来看,文本的改动颇大,排印本无法全面体现这些变化。金教授最后指出,田边华诗集的出版均采用了定本式整理,而通过以上两种稿本之比较,可窥见其诗句之异同、诗思之变化。域外汉诗之整理出版,也需要加强底本的比较工作。

韩国汉阳大学国文系教授郑珉报告了《18世纪东亚文化交流媒介"笔谈":以笔代舌的语言》一文,介绍了"笔谈"的形制与特征。郑教授指出,笔谈不是用语言进行的对话,而是通过使用毛笔你来我往的书写进行的"以笔代舌"式的独特对话。这种方式是18世纪后期东亚社会中通用的特殊交流方式,如今在中国、韩国以及日本都留下了丰富的材料。当笔谈结束时,其内容作为记录被保留了下来,但是这些被称作"谈草"的一手记录大都处于凌乱无序的状态,必须经过一系列复杂的整理才能被作为真正的文献资料保存下来。在这一过程中,文字加工与记忆修复必须同时进行,这是一项非常需要耐心与想象力的工作。

笔谈有一对一、多对多等多种形式,在中国和朝鲜、朝鲜与日本等国家之间进行。笔谈在不同语言与文化的国家间展开时,依照不同的对象,其对待笔谈的态度也会产生差异。郑教授特别指出,朝鲜文人对于中国与日本文人的"亲密感"的差异相当明显。在与中国人笔谈时,朝鲜人无论如何都会想方设法带走谈草。朝鲜人在中国的旅行经历本身就不是谁都能享有的特权,因此他们都如竞争一样留下了大量的海外旅行记录。但是,与日本文人交流的情况就不一样了。当然与每年多达三四次的中国使行不同,断断续续每隔几十年才成行的日本通信使行对于朝鲜人来说并没有多少人气。而且在与日本人进行笔谈时,朝鲜人总是展现出一种对话上的优越感。另一方面,如果比对日本人与朝鲜人对同一情况所作的记录内容,就会发现"独善其身"的自我拥护现象在彼此的记录中都很突出。实际上,即使在当众出丑时,朝鲜通信使在日记中仍然把自己描写成义正词严的一方,对日本人不知所措、羞愧难当的记录比比皆是。相反,日本人的记录也是一样。

郑教授还研究了笔谈中朝鲜使臣心态的变化。初期,日本人处于守势;然而在长崎港口开航通商之后,中国江南地区的出版物源源不断地流入日本,情况就发生了变化。朝鲜通信使的随行成员也深切地感受到日本人的学问一夜之间大变的情况,进而渐渐害怕与之展开笔谈了。这时,便出现了日本人不再把笔谈看作是吐露心扉的谈话,而是把它作为轻视对方并让对方出丑的一种手段了。

英文版《东亚汉籍与文化》的出版与东亚汉籍研究在欧美的推广

经过多年的耕耘,东亚汉籍研究在东亚地区迅速发展,成为东亚古典学新的学术增长点,但欧美学界对这一领域的研究还比较陌生。为了将东亚汉籍研究事业推广到欧美学界,让更多的欧美学者参与到东亚汉籍研究的热潮中来,南京大学域外汉籍研究所拟与国外知名学术出版社出版英文期刊《东亚汉籍与文化》。本次国际工作坊的与会代表很多都是这份新办期刊的编委,故工作坊的另一个议程就是讨论英文版《东亚汉籍与文化》编辑与用稿的情况。

张伯伟先生在会上简单报告了英文版《东亚汉籍与文化》创刊的缘起。他指出,在二十世纪以前,汉字是东亚各国的通用文字,一切正规的著述,一切重大的场合,一切政府与民间的外交,都离不开汉字这一媒介。二战结束以后,随着民族主义意识的不断高涨,除中国以外的其他东亚国家,都程度不一地减少乃至取消了汉字在日常生活中的运用,以至于一般民众对于本国的历史文献无力阅读,而具备研究能力的专家,其数量也处于不断减少的趋势中。至于现代中国以及欧美的东亚研究者,对于这些汉籍或闻所未闻,或知之不多,由此而造成这块富饶肥沃的土地少人耕耘的结果。有鉴于此,南京大学域外汉籍研究所在2005年创办了《域外汉籍研究集刊》,迄今已出版了十六辑。它为东亚学者(也包含少数欧美学者)的汉籍研究提供了一个交流学术成果的平台,也促进了汉籍研究在东亚的发展。现在,为了使这项研究在欧美得到进一步展开,促使相关研究者对东亚汉籍有更深刻的理解和认识,由新材料的发现到新问题的提出,进而提炼出新的理论和方法,南京大学域外汉籍研究所打算创办英文版《东亚汉籍与文化》。本刊以汉籍为研究对象,但强调将东亚汉籍作为一个整体来研究,而不是以国别为单位,因此,这项研究注重的是跨国家与跨学科,从文化移转的角度考察东亚内部的文化所拥有的统一性中的多样性,并以人的内心体验和精神世界为探寻目标,破除中心与边缘,寻求各地区汉籍之间的内在联系以及在文化上的特色。

张伯伟教授说,《东亚汉籍与文化》打算一年出版两期,最初几期的稿件将遴选自中华书局出版的《域外汉籍研究集刊》,由编委会组织学者翻译为英文,渐渐过渡到自然来稿与翻译稿各占一半,到后来,完全只发表英文的自然来稿。对于翻译稿,一种是作者与译者共同署名,译者作为第二作者;另一种仅署译者之名。魏朴和教授从学术史的角度,回顾了十九世纪以来东方学或汉学期刊编纂出版的情况,以此来说明在二十一世纪创立英文版学术期刊《东亚汉籍与文化》的意义。她说,欧美的东方学或汉学期刊的创办与欧美十九世纪以来东方学（Oriental Studies）或汉学的发展息息相关，1843年创刊的《美国东方学会会刊》（*Journal of the American Oriental Society*）是美国最早的汉学期刊。二十世纪美国汉学转向地区研究，1924年创刊的《泰东》（*Asia Major*）、1936年创刊的《哈佛亚洲学报》（*Harvard Journal of Asiatic Studies*）就是美国亚洲研究与东亚研究期刊的代表。二十世纪末以降，东亚研究渐趋成熟以及专门化，这时也出版了不少专业的东亚研究学术期刊，如《立场：东亚文化评论》（*Positions: East Asia Cultures Critique*，1993年创刊），《东亚研究学报》（*The Journal of East Asian Studies*，首尔，2001年创刊），《东亚科学、技术与社会》（*East Asian Science, Technology and Society*，2007年创刊），《东亚出版与社会》（*East Asian Publishing and Society*，2011年创刊）。《东亚汉籍与文化》也是顺应这股时代潮流创办的英文期刊，但又不同于传统的东亚研究期刊，其更专注于东亚汉籍的研究。与会的学者中很多都有国际学刊的编辑经验，如新加坡南洋理工大学的王贞平教授曾任美国普林斯顿大学《东亚图书馆杂志》主编、印度尼赫鲁大学《中古史杂志》顾问、日本关西大学《东亚文化交流研究杂志》顾问，李锺默教授是韩国首尔大学奎章阁韩国学研究中心《韩国文化》的编辑，他们在工作坊上皆贡献了自己的宝贵意见。

  本次工作坊亦是2017年3月在美国莱斯大学举办的东亚汉籍国际学术研讨会的预备会。美国莱斯大学钱南秀教授在本次工作坊发表了《重思汉文化圈：汉字书写在东亚文化中的运用之批评性考察》一文，向与会学者报告了有关2017年莱斯国际学术会议的准备情况。2017年东亚汉籍研究国际学术研讨会，由美国莱斯大学人文学院赵氏亚洲研究中心与南京大学域外汉籍研究所联合举办，意图唤起美国及西方学术界对于现存大批东亚汉籍及亚洲同仁相关研究的注意，以推动今后的长期合作。会议由莱斯大学钱南秀教授、司马富（Richard J.

Smith)教授、南京大学张伯伟教授共同发起,并向美国国家人文基金(National Endowment for the Humanities)申请资助。钱南秀教授向与会者汇报了有关资金申请及会议组织工作的情况。据美国国家人文基金网站2016年8月9日公布,钱南秀教授等申请的"Reconsidering the Sino Cultural Sphere: A Critical Examination of the Use of Literary Chinese by East Asian Cultures"项目,成功获得6.5万美元的资助。

总之,这次由南京大学域外汉籍研究所主办的"东亚汉籍研究的学术意义"国际工作坊经过一天密集的讨论,圆满结束,来自中、美、韩三国的学者就东亚汉籍研究的意义以及《东亚汉籍与文化》的编辑畅所欲言,为未来的东亚汉籍研究拓展了方向。

征引书目

一　中国文献（按作者姓氏音序排列）

（一）基本典籍

卞东波编：《寒山诗日本古注本丛刊》，南京：凤凰出版社，2017年。

［明］卞荣：《卞郎中诗集》，四库全书存目丛书编纂委员会编《四库全书存目丛书》集部第35册，济南：齐鲁书社，1997年。

［唐］般若译：《大乘本生心地观经》，《大正新修大藏经》第3册，东京：大正一切经刊行会，1924—1934年。

［宋］晁迥：《法藏碎金录》，上海师范大学古籍整理研究所编《全宋笔记》第8编第7册，郑州：大象出版社，2017年。

［宋］陈鹄：《西塘集耆旧续闻》，孔凡礼点校，北京：中华书局，2002年。

［清］陈沆：《诗比兴笺》，上海：上海古籍出版社，1981年。

［宋］陈骙、［宋］李塗：《文则　文章精义》，刘明晖校点，北京：人民文学出版社，1960年。

［宋］陈骙：《文则》，［日］荻生徂徕阅，［日］山井鼎句读，享保十三年（1728）若菜屋小兵卫刊本。

陈尚君辑校：《全唐诗补编》，北京：中华书局，1992年。

陈衍：《石遗室诗话》，郑朝宗、石文英校点，北京：人民文学出版社，2004年。

［元］陈绎曾：《文章欧冶》，元禄元年（1688）京都永原屋孙兵卫、唐本屋又兵卫刊本。

〔宋〕陈振孙：《直斋书录解题》，上海：上海古籍出版社，1987年。

〔日〕成寻著，王丽萍校点：《新校参天台五台山记》，上海：上海古籍出版社，2009年。

〔宋〕程大昌：《演繁露》，上海师范大学古籍整理研究所编《全宋笔记》第4编第8册，郑州：大象出版社，2008年。

〔宋〕程颢、〔宋〕程颐：《二程集》，王孝鱼点校，北京：中华书局，2004年。

〔清〕程廷祚：《清溪集》，《金陵丛书》乙集本。

〔清〕程晋芳：《勉行堂诗集》，《清代诗文集汇编》编纂委员会编《清代诗文集汇编》第343册，上海：上海古籍出版社，2010年。

〔日〕池泽滋子：《日本的赤壁会和寿苏会》，上海：上海人民出版社，2006年。

〔明〕德清述，〔明〕高承埏补：《八十八祖道影传赞》，《大藏卍新纂续藏经》第86册，台北：白马精舍印经会，2008年。

〔明〕邓元锡：《诗经绎》，四库全书存目丛书编纂委员会编《四库全书存目丛书》经部第149册，济南：齐鲁书社，1997年。

〔清〕丁丙藏，〔清〕丁仁撰：《八千卷楼书目》，续修四库全书编纂委员会编《续修四库全书》史部第921册，上海：上海古籍出版社，2002年。

丁福保辑：《历代诗话续编》，北京：中华书局，1983年。

〔清〕董诰等编：《全唐文》，北京：中华书局，1983年。

〔元〕方回选评，李庆甲集评校点：《瀛奎律髓汇评》，上海：上海古籍出版社，1986年。

〔清〕方玉润：《诗经原始》，李先耕点校，北京：中华书局，1986年。

〔唐〕房玄龄等：《晋书》，北京：中华书局，1974年。

傅璇琮等主编：《全宋诗》，北京：北京大学出版社，1991—1998年。

高步瀛：《文选李注义疏》，曹道衡、沈玉成点校，北京：中华书局，1985年。

〔明〕高儒：《百川书志》，冯惠民、李万健等选编《明代书目题跋丛刊》，北京：书目文献出版社，1994年。

〔明〕葛寅亮：《金陵梵刹志》，何孝荣点校，天津：天津人民出版社，2007年。

［唐］贯休著，胡大浚笺注：《贯休歌诗系年笺注》，北京：中华书局，2011年。

［清］郭庆藩：《庄子集释》，王孝鱼点校，北京：中华书局，1961年。

郭绍虞编选：《清诗话续编》，富寿荪校点，上海：上海古籍出版社，1983年。

［唐］韩愈著，刘真伦、岳珍校注：《韩愈文集汇校笺注》，北京：中华书局，2010年。

［唐］寒山著，项楚注：《寒山诗注》，北京：中华书局，2000年。

［明］郝敬：《毛诗原解》，四库全书存目丛书编纂委员会编《四库全书存目丛书》经部第62册，济南：齐鲁书社，1997年。

［五代］何光远撰，邓星亮、邬宗玲、杨梅校注：《鉴诫录校注》，成都：巴蜀书社，2001年。

［清］何文焕辑：《历代诗话》，北京：中华书局，1981年。

［清］洪若皋：《梁昭明文选越裁》，四库全书存目丛书编纂委员会编《四库全书存目丛书》集部第288册，济南：齐鲁书社，1997年。

［元］胡一桂：《诗集传附录纂疏》，续修四库全书编纂委员会编《续修四库全书》经部第57册，上海：上海古籍出版社，2002年。

［明］胡应麟：《少室山房集》，《景印文渊阁四库全书》第1290册，台北：台湾商务印书馆，1986年。

［明］幻轮汇编：《释鉴稽古略续集》，《大正新修大藏经》第49册，东京：大正一切经刊行会，1924—1934年。

［清］黄丕烈：《荛圃藏书题识》，屠友祥校注，上海：上海远东出版社，1999年。

［宋］黄庭坚：《黄庭坚全集》，刘琳、李勇先、李蓉贵校点，成都：四川大学出版社，2001年。

［宋］黄庭坚：《山谷词》，马兴荣、祝振玉校注，上海：上海古籍出版社，2001年。

［宋］黄庭坚撰，［宋］任渊、［宋］史容、［宋］史季温注：《黄庭坚诗集注》，刘尚荣校点，北京：中华书局，2003年。

［明］黄文焕：《诗经考》，四库全书存目丛书编纂委员会编《四库全书存目丛书》经部第68册，济南：齐鲁书社，1997年。

［宋］计有功撰，王仲镛校笺：《唐诗纪事校笺》，成都：巴蜀书社，1989年。

［明］季本：《诗说解颐》，《景印文渊阁四库全书》第79册，台北：台湾商务印书馆，1986年。

［宋］家求仁编，［宋］龙溪增广：《重广草木虫鱼杂咏诗集》，关西大学图书馆藏室町时代末期钞本。

［宋］家求仁编，［宋］龙溪增广：《重广草木虫鱼杂咏诗集》，内阁文库藏江户时代钞本。

［宋］家求仁编，［宋］龙溪增广：《重广草木虫鱼杂咏诗集》，中国国家图书馆藏明刻本。

［唐］皎然著，李壮鹰校注：《诗式校注》，北京：人民文学出版社，2003年。

［清］金圣叹：《金圣叹全集》，曹方人、周锡山标点，南京：江苏古籍出版社，1985年。

［清］雷松舟：《龙山诗话》，张寅彭选辑《清诗话三编》，吴忱、杨焄点校，第3册，上海：上海古籍出版社，2014年。

［宋］黎靖德编：《朱子语类》，王星贤点校，北京：中华书局，1986年。

［唐］李百药：《北齐书》，北京：中华书局，1973年。

［宋］李龏编：《唐僧弘秀集》，《景印文渊阁四库全书》第1356册，台北：台湾商务印书馆，1986年。

［唐］李峤撰，张庭芳注，胡志昂编：《日藏古抄李峤咏物诗注》，上海：上海古籍出版社，1998年。

［宋］刘克庄著，辛更儒校注：《刘克庄集笺校》，北京：中华书局，2011年。

［南朝梁］刘勰著，詹锳义证：《文心雕龙义证》，上海：上海古籍出版社，1989年。

［后晋］刘昫等：《旧唐书》，北京：中华书局，1975年。

［南朝宋］刘义庆著，［南朝梁］刘孝标注，余嘉锡笺疏：《世说新语笺疏》（修订本），周祖谟、余淑宜、周士琦整理，上海：上海古籍出版社，1993年。

［唐］柳宗元：《柳河东集》，上海：上海人民出版社，1974年。

［清］陆心源辑撰：《宋史翼》，中华书局，1991年。

陆永峰：《禅月集校注》，成都：巴蜀书社，2006年。

［宋］罗大经：《鹤林玉露》，王瑞来点校，北京：中华书局，1983年。

［汉］毛亨传，［汉］郑玄笺，［唐］孔颖达疏：《毛诗注疏》，［清］阮元校刻《十三经注疏》，北京：中华书局，2009年。

［明］茅坤编：《唐宋八大家文钞》，上海：上海古籍出版社，1993年。

［明］明河：《补续高僧传》，《大藏卍新纂续藏经》第77册，台北：白马精舍印经会，2008年。

［清］纳兰性德：《通志堂集》，上海：上海古籍出版社，1979年。

〔日〕内藤湖南：《内藤湖南汉诗文集》，印晓峰点校，桂林：广西师范大学出版社，2009年。

［宋］欧阳修、宋祁等：《新唐书》，北京：中华书局，1975年。

［清］钱谦益：《列朝诗集小传》，上海：上海古籍出版社，1983年。

［清］钱谦益：《牧斋初学集》，［清］钱曾笺注，钱仲联标校，上海：上海古籍出版社，1985年。

钱学烈校评：《寒山拾得诗校评》，天津：天津古籍出版社，1998年。

钱仲联、马亚中主编：《陆游全集校注》，杭州：浙江教育出版社，2011年。

［宋］阮阅编：《诗话总龟》，周本淳校点，北京：人民文学出版社，1987年。

［清］沈德潜等编：《清诗别裁集》，上海：上海古籍出版社，1984年。

［唐］沈佺期、［唐］宋之问撰，陶敏、易淑琼校注：《沈佺期宋之问集校注》，北京：中华书局，2001年。

［宋］施元之、［宋］顾禧注：《施注苏诗》，［清］宋荦、［清］邵长蘅等删补，清康熙三十九年（1700）刊本，哈佛燕京图书馆藏。

［宋］释惠洪著，〔日〕释廓门贯彻注，张伯伟、郭醒、童岭、卞东波点校：《注石门文字禅》，北京：中华书局，2012年。

［宋］释善珍：《藏叟摘稿》，宽文十二年（1672）藤田六兵卫刊本，花园大学禅文化研究所藏。

［明］释宗泐：《全室稿》，京都建仁寺两足院藏古钞本。

［明］释宗泐：《全室外集》，宽文九年（1669）饭田忠兵卫刊本，花园大学禅文化研究所藏。

［明］释宗泐：《全室外集》，明嘉靖刊本，南京图书馆藏。

［明］释宗泐：《全室外集》，明永乐刊本，中国国家图书馆藏。

［明］释宗泐：《全室外集》，清钞本，中国国家图书馆藏。

［明］释宗泐：《全室外集》，五山版，京都建仁寺两足院藏。

［宋］苏轼：《东坡志林》，明万历商濬编《稗海》本。

［宋］苏轼：《苏轼文集》，［明］茅维编，孔凡礼点校，北京：中华书局，1986年。

［宋］苏颂：《苏魏公文集》，王同策、管成学、颜中其等点校，北京：中华书局，1988年。

［清］屠寄：《结一宧骈体文》，《清代诗文集汇编》编纂委员会编《清代诗文集汇编》第782册，上海：上海古籍出版社，2010年。

［清］屠寄等编：《国朝常州骈体文录》，续修四库全书编纂委员会编《续修四库全书》集部第1693册，上海：上海古籍出版社，2002年。

［元］脱脱等：《宋史》，北京：中华书局，1977年。

［宋］王安石撰，［宋］李壁注：《王荆文公诗笺注》，高克勤点校，上海：上海古籍出版社，2010年。

［清］王梦白：《诗经广大全》，四库全书存目丛书编纂委员会编《四库全书存目丛书》经部第77册，济南：齐鲁书社，1997年。

王水照编：《历代文话》，上海：复旦大学出版社，2007年。

王水照编：《宋人所撰三苏年谱汇刊》，北京：中华书局，2015年。

［宋］王应麟：《困学纪闻》（全校本），［清］翁元圻等注，栾保群、田松青、吕宗力校点，上海：上海古籍出版社，2008年。

［宋］王应麟：《诗考　诗地理考》，王京州、江合友点校，北京：中华书局，2011年。

［清］王有庆等修，［清］陈世镕等纂：《（道光）泰州志》，《泰州文献》第一辑2，南京：凤凰出版社，2014年。

［宋］魏庆之编：《诗人玉屑》，上海：上海古籍出版社，1978年。

［宋］吴沆：《环溪诗话》，陈新点校，北京：中华书局，1988年。

［明］吴纳（讷）：《文章辨体序说》，于北山校点，北京：人民文学出版社，1962年。

［清］吴汝纶：《吴汝纶全集》，施培毅、徐寿凯校点，合肥：黄山书社，2002年。

［南朝梁］萧统编：《文选》，［唐］李善等注，上海：上海古籍出版社，1986年。

［清］性统：《续灯正统》，《大藏卍新纂续藏经》第84册，台北：白马精舍印经会，2008年。

［明］徐光启：《毛诗六帖讲意》，四库全书存目丛书编纂委员会编《四库全书存目丛书》经部第64册，济南：齐鲁书社，1997年。

［宋］徐积撰，［宋］江端礼编：《节孝语录》，明万历四十四年（1616）刻本。

［清］徐寿基：《酌雅堂骈体文集》，光绪十一年（1885）刊本，哈佛燕京图书馆藏。

［清］徐松辑：《宋会要辑稿》，刘琳等校点，上海：上海古籍出版社，2014年。

许红霞辑著：《珍本宋集五种：日藏宋僧诗文集整理研究》，北京：北京大学出版社，2013年。

［宋］严羽著，郭绍虞校释：《沧浪诗话校释》，北京：人民文学出版社，1961年。

［唐］姚思廉：《梁书》，北京：中华书局，1973年。

［日］伊藤松辑，王宝平、郭万平等编：《邻交征书》，上海：上海辞书出版社，2007年。

［清］永瑢等：《四库全书总目》，北京：中华书局，1965年。

［清］于光华：《重订文选集评》，乾隆五十四年（1789）锺绅刻本，哈佛燕京图书馆藏。

［清］俞琰选编：《咏物诗选》，成都：成都古籍书店，1984年。

喻谦：《新续高僧传》，北京：北洋印刷局，民国十二年（1923）。

［宋］赞宁：《宋高僧传》，范祥雍点校，北京：中华书局，1987年。

［清］曾纪泽：《曾惠敏公文集》，《清代诗文集汇编》编纂委员会编《清代诗文集汇编》第739册，上海：上海古籍出版社，2010年。

［清］查慎行补注：《苏诗补注》，王友胜校点，南京：凤凰出版社，2013年。

张伯伟：《全唐五代诗格汇考》，南京：江苏古籍出版社，2002年。

张伯伟编校：《稀见本宋人诗话四种》，南京：江苏古籍出版社，2002年。

［明］张溥著，殷孟伦注：《汉魏六朝百三家集题辞注》，北京：中华书局，2007年。

［明］张守约：《拟寒山诗》，四库未收书辑刊编纂委员会编《四库未收书辑刊》第六辑第27册，北京：北京出版社，1997年。

［明］赵锦修，［明］张衮纂：《嘉靖江阴县志》，刘徐昌点校，上海：上海古籍出版

社，2011年。

［陈］真谛译：《佛说立世阿毗昙论》，《大正新修大藏经》第32册，东京：大正一切经刊行会，1924—1934年。

郑骞、严一萍编校：《增补足本施顾注苏诗》，台北：艺文印书馆，1980年。

［宋］郑樵：《通志》，北京：中华书局，1987年。

［宋］周密：《癸辛杂识》，吴企明点校，北京：中华书局，1988年。

［宋］朱熹注：《诗集传》，王华宝整理，南京：凤凰出版社，2007年。

［明］朱元璋：《明太祖文集》，《景印文渊阁四库全书》第1223册，台北：台湾商务印书馆，1986年。

［明］邹忠胤：《诗传阐》，四库全书存目丛书编纂委员会编《四库全书存目丛书》经部第65册，济南：齐鲁书社，1997年。

［元］宗宝编：《六祖大师法宝坛经》，《大正新修大藏经》第48册，东京：大正一切经刊行会，1924—1934年。

（二）研究专著

卞东波：《南宋诗选与宋代诗学考论》，北京：中华书局，2009年。

卞东波：《宋代诗话与诗学文献研究》，北京：中华书局，2013年。

卞东波：《域外汉籍与宋代文学研究》，北京：中华书局，2017年。

〔美〕布鲁姆，哈罗德：《误读图示》，朱立元、陈克明译，天津：天津人民出版社，2008年。

蔡毅编译：《中国传统文化在日本》，北京：中华书局，2002年。

陈伯海、朱易安编撰：《唐诗书目总录》（增订本），上海：上海古籍出版社，2015年。

陈小法：《明代中日文化交流史研究》，北京：商务印书馆，2011年。

陈耀东：《寒山诗集版本研究》，北京：世界知识出版社，2007年。

陈致：《从礼仪化到世俗化：〈诗经〉的形成》，吴仰湘、黄梓勇、许景昭译，上海：上海古籍出版社，2009年。

〔日〕川合康三：《终南山的变容：中唐文学论集》，刘维治、张剑、蒋寅译，上海：上海古籍出版社，2013年。

〔荷兰〕佛克马、〔荷兰〕蚁布思：《文学研究与文化参与》，俞国强译，北京：北京大学出版社，1996年。

〔奥〕弗洛伊德，西格蒙德：《诙谐及其与无意识的关系》，常宏、徐伟译，北京：国际文化出版公司，2001年。

傅芸子：《正仓院考古记　白川集》，沈阳：辽宁教育出版社，2000年。

傅增湘：《藏园群书经眼录》，北京：中华书局，2009年。

傅增湘：《藏园群书题记》，上海：上海古籍出版社，1989年。

巩本栋：《宋集传播考论》，北京：中华书局，2009年。

胡安江：《寒山诗：文本旅行与经典建构》，北京：清华大学出版社，2011年。

胡朴安：《诗经学》，《国学小丛书》本，上海：商务印书馆，1933年。

胡晓明、李瑞明编著：《近代上海诗学系年初编》，上海：上海教育出版社，2003年。

〔日〕吉川幸次郎：《中国诗史》，章培恒等译，上海：复旦大学出版社，2001年。

蒋寅：《古典诗学的现代诠释》，北京：中华书局，2003年。

金程宇：《稀见唐宋文献丛考》，北京：中华书局，2009年。

〔日〕静永健、陈翀：《汉籍东渐及日藏古文献论考稿》，北京：中华书局，2011年。

〔美〕康达维：《汉代宫廷文学与文化之探微：康达维自选集》，苏瑞隆译，上海：上海译文出版社，2013年。

刘尚荣：《苏轼著作版本论丛》，成都：巴蜀书社，1988年。

刘玉才、潘建国主编：《日本古钞本与五山版汉籍研究论丛》，北京：北京大学出版社，2015年。

刘毓庆：《历代诗经著述考（先秦—元代）》，北京：中华书局，2002年。

刘毓庆、贾培俊：《历代诗经著述考（明代）》，北京：中华书局，2008年。

〔英〕罗斯，玛格丽特·A.：《戏仿：古代、现代与后现代》，王海萌译，南京：南京大学出版社，2013年。

梅家玲：《汉魏六朝文学新论——拟代与赠答篇》，北京：北京大学出版社，2004年。

莫砺锋：《朱熹文学研究》，南京：南京大学出版社，2000年。

南京大学中文系教学委员会编：《南京大学中文系本科学生论文选集（1979—1998）》，南京：南京大学出版社，1999年。

祁伟:《佛教山居诗研究》,北京:商务印书馆,2014年。

钱锺书:《管锥编》,北京:中华书局,1979年。

钱锺书:《谈艺录》(补订本),北京:中华书局,1984年。

〔美〕赛义德,爱德华·W.:《赛义德自选集》,谢少波、韩刚等译,北京:中国社会科学出版社,1999年。

沈津主编:《美国哈佛大学哈佛燕京图书馆藏中文善本书志》,桂林:广西师范大学出版社,2011年。

〔日〕松下忠:《江户时代的诗风诗论:兼论明清三大诗论及其影响》,范建明译,北京:学苑出版社,2008年。

〔美〕苏源熙:《中国美学问题》,卞东波译,南京:江苏人民出版社,2009年。

王德明:《中国古代诗歌句法理论的发展》,桂林:广西师范大学出版社,2000年。

王水照、朱刚主编:《中国古代文章学的成立与展开——中国古代文章学论集》,上海:复旦大学出版社,2011年。

王晓平:《日本诗经学史》,北京:学苑出版社,2009年。

王晓平:《日本诗经学文献考释》,北京:中华书局,2012年。

王秀林:《晚唐五代诗僧群体研究》,北京:中华书局,2008年。

王瑶:《中古文学史论》,北京:北京大学出版社,1986年。

王勇等:《中日"书籍之路"研究》,北京:北京图书馆出版社,2003年。

王勇主编:《东亚坐标中的书籍之路研究》,北京:中国书籍出版社,2013年。

王勇主编:《书籍之路与文化交流》,上海:上海辞书出版社,2009年。

王友胜:《苏诗研究史稿》(修订版),北京:中华书局,2010年。

〔美〕韦勒克,雷内:《现代文学批评史(1750—1950)》第五卷《1900—1950年的英国文学批评》,章安祺、杨恒达译,北京:中国人民大学出版社,1991年。

吴宓著,吴学昭整理:《吴宓自编年谱:1894~1925》,北京:生活·读书·新知三联书店,1995年。

西泠印社编:《孤山证印——西泠印社国际印学峰会论文集》,杭州:西泠印社出版社,2005年。

杨凤琴：《唐代咏物诗研究》，北京：大众文艺出版社，2008年。

叶德辉：《郋园读书志》，上海澹园排印本，1928年。

叶珠红编著：《寒山资料类编》，台北：秀威资讯科技股份有限公司，2005年。

〔日〕一海知义：《陶渊明·陆放翁·河上肇》，彭佳红译，北京：中华书局，2008年。

衣若芬：《书艺东坡》，上海：上海古籍出版社，2019年。

〔美〕宇文所安：《中国传统诗歌与诗学：世界的征象》，陈小亮译，北京：中国社会科学出版社，2013年。

郁贤皓：《李白与唐代文史考论》，南京：南京师范大学出版社，2008年。

查明昊：《转型中的唐五代诗僧群体》，上海：华东师范大学出版社，2008年。

张宝三、杨儒宾编：《日本汉学研究续探：思想文化篇》，上海：华东师范大学出版社，2007年。

张伯伟：《中国古代文学批评方法研究》，北京：中华书局，2002年。

张伯伟：《域外汉籍研究论集》，北京：北京大学出版社，2011年。

张伯伟：《作为方法的汉文化圈》，北京：中华书局，2011年。

张伯伟编：《风起云扬：首届南京大学域外汉籍研究国际学术研讨会论文集》，北京：中华书局，2009年。

张石：《寒山与日本文化》，上海：上海交通大学出版社，2011年。

中国古籍善本书目编辑委员会编：《中国古籍善本书目》（集部），上海：上海古籍出版社，1998年。

中国诗经学会编：《第四届诗经国际学术研讨会论文集》，北京：学苑出版社，2000年。

周裕锴：《中国禅宗与诗歌》，上海：复旦大学出版社，2017年。

朱谦之：《日本的朱子学》，北京：人民出版社，2000年。

朱省斋：《海外所见中国名画录》，香港：香港新地出版社，1958年。

祝尚书：《宋人总集叙录》，北京：中华书局，2004年。

〔日〕樽本照雄：《清末小说研究集稿》，陈薇监译，济南：齐鲁书社，2006年。

（三）研究论文

卞东波：《〈精刊补注东坡和陶诗话〉与苏轼和陶诗的宋代注本》，《复旦学报》（社会科学版）2015年第3期。

卞东波：《曾原一〈选诗演义〉与宋代"文选学"》，《文学遗产》2013年第4期。

陈才智：《尘里偷闲药方帖——黄庭坚与香文化之缘》，项楚主编《中国俗文化研究》第十三辑，成都：四川大学出版社，2017年。

陈翀：《〈文选集注〉李善表卷之复原及作者问题再考——以庆应义塾大学图书馆藏旧抄本〈文选表注〉为中心》，《文学遗产》2013年第4期。

陈翀：《〈文选集注〉之编撰者及其成书年代考》，张伯伟编《域外汉籍研究集刊》第六辑，北京：中华书局，2010年。

陈翀：《九条本所见集注本李善〈上文选注表〉之原貌》，北京大学国际汉学家研修基地主编《国际汉学研究通讯》第二期，北京：中华书局，2011年。

陈捷：《日本入宋僧南浦绍明与宋僧诗集〈一帆风〉》，《中国典籍与文化》编辑部编《中国典籍与文化论丛》第九辑，北京：北京大学出版社，2007年。

陈开勇：《"黑头虫"考辨——佛典、道藏及相关文献综理》，《文史》2007年第3期。

陈明：《"黑头虫"的梵语词源再探——兼论佛经中"黑"的贬义用法》，《文史》2010年第1期。

陈乃乾：《宋长兴施氏父子事迹考》，《事林》第六辑，1941年4月。

陈小法：《洪武七年的日本入明僧研究》，《社会科学战线》2010年第10期。

陈小亮：《论海外中国非虚构诗学传统命题研究的源与流》，《暨南学报》（哲学社会科学版）2016年第2期。

程杰：《〈全芳备祖〉编者陈景沂生平和作品考》，《绍兴文理学院学报》（哲学社会科学）2013年第6期。

程杰：《〈全芳备祖〉编者陈景沂姓名、籍贯考》，《南京师大学报》（社会科学版）2015年第6期。

程章灿：《三十个角色与一个演员——从〈杂体诗三十首〉看江淹的艺术"本色"》，《中山大学学报》（社会科学版）2010年第1期。

费勇、辛暨梅：《寒山诗在日本的文化接受与经典化路径——以三首寒山诗的日文注本为例》，《浙江工商大学学报》2015年第2期。

甘正芳：《寒山在日本的经典化及其影响》，《江苏技术师范学院学报》2010年第4期。

高兵兵：《绝海中津〈山居十五首次禅月韵〉考辨》，《日语学习与研究》2017年第2期。

高慎涛：《僧诗之"蔬笋气"与"酸馅气"》，《古典文学知识》2008年第1期。

何孝荣：《元末明初名僧宗泐事迹考》，《江西社会科学》2012年第12期。

何泽棠：《施宿〈注东坡诗〉题注的诠释方法与历史地位》，《中国韵文学刊》2010年第2期。

何泽棠：《施宿与"以史证诗"》，《华南农业大学学报》（社会科学版）2010年第2期。

〔日〕鹤田武良撰，蔡涛译：《原田悟郎先生访谈——大正、昭和初期中国画藏品的建立》，范景中、曹意强、刘赦主编《美术史与观念史》（第13、14辑合刊），南京：南京师范大学出版社，2013年。

胡大浚、兰甲云：《唐代咏物诗发展之轮廓与轨迹》，《烟台大学学报》（哲学社会科学版）1995年第2期。

黄淑芳、王顺贵：《新发现稀见宋元明清唐宋诗歌选本二十种述论》，《上饶师范学院学报》2011年第5期。

焦宝：《〈辽东诗坛〉中的中日古典诗歌交流考》，《社会科学辑刊》2014年第1期。

焦宝：《论晚清民国报刊诗词中的东坡生日雅集》，《社会科学研究》2016年第4期。

〔韩〕金英镇：《王梵志诗和寒山诗在日本的影响》，《中国俗文化研究国际学术研讨会论文集》，2002年。

兰娜、漆殊玥、杨琳：《二十世纪早期来华日人"文化纪行"考——以汉诗人田冈淮海为例》，《北方文学》（下旬）2017年第7期。

李舜华：《从诗学到曲学：陈铎与明中期文学复古思潮的滥觞》，《文学遗产》2013

年第1期。

〔韩〕李钟美：《国清寺本系统〈寒山诗〉版本源流考》，项楚主编《中国俗文化研究》第三辑，成都：巴蜀书社，2005年。

刘镁硒：《刘瑾〈诗传通释〉的撰述体例与解经方式》，《诗经研究丛刊》第二十八辑，北京：学苑出版社，2015年。

刘玉才：《〈寒山子诗集〉早期刊本源流钩沉》，《北京大学学报》（哲学社会科学版）2012年第6期。

刘毓庆：《季本、丰坊与明代〈诗〉学》，《中国文学研究》2003年第3期。

刘岳兵：《叶德辉的两个日本弟子》，《读书》2007年第5期。

〔日〕绿川英树：《山谷诗在日本五山禅林的流传与阅读——以万里集九〈帐中香〉为例》，王水照、朱刚主编《新宋学》第六辑，上海：复旦大学出版社，2017年。

罗时进：《寒山生卒年新考》，《唐代文学研究》第九辑，桂林：广西师范大学出版社，2000年。

罗时进：《日本寒山题材绘画创作及其渊源》，《文艺研究》2005年第3期。

牛建强：《明洪武初中日僧人间的文化交往——以日僧绝海中津为例》，《西南大学学报》（社会科学版）2007年第6期。

区鉎、胡安江：《寒山诗在日本的传布与接受》，《外国文学研究》2007年第3期。

欧明俊：《论苏轼〈前赤壁赋〉的"跨体"传播与"跨国"传播》，《苏东坡研究》2014年第4期。

任萍：《五山僧绝海中津与日本中世禅林文学》，《日本研究》2010年第4期。

沈丹：《季本〈诗经〉学思想研究》，《长春工程学院学报》（社会科学版）2011年第2期。

沈一帆：《宇宙与诗学：宇文所安"非虚构传统"的形上解读》，《暨南学报》（哲学社会科学版）2012年第9期。

孙海鹏：《〈辽东诗坛〉研究》，大连图书馆网站http://www.dl-library.net.cn/publication/pub_content.php?id=422（2017年8月10日检索有效）。

〔日〕太田悌藏撰，曹潜译：《寒山诗解说》，《东南文化》1990年第6期。

〔日〕丸井宪：《日本五山"梦窗派"禅僧绝海中津在明经历浅析》，《日本研究》

2002年第4期。

万君超:《博文堂往事纪略》,《收藏·拍卖》2014年9月刊。

王长民:《也谈翁方纲与宋椠〈施顾注东坡先生诗〉》,《中国典籍与文化》2013年第2期。

王友胜:《施元之等〈注东坡先生诗〉平议》,《中国韵文学刊》2002年第1期。

王兆鹏:《宋代〈赤壁赋〉的"多媒体"传播》,《文学遗产》2017年第6期。

韦立新、任萍:《日本初期入明僧的目的考辨——以绝海中津为例》,《广东外语外贸大学学报》2010年第1期。

魏泉:《翁方纲发起的"为东坡寿"与清中叶以后的宗宋诗风》,曹虹、蒋寅、张宏生主编《清代文学研究集刊》第一辑,北京:人民文学出版社,2008年。

巫佩蓉:《吾心似秋月:中日禅林观画脉络之省思》,《台湾大学美术史研究集刊》第34期,台北:台湾大学艺术史研究所,2013年3月。

〔日〕西口智也:《季本的诗经观》,《嘉应大学学报》2002年第4期。

项楚:《寒山诗籀读札记》,《新国学》第一卷,成都:巴蜀书社,1999年。

许红霞:《"蔬笋气"意义面面观》,《中国典籍与文化》2005年第4期。

许逸民:《"新文选学"界说》,《郑州大学学报》(哲学社会科学版)2010年第3期。

杨焄:《复旦大学所藏黄佐〈诗经通解〉发微》,《文献》2006年第2期。

〔日〕衣川贤次著,金程宇译:《南宋送别诗集〈一帆风〉成书考》,张伯伟编《域外汉籍研究集刊》第十一辑,北京:中华书局,2015年。

衣若芬:《敬观真赏:翁方纲旧藏本〈施顾注东坡诗〉研究》,新竹:《清华中文学报》第11期,2014年6月。

张莉:《清代寿苏活动的开端》,曹虹、蒋寅、张宏生主编《清代文学研究集刊》第六辑,北京:人民文学出版社,2013年。

赵前:《谈谈陈澄中先生旧藏宋刻本〈注东坡先生诗〉》,《版本目录学研究》第一辑,北京:国家图书馆出版社,2009年。

周明:《论"以文为戏"》,《首都师范大学学报》(社会科学版)1997年第5期。

周裕锴:《"天下白"与"帐中香"》,《古典文学知识》2013年第5期。

周裕锴:《宋代〈演雅〉诗研究》,《文学遗产》2005年第3期。
祝尚书:《论宋代文化中的"眉山现象"》,《四川大学学报》(哲学社会科学版)2004年第3期。
子冉:《复原〈施顾注坡诗〉之我见》,《天府新论》1987年第4期。

(四)学位论文

黄瑛:《朱右研究》,扬州大学硕士论文,2010年。
王小超:《郝敬〈毛诗原解〉研究》,北京大学硕士论文,2008年。
杨秀娟:《范处义及其〈诗补传〉研究》,华东师范大学硕士论文,2006年。
张俊丽:《季本〈诗说解颐〉析探》,广西大学硕士论文,2011年。
张小敏:《日本江户时代〈诗经〉学研究》,山西大学博士论文,2013年。

二 日本文献(按作者日文名五十音图序排列)

(一)基本典籍

石川鸿斋:《文法详论》,东京:博文馆,明治十七年(1884)初版,明治二十六年(1893)再版,早稻田大学图书馆藏。
佚名编:《学者旅亭分韵集诸家诗卷》,名古屋蓬左文库藏钞本。
伊藤东涯:《作文真诀》,早稻田大学图书馆藏钞本。
宇都宫由的:《锦绣段详注》,元禄十五年(1702)跋刊本,早稻田大学图书馆藏。
荻生徂徕:《文戒》,江户出云寺和泉、京都植村文华堂、泽田丽泽堂刻本,京都大学附属图书馆藏。
荻生徂徕:《学则》,享保十二年(1727)江户嵩山房刊本,庆应义塾大学图书馆藏。
荻生徂徕:《徂徕集》,宽政三年(1791)大阪文金堂、心斋桥盘唐物町南刊本,早稻田大学图书馆藏。
龟卦川政隆:《文章一贯集解》,明治十七年(1884)东京浅仓久兵卫、横尾卯之介刊本,南京大学文学院图书馆藏。
尧恕法亲王:《逸堂集》,元禄八年(1695)刻本,京都大学附属图书馆藏。
熊阪邦:《白云馆文罼》,天明七年(1787)江户藻雅堂序刊本,京都大学附属图书馆藏。

熊阪邦：《文章绪论》，享和元年（1801）尾州风月孙助刊本，京都大学附属图书馆藏。

释宗性编：《石城遗宝》，元禄十三年（1700）妙乐寺刊本，日本国立国会图书馆藏。

释良范：《艺圃鸡肋》，大阪田原屋平兵卫、敦贺屋九兵卫刻本，京都大学附属图书馆藏。

菅原和长：《御注文选表解》，京都建仁两足院藏钞本。

菅原和长：《御注文选表解》，日本国立国会图书馆藏钞本。

菅原和长：《和长卿记》，早稻田大学图书馆藏钞本。

绝海中津：《绝海和尚语录》，东福寺自悦守择旧藏本，日本国立国会图书馆藏。

太宰春台：《朱氏诗传膏肓》，延享三年（1746）刊本，哈佛燕京图书馆藏。

太宰春台：《文论》，宽延元年（1748）武阳书肆前川权兵卫、前川庄兵卫刊本，京都大学附属图书馆藏。

角田简：《续近世丛语》，弘化二年（1845）东京冈田屋嘉七刊本。

那波鲁堂：《学问源流》，宽政十一年（1799）大阪崇高堂刊本，日本国立公文书馆藏。

南浦绍明：《圆通大应国师语录》，应安五年（1372）刊本，日本国立国会图书馆藏。

服部元乔：《文筌小言》，安永九年（1780）京都须原屋平助、须原屋平左卫门刻本，京都大学附属图书馆藏。

平贺晋民：《诗经原志》，哈佛燕京图书馆藏稿本。

藤原惺窝编：《文章达德纲领》，日本国立国会图书馆藏。

松本慎：《愚山文稿后集》，文政十一年（1828）吉田四郎右卫门刊本，京都大学附属图书馆藏。

源秋峰：《异称锦绣段》，宝永二年（1705）山形屋传兵卫刻本，早稻田大学图书馆藏。

梦窗疏石：《西山夜话》，春屋妙葩编《梦窗国师语录》附，元禄十三年（1700）跋刊本,日本国立国会图书馆藏。

连山交易:《归藏采逸集》,元禄十三年(1700)京都书肆村上勘兵卫等刊本,日本国立公文书馆藏。

池田四郎次郎編:『日本詩話叢書』,東京:文會堂書店,1920—1922年。

市木武雄:『梅花無尽蔵注釈』,東京:続群書類従完成会,1993—1995年。

上村観光編:『五山文學全集』,京都:思文閣,1973年。

大塚光信編:『新抄物資料集成』,大阪:清文堂,2000年。

荻生徂徠:『蘐園隨筆』,關儀一郎編『續日本儒林叢書』第一冊,東京:鳳出版,1978年。

奥邮竹亭:『赤壁賦印譜』,京都:古梅園京都支店,1928年。

北野神社社務所編:『北野誌』,東京:國學院大學出版部,1909年。

義堂周信撰,辻善之助編纂著:『空華日用工夫略集』,東京:太洋社,1939年。

國府種德編:『壬戌雅會集』,東京:東洋社,1922年。

椎名宏雄編:『五山版中国禅籍叢刊』第十一卷,京都:臨川書店,2014年。

嘯岳鼎虎抄,日下元精監修,岩城秀夫、根ヶ山徹解説:長州毛利洞春寺蔵『山谷詩抄』,山口:正宗山洞春寺,2006年。

瑞溪周鳳撰,惟高妙安抄録:『臥雲日件錄拔尤』,東京大学史料編纂所編纂『大日本古記錄』本,東京:岩波書店,1961年。

田冈正树編:《清风明月集》,大连铅印本,1922年。

田邊華:『碧堂絶句』,富士川英郎、松下忠、佐野正巳編『詩集日本漢詩』第二十卷,東京:汲古書院,1990年。

玉村竹二編:『五山文學新集』,東京:東京大學出版會,1967-1981年。

湛元自澄:『日域洞上諸祖傳』,佛書刊行會編纂『大日本佛教全書』第110冊,東京:佛書刊行會,1914年。

長澤規矩也編:『和刻本漢籍隨筆集』,東京:汲古書院,1972-1978年。

白隠慧鶴撰,禅学編集局編:『白隠和尚全集』,東京:光融館,1911年。

林恕撰,日野龍夫編集・解説:『鵞峰林学士文集』,『近世儒家文集集成』第十二卷,東京:ぺりかん社,1997年。

藤原宗忠：『作文大體』，『群書類從』第9輯卷一百三十七「文筆部」十六，東京：群書類從刊行會，1951年。

藤原惺窩撰，国民精神文化研究所編：『藤原惺窩集』，京都：思文閣，1978年。

賴杏坪：『春草堂詩鈔』，富士川英郎、松下忠、佐野正巳編『詩集日本漢詩』第十卷，東京：汲古書院，1986年。

宏智正覺頌古，萬松行秀評唱，連山交易頭注：《萬松老人評唱天童覺和尚拈古請益錄》，京都禪文化研究所編『基本典籍叢刊』第八種，京都：臨川書店，1992年。

（二）研究专书

朝倉和：『絶海中津研究：人と作品とその周辺』，大阪：清文堂，2019年。

猪口篤志：『日本漢文学史』，東京：角川書店，1984年。

市木武雄、梅田薰：『万里集九著「梅花無尽蔵」の世界』，各務原：鵜沼歴史研究会，2005年。

上村觀光編輯：『五山詩僧傳』，東京：民友社，1912年。

内山精也：『宋詩惑問：宋詩は「近世」を表象するか？』，東京：研文出版，2018年。

大崎龍淵：『白隱禪師傳』，東京：森江書店，明治三十七年（1904）初版，明治四十四年（1911）再版。

大島晃：『日本漢学研究試論——林羅山の儒学』，東京：汲古書院，2017年。

蔭木英雄：『蕉堅藁全注』，大阪：清文堂，1998年。

川瀬一馬：『五山版の研究』，東京：日本古籍商協会，1970年。

京都大学大学院文学研究科国語学国文学研究室編：『両足院——学問と外交の軌跡』，平成十八年度（2006）東方学会関西部会。

清水凱夫：『新文選學：「文選」の新研究』，東京：研文出版，1999年。

慶應義塾大学附属研究所斯道文庫編：『江戸時代書林出版書籍目録集成』，東京：井上書房，1962—1964年。

小川環樹、倉田淳之助編：『蘇詩佚注』，京都：京都大學人文科學研究所，1965年。

小林太市郎：『禪月大師の生涯と藝術』，東京：創元社，1947年。

近藤守重：『金澤文庫考』，神奈川：金澤文庫，1911年。

佐藤道生編：『慶應義塾図書館の蔵書』，慶應義塾大学出版会，2009年。

澤井常四郎：『經學者平賀晋民先生』，東京：櫻山文庫，1930年。

關儀一郎、關義直共編：『近世漢学者傳記著作大事典』，東京：井田書店，1943年。

立林宮太郎：『連山和尚』，水戸：修史閣，1919年。

玉村竹二：『日本禪宗史論集』，京都：思文閣，1980年。

玉村竹二：『五山禪僧傳記集成』，東京：講談社，1983年。

辻惟雄：『奇想の系譜』，東京：美術出版社，1970年。

富永一登：『文選李善注の研究』，東京：研文出版，1999年。

中川徳之助：『万里集九』，東京：吉川弘文館，1997年。

芳賀幸四郎：『中世禅林の学問および文学に関する研究』，東京：日本学術振興会，1956年。

福田俊昭：『李嶠と雜詠詩の研究』，東京：汲古書院，2012年。

正宗得三郎：『富岡鐵齋』，大阪：錦城出版社，1942年。

山崎誠：『中世学問史の基底と展開』，東京：和泉書院，1993年。

陸川堆雲：『考証白隠和尚詳傳』，東京：山喜房佛書林，1963年。

（三）研究论文

朝倉尚：「禅林における『詩の総集』について——受容の實態と編纂意図」，日本文部科学省科学研究費補助金特定領域研究「古典学の再構築」総括班編『古典学の現在』IV，2001年11月。

伊藤慎吾：「東坊城和長の文筆活動」，『国語と国文学』第82巻第6号，東京：至文堂，2005年6月。

今枝愛真：「坐禅のすすめ——曹洞宗の成立と発展」，今枝愛真編『曹洞宗』，東京：小学館，1986年。

大島晃：「『文章達徳綱領』の構成とその引用書——『文章欧冶』等を中心に」，『漢文学解釈与研究』第2号，1999年11月。

大谷哲夫：「宗統復古史上における連山師の位置」，『印度学仏教学研究』第26巻

第1号, 東京：日本印度学仏教学会, 1977年12月。

神田喜一郎：「新しい文選学」,『世界文学大系月報』第74号, 東京：筑摩書房, 1963年12月。

川口久雄：「禅林山居詩の展開について——道元山居十五首と絶海山居十五首」,『国學院雑誌』第72巻第11号, 1971年11月。

小山順子：「室町時代の句題和歌——黄山谷『演雅』と『竹内僧正家句題歌』」,『国語国文』第76巻第1号, 京都：中央図書出版社, 2007年。

佐々木章格：「江戸期曹洞宗における楞厳・楞伽の註釈について」,『印度学仏教学研究』第36巻第1号, 1987年。

佐々木章格：「連山交易和尚の研究」之二「その著述について」,『宗学研究』第30号, 東京：駒沢大学曹洞宗総合研究センター, 1988年3月。

佐藤秀孝：「季潭宗泐と『全室和尚語録』——『全室和尚語録』の紹介とその翻刻」,『駒沢大学仏教学部研究紀要』第56輯, 1998年3月。

傍島史奈：「貫休『山居詩』二十四首について——謝霊運『山居賦』との関連にみる」,『未名』第19號, 2001年3月。

高山節也：「和刻漢籍鼇頭本について——その特質と沿革」,『日本漢文学研究』第三輯, 東京：二松學舍大学, 2008年。

蔦清行：「中世文化人たちの蘇東坡と黄山谷」,『日本語・日本文化』第44号, 2017年3月。

富永一登：「李善の『上文選注表』について」,『広島大学文学部紀要』第55輯, 1995年12月。

西口芳男：「貫休『山居詩』試譯註（上）」,『禅文化研究所紀要』第26号, 2002年12月。

西口芳男：「貫休『山居詩』試譯註（下）」,『禅文化研究所紀要』第29号, 2008年1月。

野間文史：「平賀中南『春秋稽古』初探」, 二松學舍大学大学院紀要『二松』第31集, 東京：笠間書院, 2017年3月。

野間文史：「平賀中南『春秋稽古』所引日本学者の説について」, 二松學舍編『二松

學舍創立百四十周年記念論文集』,東京:二松學舍,2017年。

芳賀幸四郎:「五山文学の展開とその様相」,『国語と国文学』第34卷第10號,1957年10月。

堀川貴司:「『錦囊風月』解題と翻刻」,『国立歴史民俗博物館研究報』第198集,2015年。

宮紀子:「幻の『全室藁』」,京都大学人文科学研究所附属漢字情報研究センター編『漢字と情報』第11号,2005年10月。

湯沢質幸:「近世中期儒学における唐音——平賀中南を中心として」,筑波大学文藝・言語学系編『文藝言語研究 言語篇』第51輯,2007年。

賴惟勤:「趙陶斎と平賀中南」,『日本漢学論集:嶺松廬叢録』(『賴惟勤著作集』Ⅲ),東京:汲古書院,2003年。

李長波:「江戸時代における中国の文章作法書の受容——『文筌』と『文章一貫』を中心に——」,日本文部科学省科学研究費補助金特定領域研究「古典学の再構築」ニューズレター『古典学の再構築』第十二号,2002年9月。

三 韩国文献（按作者姓氏音序排列）

崔忠成:《山堂集》,《韩国文集丛刊》第16册,首尔:景仁文化社,1988年。

郭说:《西浦集》,《韩国文集丛刊》续编第6册,首尔:韩国古典翻译院,2005年。

金万基:《瑞石集》,《韩国文集丛刊》第144册,首尔:景仁文化社,1997年。

金止男:《龙溪遗稿》,《韩国文集丛刊》续编第11册,首尔:韩国古典翻译院,2006年。

李德懋:《清脾录》,蔡美花、赵季主编《韩国诗话全编校注》,北京:人民文学出版社,2012年。

李穀:《稼亭集》,《韩国文集丛刊》第3册,首尔:景仁文化社,1996年。

李穑:《牧隐诗稿》,《韩国文集丛刊》第4册,首尔:景仁文化社,1996年。

李湜:《四雨亭集》,《韩国文集丛刊》第16册,首尔:景仁文化社,1998年。

朴泰汉:《朴正字遗稿》,《韩国文集丛刊》续编第55册,首尔:韩国古典翻译院,2008年。

奇大升:《高峰先生续集》,《韩国文集丛刊》第40册,首尔:景仁文化社,1989年。

权近:《阳村先生文集》,《韩国文集丛刊》第7册,首尔:景仁文化社,1996年。

徐居正:《四佳集》,《韩国文集丛刊》第10册,首尔:景仁文化社,1996年。

尹推:《农隐先生遗稿》,《韩国文集丛刊》第143册,首尔:景仁文化社,1995年。

张混:《而已广集》,《韩国文集丛刊》第270册,首尔:景仁文化社,2001年。

赵龟命:《东溪集》,《韩国文集丛刊》第215册,首尔:景仁文化社,2000年。

赵纬韩:《玄谷集》,《韩国文集丛刊》第73册,首尔:景仁文化社,1997年。

赵显命:《归鹿集》,《韩国文集丛刊》第212册,首尔:景仁文化社,1997年。

郑经世:《愚伏集》,《韩国文集丛刊》第68册,首尔:景仁文化社,1996年。

四 西方文献(按作者名字母排序)

Antje Richter ed. *A History of Chinese Letters and Epistolary Culture*, Leiden: Brill, 2015.

Antje Richter, *Letters and Epistolary Culture in Early Medieval China*, Seattle: University of Washington Press, 2013.

David Damrosch, *What is World Literature?* Princeton: Princeton University Press, 2003.

Nicholas Morrow Williams, *Imitations of the Self: Jiang Yan and Chinese Poetics*, Leiden: Brill, 2014.

Thomas J. Mazanec, "Guanxiu's 'Mountain-Dwelling Poems': A Translation", *Tang Studies*(34), 2016.

后　记

　　胡适在四十岁时开始撰写自传,似乎是对前半生做一总结。岁月倏忽,光阴荏苒,不经意间,我自己也到了不惑之年,回想四十年的时光,固然有很多激动人心、难以忘怀的时刻,但更多的时候是年复一年、日复一日在书斋中静静地读书度过的。虽然生活中有很多不如意的事情,但我对自己能够从事古典文学研究的生存方式还是非常满意的,我也很高兴能将自己的志业和职业结合在一起。如果四十真有"不惑"的话,那一定是我对生命意义的追寻不再疑惑。自二十三年前我进入母校南京大学中文系学习,即有志于学问,其间虽遭遇诸多艰难困苦,我还是坚持了下来,未来的我仍会在学问的道路上继续前进。如果说人生还有疑惑的话,那就是我越探索学问世界的奥妙,越觉得我懂的东西太少,需要学习的东西还有很多,而且我所钻研的古典学术仍有很多疑惑等待我去解答。

　　这本小书就是我最近八年来尝试解答我在学问世界里遇到的一些疑惑的一个小小的总结。本书所收的论文最早写于2011年,最晚的写于2018—2019年,记载了我这八年来在东亚汉籍研究领域的一些思考。十余年前,我追随业师张伯伟先生,将研究重心调整到东亚汉籍研究上来,主要的取径就是利用域外发现的新文献来研究中国古典文学,或从东亚汉文化圈的视角出发观照中国古典文学。我进入南京大学中文系学习后,一直接受的是文献学方面的训练,后来自己出版的专著《南宋诗选与宋代诗学考论》《宋代诗话与诗学文献研究》《域外汉籍与宋代文学研究》也是遵循着文献学研究的路子。本书所收诸文依旧延续着我从前的学术路数，从第一手文献出发，在文献考订的基础上，进行意义的发掘。这类文章写多了，容易上瘾，也容易形成学术的固化。所以近年来，我一直尝试着学术的转型与突破，试图将自己的学术研究范围从中国古典文学扩大到东亚古代汉文学，包括东亚古代的汉诗、汉文、汉文诗（文）话等，这就是本书第三辑所收的内容。实际上，当我将眼光扩大到整个东亚汉文学后，在阅读的过程中，我确实发现了很多意想不到的课题。如果以中国古典文学为基础，参照东亚汉文学进行比较研究，无疑将会丰富传统的比较文学研究范式。我打算在未来的研究中，继续这方面的探索。

自踏入东亚汉籍研究领域以来，我在书海遨游，可谓惊喜不断，眼福不浅。十年来，我有机会访问了美国、日本、韩国的很多著名的图书馆、文库并调查馆藏东亚汉籍文献，得以恣意饱览诸多珍本秘籍，亲手翻阅过众多和刻本、朝鲜版汉籍，留下了很多难忘的经历。难忘的是，在哈佛燕京图书馆郑炯文馆长的照顾下，我在哈佛燕京图书馆善本库中读书的情景，仿佛传说中的阿里巴巴的宝库一下子在我眼前打开。难忘的是，在京都大学文学部木田章义教授介绍下，我有机缘到京都的古寺建仁寺两足院中读书。建仁寺是日本临济宗的大本寺，两足院自室町时代以来就是培养日本临济宗学问僧的塔头，收藏了很多珍本古本，但因为是私人寺院，外人极难进入。在命运的垂青下，我终于有机会在两足院中亲手捧读到该寺所藏的宋版苏东坡集、明代孤本双峰堂《音释补遗按鉴演义全像批评三国志传》，以及东坡诗日本古注《四河入海》的古钞本，山谷诗日本古注《山谷幻云抄》的古钞本、明初诗僧季潭宗泐《全室稿》孤本等珍贵的汉籍。更难忘的是，在京都大学附属图书馆、人文科学研究所图书馆、文学部图书馆快意翻阅古籍原典的经历,我仍然记得第一次看到京都大学附属图书馆B3书库一架架线装书展现在我面前时的激动心情。在海外访书的过程中,最让我流连忘返的是在日本国立公文书馆(即内阁文库)看书的体验。内阁文库看书不用预约,也不用看温度、湿度,随去随看,非常方便。犹记2013年6月我在早稻田大学访问,每天早晨从学校坐地铁到内阁文库看书,尽管每天看书、拍书非常耗体力,但每天闭馆时走出内阁文库,怀揣着每天满满的收获,劳累早已忘到一边。这些往事虽已化为美好的记忆,但往事并不如烟,本书所收的一篇篇论文,正是我在海外访书留下的些许结晶。如今再读这些文章,便不禁想到这些文章背后的卷卷书影,以及这些书后面的温馨故事。

本书之撰成,主要依靠历年我在北美、东瀛访书获得的第一手资料。除了京都大学、早稻田大学的图书馆之外,我还访问了静嘉堂文库、尊经阁文库、内阁文库、蓬左文库、怀德堂文库、玉里文库、杏雨书屋等藏书机构,得以接触到大量珍稀的中国古代文集日本古钞本、古刻本、古注本资料。本书第一辑、第二辑所收论文的写作就建立在多年访书所得之上。在海外访书,很多小事都给我留下了温馨的回忆。2011年5月,我申请到花园大学禅文化研究所去看书,很快就得到图书馆负责人前田直美女士的允许。一天正午,我正埋头阅读,忘记了午餐,这时只见前田女士拿着点心和茶水走进我看书的房间,放到我的面前。这一小小的举动,让我暖心许久,多少年后一直记得这一幕。

命运对我特别眷顾,让我得以手摩目验这么多珍贵的古籍,所以我有义务,也有责任将我接触到的珍贵文献揭示出来。历年来,结合各种会议,我撰写了十几篇论文。本书论域虽然看似从先秦到近代皆有涉及,其实我的研究依然是以文献为中心的个案研究,还需要进一步理论化、系列化与脉络化。本书十二章及附录内容,全部在各种学术会

议上宣读过,并发表在国内的学术期刊上,现将这些内容的原始出处胪列如下(发表时部分文章标题略有不同):

第一章"哈佛燕京图书馆藏日本经学家平贺晋民《诗经原志》稿本探赜",报告于2013年8月南京大学文学院主办的"经学与中国文献文化国际学术研讨会",发表于《域外汉籍研究集刊》第十一辑,北京:中华书局,2015年。

第二章"'文选东传学'之一斑——菅原和长《御注文选表解》古钞本探析"报告于2011年8月南京大学文学院主办的"《文选》与中国文学传统"国际学术研讨会暨第九届《文选》学国际学术研讨会,发表于《中山大学学报》(社会科学版)2012年第4期。

第三章"日藏《重广草木虫鱼杂咏诗集》钞本考论"报告于2017年12月复旦大学中文系主办的"经典形塑与文本阐释"国际学术研讨会及南京大学域外汉籍研究所主办的"第四届东亚汉籍交流国际学术研讨会",发表于《文学遗产》2019年第3期。

第四章"明初诗僧季潭宗泐文集的版本及其作品在日本的流传"报告于2014年3月北京大学海外汉学家研修基地主办的"东亚汉籍研究:以日本古钞本及五山版汉籍为中心"国际学术讨论会、2014年7月复旦大学中华文明国际研究中心主办的"佛教与中国宗教研究的新视野与新方法"国际学术研讨会,发表于《中华文史论丛》2015年第1期。

第五章"寒山诗日本古注本的阐释特色与学术价值"报告于2015年12月南京大学域外汉籍研究所举办的"第二届东亚汉籍交流国际学术研讨会",发表于《南京大学学报》(哲学·人文科学·社会科学)2016年第3期。

第六章"唐代诗僧贯休诗歌的日本古注本——海门元旷《禅月大

师山居诗略注》考论"报告于2018年8月复旦大学中文系主办的"中国唐代文学学会第十九届年会暨唐代文学国际学术研讨会",并获本次年会优秀论文三等奖,以及2018年12月立命馆大学文学部主办的"第五届东亚汉籍交流国际学术研讨会",发表于《南京大学学报》(哲学·人文科学·社会科学)2018年第6期。

第七章"域外汉籍与施顾《注东坡先生诗》之研究"报告于2016年6月中国人民大学文学院主办的"第二十届苏轼国际学术研讨会"、2016年12月复旦大学中文系举办的"中日日藏汉籍研讨会",发表于《文学遗产》2017年第6期。

第八章"宋代文本的异域阐释——黄庭坚《演雅》日本古注考论"报告于2017年6月香港城市大学中文及历史学系举办的"中国文学研究新视野:文本的流传与阅读工作坊"、2017年7月第二届"南京大学域外汉籍研究国际学术研讨会",发表于《吉林大学社会科学学报》2019年第1期。

第九章"东亚汉文化圈的文本旅行——东亚汉文学对黄庭坚《演雅》的拟效与创新"报告于2017年6月香港城市大学中文及历史学系举办的"中国文学研究新视野:文本的流传与阅读工作坊"、2017年7月第二届"南京大学域外汉籍研究国际学术研讨会",发表于《江海学刊》2018年第4期。

第十章"汉诗、雅集与汉文化圈的余韵——1922年东亚三次赤壁会考论"报告于2017年8月厦门大学中文系主办的"日常生活的文学书写:国际中青年学者宋代文学专题研讨会",发表于《安徽师范大学学报》(人文社会科学版)2019年第1期。

第十一章"'以文为戏'与'文学扮演'——东亚汉文学中的拟代文"报告于2016年11月厦门大学中文系主办的"中国文选学研究会第十二届年会暨先唐文学国际学术研讨会",发表于《古典文献研究》第十九辑上卷，南京：凤凰出版社，2016年。

第十二章"日本江户时代文话对中国文章学的受容"报告于2012年9月复旦大学中文系主办的"第二届中国古代文章学学术研讨会"，删减发表于《文艺理论研究》2013年第4期，全文发表于王水照、侯体健编《中国古代文章学的衍化与异形——中国古代文章学二集》（上海：复旦大学出版社，2014年）。

附录一"东亚古典学的再出发——2012年南京大学域外汉籍研究所'东亚汉籍的研究方法'学术沙龙综述"，发表于《中国社会科学报》2012年6月29日。

附录二"探寻东亚汉籍研究的意义——南京大学域外汉籍研究所2016年国际工作坊综述"，发表于《古典文学知识》2017年第2期。

以上发表的论文在收入本书时，都进行了或多或少的修改，读者诸君若要参考，请以本书所收的文本为准。近年来，我每年都要参加不少学术研讨会。周勋初先生在《艰辛与欢乐相随——周勋初治学经验谈》（南京：凤凰出版社，2016年）中认为，"参加学术会议的好处"在于"以文会友，多闻博识"，我非常认同周先生的观点。历年参加各种学术会议，我结识了很多兴趣相投的朋友，报告的论文也在会议上得到很多批评指教，这都有助于我的修改与完善。近两年来，我每年参加的学术会议都超过了十个，渐渐有力不从心之感。在疲于奔命之际，越来越怀念从前在书房中静静读书的感觉。四十不惑之年，应该回到我当初做学问的初心。

本书能够出版，得到南京大学文学院以及南京大学社科处的支持，特别是文学院院长徐兴无教授、社科处王月清处长对我长期的关怀，以及业师张伯伟先生对我多年的教导，这些都让我铭记于心。没有家人长久以来默默在我身后的支持，我也不可能安心读书作文，感谢家人的无私付出。更要感谢北京大学出版社领导与编辑同仁的抬爱，特别是学姐徐丹丽编审的大力提携，在此敬表谢忱。在研讨会上和校稿过程中，得到陈珀、朱刚、周裕锴、萩原正树、芳村弘道、住吉朋彦、白若思、土口史记、中本大、甲斐雄一、绿川英树、张万民、廖肇亨、林岩、王连旺、沈扬诸位师友的指教，特此感谢。论文发表时，得到了吴承学、刘京臣、胡文波、张亚权、禹玲、秦曰龙、焦宝、刘蔚、张勇等师友的指正和帮助；友生李晓田、顾培新、靳晓岳、张晓琴、陈越、杨曦、邓淞露、汪鹏诸君帮我校对了文稿，亦表谢意。最后要特别感谢安生博士，不但帮我核校了原文，还通读了书稿，惠我良多。

康德尝言："有两样东西，我们愈经常愈持久地加以思索，它们就愈使心灵充满日新月异、有加无已的景仰和敬畏：在我之上的星空和居我心中的道德法则。"（《实践理性批判》，韩水法译，北京：商务印书馆，1999年，第177页）于我而言，还有无数东亚汉籍吸引着我持久地加以思索，同时在研究过程中，我也对中华文化不断增加景仰和敬畏之情。

卞东波
2019年春记于金陵盋山无待有为斋